JN156737

ツォンカパ中観思想の研究

福田洋一 著

大東出版社

ツォンカパ中観思想の研究

福田洋一〔著〕

目 次

第二章　聖文殊の教誡による中観思想の形成過程 81

第三章　初期中観思想における自立論証批判　131

序章

第一節　ツォンカパにおける中観思想

ツォンカパ・ロサンタクパ（tsong kha pa blo bzang grags pa, 1357–1419）は、紛れもなくチベットで最も傑出した仏教思想家である。彼の影響力はチベット仏教の伝わった地域の隅々にまで行き渡り、さらに現代では広く世界中に浸透しつつある。ツォンカパを開祖とするチベット仏教最大宗派のゲルク派は、全てツォンカパの放った思想的エネルギーによって突き動かされ、その波動はわれわれのところにまで伝わっている。現在、チベット仏教を広く世界に知らしめたのは、ダライラマ一四世法王の活躍によるところが大きいが、そのダライラマ法王のお説きになることの多くは、ツォンカパの著作に典拠を求めることができる。本書は、現在広く受け入れられているゲルク派の中観思想の源流をツォンカパ自身の著作の中に求め、さらにツォンカパの思想的な展開過程を解明することを目標としている。

チベット仏教の学僧は他の地域の仏教徒に比べて多作であり、「スンブム（gsung 'bum）」と呼ばれる全集が多数編纂されている。その中でもツォンカパの全集は巻数の多いものの一つに数えられる。ツォンカパ全集は一八巻からなるが、その二大弟子であるダルマリンチェンは八巻、ケードゥプジェは一二巻である。しかも、ツォンカパ全集に含まれる個々の著作の密度の濃さと水準の高さは他に類を見ない。長いゲルク派の歴史の中で、ツォンカパの著作は繰り返し読まれ、多くの注釈書が著されてきた。チベット文献はインドの原典に対する注釈が多く、チベット人の著作に対する注釈はまれであるが、ツォンカパに対する注釈は例外である。それだけツォンカパの著作の内容が重要であり、かつ難解であることを示している。

そのツォンカパ全集一八巻の多くは密教の著作によって占められている。その中で純粋に顕教の著作は第一三巻から第一八巻までの六巻、すなわち全集の三分の一にすぎない。その中には習作時代の著作も含まれる[1]。それを除けば、ツォンカパの著作の中にどれだけ中観関係の著作が多いかが分かる。以下に、ショル版ツォンカパ全集の第一三巻から第一八巻までの内容細目を挙げる。タイトルは厳密なものではなく、適宜理解しやすいものを示した。このうち傍線を引いたものが本書で主に使用するテキストである。

第一三巻

1　『菩提道次第大論 (*lam rim chen mo*)』五二三フォーリオ。

第一四巻

1　『菩提道次第小論 (*lam rim chung ba*)』二〇一フォーリオ。

2　『止観の難処について勝者の真意を誤りなく説明したもの (*zhi lhag gnyis kyi dka' ba'i gnas la rgyal ba'i dgongs pa phyin ci ma log par bshad pa*)』四フォーリオ。

3　『了義未了義善説心髄 (*drang nges legs bshad snying po*)』一一四フォーリオ。

4　『道の本質を聖レンダワに書簡として差し上げたもの (*lam gyi gnad rje btsun red mda' ba la shog dril du phul ba*)』六フォーリオ。

5　『大乗集菩薩学論講義のジャムヤンチュージェによる筆記録 (*bslab btus rgyas par gsungs dus 'jam dbyangs chos rjes zin bris mdzad pa*)』一九フォーリオ。

6　『入菩薩行論第九章講義のダルマリンチェンによる筆記録 (*rgyal tshab chos rjes rje'i drung du gsan pa'i shes rab le'u'i zin bris*)』四四フォーリオ。

7　『量についての講義のダルマリンチェンによる大備忘録（*rgyal tshab chos rjes rje'i drung du gsan pa'i tshad ma'i brjed byang chen mo*）』四四フォーリオ。

第一五巻

1　『中論註正理大海（*dbu ma rtsa ba'i tshig le'ur byas pa shes rab ces bya ba'i rnam bshad rigs pa'i rgya mtsho*）』二八一フォーリオ。

2　『〔中観思想の〕重要な八難処講義のダルマリンチェンによる筆記録（*dka' gnad brgyad kyi zin bris rje'i gsung bzhin brjed byang du bkod pa*）』一八フォーリオ。

3　『六十頌如理論講義のダルマリンチェンによる筆記録（*rigs pa drug cu pa'i zin bris rje'i gsung bzhin rgyal tshab chos rjes bkod pa*）』一二フォーリオ。

4　『〔プラマーナ・ヴァールティカ〕現量章講義のダルマリンチェンによる備忘録（*rgyal tshab chos rjes rje'i drung du gsan pa'i mngon sum le'u'i brjed byang*）』五二フォーリオ。

5　『中観の見解への入門（*dbu ma'i lta khrid*）』二四フォーリオ。

6　『心の訓練についての修辞技法を尽くした偈（*tshig sbyor phun sum tshogs pa'i snyan ngag gi lam nas drangs pa'i blo sbyong*）』三フォーリオ。

7　『中観荘厳論講義の筆記録（*dbu ma rgyan gyi zin bris*）』一六フォーリオ。

第一六巻

1　『入中論註密意解明（*dbu ma la 'jug pa'i rnam bshad dgongs pa rab gsal*）』二六七フォーリオ。

2　『中観荘厳論講義のダルマリンチェンによる備忘録（*rgyal tshab chos rje la gsan pa'i dbu ma rgyan gyi brjed byang*）』

一一フォーリオ。

3　『〔プラマーナ・ヴァールティカ〕現量章注解のケードゥプジェによる記録（*mngon sum le'u'i TIk+ka rje'i gsung bzhin mkhas grub chos rjes mdzad pa*）』九三フォーリオ。

4　『入菩薩行論第九章注解の記録（*spyod 'jug shes rab le'u'i TIk+ka blo gsal ba*）』三七フォーリオ。

第一七巻

1　『現観荘厳論釈善説金蔓（*mngon rtogs rgyan 'grel legs bshad gser 'phreng*）』上巻、四〇五フォーリオ。

第一八巻

1　『現観荘厳論釈善説金蔓（*mngon rtogs rgyan 'grel legs bshad gser 'phreng*）』下巻、二六七フォーリオ。

2　『四向四果の設定（*zhugs pa dang gnas pa'i skyes bu chen po rnams kyi rnam par bzhag ba blo gsal bgrod pa'i them skas*）』四二フォーリオ。

3　『末那識と阿頼耶識の難処の広註（*yid dang kun gzhi'i dka' ba'i gnas rgya cher 'grel pa*）』五七フォーリオ。

4　『律本事所出の学処についての講義の筆記録（*gzhi nas 'byung ba'i bslab bya'i zin bris*）』七フォーリオ。

5　『〔ダルマキールティ〕七部論入門（*sde bdun la 'jug pa'i sgo don gnyer yid kyi mun sel*）』二三フォーリオ。

6　『四静慮四無色界定についての講義の筆記録（*bsam gzugs zin bris*）』一〇フォーリオ。

7　『中観帰謬論証派の甚深道、中観の見解入門〔の講義録〕（*dbu ma thal 'gyur ba'i lugs kyi zab lam dbu ma'i lta khrid*）』八フォーリオ。

8　『中観の見解入門の講義録（*rje rin po ches gnang ba'i dbu ma'i lta khrid bsdus pa*）』六フォーリオ。

9　『二十僧伽四向四果の難処（*dge 'dun nyi shu bsdus pa bzhugs gnas skyes bu chen po'i dka' gnad*）』七フォーリオ。

最も大きな『現観荘厳論釈善説金鬘』は第一七巻と第一八巻の二六七フォーリオ目までの六七二フォーリオを占めている。この著作は、ツォンカパが二五歳から三〇歳の頃に書かれたと推定されるものであり、まだツォンカパ独自の中観思想を確立する以前のものである（ただし『現観荘厳論』の註釈書としてはゲルク派内で最も重視されるものの一つである）。同様に、第一八巻3番の『末那識と阿頼耶識の難処の広註』はサキャ寺で書かれているが、伝記の中でサキャ寺に滞在したのは二二歳から二四歳にかけてであるので、これもごく初期の著作である。これらを除く著作のフォーリオ数を単純に合計すると一、九二九フォーリオとなる。

これらのうち『菩提道次第大論』および『菩提道次第小論』において中観思想が述べられのは最終章「毘鉢舎那章」[2]のみであり、それぞれ一六五フォーリオと四九フォーリオである。全ての仏説を悟りへの道の階梯として体系化した両著作において、中観思想が占める割合は、それぞれの約四分の一であり、これも著作の意図からすれば割合が非常に大きい。『善説心髄』も前半は唯識思想の存在論を述べているが中観思想が述べられる後半は、七三フォーリオと、全体の三分の二に当たり、中観思想の記述の分量が多い。また、『善説心髄』の前半も中観思想を前提とした唯識思想の分析であるとすれば、一〇〇フォーリオを越える著作は、『菩提道次第大論』の毘鉢舎那章も含めて、全て中観関係の著作である。この他に「筆記録（zin bris）」、「備忘録（brjed byang）」、「指南書（khrid yig）」と呼ばれる講義録などが一四ほど残されているが、そのうち八つが中観である。これらの講義録も含めて中観関係の著作（および中観思想が述べられている部分）のフォーリオ数を合計すると、一、〇一三フォーリオとなる。すなわち、ツォンカパの顕教の著作の五二パーセントが中観思想関連のものということになる。この比率を考えるとツォンカパにとって中観思想がどれほど重要であったかが分かる[3]。

思想の点から言っても中観思想はツォンカパの仏教全体にとって最も重要なものである。中観思想は存在の真実のあり方である空性を明らかにすることを目指すが、ツォンカパ全集の過半を占める密教とはこの中観哲学によって明らかにされた空性を自らの上で実現するための実践方法であり、中観思想を前提にしなければ成り立たない。後代、ゲルク派の教科書として数多く著された学説綱要書（grub mtha'）[4]の中でも、インド仏教四大学派[5]のうち、中観派、その中でも中観帰謬論証派の立場が最上位に位置付けられる。ツォンカパ自身はこのような体系的な記述を残していないが、『善説心髄』では、唯識、中観自立論証派、中観帰謬論証派という順序で、順により高次のものとされている。これらの点からも、ツォンカパが中観思想をいかに重視していたかということが分かる。

以下、そのツォンカパの最も重要な哲学的見解である中観思想を概観しよう。これは単にツォンカパの中観思想を説明するだけに留まらず、密教も含めてツォンカパが目指した存在の究極のあり方、目指すべき存在の実相を示すことにもなる。[6]

第二節　中観思想の発展段階

ツォンカパの中観思想は、その思想的営為の全体を通じて取り組んだ課題であった。それだけにそこに思想的な展開があったと考えるのは自然なことであろう。しかし、ゲルク派の教学において、そのような歴史的視点からの解釈は行われず、ツォンカパの中観思想は、主として、最晩年に書かれた『入中論註密意解明』に基づいて理解されてきた。ただ、虚心にテキストを読んでみれば、各々の著作によって記述の仕方に違いが見られることも事実である。そのことが思想内容の変化や発展を意味しているのか、それとも単なる記述の重点の置き方や表現の違いにすぎないのかは簡単に結論を出すことのできないことであるが、少なくともいくつかの点で用語法に変化が見られると言うことはできる。また最初の『菩提道次第大論』から最晩年の『入中論註密意解明』に至るまで、中観思想について何度も大著を繰り返し書き続けたのも、ツォンカパ自身が自らの思想記述に十分ではないものを感じていたからと考えることもできる。もちろん、常に変わらずに持ち続けられた主張もある。その共通点に着目するならば、ツォンカパの中観思想は非常に基本的ないくつかの命題に要約することができるであろう。ここでは、思想的に変化したこと、あるいはある時期から主張されるようになったことに注意しながら、一方で全体を通じてツォンカパの中観思想の根本的な主張がどこにあったのかを概観してみよう。

まずツォンカパの生涯の中で中観思想の展開の節目となる事項を挙げると以下のようになる。

一三九〇　ラマ・ウマパと出会い、聖文殊（rje btsun 'jam pa'i dbyangs）から教えを受けるようになる。
一三九七　ブッダパーリタの夢を契機に中観思想の核心を理解する。(7)
一四〇二　『菩提道次第大論』の執筆
一四〇七　『善説心髄』および『中論註正理大海』の執筆
一四一五　『菩提道次第小論』の執筆
一四一八　『入中論註密意解明』の執筆

このうち、最初の『菩提道次第大論』執筆以前の時期を中観思想の形成期、『菩提道次第大論』の時期を前期あるいは初期、『善説心髄』と『中論註正理大海』を中期、『菩提道次第小論』と『入中論釈密意解明』を後期あるいは晩年期と区分することができる。(8)

この中で『菩提道次第大論』と『菩提道次第小論』の関係は注目に値する。両者の全体の構成は、最後の毘鉢舎那章、すなわち中観思想を詳述する部分を除けば、ほぼ一致する。もともと『小論』は『大論』の記述から経典の引用や付随的な議論を省いて要点を理解しやすくするために著されたものであり、科段もほぼ共通している。しかし、中観思想を述べる毘鉢舎那章は、全く異なった構成で書き直されている。特に二諦[9]についての議論は、『大論』では集中的に論じられなかったが、『小論』ではチャンドラキールティの『入中論』を元にまとまった議論がなされている。これは、中期の『中論註正理大海』および、最晩年に書かれる『入中論註密意解明』にも共通している。[10]その他にも中観章全体の記述が大きく異なっていることから、この二つを比較することによって、ツォンカパの前期と晩年の中観思想の構造の違いを知ることができるであろう。ただし、本書は初期から中期にかけての中観思想の解明を主題としているので、後期の中観思想との比較は今後の課題である。

もう一つ、ツォンカパの中観思想を理解しようとするときに注意しなければならないのは、それがツォンカパ自身の著作であるのか、それともインドの原典の註釈であるのかの違いである。ツォンカパ自身の独立の著作であれば、その構成もまたツォンカパの中観思想の構造を反映していると言ってよいが、註釈書の場合は、当然のことながら元の原典の構成に従っており、また内容についても、註釈という制約から、必ずしもツォンカパの中観思想にとって重要な点ばかりが述べられているわけではない。例えば、『中論註正理大海』において、ツォンカパ自身が自らの議論を展開していないところは、チャンドラキールティの『プラサンナパダー』を祖述して注釈する記述になっている。また、『入中論註密意解明』は『入中論』の偈頌の解釈の部分はほぼチャンドラキールティの自注『入中論釈』の敷衍である。もともと多様な内容を含む『入中論』に対する統一的な科段は設けられているものの、ツォンカパの独立の著作のようなシンプルで必要十分な構造とは言えないものとなっている。そのため、ツォンカパの中観思想の全体像を把握するには、独立の著作の構成を元に理解する必要があり、註釈文献からは、下敷きになっているインドのテキストの祖述以外にツォンカパ自身が書き加えている部分を抽出して検討しなければならない。

さて、ラマ・ウマパとの出会いから『菩提道次第大論』に至るまでの、ツォンカパ独自の中観思想の形成期は、独立の著作としては五七偈からなる『縁起讃』という小品といくつかの書簡が残されるのみで、ツォンカパ自身が議論を展開した著作があるわけではない。しかしラマ・ウマパと出会い聖文殊から教えを受け、あるいは質疑応答を行うことで、ツォンカパ独自の中観思想を形成していく過程として重要かつ特別な意味を持っている。聖文殊との対話は、現代的な観点からは神秘的な記述に見えるが、これは後代の神秘的脚色ではなく、ツォンカパ自身が直接その体験を書き残しているものか、[11]あるいは直弟子に直接話していることであり、[12]ツォンカパが実際に体験した出来事であったと考えてよいであろう。

第三節　ツォンカパの中観思想の展開過程

（一）　初期の中観思想

聖文殊との対論を通して形成された中観思想の到達点が『菩提道次第大論』の最終章「毘鉢舎那《びぱしゃな》章」において詳細に展開されている。その思想的な特徴は「中観派の不共《ふぐう》の勝法（中観派に独自の優れた特徴的思想）」と呼ばれる主張である。[13]『菩提道次第大論』において、それが最初に言及されるのは「無自性（niḥsvabhāva, rang bzhin med pa）であるものが同時に縁起するものである。」という命題である。この命題は、無自性（＝空性）と縁起とが同一のものにおいて矛盾することなく同時に成り立つということを意味する。これこそが、中観派の祖であるナーガールジュナの思想を、中観帰謬論証派であるブッダパーリタおよびチャンドラキールティのみが正しく解釈したものであり、仏教の究極的な見解を述べているという意味で「不共の勝法」と呼ばれる。同じ中観派でも、バーヴィヴェーカやシャーンタラクシタ、カマラシーラなどの自立論証派は、他の仏教の立場も含めて実在論として批判される。この場合の実在論とは、あるものが存在するならば、それは自性によって存在していなければならないと考える思考法を指しており、中観帰謬論証派以外のものは、自らを明確に実在論者と意識しているか否かに関わらず、必ずこの実在論的思考を暗黙の前提としているとツォンカパは批判する。[14]
自性とは、そのものをそのものたらしめている本質のことである。存在が自性によって成立しているとは、そのものの何であるかを規定する根拠が、認識者の恣意によって左右されることなく対象の側に客観的に存在していることを意味する。それに対して無自性論は、その存在の何であるかが、対象の側の本質によってではなく、認識者の概念的思考によって対象に対して付与されたものにすぎないと主張する。すなわち、あらゆる存在には、そのものをそのものたらしめている本質は存在しないということである。

この「中観派の不共の勝法」は、様々な命題で表現されている。代表的なものを挙げると、

1　縁起するものは、必ず無自性でなければならない。
2　無自性であってはじめて縁起が成り立つ。
3　無自性の意味が縁起の意味として現れる。
4　単に存在することと自性によって存在することを区別し、端的に存在しないことと自性が存在しないことを区別する。

特にこの四番目の命題は、「中観派の不共の勝法」の根底にある存在論である。実在論者は、ある対象が存在しているとすれば、その対象には自性があると考え、自性がなければ、そのものは端的に存在しないと考える。実在論的思考は、単に対象が実在しているという主張においてだけではなく、中観派に対して、無自性であるならば何も存在しないことになると批判するときにも働いているのである。この立場からすれば、一切の存在が無自性であると主張する中観派は、すべてのものの存在を否定する虚無論に陥っていることになる。

一方、中観派は、存在はしていてもそのものの自性は存在せず、逆に自性が無いからといってそのものが存在しないことにはならないと主張する。すなわち、対象の側に、そのものをそのものたらしめる本質は存在しないが、その対象自身が存在することは否定されない。無自性な対象が存在すると言うことは、何よりも因果関係、すなわち縁起が成り立つことを意味する。これによって、われわれの日常的な行為（vyavahāra、tha snyad、言説[15]）が成り立つばかりではなく、仏教的な修行によって最終的に悟りを得るという因果も成り立つことが保証される。これがツォンカパにとって最も重要な課題であった。全ての存在が無自性であると主張する中観思想が虚無論であったならば、仏教の修行は成り立たず、涅槃を得ることもできないことになってしまう。一方、存在が自性によって成立しているとするならば、我々の輪廻もまた自性によって存在している（すなわち、我々は本質的に輪廻の内にいる存在である）ことになり、輪廻から永遠に抜け出せないことになってしまう。輪廻は我々にとって「存在」しているが、それを輪廻たらしめる「本質」が輪廻そのものに備わっていないからこそ、我々は輪廻を消滅させ、そこから解脱することができるのである。

ツォンカパは、このような中観理解を聖文殊から教えられたと思われるが、実際に聖文殊と対話したときには、十分に理解できなかったようである。その後、インドの典籍の読解に沈潜し、聖文殊の教えを論理と典拠によって検証して、中観思想の核心を理解することができるようになった。それをはじめて詳しく展開した著作が『菩提道次第大論』の毘鉢舎那章であったのである。これを読むと、「中観派の不共の勝法」の諸命題が繰り返し言及され、それが初期のツォンカパの主要な主張であったことが分かる。

中観思想の中心的なテーマは全ての存在が無自性、すなわち空であることを論証することにあるが、インドの中期以降の中観思想においては、仏説の多様な主張を体系化するために、勝義諦と世俗諦という二つの真実を区別する二諦説が重要なテーマになっていく。勝義諦と世俗諦がそれぞれ何であり、またそれらの関係がどうなっているかについて、それぞれの立場から異なった解釈が提起された。初期のツォンカパの中観思想においては、二諦説は上に述べた「中観派の不共の勝法」と一致していた[16]。すなわち、存在の無自性である面が勝義諦であり、縁起する存在である側面が世俗諦である。これらが存在の二つの側面として同時に成り立つことが「中観派の不共の勝法」であるということは、二諦も別々のものではなく、同時に成り立ち、相互に支え合う不可欠の二つの側面であるということになる。中観思想の初めに一度分離された二つの真実（＝二諦）を、ツォンカパは切り離し得ない一つの存在構造へと統合したと言える。後述するように、このような二諦説は後期においては放棄されることになる。

（二）　中期の中観思想の特徴

一四〇二年に『菩提道次第大論』を完成させた後、ツォンカパは主に密教の著述に励むことになる。その後、一四〇七年に、唯識思想についての独自の解釈を元に唯識と中観との関係を論じた『善説心髄』と、中観思想の原点であるナーガールジュナの『中論』に対する註釈書『正理大海』を相次いで執筆した。同年に書かれたこの二つの著作に見られる中観思想が中期のものと言える。この時期は、初期から後期への過渡期に当たり、初期に曖昧であった概念が、新たな視点から再考されることになる。

『善説心髄』は、唯識思想による無自性解釈の批判的検討から始まり、同じ存在論的な構造の上に、中観自立論証派と帰謬論証派の立場をそれぞれどのように位置付けるかがテーマとなっている。特に、実在論の立場を「諸存在が自らの特質(rang gi mtshan nyid)によって成立している」と主張するものと規定した上で、実在論的思考において「自らの特質によって成立する」とは、どのような事態を指すのかを明らかにした[17]。ツォンカパによれば、実在論者は、名称あるいは概念が付与された対象の実体を問い求めて、それが見つかったときにはじめて、その対象を措定することができると主張する。そのとき実在論者は、その対象が「自らの特質によって成立している」と想定していることになる。自らの特質とは、その対象の命名の根拠であり、その根拠がなければ、その対象は観念的な概念にしかすぎなくなってしまうと考えているのである。

それに対して真の中観派である帰謬論証派は、名称あるいは概念の付与された対象は、概念的思考によって構想されただけの存在であり、その実体を探しても見つからない。それゆえ、その対象は「自らの特質によって成立しているものではない」と主張する。すなわち、全ての存在は根拠なくして名付けられただけのものにすぎない。対象の側に、そのように名付けるための実体がなければ、そのものは存在していないことになると主張する実在論に対して、すべての存在は名付けられただけのものであり、その実体は対象の側には存在しないが（それが無自性ということ）、その名付けられただけの存在同士の間に因果関係、すなわち縁起が成り立つというのが、この『善説心髄』における「中観派の不共の勝法」の言語論的な主張である。

ここで「自らの特質」とは「自性」とほぼ同じ意味で用いられているが、自性が多義的であるのに対して、「自らの特質」という術語は、実在論者の哲学的考察によって構想されるに相応しい理論的な概念である。哲学者でなければ、「自らの特質」などという抽象的なものを探し求めたりはしない。一方、われわれ凡夫は「自性」という言葉さえ思いつかず、対象は、単に「それ自体で」成立していると思い込んでいるだけである。この思い込みは、根源的な無明の力によって生じるものであり、その無明を断じることによってのみ、真実のあり方を理解することができるのである。

（三）　後期の中観思想の特徴

一四〇七年に書かれた『善説心髄』においては、二諦説は初期の『菩提道次第大論』と同じように「中観派の不共の勝法」を意味していた。しかし、同年、それに続いて書かれた『中論註正理大海』においては、二諦説は全く別の仕方で説明されることになる。インドにおける中観思想の原点であるナーガールジュナの二諦説は、『中論頌』の第二四章にわずか一回言及されるのみである。その箇所を注釈するときにツォンカパは、註釈者という立場を離れて『入中論』の記述に基づいた二諦説を説き始める。晩年の著作である『菩提道次第小論』および『入中論註密意解明』においても、二諦説の記述はほぼ同様の構成をとっている。

その二諦説の特徴は、勝義諦と世俗諦の二つの真実以外に「唯世俗（kun rdzob tsam）」という概念を導入し、これら三者の関係を、認識主体の相違によって区別していくところにある。『善説心髄』までの二諦説は、勝義諦が空性、世俗諦が縁起を意味し、それらは同時に矛盾することなく、かつ相互に必要不可欠のものとして同じ一つの存在において成り立つという存在論的な構造であった。ところが、後期の二諦説では、世俗諦と勝義諦は完全に分離され、共存するものではなくなった。世俗諦は虚偽なる対象を認識する錯誤（迷乱）した認識主体（無明）によって認識されるものであり、勝義諦は真実を対象とする認識主体（仏智）によって認識されるものというように、認識論的な概念となり、認識主体の違いによって、それぞれの対象である二諦も異なったものとされるようになった。前者は、無明によって錯誤している我々凡夫の知にとって真実なものと思われているものであるが、後者は空性を悟った仏の知にとって真実であるもの、すなわち空性そのものであり、それはわれわれ凡夫が知ることのできないものである。その中間に位置する菩薩や聖者は、三昧に入ったとき仏智と同様の無漏智で真実義、すなわち空性を直接知覚できるが、三昧から出た後の後得智では、対象は現れてくる。しかし、かれらはそれが真実なものではないことを知っているので、それら現れている対象が真実（＝諦）であることを否定し、「真実なるもの」ではなく「単に世俗のもの」として理解する。これが「唯世俗」という表現の由来である。

このように認識主体の相違を元に世俗諦と唯世俗と勝義諦を異なったものと設定することによって、その三種の人の間に凡夫から仏への修行階梯を設定できるようになった。あるいは、凡夫と聖者・菩薩と仏との間の認識の違いを構造的に説明できるようになったとも言える。その一方で、無自性なものが同時に縁起するという存在論的な「中観派の不共の勝法」は様々な話題の背景として言及されるに留まり、前期ほどには強調されることはなくなった。(18)

第四節　否定対象の特定

ツォンカパの中観思想は、形成期、初期、中期、後期と展開していった。ただし、思想自体が変遷したというよりも、表現と記述がより深められていった、あるいは話題がより広がっていったということなのかもしれない。その中で、二諦説のように、同じ言葉が異なった意味で用いられるようになった概念もあるが、だからといって、前期に二諦説として説かれたことが後期に姿を消したわけではなく、別の表現で後期の著作にも現れている[19]。そのような中で、最初から繰り返し論じられたのは、「否定対象の特定」と呼ばれるテーマである。否定対象とは、中観思想によって否定されるべきもののことであり、基本的には「自性」あるいは「自性によって成立しているもの」である。この否定対象をどの範囲に設定するかという点で、実在論者と中観派が分けられ、さらに中観派の中でも自立論証派と帰謬論証派の相違が設けられた[20]。自性による存在は勝義においては否定するが、世俗、すなわち日常的な行為の世界では否定されないと自立論証派は主張するのに対し、帰謬論証派は自性によって存在するならば、それは勝義において存在していることになるので、いかなる意味においても自性による存在は否定されるべきであると主張し、自性による存在を世俗において認める自立論証派を実在論として批判した。唯識派や小乗仏教の学派は、勝義においても自性による存在を認めているので、さらに強い実在論であると位置付けられた。

言説有の設定について、このようにして否定対象を特定したうえで、それを否定するための論理として無自性あるいは無我の論証が提示され、それによって、対象の側の実体性が否定される。しかし、それは論理的な否定にすぎないので、そこで得られた空性の見解を繰り返し瞑想修行（修習）することによって、自らの錯視の根本原因である無明を退けなけれぱならない。対象の実体性は論理によって否定することができるが、無明は論理によっては退けることはできない。そのためには対象が無自性であることを理解した後の修行が必要となるのである。修行の伴わない哲学的理解は効果を生まず、また哲学的理解を前提にしない単なる修行も、根無し草のように方向の定まらないものとなる。中観思想によって存在が無自性であることを理解した後には、それによって無明という抜きがたい煩悩を滅ぼすべく長い修行が待っているのである。

第五節　本書の課題と構成

以上、ツォンカパの中観思想を時期を追って素描した。本書では、この中で特に初期中観思想の根本的な主張である「中観派の不共の勝法」の思想内容を、その発展形態とともに分析し、ツォンカパが自らの中観思想の根本と考えたものを構造的に明らかにする。(21)

まず第一章「中観派の不共の勝法」(22)では『菩提道次第大論』毘鉢舎那章においてツォンカパが「中観派の不共の勝法」と呼んでいる思想がどのような構造のものであるかを、いくつかの命題に集約し、それらの間の関係を考察する。それらの命題が、一見すると表現上異なっているように見えても、その言わんとするところの思想は同じものであることが分かるであろう。この章での諸命題が、その後の章の出発点ともなる。

第二章「聖文殊の教誡による中観思想の形成過程」(23)では、ツォンカパがラマ・ウマパと出会い、聖文殊の教えを聞くようになってから、後に『菩提道次第大論』にその中観思想が結実するまでの過程を、資料を挙げて検証した。まず第一にツォォンカパの生前に大部分執筆されたと考えられる、高弟ケードゥプジェによるツォンカパ伝『信仰入門』と『秘密の伝記』を第一の資料としつつ、ツォンカパが聖文殊の教えを師であるサキャ派のレンダワに報告した手紙、初期の弟子に宛てた偈『道の三種の根本要因』、中観思想の奥義を理解した後に、その思想を詩に著した『縁起讃』における中観思想の記述を分析し、年代不明のこれらの著作の前後関係をその内容から推測した。それらは全て「中観派の不共の勝法」に繋がる思想であった。

第三章「初期中観思想における自立論証批判」[24]では、自立論証批判が最も詳細に展開される『菩提道次第大論』の議論を辿り、「中観派の不共の勝法」の存在論に基づいて、どのように自立論証批判が成立するかを考察した。また、自立論証に替わって提示される帰謬論証の妥当性もまた、同じ「中観派の不共の勝法」の思想に基づいていることを論じた。

第四章「二つの二諦説」[25]では、ツォンカパの中観関係著作の中で初期の『菩提道次第大論』、中期の『善説心髄』と、同年に書かれた『中論註正理大海』、後期の『菩提道次第小論』、『入中論註密意解明』との間で、二諦説に関する理解あるいは表現に大きな転換があったことを明らかにした。前期の二諦説は「中観派の不共の勝法」自体を指していたが、後期の二諦説はチャンドラキールティの『入中論』に基づき、認識主体の相違によって二諦が異なったものとして設定されるようになった。ここで簡単に後期の二諦説をまとめたが、その詳細な検討は本書の範囲を超えるので、将来の課題とした。

第五章「『入中論』の二諦説と中観派の不共の勝法」[26]では、第四章で指摘した二つの二諦説の違いに関連して、初期の著作で『入中論』の二諦説が引用されるときの文脈を考察し、それが後期のような二諦の分断を前提とせず、「中観派の不共の勝法」の思想圏に属するものとして解釈されていることを示した。また逆に後期の『入中論註密意解明』において、二諦説が説かれ始める最初の偈である『入中論』第六章第二三偈に対するツォンカパの註釈を分析し、そこに「中観派の不共の勝法」と同様の主張が読み取れることを論じた。

第六章「自性と縁起」[27]では、「中観派の不共の勝法」に含まれる二つの大きな軸である縁起と否定対象としての自性の概念を検討した。特に縁起については、ツォンカパは有為法に適用される因果関係の縁起と、無為法も含む一切法に適用される、「構成要素に依って仮説される」という縁起の二種類を想定していた。自性については、第七章以降においても論じることになるが、ここでは『菩提道次第大論』において直接自性が論じられる箇所を紹介した。

第七章「自らの特質によって成立しているもの」(28)では、否定対象の中でも特に重要な「自らの特質によって成立しているもの（rang gi mtshan nyid kyis grub pa）」という概念において、「自らの特質（rang gi mtshan nyid）」が何を意味しているのか、そして「によって（kyis）」という具格助詞の意味は何かという二点を検討し、rang gi mtshan nyid が「自相」という論理学やアビダルマの術語といかに異なるか、とりわけ「特質（mtshan nyid）」という語に重要な意味が込められていること、すなわちそれはそのものをそのものたらしめている存在根拠であることを論じた。それに応じて kyis という具格助詞も、「として」という同一性の意味ではなく「によって」という根拠の意味であることを示した。その同じ構造が唯識思想における遍計《へんげ》所執《しょしゅう》性《しょう》と増益《ぞうやく》の関係(29)にも読み取れることを傍証として指摘した。

第八章「中期中観思想における言語論的転回」(30)では、第七章で言葉の成り立ちを考察した「自らの特質によって成立しているもの」をツォンカパがどのように規定していたかを取り上げた。特に『善説心髄』において、それが「言葉の意味の実体を探し求めて得られたときに、その対象が自らの特質によって成立しているものとして措定される」という実在論的思考方法を特徴付ける考察に基づくものであることを示した。「考察」とは普通自性の有無を探し求める考察、すなわち正理による考察を指し、世俗の存在は考察に耐えないものとして、あるいは考察されない限りは好ましいものであると説明されるが、ここでツォンカパが用いる「考察」は正理による考察ではなく、実在論者が実在する存在を設定するための考察であり、その同じ考察を利用して帰謬論証派は、探しても得られないから、そのような意味の実体は存在せず、したがって全ての法は、自らの存在根拠たる特質によって成立しているものではない、すなわち自らの特質によって成立しているものとしては空であることを論証する。実在論的思考の言語論的検証方法はこの『善説心髄』において確立されたが、それは「中観派の不共の勝法」とは抵触せず、それを補う役割を果たし、またその検証方法は後期に至るまで引き継がれていく。

第九章「二つの自性」[31]では、これまで否定対象として考えられてきた自性とは別に、チャンドラキールティの用語法に従って、法性を指して自性と言う用法もあるが、しかし、それはあくまでチャンドラキールティの祖述の故であって、ツォンカパ自身の思想的要請によるのではなく、その証拠に、同じ著作の他の箇所では自性は否定対象と理解されていることを指摘した。もちろん、二つの自性の違いがあることは事実であるが、単に二つの意味があるというには、その内容は違いすぎるので注意を要する。

終章においては、本書の視点と成果を概括したあと、「残された課題」として、本書で取り上げられなかった問題をいくつか挙げておいた。簡略に記述したつもりではあるが、相当の問題が残されていることは明らかであり、本書の問題設定も考察方法や考察内容も極めて限られたものであることが分かるであろう。

本書では、極力ツォンカパ自身の著作を資料とし、後代の注釈や先行するテキスト、あるいはインドの諸注釈を取り上げることはしなかった。あくまでツォンカパの言葉のみに基づいて理解できることに記述を限った。後代のものを参照すれば、より分かりやすい提示の仕方もあったであろうし、筆者の気付かなかった重要な問題が議論されるようになったものもあるであろう。自分一人で読んで理解できる範囲のものでは、長い間の伝統の中で培われてきたツォンカパ理解に到達することは不可能である。しかし、ツォンカパの言葉に沈潜し、かれの言葉が表現しようとしていることのみを理解しようとするとき、ツォンカパがどこまでのことを言っていたかを提示できるのではないだろうか。ゲルク派内での思想的な展開は重要な課題であるとしても、それは本書の扱える範囲のものではなく、また本書の目指したものでもない。

本書では、ツォンカパの著作のみに基づいて、これまで明らかになったことを確定し、今後の研究の出発点になることを目指した。

(1) 第二章おいて詳しく検討するがツォンカパが、自らの独自の中観思想を形成し始めるのは、一三九〇年三四歳のときにラマ・ウマパと出会ってからである。それ以前の中観思想がどのようなものであったかは研究されていないが、少なくともラマ・ウマパおよび聖文殊からの啓示に基づくものではなかったので、これをひとまず習作時代と位置付けておく。

(2) 悟りに至るまでの修道過程を述べた『菩提道次第論』の最後の菩薩行としての六波羅蜜の六番目である智慧波羅蜜(般若波羅蜜)が特別に別出されて詳論されたのが毘鉢舎那章である。毘鉢舎那(vipaśyana)とは、真理についての理論的観想のこと。ここに中観思想が説かれている。

(3) 中観以外で目につくのは、論理学関係の講義録である。ツォンカパ自身は、時期は不明ながら、論理学の定義集の小品『七部論入門者の心闇の払拭』を書いている以外にまとまった論理学の著作はない。しかし、『量の大備忘録』などを見ると、論理学の存在論的な問題と中観思想の存在論的な問題はパラレルなものであると考えていたようであり、ツォンカパ独自の論理学理解があったらしいことを窺わせる。ツォンカパの講義はケードゥプジェとタルマリンチェンによって書き残され、かれらはそれぞれ論理学の大著を残している。これらも含めてツォンカパおよびゲルク派初期の論理学が、それまでのカダム派やサキャ派の論理学とどのように異なっているかは今後の研究を待たなければならない。

(4) インド仏教の諸学派の学説を系統的に述べた文献群。すでにチベット仏教前伝期にイェシェデの『見解の差別』のような著作が著されていたが、後代の学説綱要書と同じ形式の文献のうち、現在残されている一番古いものは、カダム派サンプネウトク寺(gsang phu ne'u thog)のチャパ・チューキセンゲ(phya pa chos kyi seng+ge, 1109–1169)による『善逝と外教徒の学説の区別(*de bar gshegs pa dang phyi rol pa'i gzhung lugs rnam par 'byed pa*)』(『カダム全集』第九巻、三三フォーリオ)である(西沢(2013))。その後もカダム派やサキャ派で学説綱要書がいくつか作成された。ゲルク派が興った後は、寺院内での教科書としてツォンカパの思想を元に各学説を解説した綱要書が多数作成されるようになった。

(5) 学説綱要書で取り上げられるインド仏教の学派は、小乗仏教の説一切有部と経量部(小乗仏教の部派仏教時代の代表的な部派)、大乗仏教の唯識派と中観派である。中観派はさらに自立論証派と帰謬論証派に分けられる。歴史的に言えば、大乗仏教初期の二世紀頃、ナーガールジュナが空の思想を論証する『中論』を書いて中観思想を創始した。その弟子アーリヤデーヴァと合わせて「聖父子」と呼ばれる。その後、四世紀から五世紀にかけてアサンガ、ヴァスバンドゥ兄弟が出て多くの著作を著し、大乗仏教の教義体系を確立した。この学派は、この世界がすべて識(あるいは心)のみであるという特異な存在論を標榜していたので、唯識派と呼ばれる。本書では、もう一つの特徴的な存在論である三性説(遍計所執性、依他起性、円成実性)について第七章で考察する。その後、中観派からは、六世紀前半にブッダパーリタ、六世紀後半にバーヴィヴェーカ、七世紀にチャンドラキールティが次々に現れて、『中論』の注釈を初めとする諸注釈や中観思想を体系化しようとする著作を著して中観派が盛んになった。バーヴィヴェーカは六世紀前半に確立された仏教論理学の成果を取り入れ、無自性論証を論理学の規則に基づいて再構成しようとして、帰謬論証を使ったブッダパーリタを批判した。さらにチャンドラキールティはブッダパーリタを擁護し、バーヴィヴェーカおよび仏教論理学を詳細に批判した。このチャンドラキールティの議論から、後にチベットでは、バーヴィヴェーカを中観自立論証派、ブッダパーリタおよびチャンドラキールティを中観帰謬論証派と呼ぶようになった。チベットでは当初自立論証派が多く紹介されたが、十一世紀にチャンドラキールティの著作が翻訳されると徐々に帰謬論証派が優勢になった。もともと自立論証派と帰謬論証派は、その名前の通り無自性論証の方法に関する対立であったが、ツォンカパはそれを存在論上の立場の違いに還元した。本書においてもそのツォンカパの解釈は何度も言及される基本的な視点である。

(6)　ツォンカパの最初の主著『菩提道次第大論』は、カダム派由来の全ての仏教の修行項目を体系的に整理したものであり、ツォンカパの仏教思想の全体像は、その「菩提道次第（ラムリム）」に見られるものであると言うべきかもしれない。ツォンカパは晩年にも、この『菩提道次第大論』を簡略にして『菩提道次第小論』をもう一度書き直していることや、ツォンカパが弟子や信奉者に宛てた多くの教誡の主題が、ラムリム、あるいはそれを最も簡単に要約した「道の三つの要点（lam rtso rnam gsum）」についてのものであったこと、そして中観思想自体もそのラムリムの一部に包摂されるものである点からも、ラムリムがツォンカパの仏教の全体像を示していることになる。しかし、実践の方法を説くラムリムは、存在の本質についての哲学を基盤としなければ方向性を失うことになる。ラムリムは仏教を導く二つの導線である方便と智慧、広大行（＝実践）と甚深見（＝哲学）の二つの伝統を統合したものであることからすれば、甚深見の実質的な内容である中観思想の重要性も確認できるであろう。

(7)　ラマ・ウマパとの出会い、聖文殊の啓示、ブッダパーリタの夢については、第二章「聖文殊の教誡による中観思想の形成過程」において詳述する。

(8)　この他重要な著作として、『菩提道次第大論』執筆以前に、ツォンカパの中観思想の根本的な主張を簡潔にまとめた『縁起讃』という五八偈からなる小品が書かれている。これについては、第二章「聖文殊の教誡による中観思想の形成過程」において取り上げる。また、中観派（と言いながら、実際にはナーガールジュナの真意を正しく解釈してる中観帰謬論証派）の「難解だが重要な要点（dka' gnad）」をまとめた記録（『八難処講義録』KNG）がダルマリンチェンによって書き残されている。これは中期から後期にかけての思想をツォンカパ自身が簡潔にまとめたものであり、その内容は全て主著のいずれかの部分にトレースできるものである

(Ruegg (2002) 参照。)。その他の講義録などの小品も時期が明確でないものはあるが、その多くは主著に述べられた思想を元にインドのテキストを解説したものであり、今後の研究が待たれる。

(9) 中観思想の根本テーマは、一切法無自性を論証することにあるが、言語的な世界と無自性・空という真実を説明するための方法論的な枠組みとして二諦説が説かれる。二諦とは、世俗の真実である世俗諦と勝義の真実である勝義諦の二つからなる。勝義諦は無自性、空性、法性など究極的な真実を指すが、世俗諦については立場によって様々な見解がある。本書でもツォンカパの中観思想の最も重要なテーマとなっている。

(10) 『善説心髄』までの二諦説と『中論註正理大海』以降の二諦説が異なっていることについては、第四章「二つの二諦説」において取り上げる。

(11) 顕教の師であるレンダワに宛てて、聖文殊から教えられた内容を報告している書簡が、いくつかツォンカパ全集に収められている (ラモジョマ (2016))。この書簡に見られる中観思想については、第二章「聖文殊の教誡による中観思想の形成過程」において取り上げる。

(12) ケードゥプジェの著したツォンカパ伝には、その対話が再現されている。この伝記はツォンカパ生前に執筆されており、ツォンカパ自身がケードゥプジェに伝えたものと考えられる。

(13) その思想内容については、第一章「中観派の不共の勝法」において詳論する。

(14) 「自性によって存在する」ということの意味は本書後半の主要なテーマであり、第六章以降で詳論する。

(15) われわれの日常的な言語行為あるいは概念的思考を指す。単なる行為だけではなく、文脈によっては言語的行為に使われる言葉や名称、概念的思想に使われる概念も意味する。全ての存在は、命名され概念が付与されることによって初めて存在することになる。本書ではこれら複数の意味を込めて「言説（ごんぜつ）」という漢訳語を使用する。

(16) ツォンカパの二諦説は、前期と後期でその表現の仕方が変わる。それについては第四章「二つの二諦説」参照。

(17) 第八章「中期中観思想における言語論的転回」参照。

(18) ただし、この呼称は後期の中観文献でも使用される。

(19) 後期の二諦説においては、『入中論』に従い、全ての実在が世俗諦と勝義諦という二つの ngo bo を持っているが、それら二つの ngo bo は別体ではなく同一体とされる。この ngo bo の両義的な使用法は難解である。その点については、第五章「『入中論』の二諦説と中観派の不共の勝法」第二節「後期中観思想における二諦の同一性と別異性」参照。

(20) 自立論証批判については、第三章「初期中観思想における自立論証批判」で詳論する。

(21) 本書全体は、以下の各章の注記に挙げたように、福田（1999）で「中観派の不共の勝法」についての基本的な着想を得てから一八年間にわたる筆者のツォンカパ中観思想研究を、現在到達した理解から、全体の統一を図りつつ大幅に書き直したものである。

(22) 本章は一般向けの雑誌に執筆した福田（1999）を元に増広・修正したものである。

(23) 本章は、福田（2002a）で略述した内容を、資料をできるだけ具体的に提示しながら詳細に書き直したものである。資料の一つ『秘密の伝記』については『聖ツォンカパ伝』（石濱・福田、2008）所収のものを訳し直して使用した。

(24) 本章は、福田（2015a）を、本書全体の記述に合わせて書き直したものである。

(25) 本章は、福田（2004b）に、チベット語テキストの引用を追加し、また本書全体との記述の統一を行ったものである。

(26) 本章は、福田（2010a; 2013a; 2013b）を元に改稿したものである。

(27) 本章の縁起についての部分は、福田（2000b）に略述した内容を、修正を含めて詳論したものである。自性については新たに書き下ろした。

(28) 本章は、福田（2000d）およびその続編である福田（2006）を改稿したものである。

(29) 「遍計所執性」は、「依他起性」「円成実性」とともに唯識思想の基本的な存在論である「三性説」の中の一つ。縁起している依他起性の上に、虚妄な分別によって構想（＝増益）された実体的存在を指す。円成実性は、依他起性において遍計所執性が存在しないことを指し、唯識思想による空性の解釈である。遍計所執性は実在しないものであり、依他起性と円成実性は勝義の存在として実在する。「増益」は存在しないものを存在していると執着すること。

(30) 本章は、福田（2004a; 2005）を元に改稿したものである。

(31) 本章は、福田（2015b）の語句を若干修正したものである。

第一章　中観派の不共の勝法

はじめに

本論を始めるに当たり、まず最初に、ツォンカパの初期中観思想の中心をなす「中観派の不共の勝法（dbu ma pa'i thun mong ma yin pa'i khyad chos）」と呼ばれる存在論を明らかにしておこう。これによって、本書のもっとも基本的な立場を設定できると共に、この思想との関連でツォンカパの中観思想の展開を再構成することも可能になるからである。

ツォンカパは、ブッダパーリタの夢を見て目覚めた朝、中観思想の奥義を理解したとされる。(1) その内容はそれから程ない頃に書かれた『縁起讃』という偈に簡潔にまとめられているが、この作品は、わずか五八偈からなる小品であり、その中でも哲学的な部分はその半数程度しか占めていないので、自らの理解を十分に展開しているわけではなかった。この偈は自らの理解した中観思想が仏陀の根本的な主張であるという確信を文学的に表現したものである。(2) それはツォンカパ三七歳のことであったと推定される。

その後、数年を経て、ツォンカパは自らの独自の立場を宣言した最初の主著『菩提道次第大論』を著し、その最後の毘鉢舎那章において、自らの中観思想を詳細に論証することになった。ツォンカパ四二歳のときである。『菩提道次第大論』の全体は、アティシャからカダム派に伝えられてきた「菩提道次第（ラムリム）」思想に基づいて構成されている。菩提（悟り）への道の次第（階梯）とは、仏教に目覚めてから、最後に大乗仏教者としての行である六波羅蜜を修習して仏果に至るまでの道を体系化したものである。その中で、ツォンカパは六波羅蜜の最後の二つである禅定波羅蜜と般若波羅蜜を別出して、奢摩他《しゃまた》章と毘鉢舎那章において詳述している。特に毘鉢舎那章は、中観思想を体系的に記述する章となっており、しかも『菩提道次第大論』全体の四分の一以上の分量が充てられている。ここにツォンカパが、自らの独自の思想を世に問う熱意がひしひしと感じられる。

その論述は、科段がそれほど細かく分けられず、一つの節に重厚な論理が畳みかけるように積み重ねられていくというスタイルで、それ以後の著作に比べても、未だ未整理のままに試行錯誤しながら自らの立場を確立していこうと苦闘しているように見える。もちろん、ツォンカパ自身の自己理解では、試行錯誤の跡はなく、揺るぎない確信を持っていたはずであるが、逆に、それゆえにこそ、それを当時のチベット仏教界に問うための執拗な努力を書き連ねているのである。

本章では、まず『菩提道次第大論』毘鉢舎那章（以下『菩提道次第大論』とのみ言っても全て毘鉢舎那章を指す。）がどのように構成され、その中のどこに「中観派の不共の勝法」が位置付けられているかを科段において確認したのち、その様々な定式化を分析していくことにする。そして、最後にそれが、もっとも単純な存在論に帰着することと、それに対応する認識論までを遡源し、ツォンカパの中観思想のもっとも基礎的、原理的な側面を明らかにする。

第一節　『菩提道次第大論』の構成と「中観派の不共の勝法」の位置付け

『菩提道次第大論』の毘鉢舎那章の科段の主要部分は次のような構成になっている。(3)

N1　毘鉢舎那の準備をする
O1　了義・未了義の聖言（gsung rab）の特定
O2　ナーガールジュナの真意を解釈する仕方の歴史

O3　空性の見解を確定する仕方

P1　真実義（de kho na nyid）[4]に悟入する（'jug pa）順序

P2　真実義を確定する本論

Q1　正理（rigs pa）[5]によって〔否定される〕否定対象の特定

Q2　その否定は自立論証・帰謬論証のいずれによってなされるか

Q3　それに依って〔二無我に関する〕見解を心に生じさせる仕方

N2　毘鉢舎那の分類

N3　毘鉢舎那の修習の仕方

N4　修習したことによって毘鉢舎那が成立〔したことを確認するための〕基準

このうち、N2～N4は実践的な毘鉢舎那の方法を説いており、理論的な問題ではなく、分量も少ない。それゆえ、N1の「毘鉢舎那の準備」の部分が中観思想の哲学的議論の中心である。この中でO1の「了義・未了義の聖言の特定」[6]は、中期の著作『善説心髄』において主題的に論じられる。同様に、O2の中観思想の歴史の部分も極めて簡略な記述であり、名前が言及されているだけと言ってもよい。これも『善説心髄』においてはやや詳しく記述される。さらにO3のP1の「真実義に悟入する順序」についても以下の毘鉢舎那章の要約といってもよい内容である。従って、毘鉢舎那章の中心はP2の「真実義の確定の本論」にあることになる。[7]

このP2はさらに、Q1「否定対象の特定」とQ2「自立論証批判」とQ3「二無我の論証」の三節に分かれる。このうち、Q2の自立論証批判は、自立論証派と帰謬論証派の相違を、論証方法の問題としてではなく、存在論上の相違、すなわち「中観派の不共の勝法」に基づいて自立論証を批判する部分である。[8] すなわち「中観派の不共の勝法」の思想を自立論証批判に応用したものである。一方、Q3は、「中観派の不共の勝法」における無自性の具体的な（あるいは個別的な）論証を述べた部分である。主に『中論』に詳述されている論理を整理したものであり、伝統的な二無我の論証のツォンカパによる再構成である。ここでは、帰謬論証派独自の二無我の説である、人無我と法無我の無我のあり方が同じであること、従って声聞・独覚も法無我を理解していることなど、後に帰謬論証派の特徴的見解とされるものが論じられているが、それは個別的な問題であり、原理的な問題ではない。

これに対して、Q1の部分に詳述される「中観派の不共の勝法」は、ツォンカパの中観思想の存在論的な枠組みをなしている。空性と縁起の関係をどのように考えるか、その見解が他の立場とどのように異なるのか、そして最大の問題である、無自性であるものが同時に因果の働きを行うというパラドックス（とツォンカパが考えたもの）をどのように解決するか、という問題が論じられ、ツォンカパの立場が闡明されるのである。実際の空性の具体的な論証よりも、この枠組み（パラダイム）の問題が「中観派の不共の勝法」におけるツォンカパの主要な関心事である。ここで「中観派」とツォンカパが言っているのは、ナーガールジュナの真意を正しく解釈した、正当な中観派である帰謬論証派のことであり、したがって、この「中観派の不共の勝法」も実際には帰謬論証派の独自の教説である。ツォンカパが「中観派の不共の勝法」という言葉を繰り返すとき、それは他の学派に対する中観派の優位を述べているだけではなく、自立論証派に対する、あるいは自立論証派をも実在論に含めて批判する帰謬論証派の最終的な優位性を意味しているのである。

さて、そのQ1は次のような科段からなる。

Q1　正理によって〔否定される〕否定対象の特定

R1　否定対象を特定する必要がある理由

R2　否定対象を〔正しく〕特定せずに〔中観派を〕否定する学説（gzhung lugs）を退ける

S1　否定対象の範囲を広く考えている者〔による中観派の批判〕を退ける
T1　〔中観派を否定する〕主張の提示
T2　それが不合理であることを示す
U1　その〔中観派批判の〕説によって「中観派の不共の勝法」が否定されてしまうことを示す
V1　中観派の勝法を特定する
V2　その〔中観派批判の〕説によって中観派の勝法がどのように否定されてしまうか
V3　それに対して中観派はどのように返答するか
U2　否定的論証（gnod byed）を述べても〔中観派の説は〕論破され得ないことを示す
V1　正理による考察に耐えるか否かについての誤解[9]
V2　量（pramāṇa, tshad ma）[10]によって成立するか否かについての誤解
V3　四句分別〔による〕生起の否定[11]についての誤解
V4　実在の有無などの四句分別についての誤解
S2　否定対象の範囲を狭く考えている者〔による中観派の批判〕を退ける
R3　自説の否定対象を特定する仕方
S1　否定対象が直接意味するものを特定する
S2　その〔否定対象〕が〔他の〕諸々の否定対象に適用されるか否かについて
S3　否定対象に「勝義において」という限定を付すか否かを説明する

この科段の構成から一見して分かるように、議論の中心はR2 - S1「否定対象の範囲を広く考えている者による中観派の

批判を退ける」であり、その詳細がT2で説明される。否定対象とは、空性を論証するために中観派の論理によって否定されるものであり、その否定対象を明確に特定することが中観派の議論の出発点となる。先に述べたように、否定論証自体は、ずっと後になって行われる。その否定対象を明確に規定する前に、まずはそれについての誤った理解が批判されるのである。その中でも、否定対象の範囲が広すぎる誤解が最初に取り上げられ、その批判の中で「中観派の不共の勝法」が述べられる。「不共」ということは、他と共通しない、他と異なっている、という意味であるので、誤った理解と対比して、それとは異なるものとして正しい中観派の立場が規定されることになる。言い換えれば、正しい理解は誤った理解との「差異」として特定されなければならないのである。

否定対象の範囲を広く取り過ぎている実在論者から、中観派は何もかも否定してしまう虚無論であるという非難が提起される。これに対して中観派（帰謬論証派）たるツォンカパは、中観派の立場が虚無論でないことを示すと同時に、中観派を虚無論であると批判する立場を実在論と位置付け、逆にその実在論的な立場を批判する。ここにツォンカパの中観思想の枠組みが虚無論と実在論の両者を否定した中道として（すなわち離辺中観説として）宣言されることになる。

そのT1の議論は、U1の「中観派の不共の勝法」自体の総論と、U2の、誤解を払拭する各論に分かれるが、いずれにせよ、これらの中で「中観派の不共の勝法」の様々な側面、あるいは様々な表現形態が言及され、それらがどれも、同じ存在論に帰着することが示される。

したがって、「中観派の不共の勝法」という存在論の原理を解明するためには、このU1の箇所を丹念に読解することが必要となる。

第二節　「中観派の不共の勝法」

（一）　縁起と無自性の共通基体性

「中観派の不共の勝法」とは、「中観思想が他の学派と異なったものと言える特徴〔的見解〕」という意味である。思想的立場が「異なっている」と言えるためには、同じ一つの主題（主語）について、相互に相容れない主張（述定）がなされている必要がある。この中観思想と実在論の思想的対立がどこにあるかという問題について、ツォンカパは次のように述べている。

実在論を主張する仏教徒たちは、諸学によく通暁していても、中観の見解を承認せず中観派に対して〔以下のように〕非難する。すなわち、一切法[12]は、それ自体で成立している自性[13]（rang gi ngo bos grub pa'i rang bzhin）が何も存在しない空なるものであるとするならば、〔輪廻への〕束縛や〔そこからの〕解脱などの、輪廻〔から〕涅槃〔に至るまで〕の全ての〔存在の〕設定は、その設定基盤（'jog sa）があり得ないことになってしまうのであろう[14]。…

自性が存在しないとすれば、生じさせるものとそれによって生じられるもの、〔自性の〕否定や無自性の論証〔など〕の効果的作用の働き（bya byed = bya ba byed pa）一切が不合理なものになってしまうであろうと考えて実在論者は〔中観派を〕非難する。これは、自性を否定する正理によって効果的作用の働き一切が否定されると理解して非難しているのである。したがって、実在論者と中観派の二者が一致しない主張について論争するとき、〔その論点は、全存在が〕自性のない空なるもの（rang bzhin gyis stong pa）において、輪廻〔から〕涅槃〔に至るまで〕の〔存在〕設定全てが可能であるか否か、というこの点についてのみ論争するのである。それゆえ、それ自体で成立している自性が微塵もないものにおいて、生じさせるものとそれによって生じられるもの、〔自性の〕否定や無自性の論証などの輪廻〔から〕涅槃〔に至るまで〕の〔存在〕設定全てが〔妥当なものであると〕承認できるということ、これが「中観派の〔不共の〕勝法」なのである。(15)

この議論を要約するならば、次のようになる。実在論者は、自性が否定されるならば、物事が何らかの効果を生み出すという縁起的な働き一切、引いては輪廻とそこからの解脱という宗教的な行為一切が成り立たないと考え、そのため、無自性論者である中観派に対し、「全存在が無自性であると主張するならば、輪廻から涅槃に至るまでの縁起的な働き一切が不可能になってしまうであろう」と非難することになる。それに対して中観派は、自性のないものにおいてこそ、輪廻から涅槃に至るまでの縁起的な働き全てが成り立つと考える。実在論者と中観派の争点は、「自性のないもの」という同じ一つの主題について、縁起の働き全てが成り立つと考えるか(中観派の見解)、成り立たないと考えるか(実在論者の見解)、というこの対立に帰着する。この場合の中観派の見解、すなわち無自性なるものにおいて縁起の働きと縁起する存在の設定全てが成り立つという見解が、ここで「中観派の不共の勝法」と呼ばれているのである。

ツォンカパは他にも次のような主張を「中観派の不共の勝法」として言及している。

〔ナーガールジュナはこの『出世間讃』(16)で、諸存在が〕縁起するものであることを理由に、〔それらが〕自性の存在しない〔空なる〕ものに他ならない（rang bzhin gyis stong pa kho na'o）とおっしゃっているのである。すなわち、縁起の意味が、自性の存在しない空性の意味として現れてくるというこのことは、尊師ナーガールジュナの「不共の説」である。したがって、自性が存在しないという空性は中観派の立場で主張するのであり、縁起、すなわち因果は、〔中観派の〕自説においては正しく設定することはできず、他者の立場などに託して（skyel ba）〔設定される〕というのは縁起の意味ではない[17]。

ここでは、縁起が無自性を論証する根拠であること、そして縁起の意味が無自性の意味として現れてくるということ、この二点がナーガールジュナの不共の説と呼ばれている。その他の例も含めて「中観派の不共の勝法」と呼ばれる思想として、先の「無自性なものにおいて同時に縁起が成り立つ」という命題は、さらに次の三つの命題を含んでいる。

1　縁起を論証因として無自性が論証される。

2　無自性なものにおいて、輪廻から涅槃に至るまでの縁起する存在全ての設定が成り立つ。

3　縁起の意味が無自性なる空性の意味として現れる。

「中観派の不共の勝法」を構成するのは、縁起（するもの）と無自性ないし空性という二つの項目であり、第一命題では、前者が後者の論証因となること、第二命題では、後者が前者の成立するための条件となること、そして第三命題では、前者の意味が後者の意味になることが主張される。とりわけ第二命題は、上に述べた「中観派の不共の勝法」の導入意図、すなわち実在論と中観思想の根本的対立点として言及されていたものであり、その意味で最も中心的な主張であると考えられる。

これらの命題は、さらに次のような、より根本的な原理を前提にしている。

4　縁起と無自性は矛盾しない。縁起と自性による存在とは矛盾する。

5　縁起と無自性は同じ一つの基体の上で成立する。
6　縁起と無自性は同義である（縁起と無自性は外延が等しい）[18]。

これらを上の「中観派の不共の勝法」と比べてみると、その原理性は明らかである。この三つの原理は別々のことではなく、同じことを表現を換えて言っているにすぎない。また、これらはそれ自体では明確な主張を形作るものでなく、「中観派の不共の勝法」として言及されることもないが、上記の三つの命題はみなこれらの原理を根拠として成立しているのである。以下、これら三原理との関係に留意しながら、上記三命題を順次取り上げ、その具体的な内容を説明して行こう。

（二）　縁起による無自性の論証

「中観派の不共の勝法」の第一命題「縁起を論証因として無自性が論証される」についてツォンカパは次のように説いている。

因(rgyu)や縁(rkyen)に依って雑染なる法および清浄なる法が生じ滅するという縁起と、自性が存在しないという、この二つ〔の性質〕が、同じ一つの基体(gzhi mthun)に属しているばかりではなく、縁起することこそが、無自性を理解するための最上の根拠になるということは、中観派の智者だけの勝法であると知るべきであって、〔因縁に〕依って生じ〔因縁に〕依って滅するならば、それ自体で成立しているものでなければならないと考え、〔中観派の主張する〕自性を否定する正理によって生滅の縁起〔までも〕が否定される〔と考える〕ならば、神が魔に堕落したのと同様、中観の意味をありのままに理解することに対する最大の障害になるのである[19]。

ここでは、「縁起が無自性を論証する最上の論証因である。」という主張が「中観派の不共の勝法」であると述べられている。この主張自体は、ツォンカパの中観関係の著作に初期[20]から後期[21]に至るまで繰り返し言及される。また、この縁起と無自性の関係は、それらの間の論証因と帰結の遍充関係[22]としても言及される。

〔ナーガールジュナ師が『中論』第二四章第一八、一九偈[23]で、〕「縁起しているところのもの、それを空性であると〔私は〕説く。それは依って仮説されたものであり、その同じものが中道である。縁起していない法はいかなるものも存在していないので、空でない法はいかなるものも存在していない。」と、「縁起しているものであるならば、必ず、自性を持たない空なるものでなければならない。」とおっしゃっている。これに対して、「因と縁に依って生じたものであるならば、必ず、自性によって成立していなければならない。」と、逆の主張をしてはならない。[24]

ここに引用されている偈は、『中論』第二四章「四聖諦の考察」の中心的な偈であり、縁起と空性と他のものに依存して仮説されることと中道とを同一のものであると主張する有名な箇所である。しかし、ツォンカパはそれを単純な同一性とは見ず、ここに「縁起するものは、自性を持たない空なるものによって遍充される。」という肯定的遍充関係が説かれていると解している。また、

「自性によって成立しているならば、決して、因や縁を必要とすることはない (rgyu rkyen la mi ltos pa)。」という否定的遍充関係と「因や縁を必要とするならば、必ず、自性のない空なるものである。」という肯定的遍充関係、そして無自性である言葉によって〔自性の〕否定や〔無自性〕論証〔など〕の効果的作用を行うことができるということ (bya ba byed nus pa)〔、これらを聖ナーガールジュナは〕極めて明確にお説きになっているのである。[25]

というように肯定的・否定的遍充関係（rjes 'gro ldog khyab）の両方に言及している。ここではさらに、無自性なものにおいて効果的作用が成り立つという第二命題も言及されている。

さて、第六章「自性と縁起」において検討するように、ツォンカパは縁起に二つの場合があると考えていた。すなわち、因果関係にあるもの、言い換えれば有為法のみに当てはまる因と縁に依って生起するという意味での縁起と、部分と全体や相対的な概念のように、相互に他を必要としているものの間の相互依存性としての縁起である。後者は有為法も無為法も含む一切法に妥当する広義の縁起である。この意味では、縁起していない法は存在せず、一切法は全て縁起しているが故に無自性であると言えることになる。言い換えれば、縁起しているものと無自性なるものとは外延が等しいのである。しかし、松本（1997-9）が指摘しているように、縁起と無自性について論証の必然性が言及されるのは、必ず「縁起するが故に無自性である」という方向（ないしはそれを換質換位した「自性があるならば縁起は成り立たない」という否定的遍充関係）だけである（pp.317–319）。これは、中観派の論証が、実在論者に対して、諸法が無自性であることを論証するものであることによる。また、縁起が世俗の存在のあり方であり、無自性が勝義のあり方であることとも無関係ではないであろう。縁起から空性へという論証の方向性は、修行によって仏果を得るという仏道修行の方向性と一致していると考えることもできるであろう。ただし、これらの理由はツォンカパ自身が明言していることではない。この方向性は暗黙の前提であったのかもしれない。

（三）　無自性なものにおいて縁起が成り立つ

「中観派の不共の勝法」の第二命題「無自性なものにおいて輪廻から涅槃に至るまでの縁起している諸存在の設定が可能

になる」は、最初に引用したツォンカパの議論に見られるように、「中観派の不共の勝法」を導入する箇所での主張内容であり、これを認めるか否かが中観思想と実在論とを峻別する基準となる。それゆえ、この第二命題は「中観派の不共の勝法」の中心的主張と考えられる。ツォンカパにとって、宗教的な修行とその果報の関係が正当に設定できるということは最も重要な課題であった。そのためには縁起が正しく成立している必要があるが、この第二命題は、その縁起が成立するための条件を述べるものである。

この命題も前述の第一命題と同様、縁起と無自性が矛盾しないという原理に基づいている。

まとめるならば、無自性と、〔輪廻への〕束縛や〔輪廻からの〕解脱、生滅など〔の縁起する諸存在〕とが矛盾すると主張するならば、自性のない空なるもの（rang bzhin gyis stong pa'i stong pa）において、輪廻〔から〕涅槃〔に至るまでの諸存在〕の設定すべての妥当性が、二諦のいずれにおいても成り立たなくなってしまうであろう。したがって、あなたは、他ならぬ「中観派の〔不共の〕勝法」を否定しているのである。[26]

ここで言及される「中観派の不共の勝法」は、「無自性なるものにおいて縁起するもの一切が設定され得る（縁起するものの一切の存立が可能になる）」という主張であり、そのような主張と「無自性と縁起が矛盾する」という主張とは相容れない、と指摘されている。もちろん、無自性と縁起が矛盾する、つまり同一のものにおいて両立しないとするならば、無自性なるものにおいて縁起する諸存在の設定が成り立たないのは当然である。

「無自性と縁起とが矛盾しない」という主張は、逆に「自性があるならば縁起は成り立たない」、すなわち「自性と縁起は矛盾する」という主張と共に言及されることが多い。この二つの原理は『中論』第二四章第一四偈の「空性が成り立つ〔という立場〕においては一切〔の設定〕が成り立ち、空性が成り立たない〔という立場〕においては、一切〔の設定〕が成り立たない。」という偈の内容に基づいている。この偈は無自性が縁起と矛盾しないというだけではなく、それとは逆の「自性は縁起と矛盾する」という原理をも述べているからである。

それ自体で成立している自性（rang gi ngo bos grub pa'i rang bzhin）が微塵もないものにおいて、生み出すもの・生み出されるものや〔自性の〕否定・〔無自性の〕論証などの輪廻〔から〕涅槃〔に至る存在の〕設定全てを承認することができるということ、これが中観派の〔不共の〕勝法なのである。すなわち『中論』第二四章に

〔第一三偈〕〔効果的作用の働き一切が不合理になるという〕過失に陥ることになる〔という実在論者たるあなたの多くの非難〕は、〔われわれ中観派の主張する〕空〔性〕においては成り立たない〔ばかりではなく、逆にわれわれの主張する無自性空なるものにおいては、効果的作用の働き全てが妥当なものとなる〕ので、〔実在論者たる〕あなたが〔空性の意味を逆に取って多くの過失を指摘することによって〕空性を非難している〔その過失〕は、〔中観派たる〕私〔の説〕においては〔全く〕成り立たない。

〔第一四偈〕〔われわれ中観派の立場では、過失が生じないばかりではなく、逆に効果的作用の働き全てが理に適ったものとなる。なぜならば、無自性空なる〕空性〔を設定〕できる〔立場〕では、〔四聖諦や縁起などの〕全て〔を設定すること〕が妥当となり、空性〔を設定することが〕できない〔実在論の立場〕においては、〔効果的作用の働きの設定〕全てが不可能になる〔からである〕。[27]

と言われる。「もしこれらすべてが空であるならば、」云々〔と『中論』第二四章第一～六偈に述べられた〕過失は、無自性論者〔である中観派の説〕に当てはまらないばかりではなく、自性が存在しないと〔主張〕する立場においては生

滅など〔の効果的作用の働き全てを設定すること〕ができるが、自性が存在する（rang bzhin gyis mi stong pa）と〔主張〕する立場では〔生滅など一切を設定することが〕できないとおっしゃっているのである。[28]

ただし論理的には、縁起と無自性とが矛盾しないからといって、無自性なるものにおいて縁起する諸存在の「一切」の設定が成り立つと言えるわけではない。縁起と無自性は矛盾しないが、縁起が成り立つために無自性である必要があるとは限らないからである。しかし、無自性と背反関係にある有自性が縁起と両立しないとするならば、縁起が成り立つのは無自性である場合に限られることになる。したがって、「縁起と無自性が矛盾しないこと」と「縁起と有自性が矛盾すること」というこの二つの原理を組み合わせることによってはじめて、無自性なるものにおいて縁起する諸存在一切が設定されるという第二命題が根拠づけられることになる。

さて、先の第一命題が論証における根拠と帰結の遍充関係として表現されるのに対し、この無自性なものにおいて縁起が成り立つという関係はそのような論証のための関係として言及されることはない。それでは、この第二命題によって表現されている関係はどのようなものと考えるべきであろうか。ツォンカパ自身は何も明言していないが、無自性なものにおいて縁起が成り立ち有自性なものにおいて縁起は成り立たない、という関係は、縁起が成り立つためには無自性でなければならないという縁起が成り立つための条件を述べていると考えることができる。これはものの存在の仕方、ないしは成立の仕方のことだと言えるであろう。

また第一命題と第二命題は、十分条件と必要条件の関係にあると考えることもできる。縁起から無自性を論証できるとすれば、それは縁起することが無自性であるための十分条件になっていることを意味すると同時に、無自性は縁起が成り立つための必要条件であることになる。縁起が成立していれば、そのことだけで無自性は成立していることが知られるが、それはとりもなおさず、縁起が成立するためには無自性であることが必要不可欠であることを示している。ツォンカパ自身、縁起が無自性の論証因であると主張するとき、縁起は無自性でなければ成立しないこと、同様に有自性と縁起は相容れないことを指摘することによって、それを論証している。これはまさに第一命題が、その内実を証明しようとする場合、実質的には第二命題を前提にしていることを意味する。このように内的な関係にまで辿ってみるならば、この第一命題と第二命題とは、単に密接な関係にあるという以上に、相互に論理的に他を要請し補完するような、必要不可欠の命題なのである。その中でもこの第二命題は、もののあり方という、より根本的なものを表現しているという意味で「中観派の不共の勝法」の中心的命題であると言えるであろう。

この主張の批判対象である実在論者は、「ものに自性がなければ、縁起することもあり得ないので、一切法が無自性であるとすれば、輪廻から涅槃に至るまでの縁起する諸存在の設定一切が成り立たないことになる」と考えている。実在論者はこの隘路を解決するために、無自性である領域と縁起するものの領域を区別し、「部分的な空（nyi tshe ba'i stong pa）」を説くことになる（LN, 45b1–b4）。すなわち、縁起と無自性が矛盾すると考え、輪廻から涅槃に至るまでの諸存在の因果関係、すなわち縁起は、真実なる存在において成立するので無自性ではなく、逆に虚偽なる存在は虚偽であるが故に無自性であると主張する。例えば、小乗仏教徒は、人間存在を構成する五つの存在要素（五蘊）は真実なる存在であるが、その上に構想される人格的存在は虚偽なる存在であるので無自性であると主張する。また唯識派は、主観と客観が独立に存在すると考えるのは錯誤であるので、そのような主観・客観は無自性であり存在しないが、主客に分離されない意識現象は真実なる存在であり、その自性は否定されないと主張する。言い換えれば、実在論者の理解では「存在している（縁起する）」と述定される主語と「無自性である」と述定される主語は異なっていることになるのである。

これに対して中観派は、無自性と縁起とは矛盾しないので、特にそれらの領域を区別する必要はなく、縁起するものが同時に無自性でもある、あるいは縁起するものは無自性でなければならない、と主張するのである。このような「中観派の不共の勝法」の根本的主張は、単に実在論者を批判するばかりではなく、「縁起あるいは世俗の存在を設定することは、無自性を標榜する中観思想と相容れないので、他者の立場に立ってのみなされ得る」という誤った中観理解を払拭することにもなるのである。

（四）縁起と無自性の無矛盾性と共通基体性

既に何度も述べてきたように、中観思想と実在論の対立点は、自性のないものにおいて、因果関係（縁起）が成り立つと主張するか（中観派）、成り立たないと主張するか（実在論者）という点にある。このことはまた、無自性と縁起とが矛盾しないと考えるか（中観派）、矛盾すると考えるか（実在論者）、という対立でもある。

「中観派の不共の勝法」は、その根底に無自性と縁起の無矛盾関係および自性と縁起の矛盾関係が前提とされていた。ところで、二つのものが矛盾する（'gal ba）ということは、チベット論理学では「異なったものであり、かつ共通基体（gzhi mthun）の存在しないこと[29]」と定義される。「共通基体」とは、「AでもありBでもあるところのもの」であるので、縁起と無自性が矛盾するということは、「縁起するものでもあり無自性でもある共通基体が存在しないこと」と言い換えられ、それらが矛盾しないということは、「縁起するものでもあり無自性でもあるものが存在すること」と言い換えられる。つまり、縁起と無自性が矛盾しないということは、縁起および無自性という属性がともに属する共通基体・共通主題が存在するということを意味している。

これは後代の論理学書の定義を適用した解釈であるが、ツォンカパ自身も『菩提道次第大論』において縁起と空性が「共通基体」を有することに言及している。上に引用した「因（rgyu）や縁（rkyen）に依存して雑染なる存在および清浄なる存在が生滅する〔が、このような〕縁起と無自性という、この二つ〔の性質〕が、同じ一つの基体（gzhi mthun）に属しているばかりではなく、」という部分がそれである。このことは、矛盾するか否かということが共通基体の有無によって定義されるという用語法をツォンカパも共有していたことを示している。これが、無自性なるものにおいて同時に縁起が成り立つということの前提の一つになっていることは容易に理解できるであろう。

（五）縁起の意味が空性の意味として現れる

中観派の不共の勝法の第三命題は、「縁起の意味が無自性なる空性の意味として現れる（rten 'brel gi don rang bzhin med pa'i stong nyid kyi don du 'char ba, LR, 379a4）」と表現されるが、これは、前の二つの命題と異なり、その実質的な思想内容以前に、その言葉の意味自体も分かりづらい[30]。

この命題を二つの部分に分けて考えることができる。一つは、「縁起の意味が空性の意味である。」という部分、もう一つは「そのようなものとして現れる。」という部分である。実はこの二つを組み合わせた用例はツォンカパの著作の中では非常に少ない。『菩提道次第大論』では上に示した一箇所、他に晩年の『入中論註密意解明』で一度出てくるのみである。しかし、「縁起の意味が空性（あるいは無自性）の意味である。」という表現は何度も言及される。その場合には、述語動詞は「とおっしゃっている（gsungs）」、「と説明されている（bshad）」、「と注釈されている（bkral）」、「と理解する（go）」などが使われる。「おっしゃっている」の主語は世尊、「説明する」「注釈する」の主語は中観論師、主にナーガールジュナやチャンドラキールティ、「理解する」の主語は修行者である。

一方「として現れる（du 'char）」という述語動詞は、ほかの文脈でも何度か用いられる。特に『菩提道次第大論』の場合は、「菩提道次第（ラムリム）」という教説の特徴的な利点の一つとして「全ての聖言が教誡として現れる偉大さ[31]」が挙げられる。すなわち、悟りに至るまでの修行階梯を体系化したラムリムという教説は、それぞれの段階の所化に対して説かれた釈尊の聖言を、それぞれの段階に有機的に配置して、聖言全体を矛盾なく統一的に理解し修習することができる教説である。

ところが、釈尊の聖言は、そのままでは我々一般の衆生には難解であり、容易に納得できるものではない。そこでその聖言の意味や真意をわれわれに分かるように多くの先師たちが教えてくれたものが「教誡（gdams ngag あるいは gdams pa）」として伝わっている。このラムリムの教説においては、釈尊の聖言の一部ではなく、全ての聖言のそれぞれの意味が我々にとって有意義で実践可能な教えとして理解されるようになるというのが、「全ての聖言が教誡として現れる」ことの意味である。すなわち「現れる」というのは、「理解できるようになる」という意味であろう。

　これと同様の意味であるとすれば、「縁起の意味が無自性の意味として現れる」とは、「縁起の意味が無自性の意味として理解されるようになる」と解釈することができるであろう。この述語動詞の部分には他の語が用いられることもあることを考えると、意味の中心は「縁起の意味が空性の意味である」という前半部分にあることになる。その中で、「縁起の意味」や「空性の意味」の「意味」と訳した原語 don (artha) は多義的である。ここで don は何を指しているのであろうか。

　まず、『菩提道次第大論』の中でこの表現が出てくる文脈を確認しておこう。この命題は「中観派の不共の勝法」のいくつかの定式化が挙げられる中で言及される。まず、先に引用した『中論』第二四章「四聖諦の考察」第一八、一九偈の引用に基づいて縁起に対する無自性の遍充関係を導き出した後に、「同様に」として『廻諍論』[32]、『空七十論』[33]、『六十頌如理論』[34]、『出世間讃』[35]を引用し、それらをまとめて、縁起が無自性を論証する論証因であると述べられる。

> と〔言って〕、縁起していることを理由にして、〔一切法は〕自性がない〔空なるもの〕に他ならないとおっしゃっている。すなわち、縁起の意味が無自性なる空性の意味として現れるということは、ナーガールジュナの「不共の説 (lugs thun mong ma yin pa)」なのである。
>
> 　それゆえ、無自性なる空性は中観の立場で〔設定〕し、縁起〔すなわち〕因果〔関係にあるもの〕の設定は、自説ではできないので、他者の立場などに託して〔設定される〕というのは、縁起の意味ではない。なぜならば、「空性が妥

当である〔と主張する立場〕において」と〔言って〕、無自性の説において、輪廻〔から〕涅槃〔に至るまで〕の一切の縁起〔している諸法の設定〕が可能となるとおっしゃっているからである。[36]

遍充関係は、論証因が成立するための根拠であるので、この議論の流れは自然である。それが「縁起の意味が無自性の意味である」と言い換えられる。そのあと、「それゆえ」として、「縁起の意味が無自性の意味である」ことから導き出される帰結が述べられ、さらにその理由が「なぜならば」と付け加えられている。この展開自体は、その言葉ほど論理的な段階を踏んでいるわけではなく、どれもが同じ一つのことを別の表現で言い換えているだけと考えた方がよい。それは本章の初めに「中観派の不共の勝法」について述べたように、「同じ一つの基体において縁起と無自性が同時に成り立つこと」であり、あるいは、「縁起しているものが同時に無自性なるものである」という共通基体性に他ならない。そもそも、この縁起による無自性の論証は、論理学で言う自性因（svabhāvahetu）であり、それは二つの属性の間に同一存在（tādātmya, bdag gcig 'brel）の関係があることが必要条件である。[37]

このような展開の中で「縁起の意味が無自性の意味である」と理解されるというとき、その「意味（artha, don）」は、概念的な意味内容ではなく、「縁起」や「無自性」という概念が指し示す具体的な対象のことであると考えられる。あるいは「縁起しているもの」と「無自性であるもの」とが対象の側において同一存在であることを意味していると言い換えることもできるであろう。しかしその場合、主語になるのは無自性の方ではなく縁起の方であるのは、遍充関係の表現と一致しているが、単にそれだけに留まるわけではない。上の訳で「縁起の意味が無自性の意味である」と訳し、「縁起の意味は無自性の意味である」と訳さなかったのには理由がある。それについて、『菩提道次第大論』と少し離れるが、『中論』の注釈書『中論註正理大海』の中で、『中論』第二四章第七偈に現れる「空の意味（śūnyārtha, stong pa'i don）」について、『プラサンナパダー』を祖述しながらツォンカパは次のように述べている。

以上によって、[38]縁に依存しているところのもの（＝縁起しているもの）自体が、自立的な自性（tshugs thub kyi rang bzhin）を持たない空なるものであると説明されているので、縁起という語の意味する、その同じものが（gang yin pa de nyid）、無自性空という語の意味するものであって、効果的作用の能力のある実在〔として存在し〕ないものが空性という語の意味するものではない。

あなたは、「自性によって存在しているものでないならば、効果を生み出す働きのある物は存在しないことになる」と考えて、〔実体として〕存在しないものが自性がない（＝空）という語の〔意味する〕対象であると思い込んで〔中観派に対して〕非難を述べているのであるから、空性という語の意味も知らないのである。[39]

ここでツォンカパは、中観派は、空性という語の意味と縁起という語の意味は同じであり、逆に空性と実在しないもの（abhāva, dngos po med pa）の意味は異なっていると主張する立場であると説く。これは単に、空であるものと縁起しているものが同一存在であることを意味するだけではない。ここで「実在」に対する形容詞「効果的作用の能力のある」は、チベットの概念体系の中では、「実在するもの（dngos po）」に対する定義的特質(mtshan nyid)に当たる。この箇所でチャンドラキールティは単に「非実在という語の意味（PSDP, 491.16: abhāvaśabdasya … arthaḥ）」と言うのみだが、チベット語訳が dngos po med pa であることから、ツォンカパはその「実在するもの（dngos po）」に、その定義的特質の「効果的作用の能力のある」を修飾語として付け加えたのである。このため、単に「非実在」ではなく、「効果的作用の能力のある実在〔としては存在し〕ないもの」と解釈されることになり、さらにそのことは「因果関係（＝縁起）にないもの」を意味することになり、結局縁起の否定へと帰着する。このことから、無自性が非実在を意味するとするならば、それは縁起することはないという意味だと解釈されていることになる。これは、縁起しているものが同時に無自性でもあるという中観派の立場と相容れない、否定されるべき見解である。

上に「縁起の意味が無自性の意味である」と訳すべきであって、「縁起の意味は無自性の意味である」と訳すべきではないと述べたが、これは上の引用において、縁起の意味が空性の意味であって、効果的作用の能力のないものが空性の意味ではないと対比されていることによる。この場合、空性の意味が問われているのである。すなわち空性の意味を主題として、それが縁起するものを意味するのか、それとも縁起とは逆の、効果的作用の能力のないものを意味するのかが対比され、前者が肯定され、後者が否定されているのである。このことから、「無自性の意味は縁起の意味であって、縁起する存在の非存在の意味ではない」と主張していることが分かる。「縁起の意味」が何かを問うて、それ対して「無自性の意味」であると言っているわけではない。

「空性という語と縁起という語は同一の意味対象を持っている。」というこの主張が、「同一の基体に、空であるという属性と縁起しているという属性が共に帰属する」という主張と同じことを述べているとするならば、その主張は、これまで検討してきた「中観派の不共の勝法」の別の表現であるということになり、その内容は理解しやすい。それでは、この第三命題のもう一つの構成要素である、「そのようなものとして現れてくる。」すなわち「そのようなものとして理解されるようになる」という部分はどのように理解すればいいだろうか。

その点についてツォンカパは、「同じものに空性と縁起という二つの語が述定される。」というこれまで検討してきた「中観派の不共の勝法」の主張をより深く掘り下げ、そこに日常的、実在論的見方から中観派的見方への転換の意味を折り込んでいると考えられる。『中論』第二四章第一八、一九偈に対する『中論註正理大海』の注釈箇所である「自説、空の意味が縁起の意味として示される（rang gi bzhed stong pa'i don rten 'byung gyi don du bstan pa）」という科段で、ツォンカパは、実在論的な見方と真の空性との間のギャップとそれを乗り越える「中観派の不共の勝法」を次のように述べている。

自性によって成立しているものではない〔空〕の意味は縁起の意味であると何度も説かれているとするならば、その意味とは何か。例えば、中央部が膨れたもの〔というの〕が壷の意味（＝定義的特質）であると規定されるのと同様の意味であるとするならば、諸々の結果が因や縁に依って生じると確信した、その同じ知によって、空の意味も〔理解して〕確信していることになってしまう〔が、そのようなことはない〕ので、〔縁起が空の定義的特質であるという解釈は〕不合理である。

あるいは「縁起という語の〔意味〕対象それ自身が空〔という語〕の〔意味〕対象である」と主張したとしても、その同じ不都合が生じる。

もし、縁起を直接〔の対象として〕確信している〔知によって、空が〕間接〔的に認識される〕という意味であると主張したとしても、前と同様不合理である。そこで、その意味は何か、と思うならば、〔答えよう。〕そのように主張しているのではない。

それならば、〔その意味を〕どのように設定するのか、と思うならば、〔答えよう。〕空の意味が縁起の意味になるのは、〔諸法が〕自性によって成立していることを量によって否定している中観派にとって〔そうなるの〕であって、他の〔立場の〕ものにとって〔そうなるわけ〕ではない。

そのような中観派においては、内外の諸実在が因に依存して縁起したものであると直接〔的な内容として〕確信したとき、その同じ知の力に基づいて〔、それらが〕自性によって存在しているものではない〔空の〕意味（rang bzhin gyis yod pas stong pa'i don）であると確信されることになるのである。

なぜならば、自性によって成立しているものは他のものを必要とすることはないと理解し、そのこと（＝自性によって成立していること）と縁起していることの二つが矛盾していると量によって理解するからである。(40)

ここでツォンカパは「空の意味が縁起の意味になる」という表現の意味について、壺の定義的特質の一部である中央部が膨れていることが壺の意味であるというのと同様であるという解釈、縁起という語の意味対象が同時にまた空性という語の意味対象であるという解釈、縁起を理解している知が間接的に空性を理解しているという解釈という三つの解釈を挙げ、いずれも退けている。これらの例に共通しているのは、縁起を認識している、その同じ知が、直接的にであれ間接的にであれ、空性を無媒介的に認識するという点である。

ツォンカパはそれに対して、縁起と空性の間にそのような無媒介的な理解はあり得ないと指摘し、縁起の理解が空性の理解に直接移行するのではなく、その移行のためには、中観派のみが有している独自の主張が量によって認識される必要があると主張しているのである。この場合、中観派のみが量によって理解していることとは、「自性によって成立しているということは他のものに依存していないことを意味するということ」、そして「他のものに依存しないことと縁起することとは矛盾するということ」、この二点である。これらは、言うまでもなく、「有自性と縁起は矛盾する・無自性と縁起は矛盾しない」という「中観派の不共の勝法」の原理に他ならない。この理解を前提とした場合、諸存在が縁起していることを確信したときには、それら諸存在が自性によって成立しているものではないことが同時に確信できるようになる。このことが「縁起の意味が空性の意味になる（＝縁起の意味が空性の意味として現れてくる）。」という命題の意味である。縁起の意味が空性の意味として「現れてくる」という表現には、中観派独自の思想を持たない普通の人の場合には、縁起の意味が空性の意味としては理解されず、この中観派独自の思想的特質を持つことが、縁起の意味が空性の意味として理解できるようになる前提条件である、というニュアンスが込められているのである。

このように考えてくると、この「中観派の不共の勝法」の第三命題は、先に検討した第一命題、第二命題と同じ原理の上に立ちつつ、さらにそれが単なる存在論ではなく、中観派のみが有する優れた思想的特質として、より深い価値付けをしていることが分かる。「中観派の不共の勝法」についての三つの異なった命題がみな「中観派の不共の勝法」と述べられているのも、単にそれらが個々別々に重要であるからではなく、それらは同じ一つの事態についての異なった視点からの表現だからである。

(六)　存在と無に関する四つの様態

『菩提道次第大論』で「中観派の不共の勝法」を述べる科段の後半において、ツォンカパは実在論の誤謬をさらに根本的な原理へと還元している。実在論から中観派に対してなされる批判は、無自性であっては縁起が成り立たず、したがって、四聖諦も成り立たず、ひいては仏説一切が成り立たないという点にある。[41] 実在論がこのような批判を投げかける前提には、「存在すること」と「自性が（あるいは、自性によって）存在すること」とを区別しない存在理解があるとツォンカパは指摘する。

したがって、それ自体で成立している自性が存在しないならば、他に何が存在するであろうかと主張する〔実在論者〕は、「芽の自性が存在しないこと」と「芽が存在しないこと」の二つを区別していないことは明らかである。それゆえ、「芽が存在すること」と「芽がそれ自体で成立（＝存在）していること」の二つも区別していないので、存在するならば、それ自体で存在している〔ことになり〕、それ自体で成立していないならば、〔端的に〕存在していないと主張しているのは明らかである。もしそうでないならば、〔存在や生滅が〕それ自体で成立していることを否定する正理によって、単なる存在（yod tsam）や単なる生滅（skye ba dang 'gag pa tsam）などが否定されてしまうと、どうして主張するであろう。[42]

ここで、存在と無にそれぞれ二つずつの様態が区別されている。すなわち

(1) 単に存在していること (yod pa tsam)
(2) 自性によって存在していること (rang bzhin gyis yod pa)
(3) 端的に存在しないこと (med pa tsam)
(4) 自性が存在しないこと (rang bzhin med pa) (→自性によって存在しているのでないこと)

このような存在論的区別を導入した場合、実在論の立場では、(3)「端的に存在しないこと」と(4)「自性が存在しないこと」が区別されず、したがって、(1)「単に存在していること」と(2)「自性によって存在していること」も区別されないことになる。それゆえ、実在論者からの中観派に対する批判も、(4)「自性が存在しない」ならば、(3)「端的に存在しない」ことになるという前提に立ってなされていることになる。

一方、中観派はそれら四つの様態を区別し、(4)「自性が存在しないこと」と(1)「単に存在していること」とは矛盾せず、また(4)「自性が存在しないこと」と(3)「端的に存在しないこと」とは異なっているので、(4)「自性の存在が否定」されても、(1)「単に存在していること」は否定されず、また(4)「自性の存在の否定」が(3)「端的な非存在」を帰結しない。自性による存在が否定されるというのは、「自性による」という様態の限定が否定されているのであって、限定されない「単に存在するもの」は否定されないというのが中観派の主張である。

チャンドラキールティに由来するこの四つの様態の区別は[43]、先に挙げた「中観派の不共の勝法」の様々な表現形態とやや異なった内容となっているが、ツォンカパの議論は、「中観派の不共の勝法」に対する実在論者の批判に対する反論として展開され、これによって実在論と異なる中観思想の存在論がさらに明確になる。「中観派の不共の勝法」を構成する要素

に、これら存在の四つの様態を配当するならば、

(1)　縁起する諸存在は、「単なる存在」として設定されるものである。

(2)　縁起と矛盾するところの、自性によって成立しているものは「自性によって存在しているもの」である。

(3)　実在論が無自性の意味として誤解している〈効果作用の能力のあるもの〉の非存在は、「端的に存在しないもの」に他ならない。

(4)　自性を欠いた空なるものは、「自性が存在していないもの」である。

このように、「中観派の不共の勝法」と「存在と無の四つの区別」の根本にある思想は同じものである。異なっているのは、この存在の様態の四つの区別では、否定されるものと否定されないものとが明確に表現されているのに対し、「中観派の不共の勝法」においては、縁起と無自性の、相互に他を必然的に要請するという内的な関係が明示的に表現されている点である。

さらに、「中観派の不共の勝法」と「存在に関する四つの様態の区別」の密接な関係は、『菩提道次第大論』の「中観派の不共の勝法」の科段の最後に述べられている次のようなまとめの言葉によっても示されている。

以上のように、自性の有無と〔単なる〕有無の四者を区別するならば無数の誤った理解が斥けられることになるであろうし、自性が存在することを否定する諸々の正理に対して、単なる存在 (yod pa tsam) を否定するものであるという誤解が生じることはない。それゆえ、実在論の学者に対して中観派が返す反論の中心は、その四者〔を区別するという〕点からであるので、少しばかり〔詳しく〕説明したのである。(44)

すなわち、「中観派の不共の勝法」は、実在論と異なっている中観派の独自の主張を明示的に述べているのに対し、存在の様態の四つの区別は、実在論との主張の相違を説明するための存在論的な相違を原理的に述べたものであると言えるのである。

第三節　言説知・正理知・真実執着

存在の四つの様態の区別は、それらに対応して、次の三つの意識形態を区別する枠組みでもある。

(1) 単なる存在（＝言説有）を設定するものとしての正しい言説知（＝言説の量）[45]
(2) 自性によって存在しているもの（＝勝義有）を把握している真実執着[46]（＝有染汚の無明 nyon mongs can gyi ma rig pa）
(3) 自性の有無を考察する中観派の正理知

これら三つの意識形態は併存関係にあるわけではない。正理知と真実執着とは働きが相容れないので、正理知が存在すれば、それによって真実執着は退けられる。一方、言説知は、働きも対象も、真実執着および正理知と異なるので、排斥し合うことなく両者と共存する。その意味で、最も普遍的な知である。ただし、仏陀にはこれも存在しない。

先に述べたようにツォンカパは、「単なる存在」と「自性による存在」との区別を強調するが、そのように区別できる根拠は、それぞれを対象として把握している知が異なっていることに依る。

正理による考察に耐えるか耐えないかということの意味は、真実義を考察するその正理〔知〕によって認識される（＝正理によって否定されない）か認識されない（＝正理によって否定される）かということであり、[47]

〔正理知は、〕色形あるものなどに「それ自体で成立している生滅（rang gi ngo bos grub pa'i skye 'gag）」があるかないかを探し求めているのであって、その正理〔知〕によって「〔限定のない〕単なる生滅（skye 'gag tsam）」〔があるかないか〕を探し求めるのではない。〔すなわち、単なる生滅は正理知の考察対象ではない。[48]〕

さらに色形あるものなどの生滅は言説知によって成立しているものであって、それらは存在しているけれども、正理知によって成立しているわけではない。したがって、正理知によって認識されないということによって、どうして〔それら色形あるものなどの単なる生滅が〕否定されたことになろうか。[49]

したがって、〔正理知〕自身の〔観〕点から探し求めているものは、対象の上に存在している〔はずの〕「それ自体で存在しているもの」〔であるので、それ〕は正理によって否定されるが、「単なる存在」は否定されることはないというのが、〔チャンドラキールティが『四百論釈』で〕諸々の正理は「〔対象の〕自性〔の有無〕を探し求めることを専らにする」[50]とおっしゃっている〔ことの意味である。〕それゆえ、正理は〔それ自体で成立している〕自性の有無を探し求めるものであり、したがってそれによって否定されるというのも、〔それ自体で成立している〕自性が否定されるという

意味である。それゆえ、この二つ（＝単なる存在と自性による存在）は区別されなければならないのである。(51)

正理知がそれの有無を確認しようとして探し求める対象は「それ自体で成立している自性」ないしは「それ自体で存在しているもの」であり、言説知によって成立するところの「単なる存在」が正理知の探求の対象となることはない。言い換えれば、「単なる存在」は正理知によって否定も肯定もされない。言語的世界における存在（言説有＝単なる存在）は正理知によって成立するものではなく、言説の量（tha snyad kyi tshad ma）によって認識されることによって成立するのである。このように、それぞれの知の対象とするものが異なることが、単なる存在と自性による存在とを区別する根拠になる。

一方、「それ自体で成立しているもの」に執着するのが、倶生の真実執着（＝有染汚の無明）である。これは、〈存在していないもの〉を〈存在している〉と思いなす増益であるが、この場合〈存在していないもの〉とは「それ自体で成立している自性」ないしはそのような「自性によって成立しているもの」である。それは、真実執着という分別知の「思念対象（zhen yul）」でもある。思念対象とは、分別知が知に現れる形象を媒介にして外界にあると「思い込んでいる」対象である。そのような思念対象には〈存在しているもの〉も〈存在していないもの〉もある。言説有は前者であり、「それ自体で成立しているもの」あるいは人我や法我は後者である。

内外の諸法が自らの特質（rang gi mtshan nyid）によって成立していると執着しているところの、存在していない自性を存在していると増益している知が、ここで言う無明である。(52)

その同じものが真実執着とも言われる。(53)

人あるいは法いずれの対象においても、知の力によって設定されたのではなく、それらの諸法にそれぞれの側で(rang rang gi ngos nas)何らかの実相(gnas tshul lam sdod tshul)があると執着することが〔無明による自性の増益の仕方〕である。また、その〔無明〕によって執着されている通りの思念対象である、諸法それぞれ〔にあると増益されている〕実相を指して、「我」や「自性」が、作業仮説として(brtag pa mtha' bzung gi sgo nas)特定されるものである。[54]

「対象それ自身の側に対象それ自身の実相が存在する」という捉え方は、その対象のあり方が「知の力によって、知の側から対象に向けて付与されたもの」であるという中観派(実際には帰謬論証派)の捉え方とは対極にあるものである。この場合の「知の力によって設定される」ということの意味は、『菩提道次第大論』においては詳しく述べられない。それは『善説心髄』において詳しく検討され、知の関わり方が、自立論証派と帰謬論証派で異なっていることが明らかになる。[55]言説知と正理知が両立するの[56]と同様、無明と言説知も同時に存在することができる。

以上のように、それらの煩悩(＝無明・真実執着)は無限の過去から生じてきた倶生のものであるけれども、〔その〕把握の仕方('dzin stangs)は正理によって論駁すること(sun dbyung ba)ができるので、それら(＝煩悩)の思念対象[57]は言説においても存在していない。それゆえ、倶生の知(＝真実執着と言説知)の対象には、正理によって否定できるもの(＝真実執着によって捉えられているもの、我や自性)と否定できないもの(＝言説知によって認識されているもの、言説有)という二つがある。すなわち、この色形や音声などを措定する(rnam par 'jog pa)倶生の言説知の量の対象は言説有であるので、正理によって否定されることはないのである。[58]

この一節の主題は、言説有が正理知の対象にならず、したがって否定されない、と主張することにあるが、その過程で、言説知も無明も、倶生の知、すなわち輪廻の始めから絶えることなく存在し続けている知であることが言及される。無明の対象は正理によって否定され、言説知の対象は正理によって否定されないという違いがある、という指摘は、それら二つの知（言説知と無明）が「倶生の知」であり、同時に存在することを前提としている。また、排斥関係にあるのが正理知と真実執着（＝無明）であるので、正理知が現れれば無明は退けられが、言説知は、その両者と共存することができる。それゆえ、最も普遍的な知と言える。

さらに、正理知と言説知とが同時に存在するとき、言説有、すなわち「単なる存在」が幻の如きものであると理解されることになる。

人格的存在（＝人）など〔の諸法〕が言説知に対して否定されることのないものとして現れるということと、その同じ対象に〈それ自体で成立している自性〉がないと正理知によって確信すること、この二つに依拠して、その人格的存在〔などの諸法〕は、幻あるいは虚偽なる現れであるという確信が生じる。この場合、現れがあるということは〔自性を探し求める〕正理知によっては成立せず、また自性がないということは言説の量によっては成立しないので、自性の有無を探し求める正理知と色などが存在していると把握する言説知の二つが必要であるのは、そのような理由に依るのである。(59)

ここでは、先ほどの言説知と真実執着の関係と同様、言説有が言説知によって把握されて措定されるが、それが主語としての役割を担い、それについて中観派の論理（正理）によって自性の否定が述定される、という関係が述べられている。言説有が幻の如き存在である、ということが分かるようになるためには、これら、働きも対象も異なる二つの知（言説知と正理知）が必要なのである。

以上が存在の四つの様態の区別に対応した三つの意識形態の関係である。これを見ると、存在の四つの様態と言っても、単に四つが並列しているのではなく、「単なる存在」と言われる言説有は、いわば主語ないしは基体としての役割を担っており、それについて「自性による存在」は真実執着によって述定される属性であり、「自性による存在の無、自性の無」は正理知によって述定される属性である、というような性格付けがあることが分かる。もちろん、真実執着によって述定されたものは構想されたものであり存在しないものであるのに対し、正理知によって述定されたものは虚偽ならざるものであるという点で両者が異なった資格のものであり、またそれらが、同じ主題において両立しない矛盾する属性であることは言うまでもない。

おわりに

ゲルク派の創始者ツォンカパの中観思想の根本的な枠組みとして「中観派の不共の勝法」と呼ばれる思想とそれに関連する様々な命題を整理してきた。最後に簡単にこれら諸命題の関連をまとめておきたい。

そもそも、「中観派の不共の勝法」は『中論』第二四章「四聖諦の考察」の内容に基づいて、実在論から中観思想を区別する境界線として導入された。それは次の三つの命題に集約することができる。

(1) 縁起するならば、必ず無自性である。すなわち、縁起を論証因として無自性が論証される。

(2) 無自性なるものにおいて、輪廻から涅槃に至るまでの諸存在すべての設定が可能になる。

(3)　縁起の意味が無自性の意味として現れてくる。

これらは相互に密接な関係にあり、必ず同時に成り立っている。これら三つの命題の違いは、同じ一つの事態に対する視点と表現の違いである。

これらの命題は次の、より原理的な関係を前提としている。

(4)　縁起と無自性とは矛盾しない。逆に縁起と有自性とは矛盾する。

さらに、実在論との存在論的な相違を明確にするために、存在と無に関する四つの様態が区別される。

(5)　「単なる存在」と「自性による存在」。実在論者はこれらを同一視するが、中観派はこれらを区別し、後者の否定は前者の否定を含意しないと主張する。

(6)　「自性の無」と「端的な無」。実在論者はこれらを区別せず、自性が無いということは、そのものが全く存在しないという端的な無を意味していると考えて、中観派を虚無論であると批判する。それに対し、中観派はそれらを区別し、自性の無としての空はその存在の端的な無を意味せず、単なる存在は否定されないと主張する。

「中観派の不共の勝法」は、実在論と中観思想の主張命題における対立を表現しているのに対し、この存在と無の四つの様態の区別は、それらの主張の相違の根拠を、存在論的なレヴェルで表現したものである。

これら存在と無の四つの様態には、三つの意識形態が対応している。

(7)　言説知の量によって「単なる存在」が主語として設定され、その同じ主語について、真実執着によって自性による存在が述定され、正理知によってその自性の存在が否定される。

以上が本章で検討した、ツォンカパの中観思想の基本的な構図である。ツォンカパの中観関係の著作には、以上の諸命題に還元できない議論も多いが、それらもこの根本思想の理解を前提としなければ、その真意を正確に理解することは難しいだろう。

しかし、ツォンカパの中観思想は、この「中観派の不共の勝法」に尽きるものではない。本章が主に依拠した文献は初期の主著である『菩提道次第大論』であるが、その後かれの中観思想は、中期、後期と新たな視点を導入し、新たな表現方法を獲得していくことになる。もちろん本稿で検討した基本線は決して否定されることはないばかりか、必要な折には繰り返し言及されるが、ツォンカパ自身の思想の重点は別の方に移っていく。しかもそのことによって、この初期に確立された思想は、より具体的な内実と裏付けを持つようになっていったと言えるのである。

(1) 第二章「聖文殊の教誡による中観思想の形成過程」九三～九五頁参照。
(2) 『縁起讃』の文学的な側面については根本（2015）参照。
(3) 科段の番号は、『科段』(pp.18–20) に基づく。
(4) 「真実義」とは空性という存在の実相、諸法の真の存在の仕方を指す。
(5) 「正理」とは、もともと論理的なものの意味であるが、中観文献においては、特に空性を論証する論理を指す。
(6) 仏説の経典の中で、最終的な見解を直接述べた経典を「了義」、何らかの意図を持って仮に説いた経典を「未了義」という。どの経典を了義、どの経典を未了義とするかは、各学派の存在論的立場に基づいて区々になる。
(7) 長尾訳でも、O1～P1までは「序論」としてまとめられている。
(8) ツォンカパの自立論証批判が、論証方法の違いではなく存在論の違いに基づく点については、松本（1997-8）で指摘された。さらにそれが「中観派の不共の勝法」に基づくものである点については、第三章「初期中観思想における自立論証批判」で詳論する。
(9) 以下、V1～V4は、直訳すると分かりづらいので、ここでは長尾(1954, pp.6–7)の目次に倣い、内容に則した見出しに変えてある。
(10) 「量」とは、対象を正しく認識する知（pramāṇa, tshad ma）を意味する漢訳語である。存在するものは量によって認識されることで措定される、すなわち成立する。本書において「量」は存在成立の前提として重要な概念である。
(11) 「諸々の実在は、自己から、他のものから、両者から、原因なしに生起することは、いかなる場合にも決してない。」という『中論』第一章第一偈で実体としての生起を否定する論証を指す。
(12) 「法（dharma, chos）」には大きく四つの意味が区別される。(1)仏陀の説いた教えの内容としての法、(2)その教えを記した経典という意味での「法」、(3)存在するもの（yod pa）と同義の法、(4)基体（有法、dharmin、chos can）と属性に分けたときの属性あるいは特徴である。これらの違いはコンテキストにより判断される。しかし、中観文献においては、(3)の存在するものと同義のものを指すことが多い。その場合には、有為法と無為法、あるいは実在するもの（dngos po ＝無常なもの mi rtag pa）と常住なもの（rtag pa）を合わせた存在を指し、量によって存在が確認されるものである。これに対立するのが存在しないもの（med pa）である。存在しないものはそれを確認する量が全く存在しないものであり、兎の角やアートマン、自性によって成立しているものなどがその例になる。
(13) 「それ自体で」ないしは「自性によって」などの「成立している」という語に対する修飾語句の意味については、本書の後半、第六章以下で詳細に検討する。ここで「それ自体で成立している自性」というのは、後に凡夫が世俗において対象を増益して理解していろ内容であり、そのものの「〜である」というあり方が、その対象自体の側で成立しているものであることを指す。

(14)　rang gi sde pa dngos por smra ba'i mkhas pa rig gnas du ma la ches shin tu sbyangs pa rnams kyang dbu ma'i lta ba khas mi len cing dbu ma pa la rtsod pa ni chos thams cad la rang gi ngo bos grub pa'i rang bzhin ci yang med pa'i stong pa yin na / bcings grol sogs 'khor 'das kyi rnam gzhag thams cad 'jog sa med snyam pa 'di kho na yin te / (LR, 377a6–b2)。以下、『中論』第二四章「四諦の考察」第一偈および『廻諍論』第一偈の引用とその要約が述べられる。

(15)　rang bzhin med na bskyed bya skyed byed dang 'gog pa dang bsgrub pa'i bya byed mi 'thad do snyam nas rtsod pa byed de / 'dis ni rang bzhin 'gog pa'i rigs pas bya byed thams cad bkag par go nas rtsod pa'o // des na dngos por smra ba dang dbu ma pa gnyis grub mtha' thun mong ma yin pa la rtsod pa na rang bzhin gyis stong pa la 'khor 'das kyi rnam gzhag thams cad bzhag tu rung mi rung 'di kho na la rtsod pas na / rang gi ngo bos grub pa'i rang bzhin rdul tsam med pa la bskyed bya dang skyed byed dang 'gog pa dang bsgrub pa sogs 'khor 'das kyi rnam gzhag thams cad khas blangs pas chog pa ni dbu ma pa'i khyad chos yin te / (LR, 377b4–b6)

(16)　LAS, kk.21–22: svayaṃkṛtaṃ parakṛtaṃ dvābhyāṃ kṛtam ahetukam / tārkitair iśyate duḥkhaṃ tvayā tūktaṃ pratītyajam // yaḥ pratītyamanutpādaḥ śūnyatā saiva te matā / bhāvaḥ svatantro nāstīti siṃhanādas tavātulaḥ // (sdug bsngal rang gis byas pa dang // gzhan gyis byas dang gnyis kas byas // rgyu med par ni rtog ge 'dod // khyod kyis brten nas 'byung bar gsungs // rten cing 'brel bar gang byung ba // de nyid khyod ni stong par bzhed // dngos po rang dbang yod min zhes // mnyam med khyod kyi seng ge'i sgra //)「論理家たちは、苦は自ら〔を原因として〕作られたもの、他〔を原因として〕作られたもの、自他の両者によって作られたもの、原因のないもの、という〔四つの説〕を主張する。しかし、あなた（＝仏陀）は縁起するものであると説いた。そして、あなたは縁起したものそれ自体が空であると主張なさった。実在するものは自立的には存在しないと、無比なるあなたは獅子吼〔なさった〕。」

(17)　rten 'brel yin pa'i rgyu mtshan gyis rang bzhin gyis stong pa kho nar gsungs te / rten 'brel gyi don rang bzhin med pa'i stong nyid kyi don du 'char ba 'di ni mgon po klu sgrub kyi lugs thun mong ma yin pa'o // des na rang bzhin med pa'i stong nyid dbu ma pa'i ngos nas byed cing rten 'brel rgyu 'bras kyi rnam gzhag rang gi lugs la byar ma bde nas gzhan ngo la sogs pa la skyel ba ni rten 'brel gyi don ma yin te / (LR, 379a3–5)

(18)　チベット仏教文献で言う同義（don gcig）とは、「Aであるならば、必ずBであり、Bであるならば、必ずAであり、かつ、AでないならばB、必ずBではなく、Bでないならば、必ずAではない」という関係が成り立つ二つの概念A、Bの間の関係を指す。現代的な表現で言えば、二つの概念の「外延が等しいこと」（その概念が妥当する元の集合が一致すること）である。

(19)　rgyu rkyen la brten nas kun nas nyon mongs dang rnam par byang ba'i chos skye ba dang 'gag pa'i rten 'brel dang rang bzhin med pa gnyis gzhi mthun du 'du ba lta ci smos te / de 'dra ba'i rten 'brel de nyid rang bzhin med par rtogs pa'i rgyu mtshan bla na med par 'gro ba 'di ni mkhas pa dbu ma pa kho na'i khyad chos su shes par bya yi / brten nas skye ba dang brten nas 'gag pa la rang gi ngo bos grub pas khyab par bzung nas / rang bzhin 'gog pa'i rigs pas skye ba dang 'gag pa'i rten 'brel bkag na ni lha bdud du babs pa ltar gyur nas dbu ma'i don ji lta ba bzhin rnyed pa'i gegs chen por 'gyur pa yin no // (LR, 381a2–4)

(20)　たとえば、『縁起讃』第九～一〇偈（KBTB, 13b3–4; 本書一一二頁参照）では「利他行をなさるあなたが衆生に利益するためにお説きになった教えの核心である空性を確証するための比類なき根拠である縁起の道理（tshul）を、逆のこと〔すなわち空ではないこと〕を論証したり、あるいは、〔主題である諸法において縁起という論証因が〕不成立であると考える者に、どうしてあなたの説を理解できるであろうか。」と述べられている。

(21)　たとえば、『菩提道次第小論』では「縁起という論証因」（185b6–189a3）という科段が設けられている。

(22)　チベット仏教で使われる論証式は、「主題Aについて、所証B（証明したい属性）が帰結する。なぜならば、論証因Cのゆえに」という形式をとる。このとき、論証因Cと所証Bの間に成り立つ、Bがあるところには必ずCがある、あるいはBがないところ全てにCがない、という関係を遍充関係と言う。そのうち前者を肯定的遍充関係、後者を否定的遍充関係と言う。これらは等価である。

(23)　MMK, XXIV, 18–19: yaḥ pratītyasamutpādaḥ śūnyatāṃ tāṃ pracakṣmahe / sā prajñaptir upādāya pratipat saiva madhyamā // apratītyasamutpanno dharmaḥ kaścin na vidyate / yasmāt tasmād aśūnyo 'pi dharmaḥ kaścin na vidyate //

(24)　rab byed nyer bzhi pa las / rten cing 'brel bar 'byung ba gang // de ni stong pa nyid du bshad // de ni brten nas gdags pa ste // de nyid dbu ma'i lam yin no // gang phyir rten 'byung ma yin pa'i // chos 'ga' yod pa ma yin pa // de phyir stong pa ma yin pa'i // chos 'ga' yod pa ma yin no // zhes rten 'byung la rang bzhin gyis stong pas khyab par gsungs pa 'di la / rgyu rkyen la brten nas skye ba la rang bzhin gyis grub pas khyab bo zhes bzlog nas ma smra zhig / (LR, 378b2–4)

(25)　rang bzhin gyis grub na rgyu rkyen la mi ltos pa dang / rgyu rkyen la ltos na rang bzhin med pas khyab pa'i rjes su 'gro ldog dang / rang bzhin med pa'i tshig gis dgag sgrub kyi bya ba byed nus par shin tu gsal bar gsungs so // (LR, 381a1–2)

(26)　mdor na rang bzhin med pa dang bcings grol dang skye 'gag sogs 'gal bar 'dod na / rang bzhin gyis stong pa'i stong pa la 'khor 'das kyi rnam gzhag thams cad 'thad pa bden pa gnyis gang du'ang mi rung bas dbu ma pa'i khyad chos gcig pu de khyed kyis bkag pa yin no // (LR, 382b4–6)

（27）　MMK, XXIV, kk.13–14: śūnyatāyām adhilayaṃ yaṃ punaḥ kurute bhavān / doṣaprasaṅgo nāsmākaṃ sa śūnye nopapadyate // sarvaṃ ca yujyate tasya śūnyatā yasya yujyate / sarvaṃ yujyate tasya śūnyaṃ yasya na yujyate // (pp.422–424)。この偈の訳において補った語句は『菩提道次第大論割註集成』による（LRC4, 106b6–107a4）。

（28）　rang gi ngo bos grub pa'i rang bzhin rdul tsam med pa la bskyed bya dang skyed byed dang 'gog pa dang bsgrub pa sogs 'khor 'das kyi rnam gzhag thams cad khas blangs pas chog pa ni dbu ma pa'i khyad chos yin te / rtsa she'i rab byed nyer bzhi pa las /
skyon du thal bar 'gyur ba ni / stong la 'thad pa ma yin pas // khyod ni stong nyid spong byed pa // gang de nga la mi 'thad do // gang la stong pa nyid rung ba // de la thams cad rung bar 'gyur // gang la stong nyid mi rung ba // de la thams cad mi rung 'gyur //
zhes / gal te 'di dag kun stong na // zhes sogs kyi skyon rang bzhin med par smra ba la mi 'byung bar ma zad rang bzhin gyis stong pa'i phyogs la skye 'jig sogs rung la / rang bzhin gyis mi stong pa'i phyogs la mi rung bar gsungs so //（LR, 377b5–378a3）

（29）　現在のゲルク派の論理学の標準的な教科書である『ラトゥー・ドゥラ』では、正確には次のように述べられる。RTBR, 55a4–5: (rtag pa'i ldog pa chos can / dngos po dang 'gal ba yin par) thal / khyod dngos po dang tha dad gang zhig / khyod kyang yin dngos po yang yin pa'i gzhi mthun med pa'i phyir /「〔常住なものの他のものと違いを主題として、それは実在するものと矛盾する〕ことになる。なぜならば、それは実在するものと異なったものであり、かつ、それでもあり実在するものでもあるところの共通基体が存在しないからである。」福田（2010b, p.237 参照。）

（30）　この表現にはヴァリエーションが多い。例えば、rten 'brel のかわりに rten 'byung とあったり、rgyu rkyen la ltos pa (brten pa) などが使われたり、rang bzhin med pa'i stong nyid の代わりに rang bzhin kyis stong pa'i stong nyid や単なる stong pa nyid などが用いられたりする。また縁起と無自性の順も逆転している場合がある。「として現れてくる。」という部分も、「と〔釈尊ないしナーガールジュナが〕お説きになった」とあったり、「と理解する」とあったり、単に「である」としかなかったりする。

（31）　gsung rab thams cad gdams ngag tu 'char ba'i che ba /（LR, 8b3）

（32）　VV, kk.71–72: prabhavati ca śūnyateyaṁ yasya prabhavanti tasya sarvārthāḥ / prabhavati na tasya kiṁ cin na prabhavati śūnyatā yasyeti // yaḥ śūnyatāṁ pratītyasamutpādaṁ madhyamāṁ pratipadaṃ ca / ekārthāṃ nijagāda praṇamāmi tam apratimabuddham //.「この空性が〔設定〕可能である〔立場〕においては、〔四聖諦や十二支縁起などの〕全ての対象が〔設定〕可能である。空性が〔設定〕可能ではない〔立場〕においては、いかなる〔対象の設定〕も可能ではない。空性と縁起と〔二辺を離れた〕中道とが同一対象（ekārtha, don gcig）であるとお説きになった、その比類のない仏陀に帰命します。」

（33）　ŚSK, k.68: dngos po thams cad rang bzhin gyis // stong pa yin pas dngos rnams kyi // rten 'byung phyir ni de bzhin gshegs // mtshungs pa med pas nye bar bstan //(p.64).「一切の実在は、自性を欠いた〔空なる〕ものであるので、〔その理由であるところの〕縁起〔を確定する〕ために、並ぶもののない如来は〔様々な法を〕示されたのである。」

（34）　YṢ kk.43–45: gang dag gis ni ma brten par // bdag gam 'jig rten mngon zhen pa // de dag kye ba rtag mi rtag // la sogs lta bas 'phrog pa yin // gang dag brten nas dngos po rnams // de nyid du ni grub 'dod pa // de dag la yang rtag sogs skyon // de dag ji ltar 'byung mi 'gyur // gang dag brten nas dngos po rnams // chu yi zla ba lta bur ni // yang dag ma yin log min par // 'dod pa de dag ltas mi 'phrogs// (p.15).「〔諸実在が〕依存せずに（＝縁起せず）、〔常住なる〕アートマンあるいは世間〔に対して〕執着する〔外教徒の実在論者〕たちは、悲しいかな、常住・無常などの見解に心奪われている。〔一方、因縁に〕依って〔生じる〕実在が真実に（de nyid du）成立していると主張する〔仏教徒の実在論者〕たちにも、常住などの過失が、どうして起こらないことがあろうか。〔因縁に〕依って〔生じる〕諸実在は、水に〔映った〕月のように、〔自性によって存在している〕真実なるものではない〔が、効果的作用の能力のない〕虚偽なるものでもないと主張する〔中観派の〕者たちは、〔誤った〕見解に心奪われることがない。」

（35）　本章注16参照。

（36）　zhes rten 'brel yin pa'i rgyu mtshan gyis rang bzhin gyis stong pa kho nar gsungs te / rten 'brel gyi don rang bzhin med pa'i stong nyid kyi don du 'char ba 'di ni mgon po klu sgrub kyi lugs thun mong ma yin pa'o //
des na rang bzhin med pa'i stong nyid dbu ma pa'i ngos nas byed cing rten 'brel rgyu 'bras kyi rnam gzhag rang gi lugs la byar ma bde nas gzhan ngo la sogs pa la skyel ba ni rten 'brel gyi don ma yin te / gang la stong pa nyid rung ba // de la / zhes rang bzhin med pa gang gi lugs yin pa'i lugs de la 'khor 'das kyi rten 'brel thams cad 'thad par gsungs pa'i phyir ro // (LR, 379a3–6)

（37）　厳密に言えば、tādātmya は二つの属性の間の同一存在の関係ではなく、方向性のある関係である。しかし、今問題となっている縁起しているものと無自性なものは、外延が等しく、共通基体性に方向性を考慮する必要はない。ただし、先に述べたように（本章四七頁参照）論証因になるのは縁起、帰結になるのが無自性に限られる。

（38）　この直前にツォンカパは、『プラサンナパダー』(PSPD, 491.9–14) に基づき、先に引用した『中論』第二四章第一八偈の一行目と、『阿那婆達多龍王所問経（anavataptanāgarājaparipṛcchāsūtra）』(Peking No.823; Derge No.156) の偈の一行目を引用している。『プラサンナパダー』ではいずれも一偈全部が引用される。後者は次のような偈であり、『中論』第一三章第二偈、第二四章第七偈、第一八偈の注釈中に、都合三度引用される重要な偈である。　yaḥ pratyayair jāyati sa hy ajāto na tasya utpādu svabhāvato 'sti / yaḥ pratyayādhīnu sa śūnyu ukto yaḥ śūnyatāṃ jānati so ’pramatta. (PSPD, 239.10–13; 491.11–14; 504.1–4)「縁によって生じたものは、生じたものではない。それには自性による生起は存在しない。縁に依存しているものは空なるものであると説かれた。空性を知るものは、注意深いものである。」ツォンカパは、第一三章第二偈の註釈部分で偈全体を引用し、“rkyen la rag las pa de rang bzhin gyis ma skyes pa’i don du gsungs ”(RG, 145b5)「縁に依存して〔生じた〕ものは、自性によって生じたものではないという意味であるとおっしゃっている」とまとめている。

(39)　zhes sogs kyis rkyen la rag las pa’i don gang yin pa de nyid / rang la tshugs thub kyi rang bzhin med pa stong pa’i don du bshad pa’i phyir / rten cing ’brel bar ’byung ba’i sgra’i don gang yin pa de nyid rang bzhin gyis stong pa’i sgra’i don yin gyi / don byed nus pa’i dngos po med pa’i don ni stong pa nyid kyi sgra’i don min no //

khyod ni rang bzhin gyis yod pas stong na don byed nus pa’i dngos po med par ’gyur snyam du bsam nas / dnos po med pa rang bzhin gyis stong pa’i sgra’i don du sgro btags nas slan ka smra bas stong pa nyid kyi sgra’i don yang mi shes so // (RG, 233a6–b2)

(40)　gal te rang bzhin gyis grub pas stong pa’i don rten ’byung gi don yin no zhes mang du gsungs na ’di’i don gang yin / ji ltar lto ldir ba bum pa’i don du ’jog pa lta bu’i don yin na ni / ’bras bu rnams rgyu rkyen la brten nas ’byung bar nges pa’i blo de nyid kyis stong pa’i don yang nges par ’gyur bas mi rigs so //

’on te rten ’brel rjod byed kyi sgra’i don nyid stong pa’i don du ’dod na’ang gnod pa de nyid yod do //

ci ste rten ’brel dngos su nges pa’i shugs kyi don la ’dod na’ang sngar ltar mi ’thad pas ’di’i don gang yin snyam na de ltar ni mi ’dod do //

’o na ji ltar ’jog snyam na / stong pa’i don rten ’byung gi don du ’gro ba ni rang bzhin gyis grub pa tshad mas khegs pa’i dbu ma pa rnams la yin gyi gzhan la min no //

de ’dra ba’i dbu ma pa la ni phyi nang gi dngos po rnams rgyu la rag las pa’i rten ’byung du dngos su nges pa na / blo de nyid kyi mthu la brten nas rang bzhin gyis yod pas stong pa’i don du nges par ’gyur ro //

rang bzhin gyis grub pa gzhan la ltos pa med par rtogs shing de dang rten ’byung gnyis ’gal bar tshad mas rtogs pa’i phyir ro // (RG, 250a6–b5)

(41)　言うまでもなく、これは『中論』第二四章第一～六偈に述べられる反論者の主張である。

(42)　des na rang gi ngo bos grub pa’i rang bzhin med na gzhan ci zhig yod ces smra ba ’dis ni gdon mi za bar myu gu rang bzhin med pa dang myu gu med pa gnyis kyi khyad par ma phyed par gsal la / de’i phyir myu gu yod pa dang myu gu rang gi ngo bos grub pa gnyis kyang mi phyed pas yod na rang gi ngo bos yod pa dang / rang gi ngo bos grub pa med na med par 'dod par gsal te / de lta ma yin na rang gi ngo bos grub pa 'gog pa'i rigs pas yod tsam dang skye ba dang 'gag pa tsam la sogs pa ci'i phyir 'gegs par smra / (LR, 383b5–384a2)

(43)　上に引用した箇所に続けてツォンカパはチャンドラキールティの『四百論註』を引用している。CŚṬ, 492.13–15: vastu-sat-padārtha-vādino hi yāvat tasya vasuno 'stitvaṃ tāvat tathā svarūpasyaiva, yadārtha-svarūpa-vigamas tadāsya tad-vastu sarvathābhāvāt, khara-viṣāṇa-prakhyam iti, dvayavādān atikramāt asya sarvam evāabhisamīhitaṃ durghaṭaṃ jāyate / (CŚṬ-tib, 175b2–3: dngos po yod par smra ba'i ltar na ni ji srid du dngos po de'i yod pa nyid yin pa de srid du de ltar rang gi ngo bo yang yin pa nyid la gang gi tshe rang gi ngo bo dang bral ba de'i tshe de la dngos po de rnam pa thams cad du med pa'i phyir bong bu'i rwa dang 'dra bar gnyis su smra ba las ma 'das pa'i phyir 'di'i mngon par 'dod pa thams cad 'grigs dka' bar 'gyur ro //)「実在論者にとっては、その実在が存在している限り、自らの本性(＝自性)〔によって成立しているもの〕もまた同様に必ず (eva, nyid)〔存在している〕が、自らの本性を欠いている(＝自らの本性によって成立していない)ときには、彼にとって、その実在は、いかなる意味でも存在しないので、ロバの角と同じように〔全く存在しないことになる〕。それゆえ、〔実在論と虚無論の〕二辺〔のいずれか〕を主張しているものに他ならないので、彼が〔主張しようと〕望んでいることは全て困難に陥るであろう。」ここには、実在論者が自性の有と単なる有、自性の無と単なる無をそれぞれ区別していないことが批判されている。

(44)　de ltar na rang bzhin yod med dang yod med bzhi po de phyed na log rtog dpag tu med pa ldog par 'gyur zhing rang bzhin yod pa 'gog pa'i rigs pa rnams la yod pa tsam 'gog par 'khrul pa mi skye bas / dngos por smra ba mkhas pa rnams la dbu ma pas lan 'debs pa'i gtso bo ni gzhi po de'i sgo nas yin pas cung zad bshad pa yin no / (LR, 391a6–b1)

(45)　tha snyad pa'i tshad ma。言説知にも正しいものとそうでないものがあり得る。正しい言説知によってしか対象の存在は措定されない。ただし、「言説の量知」という訳語は繁雑になるので、以下単に「言説知」と略して言及する。

(46)　「真実執着 (bden 'dzin)」とは「真実なる執着」という意味ではなく、真実ならざるものを真実なるものとして誤って把握する無明を指す。「執着する ('dzin pa)」は「把握する」と訳されることもある。LR, 422b1–2: slob dpon zla ba grags pa'i bzhed pa ni dbu ma pa gzhan rnams shes sgrib tu bzhed pa'i dngos po bden par 'dzin pa ni ma rig par bzhed la / de yang nyon mongs can gyi ma rig par bzhed de /「チャンドラキールティ師のお考えは、他の中観派の人たちが所知障であるとお考えになっている、実在するものを真実に存在するものであると執着する〔知〕を〔所知障ではなく〕無明であるとお考えになっているのであり、それもまた有染汚の無明であるとお考えになっているのである。」

（47） rigs pas dpyad bzod mi bzod kyi don ni de kho na nyid la dpyod pa'i rigs pa des rnyed ma rnyed yin la / ... (LR, 391b6)

（48） gzugs la sogs pa la rang gi ngo bos grub pa'i skye 'gag yod med btsal ba yin gyi / rigs pa des skye 'gag tsam tshol ba min no // (LR, 392a2)

（49） gzugs la sogs pa'i skye 'gag rnams kyang tha snyad pa'i shes pas 'grub pa yin gyi / de dag yod kyang rigs shes kyis mi 'grub pas des ma rnyed pas de dag ji ltar khegs te / (LR, 392a4–5)

（50） CŚṬ-tib, 201b3: don rang bhzin tshol ba lhur byed pa nyid kyi phyir ro //. この引用の前にある「諸々の正理は」は、チャンドラキールティの原文では「われわれの考察は（kho bo cag gi rnam par dpyod pa）」となっている。『菩提道次第大論』では、この引用文の前に、CŚṬ-tib, 201b1–4 が引用されている。

（51） des na rang gi ngos nas btsal ba yul steng du yod pa'i rang gi ngo bos yod pa rigs pas 'gog la / yod pa tsam mi 'gog pa ni rigs pa rnams rang bzhin tshol ba lhur byed par gsungs pas / rigs pa ni rang bzhin yod med 'tshol ba yin pas des bkag pa'ang rang bzhin bkag ces pa'i don yin pas 'di gnyis phyed par bya'o // (LR, 395a3–5)

（52） phyi nang gi chos rnams rang gi mtshan nyid kyis grub par 'dzin pa'i rang bzhin sgro 'dogs pa'i blo ni 'dir ma rig pa ste / (LR, 421b6)

（53） de nyid bden 'dzin zhes pa'ang yin te / (LR, 422a4)

（54） gang zag gam chos gang yang rung ba'i yul rnams la blo'i dbang gis bzhag pa min par chos de rnams la rang rang gi ngos nas gnas tshul lam sdod tshul cig yod par 'dzin pa 'di yin la / des ji ltar bzung ba'i zhen yul chos rnams kyi rang rang gi sdod lugs de la ni bdag gam rang bzhin zhes brtag pa mtha' bzung gi sgo nas ngos gzung bar bya ste / (LR, 425b3–4)。この引用は、第六章「自性と縁起」二三一～二三二頁でもう一度取り上げる。

（55） 第八章「中期中観思想における言語論的転回」参照。

（56） 一方では、「正理による否定は、勝義において行うことはできないので、言説において行われていなければならない（LR, 403b2: gzugs sogs la rang gi ngo bos grub pa'i rang bzhin rigs pas 'gog pa ni don dam du mi rung bas tha snyad du bya dgos la /）」というように、正理知もまた言説において働くものである。しかし、これは正理知も言説知だと言っているわけではなく、正理知も言説有だという意味である。

（57） zhen yul。煩悩の知が、存在していると思い込んで執着している対象。その対象は実際には存在していない。

（58） de ltar nyon mongs de dag ni thog ma med pa nas zhugs pa'i lhan skyes yin kyang 'dzin stangs rigs pas sun dbyung bar nus pas de dag gi zhen yul tha snyad du'ang med do // de'i phyir lhan skyes kyi blo'i yul la rigs pas dgag nus mi nus gnyis yod de / gzugs sgra la sogs pa 'di dag rnam par 'jog pa'i tha snyad pa'i tshad ma lhan skyes 'di dag gi yul ni tha snyad du yod pas rigs pas 'gog pa min no // (LR, 408a5–b1)

(59) gang zag la sogs pa tha snyad pa'i shes pa la bsnyon du med par snang ba dang / de nyid rang gi ngo bos grub pa'i rang bzhin gyis stong bar rigs shes kyis nges pa gnyis la brten nas gang zag de sgyu ma'am brdzun pa'i snang bar nges pa skye ba yin no // 'di la snang ba yod par rigs shes kyis mi 'grub la / rang bzhin gyis stong bar tha snyad pa'i tshad mas mi 'grub pas rang bzhin yod med tshol ba'i rigs pa'i shes pa dang gzugs sogs yod par 'dzin pa'i tha snyad pa'i blo gnyis dgos pa'i rgyu mtshan ni de yin no // (LR, 476a6–b2)

第二章　聖文殊の教誡による中観思想の形成過程

はじめに

ツォンカパが自らの思想を構築していく過程で、「ラマ・ウマパ」という奇妙な名前の僧侶を通じて聖文殊（rje btsun 'jam pa'i dbyangs）から様々な教えを受けたことはよく知られている。ツォンカパと聖文殊、ラマ・ウマパの交渉の過程については、ツォンカパの高弟ケードゥプジェの著した二つの伝記[1]に概略が記されており、従来はそれらを参照することで彼らの関係が紹介されてきた。これらの伝記はその大部分がツォンカパの生前に著されたものであり、ツォンカパはその内容を承認していたものと思われる。現代から見ると神秘的な記述のように思えるものも、当時は事実として受け取られていたことは確かである。聖文殊との問答は主として『秘密の伝記』に記されているが、『信仰入門』の中でもラマ・ウマパの伝記や、ラマ・ウマパを介して聖文殊に教えを受けたこと、そして中観の見解についての決定的な理解を得たときのことなどが紹介されている。

しかし、ツォンカパが聖文殊から受けた啓示の内容とはどのようなものだったのか、ツォンカパの思想のうちのどの部分が、どのような啓示によって触発されたものであったのか、ということについての詳細な事情は必ずしも明確ではない。本章では、資料に基づいて、できる限り具体的にツォンカパの初期中観思想の形成過程を跡づけたい。

そのための第一の資料はケードゥプジェの著した二つの伝記である。そのうち、聖文殊との問答がより詳しく記されているのは『秘密の伝記』であるが、これには年代的な記述はない。そこで『信仰入門』に基づき、ラマ・ウマパおよび聖文殊との問答があった時期を推定する必要があるが、現時点では完全に年代を特定することは難しい[2]。本章ではまず、この『秘密の伝記』に記された聖文殊との問答の記述を、『信仰入門』の記述で補いながら網羅的に整理する。これによって我々がツォンカパの最も信頼できる伝記から知りうる全ての情報を提示することができる。

次に、聖文殊から与えられた教誡について、ツォンカパが師であるレンダワ (red mda' ba gzhon nu blo gros, 1349–1412) に報告している書簡が二つ残されている。これらは同じもののヴァリアントなのか、別の書簡であるかは判然としない。文章としては異なっているが、内容は重なっているところが多い。口語的な表現であり、その全文を正確に読解することはできないが、少なくとも中観思想に関する記述については、おおよそ理解することができる。これらの書簡は、聖文殊の教誡が与えられた直後に書かれたようで、ツォンカパ自身の表現は少なく、ほとんど聖文殊の言葉がそのまま記述されている。

ケードゥプジェは二つの伝記のいずれにも、ブッダパーリタの夢を見た次の日に、ツォンカパが中観思想の奥義を体得したことを伝えている。これは、この夢がツォンカパの思想にとって極めて重要な出来事であったことを物語っている。その夢は直接聖文殊が出てくるものではないが、夢を見る前に、ツォンカパは師であるラマ・ウマパと本尊である聖文殊とを不可分のものとして何度も強く祈願を立てたことにより夢を見たと記されているので、その夢も聖文殊の教誡に連なるものと考えられる。中観の奥義を大悟したことを機縁として、その後に『縁起讃』と略称される「仏世尊を、甚深なる縁起をお説きになった方として賛嘆する〔偈〕、善説の心髄」が著された。これもまた聖文殊の啓示をまとめたものと考えられる。その内容は、第一章で解明した「中観派の不共の勝法」そのものである。本章では後に、この『縁起讃』の中から中観思想の理論的な主張が述べられた偈を抽出して、そこに「中観派の不共の勝法」がどのように記述されているかを検討する。

さらに、ツォンカパの初期の弟子、ツァコポンボ・ガワンタクパ (tsha kho dpon po ngag dbang grags pa) に対して送った書簡に付された偈『道の三種の根本要因』(著作ではなく、道の三種の要因自体を指す場合には「道の三要素」という呼称を用いる。) の内容も、上記のレンダワ宛て書簡の内容と符合する。ただし、レンダワ宛ての書簡が聖文殊の言葉を記録し伝えようとしているのに対し、ツァコポンポに対する教誡としてのこの偈は、より整理された内容と表現で綴られているので、聖文殊に授けられた教誡を十分に自分のものとして消化した後に書かれたものと思われる。道の三要素とは、輪廻からの出離の心（nges 'byung）と菩提心（byang chub sems）と正しい見解（lta ba）である。このうち、中観思想は第三の正しい見解に当たる。この三要素はツォンカパにとっての「ラムリム」思想、すなわち悟りに向かう道の階梯のもっとも本質的な内容をまとめたものである。ラムリム思想自体は周知のようにアティシャの『菩提道灯論』に始まり、その後カダム派の伝統の中で受け継がれてきた思想であり、ツォンカパ自身も『菩提道次第大論』では、その教誡がアティシャの『菩提道灯論』に由来するものであることを明言している。しかし、道の三要素は聖文殊に教えられた思想であることを、レンダワへの書簡で非常に生々しく伝えている。このアティシャ伝来のラムリム思想と聖文殊の教誡による道の三要素の思想の関係をどのように位置付けたらいいのかは、今後の研究に委ねる。

以上のレンダワ宛て書簡と『縁起讃』と『道の三種の根本要因』の前後関係および伝記的な年代との関係については、個々の内容を検討したのちに、筆者の推測を示すことにしたい。

これら初期の文献に言及される中観思想の内容は、第一章で検討した「中観派の不共の勝法」の思想圏に属するものである。以下本章ではそのことを具体的にテキストに即して検証する。これらの著作に断片的に書き残されている中観思想は、『菩提道次第大論』で詳細に展開された内容と比較すると体系的なものではないが、逆にそのことは「中観派の不共の勝法」の思想が形成されていく過程を示しているとも言える。その際、ツォンカパにとって最も大きな問題だったのは、「中観派の自説においてはいかなる存在の設定もできず、存在の設定は他者の立場に託してのみ可能である。何も把握せず、何も承認しないことが最も優れた中観の立場である。」という中観理解を退けることであった。これは、かつて松本史朗氏がツォンカパの「離辺中観説」批判と名づけたもの（松本, 1997-6; 1997-9）に近い。

しかし、一方でツォンカパは自らの立場を「真の離辺中観説」であると何度も言及し、また後に構築された彼の中観思想の主要な目標は、一切の分別を捨て去る立場を批判することではなく、世俗ないしは言説有の設定と無自性の設定を矛盾なく合理的に統合することが可能になる理論を提起することであり、また実在論批判でもあった。これが、ナーガールジュナの真意を正しく解釈した「中観派の不共の勝法」の思想である。ツォンカパの初期中観思想は、従来の離辺中観説の誤りを批判し、それに変わる真の離辺中観説として実在論と虚無論とを否定した「中観派の不共の勝法」を確立したものと考えることができるであろう。本章では、その出発点の経緯を可能な限り明らかにしたい。

第一節　ツォンカパとラマ・ウマパの関係

ツォンカパが聖文殊から教誡を授かるようになったのは、一三九〇年に文殊の行者であるラマ・ウマパ・ツォンドゥーセンゲ（bla ma dbu ma pa brtson 'grus seng+ge）に出会ってからである。ラマ・ウマパについては、ケードゥプジェの『信仰入門』に簡単な伝記の記載があるが、生没年などは定かではない。(3) 彼は、ドカムで放牧をしていた子供の頃から、何の修行もしていないのにアラパチャナ文殊の真言（オーム・アラパチャナ・ディー）が聞こえ、その姿を直接目にすることができた。その後、聖文殊の随許灌頂（rjes gnang）を受け、本尊の念誦と修習をし、本尊ヨーガやナーローの六法、マハームドラーなどを実践するうちに、さらにはっきりと聖文殊の姿と言葉が現れるようになった。その後は常に聖文殊の言葉と導きに従い諸所に法を求めて行ったが、ほとんどの場合、聖文殊はそれらの師を高くは評価しなかった。最終的にはツォンカパから弁財天の随許灌頂を授けてもらうように聖文殊に勧められ、ツォンカパと出会うことになる。ツォンカパは、ラマ・ウマパを通じて聖文殊と中観についての問答をし、それが本当の聖文殊であることを確信して、その後、ラマ・ウマパを介して聖文殊から教えを受けるようになる。一方、ラマ・ウマパ自身もツォンカパから中観思想などを学んでいるが、伝記の中では、ラマ・ウマパはツォンカパの師として位置づけられ、ツォンカパが聖文殊の本尊ヨーガをするときに、師であるラマ・ウマパと聖文殊とを不可分のものとしてヨーガ行をしている。

『信仰入門』によると、ラマ・ウマパと共に修行を行った時期は、二回確認できる。最初、馬年（一三九〇年）にロンのヌプチュールン寺 (rong gi snubs chos lung) でラマ・ウマパに出会う。[4] しかし、その時ツォンカパはタクツァンゾン (stag tshang rdzong) での大法会の予定があり、ウマパを介して聖文殊の教誡を聞く時間はなかった。その法会のあと、ツォンカパはふたたびチュールン寺に戻り、そこではじめてラマ・ウマパを介して聖文殊から様々な法を聴聞する。[5] しかし、その年（一三九〇年）の秋の終わりにはツォンカパはニャントゥー (nyang stod) のリンポチェ・ゴンスムデチェン (rin po che gong gsum sde chen pa) のもとを訪れ、その後も様々な師を訪ねて密教の指導を受けているが、伝記の記述にはラマ・ウマパへの言及はないので、同行はしていないと思われる。

その後、猿年（一三九二年）の秋にウ地方のガワトン (dga' ba gdong) で、二人は厳しい遁世修行に入る。[6] この時も、聖文殊に様々な法を聴聞し、また問答をしている。その間に、ツォンカパはラマ・ウマパを介することなしに、聖文殊（アラパチャナ文殊）と直接交信できるようになった。しかし、この遁世修行も長い時間のものではなく、その秋のうちにラマ・ウマパはドカムに行く必要があり、ツォンカパは師をラサまで見送り、トゥルナン寺の仏殿で阿閦仏の四灌頂全てをラマ・ウマパに与えている。[7]『秘密の伝記』によると、その際ラマ・ウマパは「今、〔私たち〕師弟はしばらくお会いすることはできません。加持されたこの地において、聖〔文殊〕にお願いして、実践の重要な点をまとめた教誡 (nyams len gyi gnad bsdus pa'i gdams pa) をお伺いするのがいいでしょう」という言葉をツォンカパに残している。[8] その後も、ツォンカパは一々の行動について聖文殊にお伺いを立て、その言葉通りの活動をするようになる。それらの事績は『秘密の伝記』に詳しいが、そこにラマ・ウマパの名前は言及されないので、これ以降、ツォンカパはラマ・ウマパと会っていないと推定される。

以降はラマ・ウマパの名は、ラマ（ウマパ）と本尊（聖文殊）を不可分のものとして祈願を立て考察を行うことにより、難解な思想についての透徹した理解が得られたと言及されるのみになる。その中でもっとも重要な出来事は、一三九六年の秋からウルカの聖山オデグンゲル（'o de gung rgyal）の麓の隠棲所ラディン（lha zhol dben gnas lha sdings）に一年間滞在しているときに、ブッダパーリタの夢を見た明くる朝、中観思想の核心（mgon po klu sgrub yab sras kyi lta ba'i gnad mthar thug pa）について決定的な理解が得られたことである。その内容が後に『縁起讃』にまとめられている。ただし、この大悟の出来事と『縁起讃』の著作が一三九六年のことなのか一三九七年に入ってのことなのかは定かではない。この出来事は、『信仰入門』にも『秘密の伝記』にも、同程度の詳しさで述べられており、ツォンカパの中観思想にとって、もっとも重要な出来事であったと考えられる。

ラマ・ウマパが最後に言及されるのは、一四〇七年に『中論註正理大海』を書いていたとき、難解な箇所があり、ラマと本尊を不可分のものとして祈願したことにより正しい理解が得られたと簡単に触れられている箇所であるが、ここでも実際にラマ・ウマパと会っているわけではない。

以上が、『信仰入門』と『秘密の伝記』から推定されるラマ・ウマパとツォンカパの関係である。聖文殊による啓示はこれら以外にも多数言及されているが、ラム・ウマパを介して聴聞しているのは以上の一三九〇年から一三九二年にかけての三度の会見のみである。これを見ると、ツォンカパの思想形成にとってラマ・ウマパが果たした役割は、それほど大きいものではなかったと考えられる。その最も大きな功績は、ツォンカパが聖文殊に直接交信できるような準備、あるいはきっかけを作ったことであると言えよう。ツォンカパの中観思想は、ラマ・ウマパと別れた同年のウルカのチュールン寺での遁世修行、さらに一三九六年から九七年にかけてのウルカのオデグンゲルでの一年間の遁世修行において成熟を迎えることになる。

第二節　伝記資料に基づく聖文殊との問答

以下、『秘密の伝記』から、中観思想に関連する聖文殊との問答のみを取り出して翻訳を挙げる。引用が長くなるが、伝記に記された情報を資料として提示しておきたいと思う。訳文は、『聖ツォンカパ伝』所収のものを訳し直している。前節でラマ・ウマパとツォンカパが一緒に修行した時期を特定したが、以下の聖文殊との対話は、どの時期のものであるかを特定することは難しい。

（一）　中観の見解を求める

まず、本節「中観の見解を求める」と次節「中観の誤った理解と正しい理解」は、その直後に、同様のことが後にガワトンでも何度も起こったと書かれているので、一三九〇年にラマ・ウマパとロンのチュールン寺で遁世修行をしたときの問答であると考えられる。

ジェ・リンポチェ（＝ツォンカパ）は、ツァンのロンにおいて、彼〔ウマパ〕とお会いになってから、師ウマパが通訳に立って、ジェ〔・ツォンカパ〕が質問者となり、聖文殊に、法についてのたくさんの質問をなさった。特に、聖父子（ナーガールジュナとアーリヤデーヴァ）が「この中観の〔正しい〕見解を求めなかったら、道の本質（srog）を得ることはできず、〔中観の見解を〕求めたとしても、〔道の本質を〕得ることは極めて難しい、また〔中観の見解について〕間違って把握するならば、〔その〕誤解と〔それによって作られる〕罪は、他のものよりもずっと大きい」とおっしゃっているので、〔ツォンカパには〕「そのこと（中観の見解を正しく理解すること）のみを心がけよう」というお考えが常にあった。そのため、真実義を求めることにおいて常啼菩薩のようであった。それゆえ、その時にも、聖〔文殊〕に対して、主として〔中観の正しい〕見解についての質問をなさった。(9)

（二）中観の誤った理解と正しい理解

本節はツォンカパが元々持っていた中観の理解と、聖文殊の教えの核心とを短い表現のうちに記録している。現れの側面とは、言説有の設定であり、それと空の側面が重ねられるべきことが説かれている。ただし、この段階でツォンカパはその内容を正確に理解していなかったので、聖文殊は「何度もおっしゃ」る必要があったのである。

その時、「私のこの見解は、帰謬論証派と自立論証派のどちらのものですか」とお尋ねしたところ、〔聖文殊は〕「いずれでもない」とおっしゃった。そのときは〔まだ〕、ジェ〔・ツォンカパ〕のお心においても、「承認することは何もなく、また、いかなるものであるとも把握できない」という見解がお心に全く適うものであった。それから、〔中観の正しい〕見解について質問や議論を何度もなさったところ、聖文殊のお言葉に「現れの側面（snang phyogs）と空の側面（stong phyogs）〔の二つ〕に、〔どちらが悟りに〕近いか遠いかの区別をすることはできない。特に現れ〔の側面〕を重視しなければならない」と何度もおっしゃった。(10)

(三)　ケードゥプジェによる要約

本節は、ツォンカパと聖文殊の実際の問答ではなく、伝記を書いているケードゥプジェが趣旨を要約したものであり、必ずしも、ツォンカパとラマ・ウマパの修行の時間的な順序に従ったものではない。ただし、前半は、前項の聖文殊との問答を整理して注釈したものと考えられる。後半は、後の中観思想に見られる様々な概念を挙げているが、やや整理されすぎている感があり、実際に聖文殊がどこまで教えたかは不明である。次の節で検討するレンダワへの書簡に報告されている聖文殊の教えは、ここまで整理された内容ではない。

後にガワトン (dga' ba gdong) に滞在なさっていた時にも、同じようなことが何度もあった。要約すると、言説の量によって成立しているものは、設定の基盤 (bzhag sa) なくして錯誤知にとってのみ〔存在しているにすぎない〕と言って、他者にとって設定されるもの以外に〔中観の〕自説においては何も設定する基盤がなく、業と〔その〕果報 (las 'bras)〔の因果関係〕を損滅する〔ことになるような、この〕最悪の断見 (chad lta chen po) を中観の最上の見解であると考えること、まさにそのことを否定するために聖〔文殊〕は熱心に〔ツォンカパに教え〕なさったのである。

以上のように、質問や議論を何度もなさった折に、聖〔文殊〕は、帰謬論証派と自立論証派の違い、「俱生〔の我執〕」と「遍計〔の我執〕(kun brtags)」の二つの我執〔のそれぞれ〕によって執着される我のあり方、論証因の否定対象の範囲 (tshad) の精粗〔の違い〕、〔中観の正しい〕見解を理解できた〔と判断するための〕基準 (tshad)、この帰謬論証派の見解によって世俗のものが措定される仕方など、諸々の考察を詳しくなさる〔ようになる〕、中身の詰まったそれぞれの種と、密教・顕教 (sngags mtshan nyid) に共通する道と密教独自の道の違い、『秘密集会〔タントラ〕』の五次第の本質と順序と数の確定など、それぞれの〔密教〕独自の中身の詰まったエッセンスをお説きになった。[11]

（四）　三つの実践のアドバイス

本節「三つの実践のアドバイス」と次節「レンダワの評価と今後の指針」、および、ここでは引用していないが、『秘密の伝記』でこれらに続く、聖文殊によるチャンドラキールティの評価、ツォンカパの前世と来世、教授より参籠を勧められる部分（SNRN, 3b3–4b3;『聖ツォンカパ伝』一八〇～一八二頁）は、ツォンカパが聖文殊の姿を直接見て対話できるようになる前の記述であり、その後にラマ・ウマパがドカムに行くことが言及されているので、一三九二年のガワトンでの遁世修行の間のことと推定される。

〔ジェ・ツォンカパが〕「分からないことがございます」と申し上げると、〔聖文殊は〕「以下のことを忘れないように書き留めておきなさい。(1)ラマ〔・ウマパ〕と本尊（聖文殊）を不可分のものとして祈願し〔本尊の〕念誦と修習（bsnyen sgrub）を行うこと、(2)〔福徳の〕蓄積と〔罪の〕浄化（bsags sbyang）の二つに励むこと、(3)原典（gzhung lugs）の意味を正理によって考察し詳細に心に思い浮かべること、これら三つをまとめて実践しなさい。そしてこのことを、安易に満足せず、常に堅持して、よく考察しなさい。そうすれば、時が至ったとき、私が今蒔いたこの種も縁となって、ある正しい理解が速やかに生じるだろう」とおっしゃった。[12]

(五)　レンダワの評価と今後の指針

〔ツォンカパが聖文殊に〕「聖ナーガールジュナ父子の流儀の中観と『秘密集会〔タントラ〕の解釈』について〔正確に〕知りたいと非常に強く思っています。そこで、〔これらについて〕完全な理解を得たラマは、チベットでは誰が優れているのでしょうか」とお尋ねしたところ、「レンダワより優れた〔ラマ〕はいない。しかしながら、〔そのレンダワであっても〕偏った見解(mtha')を残らず断ち切った理解をあなたに完全に生じさせることはできない。ウマパが通訳をして私があなたに説明したならば、それこそ〔一番〕よいのだが、しかし、彼もまた急いでドカムに行かなければならないようだ。それゆえ、これからは説明しない〔ので〕、隠棲処で遁世修行に入り、前に説明したとおりの〔実践の〕三つ〔のポイント〕を一緒に実践し、意識に現れたイメージを保つこと(dmigs rnam skyong ba)に努めなさい。そうすれば、程なくして、それらの意味が分かるようになるだろう」とおっしゃった。[13]

その後一三九二年秋に、ガワトンでラマ・ウマパと遁世修行をしているときに、五色に輝くアラパチャナ文殊がツォンカパに直接現れ、ラマ・ウマパを介さずに問答ができるようになった(SNRN, 4b3–5a3;『聖ツォンカパ伝』一八二〜一八三頁)。この後、ドカムに旅立つラマ・ウマパをラサまで送り、トゥルナンで灌頂を与えるが、そのときにも聖文殊との対話があったと記されている(SNRN, 5b2–4;『聖ツォンカパ伝』一八四頁)。しかし、その内容についての報告はない。

(六)　インドの典籍を自ら考察するよう諭される

本節の記述は一三九五年、ニェルのセンゲゾンに滞在しているときの聖文殊との会話である。

また、ニェルのセンゲゾンに滞在されている時、聖〔文殊〕に密教と顕教〔それぞれ〕の道の内容 (ngo bo)、順番や数などと、特に奢摩他と毘鉢舎那の実践の重要な点などをお伺いしたところ、「今、私に何度も尋ねる必要はない。諸々の偉大な〔インドの〕典籍を詳しく検討したならば、私がいろいろと教えたことと大部分一致していることが分かるであろう。一致していないところが少しでも出てきたならば、取捨選択すべきなのは〔これが〕教誡 (gdams ngag) であると主張しているものについてであって、諸々の偉大な〔インドの〕典籍は〔決して〕捨ててはならない。」とおっしゃった。そして「口伝 (man ngag) を〔解釈の〕鍵にして、顕密の経典とその真意を解釈〔した論書〕を考察し、その考察が尽くされた〔かどうかは、次のような〕基準〔で判断しなさい。すなわち、〕教証・理証を通じて導き出された確信を得たのち、知 (blo) でその意味を確定しても (thag bcad kyang) 心底から納得できないといった状態がなくなった〔時〕が来る。その時、その意味について考察が尽くされた〔と判断できる〕のである。」とおっしゃった。それ以後、その判断基準は、誤りのないものとなったと〔ツォンカパは〕おっしゃった。[14]

(七)　ブッダパーリタの夢

本節は『信仰入門』にも言及されているブッダパーリタの夢から中観思想の核心についての決定的な理解を得た出来事の記録である。これは一三九六年後半から一三九七年夏にかけてオデグンゲルのラディン寺で一年間遁世修行をしている間に起こったことである。ここでは直接聖文殊による啓示はなかったようであるが、この夢の機縁の一つとなったのは、師であるラマ・ウマパと本尊である聖文殊を不可分のものとして繰り返し強く祈願をしたことであるので、聖文殊による指導の範囲内にあるものと言えるであろう。しかし、それが直接聖文殊からの教えではなかった点については、後にもう一度取り上げて考察する。

ニェルからタクポ＝ラディンに到着した。帰謬論証派と自立論証派の見解の重要な点についての考察は、遁世修行(bya bral)に入る前からその時点まで、絶えずなさっていたけれども、究極の重要な点について疑問(mi bde ba)を完全に退けて確信を得ることはできなかった。

その地(タクポ＝ラディン)において、ラマ〔ウマパ〕と聖〔文殊〕を不可分のものと見なして何度も強く祈願をしたところ、ある晩、御夢の中で、聖ナーガールジュナ父子〔ら〕五人の聖父子(ナーガールジュナ、アーリヤデーヴァ、ブッダパーリタ、バーヴィヴェーカ、チャンドラキールティ)が自性の有無などの重要な点について議論をなさっていた〔が、その〕中から「〔私は〕アーチャールヤ・ブッダパーリタである」という、濃紺の体色をした巨躯のパンディタが、『中論』のサンスクリット語原典をお手に取って、こちらにやってきて加持をするという夢兆があった。

その翌日、『中論』のブッダパーリタ注をご覧になったところ、何の苦労もなく、帰謬論証派の見解の重要な点や、否定対象の区分(mtshams 'dzin)などについて、以前とは異なった心底からの確信が生じた。そして、〔物事を〕実体視する認識の対象(mtshan 'dzin gyi dmigs gtad)一切が消滅して、真実義の意味について、逆の捉え方をする増益は残らず根こそぎ抜き去られた。それ以降、後に続く我々にも「アーチャールヤ・ブッダパーリタのこの注釈を参照しなさい」と何度もおっしゃった理由は、「それを参照したならば、見解の重要な点についての確信が優れて得られるという因縁があったので、そのように言ったのである。」とおっしゃっている。[15]

その後、『中論』の大注をお作りになった時、テキストの難しい箇所は、たいていブッダパーリタの注釈を意識的に(ched kyis)引用して説明なさった理由もまたこの〔ようなことがあった〕からである。また教主に対し〔縁起を説いたものであると〕知って、不壊の信心（shes nas mi phyed pa'i dad pa）を得たことにより詠んだ讃嘆偈『〔釈尊が〕深甚なる縁起をお説きになったことについて誉め讃える〔偈、〕善説の心髄というもの（縁起讃）』をお作りになったのである。[16]

このブッダパーリタの夢は、タクポラディンでの出来事であるが、このときツォンカパは一三九六年の秋から一三九七年の夏までそこに滞在している。従ってこの夢が一三九六年のことなのか一三九七年のことなのかは不明である。また、この記述ではそれに続けて『縁起讃』を作ったことになっているが、それがブッダパーリタの夢からどのくらい経ってからなのかは明確ではない。そもそもタクポラディンで作られたかどうかも確定できるわけではない。しかし、少なくともケードゥプジェは、これを一連の出来事と考えているので、おそらくタクポラディン滞在中に作られたものと考えてよいであろう。根本（2015）によれば、『縁起讃』は相当な技巧を凝らした偈であるので、それなりに時間のかかったものではないかと推測される。また思想内容に関しても、後に見るように、『菩提道次第大論』に詳細に展開される「中観派の不共の勝法」の思想が、それほど体系的ではないにしてもほぼ出揃っているので、ブッダパーリタの夢の直後ではなく、やはりその理解から導き出せるものを整理する時間は必要であったのではないかと思われる。したがって、タクポラディンに滞在しているうちの最後の方、一三九七年頃に作られたと考えるのが妥当であろう。

（八）　聖文殊による教誡の意味

以上の問答を通じて中観思想についてツォンカパがどのような関心を持って聖文殊にお伺いを立て、聖文殊はどのようにツォンカパを導こうとしたかをまとめてみよう。

1　最初、ラマ・ウマパを介して聖文殊にお伺いを立てるときのツォンカパの主たる関心は中観の正しい見解（dbu ma'i lta ba）を求めることであった。

2　当初ツォンカパは「承認することは何もなく、また、いかなるものであるとも把握できない」という見解が正しい中観の見解であると考えていたが、これは帰謬論証派どころか自立論証派の見解でもないと聖文殊に諭される。聖文殊の教誡は、現れの側面（言説有）と空の側面を等分に重視せよ、というものであった。

3　ケードゥプジェが2番の聖文殊の教誡の意味を次のように要約する。「言説有は単に錯誤知にとって存在しているのみで、それを設定する基盤はなく、自説においては認められず、相手の立場において成立しているものにすぎないと考えるのは、業果の因果を否定する最悪の断見である」[17]。

4　聖文殊による実践方法の教誡。(1)師と本尊を不可分のものとして祈願すること、(2)福徳の蓄積と罪業の浄化の行を行うこと、(3)インドの典籍の意味を正理によってよく吟味すること、これら三つを常にまとめて実践するように諭される。

5　中観の理解についてレンダワより優れたラマはいないが、それでもツォンカパに正しい離辺中観の理解を生じさせることはできない。聖文殊自身がラマ・ウマパを通訳として教えるのが一番いいが、ラマ・ウマパはドカムに行く必要がある。後は上の三つの実践のアドバイスを常にまとめて実践するように重ねて諭される。

6　道の実践方法などについてツォンカパが聖文殊に質問すると、聖文殊は「もう質問する必要はない。後はインドの典籍を詳しく検討せよ。そうすれば私の教えたことと一致していることが分かる。」と、自分で典籍を調べるように諭す。

7　夢にブッダパーリタが現れ、『中論』のサンスクリット語原典をツォンカパの頭に載せて加持をする。その翌朝ブッダパーリタ註を見ると、帰謬論証派と自立論証派の見解の違いの重要な点や否定対象の区分について決定的な確信が得られ、誤った理解が払拭される。

こうして通覧してみると、聖文殊の啓示を受けたツォンカパの中観理解は、次のように展開していったことが分かる。まず最初は、ツォンカパの誤った理解を聖文殊が否定し、その後、自らインドの典籍を検討して考えるように促し、最後には、聖文殊ではなくブッダパーリタの中論註を読み直したことを機縁にして帰謬論証派の中観理解を確立することになる。ラマ・ウマパの通訳を介しての聖文殊との問答が最初の段階に限られ、その後は直接聖文殊が現れるようになるため、ラマ・ウマパ自身はツォンカパの元から離れて行く。それだけではなく、聖文殊自身も（少なくとも中観思想に関しては）[18]自分が教えるのではなく、インドの典籍を検討して自ら考えるように促しているが、それは中観思想の核心を理解する機縁となったのがブッダパーリタの中論註を読み直したことであったのと符合する。

もう一つ注意すべきことは、最初にツォンカパが考えていた中観思想が、中観派の立場ではいかなる存在の設定もできず、いかなる立場（khas len）にも立たず、いかなる判断もせず（gang du'ang bzung mi nyan）、世俗の設定は対論者の立場に託して行われるにすぎない、というものであったことである。ケードゥプジェの要約でも、後代のより整理された概念体系によって同じことが説明されている。この点は松本史朗氏が、ツォンカパは当初「離辺中観説」と呼ばれている「一切の辺を離れることが〔中観の〕勝義の真実である」という理解を持っていたが、ラマ・ウマパを介して聖文殊に傾倒するようになって、この離辺中観説を批判するようになったと指摘している。[19]確かに、この伝記および後に見るレンダワへの書簡などからは、いかなる立場にも立たないことを中観の最終的な見解とする見方から転換することが当初のツォンカパの課題であったことが分かる。しかし、そのような「離辺中観説」を批判することがツォンカパの中観思想の主要な動機であったわけではない。ツォンカパの主張は、「よい分別」を擁護することにあったのではなく、空性と縁起を別のレベルのものとして切り離す中観理解を否定し、この二つ（前期のツォンカパにおいては、それらは勝義と世俗という二諦と理解されていた）が同一の存在の二つの（異なった）側面であること、しかも相互に必要不可欠な側面であることを主張することと、一言で言えば「中観派の不共の勝法」を明確に示すことにあった。ラマ・ウマパとの出会いから聖文殊の啓示を経て『菩提道次第大論』へと向かう展開は、「中観派の不共の勝法」を確立する過程であったと考えられる。

第三節　レンダワ宛ての書簡

以上の伝記資料では、聖文殊の啓示によって与えられた中観理解の思想内容は非常に限られた言葉でしか語られていない。それに対して、おそらくはブッダパーリタの夢によって中観思想の核心についての決定的な理解を得た後に、聖文殊から授けられた教誡をレンダワに報告したと思われる書簡が残されている。この夢より以前は、前節で見たように、ツォンカパは自らの帰謬論証派の理解に自信が持てていなかった、このレンダワ宛ての書簡では、自らの思想的立場に揺るぎない自信を持っているようである。

現在、ツォンカパ全集にはいくつかのレンダワ宛ての書簡が収められているが、そのうち中観思想に言及しているものとしてはまず、独立した著作に数えられる「聖文殊〔が教えられた〕道〔について〕の重要な点をレンダワに書簡として差し上げたもの (rje btsun 'jam dbyangs kyi lam gyi gnad rje red mda' ba la shog dril du phul ba)」[20]がある。この書簡には「とおっしゃっている (gsung)」という表現が多用され、聖文殊の言葉をそのままレンダワに報告するという形で書かれている。言い換えれば、後のツォンカパの著作のように自らの論理を展開したものではない。全体としては、「道の重要な点」とあるように、後に『菩提道次第大論』に結実するようなラムリムの要点について書かれているが、中観思想は『菩提道次第大論』のように最後に位置するのではなく、書簡の巻頭に独立して述べられている。このことは、上の伝記の記述でも確認したように、当初ツォンカパが聖文殊に問い質していたことが主に中観思想の正しい理解であり、その後「道の本質や数、順序など」を教えられるようになったという聖文殊からの教授の順番に関連しているのかもしれない。[21]

さて、以下、この書簡から巻頭の中観思想に関する部分を訳出してみよう。[22]

【一】前後に〔聖文殊との対話の中で〕起こった、信頼できる（yid ches kyi gnas）と考えられる以下の諸々のことには、信頼できる徴がたくさんありますが、〔ここには〕書き切れないので、要約〔して述べる〕ならば、私は、何も承認しない〔ことが〕帰謬論証派の見解〔であるという理解〕を持ったままで修習していましたが、〔聖文殊に〕よくお伺いをたてたところ、〔聖文殊は、私が〕今もまだ理解できていないこと〔を、そ〕の理由ともにお説きになりました。〔それに〕ついて長い時間をかけて議論と考察を行ったところ、〔聖文殊は〕「帰謬論証派の見解においては、このようなことが必要である。あなたの心には、このようなことしかない。」などたくさんのことをお説きになったことは、聖父子（ナーガールジュナとアーリヤデーヴァ）の典籍と合致なさっていたので、〔私が〕理解していない〔だけだ〕と知りました〔。そこで、帰謬論証派の見解を〕理解する方法をお伺いして、教えて頂いた〔方法〕を実践したことにより、今は、これまでずっと理解できないでいた縁起の本性（rang bzhin）をはじめて理解でき、大きな確信が生じたのです。[23]

【一】は全体のイントロダクションとも言うべき大まかな流れが書かれている。最初にツォンカパは、「何も承認しないことが帰謬論証派の見解である」という理解をもっていたが、それに対して聖文殊が、それは正しくないことを根拠と典拠とともに詳しく説明した。この段階ではツォンカパは、聖文殊の教えをよく理解できなかったので、どうしたら理解できるかを尋ね、その実践方法を教授してもらう。その詳細は、ここでは言及されていないが、おそらく伝記に述べられていた三つの実践のアドバイス、すなわち師（ラマ）と本尊を不可分のものとして祈願すること、福徳の蓄積と罪の浄化に励むこと、インドの典籍を正理によって読解すること、この三点を一緒におこなうべきことを指すであろう。ツォンカパがそのように実践したことによって、縁起の本性を理解できるようになった。これは、伝記で、タクポラディンに滞在中にブッダパーリタの夢を見て「中観の重要な点について根底からの理解」が生じたと述べられていたことに対応する。「縁起の本性（rten 'brel gyi rang bzhin）」というのは、聖文殊が、空と縁起のうち、特に縁起を重視すべきことをツォンカパに繰り返し説いたという伝記の記述と符合する。

【二】それについても、一般に空〔であると理解すること〕によって有辺（yod mtha'）を退け、現れ〔があると理解すること〕によって無辺（med mtha'）を退けるというのは、チャールヴァーカ（rgyang phan pa）に至るまで共通しているので、〔それとは異なった〕帰謬論証派の勝法（特徴的見解）においては、現れによって有辺を退け、空によって無辺を退け、空〔なるもの〕が因果〔関係にあるもの〕となるという道理（'gro tshul）を知らなければならない。そして、輪廻〔から〕涅槃〔に至るまで〕の諸存在は因に依って果が生じ、また〔その因果関係が人を〕欺くものでないこと（mi slu ba'i tshul）を自らの心において（＝自説において）承認しながら、その同じ〔因果関係にある〕ことによって全ての辺を退ける空性になるという道理（tshul）などを、数え切れないほど、詳細に〔教えられました〕。(24)

【二】では、空と現れの関係が多角的に述べられる。内容的には前章で検討した「中観派の不共の勝法」とほぼ同じであるが、ここで特徴的なのは、「現れによって無辺を退け、空によって有辺を退ける」という主張が、チャールヴァーカに至るまで全ての論者によって認めてられているとされることと、帰謬論証派の立場が「現れによって有辺を退け、空によって無辺を退ける」と対比されていることである。言葉遊びとも言えるが、項目を逆転させて自らの独自の思想を際立たせている。もちろん、これはツォンカパ自身の言葉ではなく、聖文殊の教えの中で述べられたことであり、後に見るように、このような表現の仕方は、その後のツォンカパの著作の中では見られなくなるので、これがツォンカパ自身の思想的表現として定着したわけではない。

いずれにせよ、ここでの聖文殊の教えの意味を理解するよう努めてみよう。まず一般的に、現れがあることによって、無辺、すなわち一切法が存在しないという虚無論が退けられ、空であることによって有辺、すなわち一切法が実在するという実在論が退けられるという説は、チャールヴァーカまでもが承認するかどうかは疑わしいが、(25) その意味は理解しやすい。現れとは、縁起している世俗の諸存在のことであるので、世俗有の存在を擁護することによって虚無論を否定し、諸存在が空であると理解することによって、対象を実体視する見方が否定され、実在論が退けられる。

これに対して現れと空を入れ替えた主張は、次のように考えられるであろう。実在論者は諸存在に自性があってはじめて因果関係、すなわち縁起が成り立つと考え、それに対して中観派は、無自性であってはじめて縁起が成り立つと主張する。それゆえ、実在論者と中観派は、自性の有無と縁起の成立不成立の関係について相容れない立場に立つことになる。言い換えれば、この見解の相違こそが、実在論と中観派の分岐点である。この点からすれば、現れが成り立つためには無自性でなければならないので、有自性論者である実在論者を退けることができ、また空すなわち自性のないものが同時に縁起する世俗の存在でもあるので、虚無論を退けることもできる。こうして、聖文殊の逆説的な教えは「中観派の不共の勝法」における、単なる存在（縁起・現れ）と、自性による存在（実在論）との区別、端的な無（虚無論）と自性の無（真の空性）との区別に帰着すると考えられる。

そうであるとするならば、おそらくこれら二つの表現は、見た目ほどには違いはないように思われる。いずれも「中観派の不共の勝法」の思想圏の中で理解することができる。それゆえ、ツォンカパの以後の著作で、このような逆説的な言い方は用いられなくなるのも肯ける。

最終的には全ての辺（実際には実在論である有辺と虚無論である無辺という二辺）を退ける「離辺中観説」の「正しい理解」

を確立したと述べられているので、聖文殊およびツォンカパの意図は「離辺中観説」批判であると単純に言うことはできない。[26] 有辺も無辺も離れるのだから「離辺中観」があるべき立場であるのだが、大事なことはその有や無の否定が矛盾を孕まないものであるためにどのような存在論が前提とされており、「有無を離れる」という表現が用いられる中観文献や般若経文献を論理的に矛盾のない仕方で解釈できる体系を提示したことである。それが、ツォンカパの初期中観思想の根本的立場である「中観派の不共の勝法」の主張なのである。

【三】要約するならば、〔以下のような説は正しくない。すなわち〕考察されないもの〔において〕、あるいは相手の立場では、あるいは言説においては、[27] 因果〔関係〕は〔人を〕欺くことはない (mi slu ba) が、考察されたならば、あるいは自説においては、あるいは真のあり方 (gnas lugs) おいては、[28] 誤っているとも誤っていないとも設定されることはない、という〔説〕も〔正しく〕ない。また、考察されないものは誤っているとも誤っていないとも設定されることはない、という〔説〕も〔正しく〕ない。また、考察されないものは〔人を〕欺く〔虚偽な〕ものであると考え、考察したならば、「これである」〔と捉えられるもの〕は得られず、その〔考察に〕耐えるものが因果〔関係にあるもの〕であると考えて、その〔考察に耐えるものと因果関係にあるものの〕二つが一つの基体 (gzhi gcig) の上で結び付いていることを念頭に置いて、縁起と空が不可分 (dbyer med) であると言う〔説〕も〔正しく〕ない。[29]

【三】から次の【四】にかけては聖文殊の言葉そのままではなく、「要約するならば」とあるようにツォンカパが聖文殊の教えを自分の言葉でまとめ直したものと考えることができる。

【三】は、次の【四】に続く長い副文形式で、批判対象となる説を三つ挙げている。上の訳では「正しくない」と補ったが、実際には単に異説を列挙しているだけである。

まず最初の異説は、相手の立場においては、因果関係が正しく成り立っているが、自説においては、正しいとも正しくないとも、何も判断することはないという説である。これは、帰謬論証を用いる中観派についての誤った理解である。この異説は、ツォンカパの『秘密の伝記』の中で、聖文殊に教えを受けるようになったときに最初にツォンカパの抱いていた「承認することは何もなく、また、いかなるものであるとも把握できない」というのが中観派の立場であるという理解と符合する。

次の異説は、考察されないものが、正しいとも正しくないとも判断されないという説である。この説自身は『秘密の伝記』などではトレースできないが、判断されないものが、考察されたものから考察されないものへと置き換えられただけのもののように思われる。

三番目の異説は、文意自体が判然としないが、次のように考えられるであろう。すなわち、考察されないもの（世俗の存在）は誤っているが、考察されたならば（勝義においては）何も「これである」と認識できるものはない。一方、考察に耐えるもの（自性によって成立しているもの）において因果関係を設定することができる。それが縁起（＝因果関係にあるもの）と空（＝考察に耐えるもの）の共通基体性を意味する。

これら三つの異説に共通するのは、考察されたものにせよ、考察されないものにせよ、あるいは世俗の存在にせよ勝義の存在にせよ、正しいとも正しくないとも、あるいはこれであると特定されないという主張と、世俗と勝義とが別の次元のものとして分離されていることとである。この時期のツォンカパにとって世俗とは縁起する存在であり、勝義とは空性のことである。これらが同一の基体の上に同時に矛盾することなく成り立つというのが「中観派の不共の勝法」の最初の規定であった。第三の異説は、一見縁起と空性の共通基体性を主張しているようであるが、しかし考察に耐えるものと考察に耐えないものとは異質のものとされるので、実在論と考えられる。

これらの異説に対して、次に聖文殊およびツォンカパの自説が説明される。

【四】〔そうではなく〕因によって果が生じる〔という縁起〕が〔人を〕欺くことがないと理解している、その同じ知によって、他の知を必要とすることなく（ltos med du）、〔対象を実体視する〕認識の対象（dmigs gtad）〔すべて〕が消滅した空もまた成立すること、そして因果〔関係〕が〔人を〕欺くことがないという論証因だけで、他の論証因を必要とすることなく、有辺〔や無辺〕などを離れた空が成立するという〔論証〕方法（tshul）に基づいて、因果〔関係〕が〔人を〕欺くことがないことについての根底からの確信が生じ、まさにその時から〔対象を実体視する〕認識の対象全てが消滅した、執着することのない〔知〕（zhen med）もまた生じてくる。[30]

【四】ここに述べられている正しい中観派の理解は、前章で検討した「中観派の不共の勝法」のうちの「縁起の意味が空性の意味として現れてくる」という命題と同じものである。[31]そこでも検討したように、この命題は、縁起を理解している、その同じ知が他の知に依ることなく、自性が存在しないという空性を理解できるようになることを意味する。このことは、縁起が空という所証を理解させる最勝の論証因であることが理解できるようになることと言い換えることもできる。また、空性を理解することによって、対象を実体視する認識の対象が消滅するという点は、『秘密の伝記』で、ブッダパーリタの夢を見た後に中観の奥義を理解したことによって、対象を実体視する認識の対象（mtshan 'dzin gyi dmigs gtad）全てが消滅したと述べられていることと対応する。[32]

【五】以前にも、このような〔聖文殊の〕言い方（tshig 'grigs）は、今（phyis）と変わらずにありました〔が〕、私には確信（nges shes）は未だ生じていませんでした。私自身の考えでは、私が理解していないならば、私と先生（slob dpon, レンダワ）は違いがないので、先生も〔このように〕お考えになっていないと思って〔この手紙を〕差し上げたところ、我々には考えはあるが、しかし、詳しくは何も知らないとおっしゃっていました。それゆえ、正しい見解の究極的な本質（lta ba'i gnad mthar thug pa）はこのようなものであり、行の微細な本質の詳細（gnad phra zhib）や、実践の道になるかならないか、顕密（sngags mtshan nyid）の非常に難解な本質などについて、以前には疑いがあり、考察して〔も、理解〕が得られなかった諸々のことが、正理の力によって正しく論証できるのを見て、疑いの気配さえも無くなって、〔聖文殊の言葉に〕信頼が生じたのです。(33)

【五】は、聖文殊の教えをレンダワに報告する意図を述べている。おそらく、聖文殊からの啓示を受ける前は、ツォンカパとレンダワの理解は一致していたが、その理解が正しい理解ではないことをツォンカパが確信したので、それをレンダワに伝えようとしているのであろう。ツォンカパが聖文殊から示された教えに、いかに強い確信を抱いていたかが窺われる。ここまでは聖文殊の教えは全て中観思想の理解に関するものであったが、この【五】の後半から、実践行の話題となり、さらには密教の本質についても教えられたことに言及している。実際、この書簡のタイトルも「道についての聖文殊の教え」となっているので、ここ以降がこの書簡の本論であるとも言えるであろう。しかし、伝記でも検討したように、当初のツォンカパの関心および聖文殊の教えの中心は中観思想、とりわけ帰謬論証派の思想の本質的な理解にあったことは疑いない。

【六】〔聖文殊は〕この立場の説(34)によって、現在〔行われている〕講義・聴聞（bshad nyan）と修習・実践（sgom sgrub）の二つ〔のうち〕講義・聴聞を重視されました。(35)一般に法門はたくさんあるけれども、解脱の因となるのは三つ、すなわち、清浄なる（＝欠点のない）出離（nges 'byung）と菩提心（byang chub kyi sems）と〔正しい〕見解（lta ba）とです。現在、この三つについて〔自らに〕経験しているものはおろか、この三つについての清浄な（＝過誤のない）理解を持つ者さえ稀です[36]。

【六】は、その「道」についての導入に当たる。聖文殊の教えの実践的な側面が、この「道の三要素」であることが分かる。これは次の節で検討する『道の三種の根本要因（lam rtso bo rnam gsum）』の偈に結実する内容である。ただし、三種の要因は、ここでは「三法（chos gsum）」という言い方で言及されている。この『道の三種の根本要因』の偈では中観思想は、第三番目の「正しい見解（lta ba rnam dag）」の箇所で述べられることになるが、本書簡ではこれ以降中観思想に言及されることはない。本書簡を見ると、この道の三要素の思想が聖文殊の教えの中心であったと思えるほど、ツォンカパは熱心に聖文殊の言葉を報告している。この道の三要素と『菩提道次第大論』において集大成されるラムリム思想の間の関係はどのようになっているのかを考察することは今後の課題である。

第四節　『道の三種の根本要因』

前節のレンダワ宛ての書簡は、口語的な表現が多く、また説明も簡潔であるため非常に難解であり、完全に理解することは困難である。この書簡では、聖文殊の言葉を記録し報告することを急ぐ余り、自らの思想として再構成し表現するまでには至っていないという印象を受ける。それに対して、同じ内容を簡潔に偈にまとめた『道の三種の根本要因』は、公式に弟子に教えているものであり、聖文殊の言葉ではなく、ツォンカパ自身の言葉として道の三要素を述べているため、首尾一貫した内容となっている。この偈は、コロフォンによると、ツォンカパの最初期の弟子であるツァコポンポ・ガワンタクパに宛てたものである。年代は不明であるが、前節のレンダワ宛ての書簡と密接に関係する内容である。

道の三要素とは「出離」と「菩提心」と「正しい見解」であるが、ここでは中観思想が述べられている「見解」の部分を訳出し、レンダワ宛ての書簡および「中観派の不共の勝法」との関係を考えてみよう。

【九】存在の真のあり方（gnas lugs）を理解する智慧を身に付けなければ、出離の心や菩提心に習熟しても、輪廻の根本を断ち切ることはできない。それゆえ、縁起を理解できるように努力しなさい。(37)

【一〇】何であれ、輪廻から涅槃に至るまでの一切〔法〕の因果〔関係〕は決して〔人を〕欺くことがないと知りつつ、〔諸法を実体視する〕認識の対象全て（dmigs pa'i gtad so gang yin kun）が消滅した者、かれは仏がお歓びになる道に入ったのである。(38)

【一一】現れ〔すなわち〕縁起は〔決して人を〕欺くことがない〔と理解し〕、空〔すなわち、それ自体で成立している法は微塵も〕承認されない（khas len brel ba）〔と理解する、これら〕二つの理解（go ba）が、それぞれ別々に現れている間は、未だ牟尼のお考えを理解してはいないのである。(39)

【一二】それらが交互にではなく同時に〔現れて〕、縁起は〔人を〕欺くことがないと理解したことだけから、〔同時に、空についての〕確信（nges shes）〔も得られ〕、対象〔を実体視する〕把握の仕方全てが消滅したならば、そのときには、〔空性＝縁起の正しい〕見解の考察は完成するのである。(40)

【一三】さらにまた現れによって有辺が退けられ、空によって無辺が退けられ、空性〔を本質とするもの〕が因果〔関係にあるもの〕として現れるという論理を知るならば、〔有辺と無辺という〕偏った見解（mthar 'dzin lta ba）に捕らわれることは決してなくなる。(41)

『道の三種の根本要因』は全体が一四偈からなり、「序」が二偈、「出離の心」が三偈、「菩提心」が三偈、「正しい見解」が五偈、「結語」が一偈からなる。道の三要素のうち、正しい見解が占める割合が大きいのが分かる。この偈は、現在に至るまでツォンカパのラムリム思想を最も短く要約したものとして広く読誦され、また多くの注釈が書かれてきた。しかし思想内容からすると、前節で見たレンダワへの書簡との関連が深く、後のラムリムの体系とは表現が異なっている。ツォンカパにはもう一つラムリム思想を簡略にまとめた偈『道次第要義（lam rim bsdus don）』がある。[42]これはコロフォンによるとガンデン寺（'brog ri bo che dge ldan rnam par rgyal ba'i gling）において著わされたものであり、ガンデン寺創建後、説法を始めるのが一四一〇年であるの、晩年の著作である。この偈では、ラムリムは『菩提道次第大論』や『菩提道次第小論』と同様、準備から始まり、小士、中士、大士と進み、菩薩行としての六波羅蜜行を経て、密教への入門に触れるという、まさにラムリム全体の要約となっている。逆に中観思想についての言及は極めて少なく、その点では『道の三種の根本要因』の方が詳しい。[44]

『道の三種の根本要因』の「正しい見解」に説かれた中観思想は、わずか五偈に集約され、また多くのことを語っていない。その分、その当時のツォンカパが一番重要と考えていた点を知ることができる。第九偈は、他の二つの要因に対して「正しい見解」がそれらの基礎をなす最も重要なものであることを述べて、「正しい見解」への導入としている。この点については、前節のレンダワへの書簡の引用の直後に、「その〔三法の〕うち、最初の二つ（=出離の心と菩提心）を理解することでは解脱の種を植えることはできず、最後のもの（=正しい見解）は力が強い（stobs che ba）ので〔解脱の種を〕植えることが出来る。[45]」とあるのに対応している。道の三要素のうちの「正しい見解」、すなわち中観思想が道の全体に対して大きな比重を占めていることが分かる。

第一〇偈以降が中観思想を直接述べている部分である。大きく分ければ、第一〇偈から第一二偈までが、縁起の理解が同時に空の理解となるべきことを説き、第一三偈では、前節のレンダワへの書簡にも見られた「現れによって有辺を断じ、空によって無辺を断じる」という独特の主張が述べられる。[46] 後者について言えば、ツォンカパの著作の中でこの表現が用いられるのは、この初期の二著作に限られる。初期の中観思想の集大成である『菩提道次第大論』はおろか、ブッダパーリタの夢によって中観思想の奥義を体得したのちに書かれた『縁起讃』にも、このような表現は用いられない。[47] 一方、そのブッダパーリタの夢によって中観の奥義を体得して以降に書かれたと考えられるレンダワへの書簡との密接な関係から、これら二著作が、タクポラディンでの遁世修行の間で、『縁起讃』が作られる前に書かれたものであることを推測させる。

さて、第一〇偈から第一二偈も内容的には、レンダワへの書簡に述べられた、縁起を正しく理解した知が、他の知に依ることなく、同時に空性を理解する知となる必要があるという主張[48]と同じである。この説は、前節でも指摘したように、「縁起の意味が空性の意味として現れる」という「中観派の不共の勝法」の思想圏に属するものである。縁起が正しく成り立つことを根底から理解することによって、他の知を媒介とすることなく、無自性を理解する（すなわち実体視されていた対象が全て消えてなくなる）ことができるようになったとき、「正しい見解」が獲得されたことになる。

この三偈においては「中観派の不共の勝法」のうち、縁起の意味が空性の意味として現れるという命題と、縁起が諸法の無自性を論証する最勝の論証因であるという命題が述べられて、縁起と空の共通基体性や、存在と無の四つの様態については言及されない。[49]「中観派の不共の勝法」の諸命題は、縁起の意味が空性の意味として現れる、あるいは縁起が空性を論証する最勝の論証因であるという主張と、縁起と空性が同一のものにおいて矛盾しない、あるいは存在に二種類、非存在に二種類あるという主張という二つのグループに分けることができることが分かる。これらは、前者が認識論的な側面あるいは意識の側の問題、後者が存在論的な側面あるいは対象の側の問題であると考えられる。そして、聖文殊の教え、あるいはツォンカパがそこから読み取った内容は、主として意識の側の問題であったと言えるであろう。

もちろん、その根底には対象の問題、存在の仕方の問題があり、また内容的にも論理的にも認識の可能性は存在のあり方によって規定されるものであると言えるが、ツォンカパが意識的にそのことを語り出すのは、もう少し後のことである。

具体的には次節で検討する『縁起讃』ではそのことが言及されるようになる。さらに『菩提道次第大論』では、第一章で検討したように、まずは縁起するものが同時に空でもある、という縁起と空性の共通基体性が最初に言及され、また強調される。ここに、ツォンカパの中観思想形成過程の一端が窺えるであろう。

ところで第一一偈の「承認を離れている (khas len bral ba)」という表現に見られる「承認 (khas len)」の意味には注意を要する。通常、「承認」は「主張」することではなく、何らかの考え方を「受け入れること」を意味する。『菩提道次第大論』以降のツォンカパの中観関係の著作では、「承認」は世俗のあり方を否定することなく、そのままに受け入れる意味で使われることが多く、必ずしも排斥されるべきものとは言えない。しかし、この箇所では「承認を離れている」というのは「空性」の言い換えなので、「承認」は空性において否定されるべきものを受け入れることを意味していなければならない。実際、ダライラマ五世の割註では、「それ自体で成立している法を塵ほどでも承認しないことの意味について確定知を得るという理解(50)」と注釈している。もちろんこれは、文脈とツォンカパの思想からそのように補う必要があると後代のダライラマ五世が注釈したのであり、「それ自体で成立している法」という表現が実際にこの時期のツォンカパが使うことがあり得るかという問題はあるにしても、内容的にはしかるべき割註であると思われる。いずれにせよ、この箇所の「承認を離れる」という表現は、やや特殊な用い方であると思われる。

前節のレンダワへの書簡と比較すると、この『道の三種の根本要因』は、聖文殊の言葉の引用ではなく、ツォンカパ自身の表現になっており、思想が十分に消化されていると感じられるので、時期的にはレンダワへの書簡より後に、思想を自らのものにしたのち、弟子に教誡を与えるようになってからのものと言える。しかし、「現れによって有辺を、空によって無辺を退ける」という表現や、縁起を理解する知が、そのまま空を理解する知になるという主張などは、レンダワへの書簡と共通であることから、時期的に近接した時期に説かれたものと考えられる。

第五節　『縁起讃』における「中観派の不共の勝法」

本章第二節で検討したように、伝記における記述では、ブッダパーリタの夢を機縁に中観思想の奥義を感得したのちに、その思想に基づいて『縁起讃』を執筆したことになっている。[51]しかし、実際にはその夢の直後に『縁起讃』が書かれたとは考えられない。根本（2015）に指摘されているように、『縁起讃』は修辞学の技巧を凝らした、完成度の高い詩作品である。このような作品が一朝一夕に完成するとは思えない。また、レンダワへの書簡が聖文殊の言葉を直接引用しながら未整理の状態で書かれているのに対し、『縁起讃』における中観思想は『菩提道次第大論』と共通する「中観派の不共の勝法」の各方面の内容を詩的に表現している点でも、レンダワへの書簡より進んだ段階にあると言える。

それでは、第一章で検討した「中観派の不共の勝法」が『縁起讃』の中にどの程度反映しているかを検討していくことにしよう。[52]

世間の全てのものの知られていない大朋友であり、最上の教主である仏世尊を、甚深なる縁起をお説きになった方として讃歎する〔偈〕、善説の心髄というもの。[53]

【五】何であれ縁に依存しているもの、それらに自性はない（それらは自性に関して空である）というこのお言葉以上に驚嘆すべき正しい教え方が他に何かあるであろうか。[54]

【六】愚者たちが〔縁起している存在を実在するものと〕捉えることによって、〔有辺と無辺という〕偏った立場に執着して（mthar ʼdzin）〔輪廻に〕強固に縛り付けられる、その同じ〔縁起している存在〕が、賢者にとっては戯論の網を残らず断ち切る通路となる。[55]

【九～一〇】利他行をなさるあなたが衆生の利益のためにお説きになった教えの核心である空性を確証するための比類なき根拠である縁起の道理（tshul）を、逆のこと〔すなわち空ではないこと〕を論証したり（相違因）、あるいは〔主題である諸法において縁起という論証因が〕不成立である（不成因）と考える者に、どうしてあなたの説を理解できるであろうか。[56]

【一一～一二】空性が縁起の意味であると理解する〔者〕においては、自性がないこと（自性に関して空）と効果的作用の働き（bya byed）が正当に成り立つこと（'thad pa）とは矛盾しないが、それとは逆に〔空と縁起は矛盾するものであると〕考える〔者〕においては、空であるものには効果的作用（bya ba）はあり得ず、効果的作用を有するものには空なるものは存在しない〔と考える〕ので、恐怖の奈落に落ちてしまうとあなたはご主張なさった。[57]

【一三】それゆえ、あなたの教えにおいては、縁起を理解することが正しく推奨された。その〔縁起を理解する場合〕にも、〔諸法が〕全く存在しない〔と理解することによって縁起を理解するの〕ではなく、また〔諸法が〕自性によって存在している〔と理解する〕ことによって〔縁起を理解するの〕でもない。[58]

【一四】〔他を〕必要としないもの（ltos med）は虚空の花のよう〔に存在しない〕ものである。それゆえ、〔他に〕依らないもの（ma brten）は存在しない。それ自体で成立している（ngo bos grub）ものは、因と縁を必要とすることと矛盾する。[59]

【一五】したがって、〔因と縁に〕依って生じるもの以外にいかなる法も存在することはないので、自性のないもの（自性に関して空なもの）以外にはいかなる法も存在しないと〔あなたは〕お説きになった。[60]

【一六】自性は〔存在するならば、それを〕退けること（ldog pa）はできないので、もし諸法に何らかの自性があるならば、涅槃は不可能になり、戯論を一切退けることはできないことになると〔あなたは〕お説きになった。[61]

【一八〜一九】いかなる自性も存在しないことと、これに依ってこれが生じるという〔縁起の〕設定全てが妥当であることと、この二つが矛盾せずに両立すること（'du ba）は言うまでもなく、縁起するという理由によって〔有辺・無辺という〕偏った見解（mthar lta）に依拠するべきではないと正しくお説きになったこの〔お言葉〕は、保護者であるあなたの主張が無上のものである根拠である。(62)

【二〇】この一切〔法〕が〔実体的な〕存在を持たないこと（ngo bos stong pa）と、この〔原因〕からこの結果が必ず生じるということ、この二つの確信（nges pa gnyis po）は相互に妨げることなく、支え合うものである。(63)

【二四〜二五】無自性〔の理解〕へと〔人々を〕導く無上の門である「縁起する」という、この言葉だけで自性〔がある〕と捉えてしまうならば、今この人を、最勝の聖者たちが正しく歩む比類のない入り口、あなたがお喜びになる素晴らしいその道へ、いかなる方法で導くことができようか。(64)

【二六】作為されたものではなく（bcos min）〔他を〕必要としない自性と、〔他を〕必要とし作為されたもの（bcos ma）である縁起という二つが、どうして一つの基体（gzhi gcig）において矛盾せず両立する（'du ba）であろうか。(65)

【二七】したがって、〔他に〕依って生じる〔縁起する〕ものは、最初から自性を欠くものでありながら、それ（＝縁起するもの）として現れるので、この一切〔法〕は幻の如きものであると〔あなたは〕お説きになった。(66)

この『縁起讃』は、ツォンカパがオデグンゲルの隠棲処ラディンで遁世修行をしていた、一三九六年（四〇歳）の秋から一三九七年（四一歳）の夏までの約一年の間に書かれたものと考えられる。(67) その間にブッダパーリタの夢によって中観の奥義を感得したのちに、この『縁起讃』が著されたことは、ケードゥプジェの二つの伝記の両方に記されている。内容的には、上に述べたレンダワへの書簡と『道の三種の根本要因』よりも後に書かれたと推測される。おそらく、この一年間のオデグンゲル滞在中の最後の頃に著されたものであろう。

上に訳出したのは中観思想が直接説かれている偈のみであり、その他は釈尊に対する讃歎の文学的な表現が大半を占める。この中観思想を語る語彙や概念から見ると、その内容は第一章で検討した「中観派の不共の勝法」の思想圏に属するものであることは一目瞭然であろう。しかし、それらは『菩提道次第大論』のように論理的に構成されたものとは言い難い。重複した内容が離ればなれになっていたり、どこに焦点があるかも判然としない。各偈の中心的な内容の要点を略記すると次のようになる。


【五】縁起するものは全て無自性である。(縁起と無自性の共通基体性による遍充関係)

【六】賢者は縁起を理解することで戯論の網を断ち切る。

【九～一〇】縁起は空を論証する最勝の論証因である。

【一一～一二】空性は縁起の意味であると理解する者にとって、空と縁起は矛盾しない。空と縁起が矛盾すると考えるものは無辺に陥る。

【一三】縁起の真実を理解するとは、諸法が何も存在しないと理解することでも、自性によって存在していると理解することでもない。

【一四～一六】それ自体で存在するものは縁起しない。縁起しないものは存在しない。存在するならば、縁起する。縁起するならば自性は存在しない。

【一八～一九】縁起と無自性は矛盾することなく両立する。

【二〇】無自性の理解と縁起の理解は、相互に妨げ合うことなく支え合う。

【二四～二五】縁起の故に自性があると考える人は救いがたい。

【二六】作為されたものでなく他に依らないものである自性と縁起とは矛盾する。(68)

【二七】縁起するものは、無自性なままに現れるが故に、幻のごときものである。

詩であるため、論理的な流れを取っていないが、ここに「中観派の不共の勝法」の思想が説かれていることは容易に見て取れる。[69] ほとんど全ての偈で、縁起と無自性（空性）の関係が扱われ、それらが矛盾することなく両立すること、あるいは縁起を知ることによって無自性を知ることができる（縁起が無自性を証明する論証因である）ということが説かれている。特に第五偈は、縁起と空が共通基体性による遍充関係にあることを述べ、それらが矛盾しないこと、あるいは縁起が空性に対する論証因であるという見解の基盤となる主張が述べられている。

また、第二七偈では、縁起するものが、無自性なままに現れることを幻に喩えている。縁起するものが幻の如き存在であることは、これまで検討してきた聖文殊との問答の記録や、レンダワへの書簡、『道の三種の根本要因』においては見られないが、この後の『菩提道次第大論』以降の著作には必ず言及され、しかもそれぞれにおいて比較的詳しく扱われるようになる主張である。[70]

一方、先に指摘したように、[71] レンダワへの書簡と『道の三種の根本要因』では、縁起を理解しているその同じ知が、他の知に依らずに空性を理解するという、認識主体の側の主張に重点が置かれていたのに対し、この『縁起讃』では、縁起するものが同時に空なるものである（空でなければならない）という、対象の側の共通基体性および無矛盾性に主題の重心が移っている。この傾向は、『菩提道次第大論』でも変わらず、前章で見たように、[72]「中観派の不共の勝法」はまず縁起するものが同時に空なるものであるという存在論的主張から始まる。一方、「空性の意味が縁起の意味として現れる」という意識の側の問題に繋がる点は、言及されるものの、詳しい議論は行われない。[73] ただし、ツォンカパがこの「空性の意味が縁起の意味として現れる」という考え方を捨てたわけではなく、それについては『中論註正理大海』で詳しく説明されることになる。

中観思想において、空性よりも縁起を根本的な教説として重視することは、聖文殊がツォンカパに教え続けた教誡であった。レンダワ宛ての書簡の【一】の最後に、(74) 聖文殊からの教えを実践して分かったこととして「〔帰謬論証派の見解を〕理解する方法をお伺いして、教えて頂いた〔方法〕を実践したことにより、今は、これまでずっと理解できないでいた縁起の本性 (rang bzhin) をはじめて理解でき、大きな確信が生じた」とあることは、中観思想に関して縁起の本質を理解することが、聖文殊の教えの眼目であったことを示している。釈尊を縁起を説いたことを通じて讃歎するというこの『縁起讃』の主題もそのことを反映していると考えられる。(75)

おわりに

以上、聖文殊とツォンカパの関係について、ツォンカパの直弟子ケードゥプジェによる二つの伝記、レンダワ宛てに聖文殊の教誡を報告した書簡、『道の三種の根本要因』、ブッダパーリタの夢によって中観の奥義を感得した後に書かれたとされる『縁起讃』という四つの資料を挙げて、それぞれの資料から読み取れるツォンカパの初期中観思想を検討してきた。これらを通覧して、ツォンカパが聖文殊からの啓示によってどのように中観思想を形成していったかを略述してみよう。

ツォンカパが聖文殊から教えを受けるようになったきっかけは、一三九〇年のラマ・ウマパとの出会いである。ラマ・ウマパと共に修行をしたのは、わずか二回のみである。最初は一三九〇年の秋にチュールン寺において、二度目は一三九二年の秋にガワトンの隠棲所においてである。いずれも一季節に満たない期間である。そのガワトンにおいてツォンカパは、ラマ・ウマパを介さずに直接聖文殊から教えを聞くことができるようになり、それ以降はラマ・ウマパを介して聖文殊と交信することはなくなる。実際、ラマ・ウマパは一三九二年の秋の終わりにドカムに戻り、それ以後、伝記にはラマ・ウマパと会ったという記述はない。

伝記に報告されている聖文殊との問答のうちで、どこまでがラマ・ウマパを介したものであるのか、どこからツォンカパが直接聖文殊と交信したものであるのかは特定できない。

当初、ツォンカパが抱いていた中観の理解は、「何も承認せず、また、何も把握しない。」というものであった。これは一見、勝義においては有でもなく無でもないという「離辺中観説」のように受け取れるが、少なくともケードゥプジェの解釈によれば、言説有は対論者の錯誤知において成立しているのみであり、自説においては何も設定することができない、という言説有すなわち縁起する存在を自説において否定する虚無論ということになる。このような虚無論に抗して、縁起する存在を無自性と一体のものと捉え、正しく縁起を基礎付けるというのが「中観派の不共の勝法」の目指すものであったことからすれば、このケードゥプジェの解釈は正鵠を得たものであろう。

ツォンカパが当初抱いていたこのような虚無論に対して聖文殊は、「現れの側面と空の側面を共に重視しなければならないが、特に現れの側面を重視すべきである」と繰り返し教える。現れの側面とは縁起のことであるので、これはまさに縁起と空性が同一基体において成立し、相互に支え合っているという「中観派の不共の勝法」の存在論的な主張に他ならない。ただし、ツォンカパは当初この聖文殊の教えを理解できなかった。

聖文殊は、もう自分に尋ねる必要はなく、教えるべきものは全て教えたので、後はインドの典籍を精読し比較考察することによって自ら納得すべきであると諭す。そのときは同時に罪の浄化と福徳を積む修行と、ラマと本尊を一体のものとして祈願すべきことも説いているが、それは正しい見解の理解を得るための間接的な資糧になるのみで、見解の理解自体に関しては、インドの原典を精読し分析的に考察することが一番重要なことであったと思われる。そのような勉学を続けたあと、機が熟して夢の中にブッダパーリタが現れ、『中論』の加持を行うことによって、中観思想の核心についての決定的な理解を得ることになる。これは象徴的なものであって、ブッダパーリタの加持が決定的であったと言うことではないであろう。むしろ、この夢にラマ・ウマパも聖文殊も登場せず、インドの五論師が自性の有無などについての議論しているのを夢見たということは、ツォンカパの理解が、その種は聖文殊によって植えられたとしても、実際にはそれをインドの典籍を分析し詳しく考察することによって確立されたものであることを示唆している。(76)

このブッダパーリタの夢は、ツォンカパが聖文殊の教えを完全に理解し切ったことを象徴している。その確信が、師であるレンダワに宛てて聖文殊の教えを伝える書簡に現れている。しかしこの段階では、ツォンカパは自らの言葉ではなく、聖文殊の言葉をなぞるように報告するだけであったが、その後、程なくして書かれたと思われるツァコポンポに宛てた教誡『道の三種の根本要因』においては、聖文殊の言葉ではなく、自らの言葉で簡潔に縁起と空性の関係を説くようになる。先に見たように、レンダワへの書簡と『道の三種の根本要因』には、「現れによって有辺を退け空によって無辺を退ける」という特徴的な表現が共通して用いられ、「中観派の不共の勝法」の中でも、縁起を認識している知が、他の知に依ることなく無自性を認識できるようになる、という認識主体の観点での相即性を強調していることも共通している。

さらにブッダパーリタの夢の後に書かれたとされる『縁起讃』では、ナーガールジュナなどインドの原典を典拠にして、縁起を重視する思想が詩的に表現され、「中観派の不共の勝法」に属する多くの主張が言及されている。特に縁起と空の共通基体正・無矛盾性というような存在論的な見方が強調されるようになった。『縁起讃』はオデグンゲルにおいて著されたとコロフォンにあるので、遅くとも一三九七年に成立している。その後、ツォンカパの中観思想を体系的に展開した『菩提道次第大論』が書かれる一四〇二年まで五年の歳月が流れ、その間にツォンカパはインドの原典を縦横に引証しながら論理的かつ詳細に「中観派の不共の勝法」の思想を仕上げていくことになる。『菩提道次第大論』の毘鉢舎那章で中観思想を記述する際に、ツォンカパは聖文殊の名前を引き合いに出すことはなかった。このことは、以上のツォンカパの思想形成の過程を考えるとき、聖文殊による教えを全てインドの原典の分析によって裏付け、完全に自らの論理によって記述することができるようになったことを意味しているであろう。

本章では中観思想に関する聖文殊とのやり取りのみを取り上げたが、『秘密の伝記』によれば、その後も聖文殊は、ラムリム思想全体、さらには『秘密集会タントラ』の修道体系や弥勒像の復興など、ツォンカパの様々な行動に対しても助言を与えていたことが記録されている。また、ツォンカパの直弟子の一人トクデン・ジャンペルギャツォの『ツォンカパ伝補遺』には、ツォンカパが『善説心髄』を書く前に、聖文殊から唯識と中観の争点について詳細に説明されたことが報告されている。(77) もちろん、実際の『善説心髄』においても『菩提道次第大論』と同様、文中に聖文殊の教誡を思わせるような表現はなく、全てツォンカパ自身が引用したインドの原典と自らの論理によって構成されていることは、たとえ聖文殊の示唆があったとしても、ツォンカパがそれを自らの思想として咀嚼した上で一貫した論理で展開したことを示している。

以上、本章では、ラマ・ウマパとの邂逅から『菩提道次第大論』に至るまでのツォンカパ初期中観思想の形成過程を、資料に即して跡づけた。聖文殊からの啓示という、現代的な観点からは神秘的と取れる出来事も、ツォンカパ自身の心的な体験としては、極めて明確なものであり、ツォンカパの中観思想形成に決定的な役割を果たしたことが分かる。

（1）『信仰入門（*dad pa'i 'jug ngog*, DJG）』と『秘密の伝記（*gsang ba'i rnam thar*, SNRN）』。ツォンカパの初期の伝記は石濱・福田（2008）にまとめられており、この二書もそこに訳出されている。『信仰入門』はツォンカパの外的な（あるいは一般の人に見えていた）行状を記した伝記であり『大伝』とも言われる。『秘密の伝記』は、ツォンカパの内的精神的な出来事を記したものであり、ツォンカパがどのように諸仏や先駆者と直接交流をして、その思想を獲得していったかが描かれる。

（2）ツォンカパの生涯の事績は、ケードゥプジェの『信仰入門』に詳しく記されているが、残念ながら年代に関する記述は非常に少ない。ただし、ケードゥプジェは、ツォンカパが移動するたびに、その季節を記しているので、それらを丹念に計算していけば、ある程度の精度で年代を確定することが可能である。その試みは、福田・ラモジョマ「ツォンカパ伝年代考」（未刊）にまとめている。本章におけるツォンカパの年代についても、同論文の成果を基にしている。

（3）以下は、『信仰入門』にある伝記の要約である（DJG, 28a1–29a6;『聖ツォンカパ伝』七六～七八頁）。なお、『秘密の伝記』にもラマ・ウマパが聖文殊を目の当たりにするまでの体験について『信仰入門』を補完するような簡単な紹介がある（SNRN, 2a3–b2;『聖ツォンカパ伝』一七六～一七七頁）。

（4）DJN, 23a4;『聖ツォンカパ伝』六七頁。

（5）『信仰入門』では簡単な記述だが（DJG, 25a3–4;『聖ツォンカパ伝』七〇頁）、『秘密の伝記』によると、この間にラマ・ウマパを介して聖文殊との間にかなりの問答が行われた模様である（SNRN, 2b2–3a6;『聖ツォンカパ伝』一七七～一七九頁）。『秘密の伝記』の記述は、年代や場所を明示していないので、確定的なことは言えないが、ここの記述は、後にガーワトンに行く前のこととして書かれた一連の文章であり、その後の記述ではラマ・ウマパが（ガーワトンでの遁世修行の後に）ドカムに出立する必要があると記されているので、上に挙げた箇所が最初のチュールン寺での問答内容と考えられる。

（6）DJN, 27b6, 29a6–31b3;『聖ツォンカパ伝』七五頁、七八～八一頁 ; SNRN, 4b3–5b2;『聖ツォンカパ伝』一八二～一八三頁。

（7）DJN, 32a1–2;『聖ツォンカパ伝』八三頁。

（8）SNRN, 5b2–3;『聖ツォンカパ伝』一八四頁。

（9）rje rin po che 'dis gtsang rong du khong dang mjal nas / bla ma dbu ma pas lotstsha ba mdzad / rje 'dis 'dri ba po mdzad nas / rje btsun 'jam pa'i dbyangs la chos kyi dri ba mang du mdzad / khyad par du dbu ma'i lta ba 'di ma btsal na lam gyi srog mi rnyed / btsal kyang shin tu rnyed dka' zhing / phyin ci log tu bzung na gol sa dang nyes dmigs gzhan las kyang che bar 'phags pa yab sras kyis gsungs 'dug pas / 'di nyid 'ba' zhig yid la gcags pa'i thugs kyi bzhed pa rtag tu rgyun chags pas / de kho na nyid tshol ba la byang chub sems dpa' rtag tu ngu dang 'dra bar yod pas

/ de'i tshe yang rje btsun la lta ba'i dri ba rang shas cher mdzad / (SNRN, 2b2–4)

(10) de dus nged kyi lta ba 'di thal rang gang yin zhus pas / gang yang min gsungs / de dus rje 'di'i thugs la yang khas len ci yang med cing / gang du'ang bzung mi nyan par lta ba de thugs la bde ba tsam yod par 'dug go /
de nas lta ba'i skor la dri ba dang / brgal brtag mang du mdzad pas / rje btsun 'jam pa'i dbyangs kyi gsung nas / snang phyogs dang stong phyogs la nye ring gtan nas byed mi nyan / khyad par snang ba la gtsigs su byed dgos zhes yang yang gsung / (SNRN, 2b4–6)

(11) phyis dga' ba gdong du bzhugs dus kyang de 'dra ba mang du byung ste / mdor na tha snyad tshad mas grub pa bzhag sa med par 'khrul ngo tsam la bsnyad nas gzhan ngor 'jog pa ma gtogs / rang lugs la gang yang bzhag sa med par las 'bras la skur 'debs kyi chad lta chen po la dbu ma'i lta ba mchog tu 'dzin pa de nyid 'gog pa'i ched du / rje btsun gyis nan tur che bar mdzad do //

de ltar dri ba dang brgal brtag mang du mdzad pa'i skabs su rje btsun gyis thal rang gi khyad par / lhan skyes dang kun brtags kyi bdag 'dzin gnyis kyis ji ltar bzung ba ltar gyi bdag dang / rtags kyi dgag bya'i tshad phra rags / lta ba rtogs pa'i tshad / thal 'gyur ba'i lta ba 'di'i lugs kyis kun rdzob pa rnam par 'jog pa'i tshul la sogs pa rnams kyi pa dpyad pa zhib tu mdzad pa'i sa bon shin tu 'dril ba re dang / sngags mtshan nyid kyi lam thun mong dang / thun mong ma yin pa'i khyad par dpal gsang ba 'dus pa'i rim pa lnga'i ngo bo dang / go rim grangs nges la sogs pa rnams kyi gnad thun mong min pa shin tu 'dril ba re gsungs / (SNRN, 2b6–3a4)

(12) mi go ba 'dug lags zhus pas / 'di rnams ma brjed par gyis la zin bris su bris / bla ma dang yi dam tha mi dad du byas pa la gsol ba 'debs shing bsnyen sgrub byed pa dang / bsags sbyang gnyis la legs par 'bad pa dang / gzhung lugs kyi don la rigs pas rnam par dpyod cing zhib tu sems pa rnams sum sgril du nyams su long la tshim ma sla bar / rgyun bsrings la legs par dpyod cig dang / skabs su babs pa na / ngas da lta sa bon btab pa 'di rnams kyis kyang rkyen byas nas legs par go ba zhig myur du 'ong bar 'dug ces gsung ngo // (SNRN, 3a4–6)

(13) 'phags pa klu sgrub yab sras kyi lugs kyi dbu ma dang gsang ba 'dus pa la shes 'dod shin tu che bar yod pas rtsad gcod pa'i bla ma bod na su drag zhus pa la / red mda' ba las drag pa med / 'on kyang khyod la mtha' ma lus bcod pa'i go ba rdzogs par bskyed mi thub / dbu ma pa lo tstsha byas nas ngas khyod la bshad na de ga drag pa 'ong na'ang / khong yang myur du mdo khams la 'gro dgos par snang / des na da lta nas bshad pa ma byed par bya bral gyis la dben pa brten / gong du bshad pa ltar gsum sgril du nyams su len pa dang / dmigs rnam skyong ba sogs la legs par 'bad dang / ring por mi thogs par de rnams kyi don rnyed par 'gyur ro // zhes gsung ngo // (SNRN, 3a6–b3)

(14) yang gnyal gyi seng+ge rdzong na bzhugs dus rje btsun la sngags mtshan nyid kyi lam gyi ngo bo dang / go rim grangs nges sogs dang / khyad par zhi lhag gi nyams len gyi gnad rnams zhus pas / da nged la yang yang 'dri mi dgos / gzhung chen mo rnams la zhib par dpyod dang /

nged kyis bstan pa rnams dang phal cher mthun pa sha stag ’ong / mi mthun par tsam byung na ’dor len gdams ngag tu ’dod pa rnams la ’babs kyi / gzhung chen mo rnams ’dor du mi rung ngo // zhes gsung zhing / man ngag gis lde mig byas nas mdo rgyud dgongs ’grel dang bcas pa rnams la dpyad pas dpyad pa rdzogs pa’i tshad ni / lung rigs kyi lam nas drangs pa’i nges pa rnyed nas / blos don der thag bcad kyang / gting nas mi bde ba’i rnam pa med pa zhig ’ong / de dus don de la dpyad pa rdzogs pa yin no // zhes gsung ste / phyin chad tshad de ’khrul med rang zhig byung gsung ngo / / (SNRN, 8b2–5)

(15)　ここで「帰謬論証派と自立論証派の違いについて」とは言われていないが、この夢の前に「自立論証派と帰謬論証派の見解の重要な点について決定的な理解は得られていなかった」と述べられているので、結果として理解したのも帰謬論証派と自立論証派の見解の相違と否定対象の捉え方の相違であったと考えられる。

(16)　gnyal nas dwags po lha sdings su phebs / thal rang gi lta ba’i gnad rnams la dpyad pa nar mar bya bral la ’byon pa’i gong nyid nas de bar du mdzad na’ang / mthar thug pa’i gnad la mi bde ba gtan nas log pa’i nges pa ’dren ma thub /

gnas der bla ma dang rje btsun tha mi dad du byas shing gsol ba drag po mang du btab pas mtshan mo zhig mnal lam du ’phags pa klu sgrub yab sras lnga rang bzhin yod med kyi gnad rnams la ’phel ba’i gtam gyis bka’ bgro ba mdzad // kyin ’dug pa’i nang nas / slob dpon sangs rgyas bskyangs yin zer ba’i paNDi ta sngo bsangs sku bong che ba zhig gis dbu ma’i rgya dpe zhig phyag na bzung ba tshur byon nas byin gyis brlabs pa’i mtshan ma zhig byung /

de’i phyi de nyin rtsa she’i ’grel pa buddha p’a li ta gzigs pas / ’bad pa med par thal ’gyur ba’i lta ba’i gnad dang dgag bya’i mtshams ’dzin sogs la sngar dang mi ’dra ba’i nges pa gting tshugs pa ’khrungs shing / mtshan ’dzin gyi dmigs gtad thams cad zhig / de kho na nyid kyi don la mtha’ gzhan du dogs pa’i sgro ’dogs lhag ma med par drungs phyung bar gyur te / phyin chad rang ngo’i rjes ’jug rnams la’ang slob dpon sangs rgyas bskyangs kyi ’grel pa ’di la blta dgos zhes yang yang gsungs pa’i rgyu mtshan ni / de la bltas na lta ba’i gnad la nges pa lhag par rnyed pa’i rten ’brel zhig yod pas de ltar byas pa yin / zhes gsung ngo //

de nas rtsa she’i rgya cher ’grel mdzad pa’i skabs su / gzhung dka’ ba’i gnas phal che bar sangs rgyas bskyangs kyi ’gral ba re drangs pa’i bshad pa yang ched kyis mdzad pa’i rgyu mtshan yang de yin la / ston pa la shes nas mi phyed pa’i dad pa thob pa’i shugs kyis drangs pa’i bsngags pa brjod pa zab mo rten cing ’brel par ’byung ba gsungs pa’i sgo nas bstod pa legs par bshad pa’i snying po zhes bya ba mdzad do // (SNRN, zhol, 8b5～9a5)

(17)　このケードゥプジェの要約は、後代の概念体系によるものであり、それらがこの当初の教誡の中にもエッセンスとして含まれていたと解釈しているので、必ずしもツォンカパの当時の理解に即した要約とは言えない。

（18） その後もツォンカパは宗教的な活動については聖文殊に指示を仰いでいる。また密教については、もっと後まで聖文殊の教授を得ている。

（19） 松本（1997, pp.210～213）参照。松本（1997）は全体を通じて、ツォンカパの中観思想を「離辺中観説批判」と言説有の擁護として捉える視点から書かれている。大枠としては筆者の理解も同様であるが、ただし「離辺中観説批判」はツォンカパの中観思想の展開の中では後退していくと考えている。ツォンカパの基本的な立場は「離辺中観説批判」ではなく、「中観派の不共の勝法」の主張にあると言うのが筆者の理解である。

（20） コロフォンに記されたタイトルは、「ジェ・リンポチェ・ツォンカパ・ロサンタクパに聖文殊が教えたことの中から、その時々の結論を一つに集めて、ご恩の大きい師匠であるレンダワに書簡にして差し上げたもの（LNR, 5b6–6a1:rje rin po che tsong kha pa blo bzang grags pa la rje btsun 'jam pa'i dbyangs kyis gdams pa las / 'gag bsdus thor bu ba mdor bsdus nas nyid kyi bla ma khyad par bka' drin che ba red mda' ba la shog dril du phul ba）」となっているが、いずれのタイトルもツォンカパ自身が書いたものではなく、全集の編者が内容を説明して付したものである。

（21） ツォンカパの書簡や詩などを集めた『小品集』に含まれる「レンダワ師のお言葉への返答（KBTB, 62a5–68b1: rje red mda' ba'i gsung len）」は、少なくともこの冒頭の中観思想の部分については、レンダワ宛ての書簡（LNR）から会話的な要素を省いたものが再録されたものと考えられる。この返答は前後二回に分けてレンダワに差し上げた手紙（zhu yig）を、レンダワのお返事（gsung lan）に照らし合わせて編集したもののようである。ただし難解な表現で正確に読解できているわけではない。その他に『小品集』には二つレンダワへの書簡が収められている（Tohoku no.5275 (127, 129)）が、それらは密教に関するものである。

（22） 以下の部分は、『小品集』所収の編集後の書簡には省かれている。

（23） snga phyi byung ba'i yid ches kyi gnas su bzung ba 'di dag la / yid ches pa'i rtags du ma yod kyang / brir ma lang bas / mdor bsdu na bdag la thal 'gyur ba'i lta ba khas len thams cad dang bral ba de yod par bsgom na'ang / zhu gtugs legs po bgyis pas / da dung ma go ba'i rgyu mtshan dang bcas pa gsungs shing / de la brgal zhing brtags pa yun ring po'i bar du bgyis pas / thal 'gyur gyi lta ba la 'di 'dra zhig dgos / khyod kyi blo la 'di 'dra zhig las med pa la sogs pa du ma gsungs pa rnams 'phags pa yab sras kyi gzhung dang bsgrigs nas mdzad pas ma go bar shes nas / go ba'i thabs zhus nas / bstan pa rnams byas pas / da lta rten 'brel gyi rang bzhin sngar ye ma go ba zhig gsar du go nas nges shes chen po thob pa zhig byung lags / (LNR, 1a1–4)

（24）　de yang spyir stong pas yod mtha' dang / snang bas med mtha' sel ba 'di / rgyang phan gyi bar la thun mong ba yin pas / thal 'gyur ba'i khyad chos la snang bas yod mtha' dang / stong pas med mtha' sel zhing / stong nyid rgyu 'bras su 'gro tshul shes dgos la / 'khor 'das kyi chos rnams kyis rgyu la brten nas 'bras bu 'byung zhing / mi slu ba'i tshul rang rgyud du khas len la / de nyid kyis mtha' thams cad spong ba'i stong nyid 'gyur tshul sogs dpag tu med pa'am zhib cha dang / (LNR, 1a4–6)

（25）　なぜならば、後にこれこそが中観派、とりわけ中観帰謬論証派の立場になるので、それを他の一般の学説が採用しているようには思えないからである。

（26）　松本（1997-6）の第二節「離辺中観説とツォンカパ」（pp.208–213）にツォンカパが「離辺中観説」を批判し、それがラマ・ウマパを通じて文殊から教えられた立場であったこと、そのように批判された立場をサキャ派のコラムパ・ソナムセンゲ（go ram pa bsod nams seng ge, 1429–1489）が自らの立場のことであると考え、反批判をしたことが論じられている。松本氏の指摘することの多くの点について同意するものであるが、ツォンカパが単に「離辺中観説」を批判したのではなく、自らの立場を真の「離辺中観説」と捉えていたことは強調しておく必要がある。松本氏の「ツォンカパによる離辺中観説批判」という表現は、対比を急ぐ余り、実際のテキストに基づかないレッテルを貼っている感は否めない。

（27）　『小品集』所収の編集された書簡では、「相手の立場で」以外の限定は省かれている。

（28）　『小品集』では、上と同様「自説においては」以外の限定は省かれている。

（29）　mdor na ma dpyad pa zhe'am gzhan ngor zhe'am / tha snyad du rgyu 'bras mi slu ba dang / dpyad na zhe'am / rang lugs la zhe'am / gnas lugs la slu ba dang mi slu ba'i rnam gzhag gang yang med zer ba lta bu'ang min / ma dpyad pa'i don slu ba dang mi slu ba'i rnam gzhag gang yang med zer ba lta bu'ang min / ma dpyad pa'i don slu bar mthong zhing / dpyad na 'di yin ma rnyed nas / de gzod rgyu 'bras mthong nas / de gnyis gzhi gcig gi steng du sbyor ba la bsams nas / rten 'brel dang stong pa dbyer med du byed pa'ang min par (LNR, 1a6–2a2)

（30）　rgyu la brten nas 'bras bu 'byung ba mi slu bar mthong ba'i blo de nyid kyis blo gzhan la ltos med du dmigs gtad zhig pa'i stong pa'ang 'ong ba'i tshul dang / rgyu 'bras mi slu ba'i gtan tshigs de nyid kyis rtags gzhan la ltos med du yod mtha' sogs dang bral ba'i stong par 'grub pa'i tshul las rgyu 'bras mi slu ba la gting nas nges shes 'drongs shing / de kha nas dmigs gtad thams cad zhig pa'i zhen med kyang 'ong ba zhig gda' / (LNR, 2a2–4)

（31）　第一章「中観派の不共の勝法」第二節「中観派の不共の勝法」（五）「縁起の意味が空性の意味として現れる」参照。

（32）　本章九四頁参照。

(33) sngar dus kyang de ’dra’i tshig ’grig phyis dang khyad med pa byung ’dug ste / nges shes ye ma ’drongs gda’ / nged rang gi bsam pa la nged kyis ma go na / nged dang slob dpon khyad med pas slob dpon pas kyang ma dgongs snyam nas zhus pas rang res dgongs yod / ’on kyang zhib cha ’ga’ yar ni mi shes gsung / des na lta ba’i gnad mthar thug pa de lta bu dang / spyod pa’i gnad phra zhib rnams dang / nyams len byed pa’i lam du ’gro mi ’gro dang / sngags mtshan nyid kyi gnad ches dka’ ba la sogs la / de gong du the tshom du yod cing / dpyad pa ma rnyed pa rnams legs par rigs stobs kyis bsgrub lugs la bltas pas gting nas the tshom gyi dri ma yang med par yid ches skye bar gda’ / (LNR, 2a4–2b1)

(34) “’di pa’i lugs”。この表現は通常、自説の立場を指すが、ここでこれまで述べ来た自説である中観帰謬論証派の立場を指しているとは考えづらい。ここでの自説は、ツォンカパに教えを伝授している聖文殊自身の立場のことであろうか。

(35) 上の【5】から、この箇所までは、『小品集』六四番のテキストでは省略されている。

(36) ’di pa’i lugs kyis da lta’i bshad nyan dang sgom sgrub gnyis bshad nyan la rtsis mdzad cing / spyir chos kyi rnam grangs mang yang / thar pa’i rgyur ’gro ba ni gsum ste / nges ’byung / byang chub kyi sems / lta ba rnam dag go // de ltar ’di gsum la myong ba thon pa lta zhog / ’di gsum gyi go ba rnam dag yod pa’ang dkon / (LNR, 2b1–3)

(37) [k.9] gnas lugs rtogs pa’i shes rab mi ldan na // nges ’byung byang chub sems la goms byas kyang // srid pa’i rtsa ba bcad par mi nus pas // de phyir rten ’brel rtogs pa’i thabs la ’bad //

(38) [k.10] gang zhig ’khor ’das chos rnams thams cad kyi // rgyu ’bras nam yang bslu ba med mthong zhing // dmigs pa’i gtad so gang yin kun zhig pa // de ni sangs rgyas dgyes pa’i lam la zhugs //

(39) [k.11] snang ba rten ’brel bslu ba med pa dang // stong pa khas len bral ba’i go ba gnyis // ji srid so sor snang ba de srid du // da dung thub pa’i dgongs pa rtogs pa med //

(40) [k.12] nam zhig re ’jog med par cig car du // rten ’brel mi bslur mthong ba tsam nyid nas // nges shes yul gyi ’dzin stangs kun ’jig na // de tshe lta ba’i dpyad pa rdzogs pa lags //

(41) [k.13] gzhan yang snang bas yod mtha’ sel ba dang // stong pas med mtha’ sel zhing stong pa nyid // rgyu dang ’bras bur ’char ba’i tshul shes na // mthar ’dzin lta bas ’phrog par mi ’gyur ro // (KBTB, 194a6–194b3)

(42) 『菩提道次第の実践の設定を要約した備忘録 (byang chub lam gyi rim pa’i nyam len gyi rnam gzhag mdor bsdus te brjed byang du byas pa)』全集の『小品集』に収録されている (KBTB, 55b1–58a2)。

(43) 『聖ツォンカパ伝』に、寅年（一四一〇年）にガンデン寺にいらっしゃって、ラムリムや秘密集会の注釈『灯作明』および五次第をお説きになったとある（一一五頁）。ガンデン寺の創建はその前年のことである。

（44）もちろんツォンカパが晩年中観思想を軽視したわけではない。同じ晩年の『菩提道次第小論』では、初期の『菩提道次第大論』の毘鉢舎那章を全面的に書き直し、自らの中観思想の再構築をしているし、また最晩年の『入中論註密意解明』においても、『入中論』の注釈という制約はあるものの、自らが到達した中観思想を叙述している。『道次第要義』ではラムリムの全体がバランスよく要約されていると言った方がよいであろう。

（45）LNR, 2b3: de la dang po gnyis kyi go bas ni thar pa’i sa bon ’jog mi nus la / phyi ma stobs che bas ’jog nus /

（46）本章一〇〇頁参照。

（47）前節で見たように、この表現は、「中観派の不共の勝法」の根本をなす存在論である有無の四様態の区別によって解釈できるので、思想内容上の相違はないとも言える。

（48）本章一〇四頁参照。

（49）この点は、レンダワへの書簡においても同様である。ただし、書簡の方は記述が詳しく、かつ難解であるため、弟子に宛てた教誡である『道の三種の根本要因』のように分かりやすくはない。

（50）LTCG, 3b3: rang gi ngo bos grub pa’i chos rdul tsam yang **khas len bral ba’i** don la nges shes rnyed pa’i **go ba** /

（51）本章九四～九五頁参照。

（52）根本（2008; 2009; 2010）、『縁起讃』の解説および本偈とプルチョク・ガワンチャムパ（Phur lcog ngag dbang byams pa, 1682–1762）による註釈の全訳であり、参考になった。ただ、註釈は後代の確立されたゲルク派の教学を元にしているので、そのまま『縁起讃』の時代のツォンカパの思想と同一視することはできないであろう。筆者もダライラマ五世やチャンキャの註釈を参照はしたが、できる限りツォンカパの原文に即して翻訳をした。

（53）sangs rgyas bcom ldan ’das ’jig rten thams cad kyi ma ’dris pa’i mdza’ bshes chen po ston pa bla na med pa la zab mo rten cing ’brel par ’byung ba gsung ba’i sgo nas bstod pa legs par bshad pa’i snying po zhes bya ba // (KBTB, 16a1–2)。これはコロフォンに掲げられたタイトルである。

（54）gang gang rkyen la rag las pa // de de rang bzhin gyis stong zhes // gsung ba ’di las ya mtshan pa’i // legs ’doms tshul ni ci zhig yod // (KBTB, 13b1)

（55）gang du bzung bas byis pa rnams // mthar ’dzin ’ching ba brtan byed pa // de nyid mkhas la spros pa yi // dra ba ma lus gcod pa’i sgo // (KBTB,

13b1–2)

(56) phan mdzad khyod kyis ’gro ba la // sman pa’i slad du bka’ stsal pa // bstan pa’i snying po stong pa nyid // nges pa’i rgyu mtshan zla med pa // rten cing ’brel par ’byung ba’i tshul // ’gal ba dang ni ma grub par // mthong ba ’di yis khyod kyi lugs // ji ltar khong du chud par nus // (KBTB, 13b3–4)

(57) khyod ni nam zhig stong pa nyid // rten ’byung don du mthong ba na // rang bzhin gyis ni stong pa dang // bya byed ’thad pa’ang mi ’gal zhing // de las bzlog par mthong ba na // stong la bya ba mi rung zhing // bya dang bcas la stong med pas // nyam nga’i g-yang du lhung bar bzhed // (KBTB, 13b4–5)

(58) de phyir khyod kyi bstan pa la // rten ’byung mthong ba legs par bsngags // de yang kun tu med pa dang // rang bzhin gyis ni yod pas min // (KBTB, 13b5)

(59) ltos med nam mkha’i me tog bzhin // des na ma brten yod ma yin // ngo bos grub na de ’grub pa // rgyu dang rkyen la bltos par ’gal // (KBTB, 13b5–6)

(60) de phyir brten nas ’byung ba las // ma gtogs chos ’ga’ yod min pas // rang bzhin gyis ni stong pa las // ma gtogs chos ’ga’ med par gsungs // (KBTB, 13b6)

(61) rang bzhin ldog pa med pa’i phyir // chos rnams rang bzhin ’ga’ yod na // myang ngan ’das pa mi rung zhing // spros kun ldog pa med par gsungs // (KBTB, 13b6–14a1)

(62) rang bzhin ’ga’ yang med pa dang // ’di la brten nas ’di ’byung ba’i // rnam gzhag thams cad ’thad pa gnyis // mi ’gal ’du ba smos ci dgos // brten nas ’byung ba’i rgyu mtshan gyis // mthar lta ba la mi brten zhes // legs gsungs ’di ni mgon khyod kyi // smra ba bla na med pa’i rgyu // (KBTB, 14a2–3)

(63) ’di kun ngo bos stong pa dang // ’di las ’di ’bras ’byung ba yi // nges pa gnyis po phan tshun du // gegs med par ni grogs byed pa // (KBTB, 14a3)

(64) rang bzhin med la bkri ba’i sgo // bla med rten cing ’brel ’byung gi / ming nyid kyis ni rang bzhin du // ’dzin na da ko skye bo ’di // ’phags mchog rnams kyis legs bgrod pa’i // ’jug ngogs zla dang bral gyur pa // khyod dgyes gyur pa’i lam bzang der // thabs gang gis ni bkri bar bya // (KBTB, 14a5–6)

(65) rang bzhin bcos min ltos med dang // rten ’brel ltos dang bcos ma gnyis // ji lta bur na gzhi gcig la // mi ’gal ’du ba nyid du ’gyur // (KBTB,

14a6）

(66)　de phyir brten nas 'byung ba gang // rang bzhin gyis ni gdod ma nas // rnam par dben yang der snang bas // 'di kun sgyu ma bzhin du gsungs // (KBTB, 14b1)

(67)　その間の事情については、本章九四〜九五頁を参照。

(68)　ここに言及される自性の規定は、『中論』第一五章「自性の考察」の第二偈に出てくるものであり、このような自性と縁起が相容れないので、あるものが縁起しているならば、それは無自性でなければならないと説かれることになる。しかし、この自性の規定についてチャンドラキールティは、それを否定されるべき自性ではなく、法性と同義の、肯定されるべき自性の規定と捉えて註釈をしている。この二つの自性概念についてのツォンカパの立場は微妙である。その点については、後に第九章「二つの自性」で検討する。

(69)　この『縁起讃』には、ダライラマ二世ゲンドゥンギャツォ (dge 'dun rgya mtsho, 1475–1542) から始まり、多くの注釈書が書かれた。それらには、全体を構造的に分析した科段が付されているので、一見雑然とした順序に見えるこれらの偈にも、何らかの構造を読み取ることは可能かも知れない。しかし、それは後代の解釈であって、この偈自体には、前章で検討した『菩提道次第大論』における「中観派の不共の勝法」の構造性は読み取れない。

(70)　もちろん、縁起するものを幻の如き存在と捉えることは、ツォンカパが創始した考え方ではなく、インドの空性思想に広く見られる捉え方である。しかし、それがツォンカパの著作の中で重要な位置を占め、その意味が深められていくことも事実である。この点については、本書ではまだ指摘するだけに留めざるを得ず、系統的な研究は今後の課題としたい。

(71)　本章一〇四、一〇九頁参照。

(72)　第一章「中観派の不共の勝法」第二節「中観派の不共の勝法」(一)「縁起と無自性の共通基体性」参照。

(73)　第一章「中観派の不共の勝法」第二節「中観派の不共の勝法」(五)「縁起の意味が空性の意味として現れる」参照。

(74)　本章九九頁参照。

(75)　もちろん、ナーガールジュナの『中論』の帰敬偈も吉祥なる縁起を説いた方に帰命するという形は共通しているので、縁起を重視することがツォンカパの独創的な理解であるわけではない。しかし、もともとツォンカパが抱いていた、縁起と空とを分離して、空のみを中観の立場とする理解からは大きく転換している。

(76)　ツォンカパは『菩提道次第大論』においても必ずしもブッダパーリタの注釈を重視して引用しているわけではない。ここでブッダパーリタが加持したことは、それによって決定的な理解が得られるという意味で「縁起がいい」という位置づけである。本章九四頁参照。

(77)　NTLK, 8a6–b4;『聖ツォンカパ伝』(二三五頁)。

第三章　初期中観思想における自立論証批判

はじめに

中観派が自立論証派と帰謬論証派とに分類されることはよく知られている。それがインド仏教において自明なことであったわけではなく、チベットに伝わってから広く知られるようになった分類であることも周知のことであろう。しかし、そのような呼称は別にして、チャンドラキールティは、『中論』第一章第一偈に対する『プラサンナパダー』の長大な注釈において、明確な意思を持ってバーヴィヴェーカを批判し、自らとブッダパーリタを異なった立場のものとして位置付けた。チベットの学僧たちはそこに決定的な相違を読み取り、中観派の分岐を描いて見せた。特にツォンカパは自らの一貫した中観理解に基づいて、そこに独自の対立関係を規定し、以後のゲルク派ではその枠組みが踏襲されることになる。その理解は、インドの原典の理解としては特異なものであったので、サキャ派など他の学派からの批判も受けたが、何よりもその論理的一貫性が動かしがたいものであったため、細部の修正や補説はあるものの、現在でもゲルク派の僧院においてはほとんど同じ理解が受け継がれている。

本章では、帰謬論証派による自立論証批判およびそれと対になる帰謬論証派としての無自性論証の妥当性の主張について、ツォンカパ自身の自己言及を元に、その論理構造を再構成することにしたい(1)。最初に注意しておかなければならないのは、これは帰謬論証派による自立論証「派」批判ではないということである。ツォンカパの中観思想においては、帰謬論証派の立場からの自立論証「派」批判は、すでに「中観派の不共の勝法」の思想圏域においてなされている。そのことが前提となり、「論証方法」あるいは「認識方法」としての「自立論証」の妥当性が批判されているのである。したがって、その批判も、「自立論証」は実在論的な存在論（その中に自立論証派も含まれる）を帰結せざる得ない、という点からなされることになる。

第一節　自立論証批判の位置と構造

ツォンカパの中観思想関係の文献の中で「自立論証批判」が詳しく論じられるのは、初期の『菩提道次第大論』と中期の『善説心髄』においてである。自立論証派と帰謬論証派の存在論的な相違については、全ての文献で様々な視点から論じられているのに対して、自立論証の妥当性の問題が限られた著作でしか論じられていないことは、この問題がツォンカパの中観思想にとって中心的なテーマとは言えないことを示唆している。松本（1997-8, 260–261; 266–267）によって指摘されているように、ツォンカパの自立論証批判の原理は、自立論証派と帰謬論証派の存在論的相違を前提とするものであった。自立論証批判は、言わばツォンカパの存在論的な見解の応用問題と言うこともできるであろう。それゆえ、少なくとも表面的には、無自性論証の方法から自立論証を批判したチャンドラキールティの意図とは異なった解釈をツォンカパが取っていると言えるかもしれない。もちろん、ツォンカパは自らの解釈の典拠をチャンドラキールティの著作からの引用に求めており、ツォンカパの示すような存在論がチャンドラキールティの思想の背後に隠されている可能性もあるが、それを掘り起こすことは目下の課題ではない。本章では、ツォンカパ自身が自立論証批判をどのような論理で構築しているかを考察することにしたいと思う。

そのような観点から考えたとき、両書において自立論証批判が置かれている位置は、ツォンカパが、自立論証批判において論証方法よりも存在論を重視していることを如実に示している。

『菩提道次第大論』の毘鉢舎那章の主要部分は次のような構成になっている。[2]

N1　毘鉢舎那の準備をする
　O3　空性の見解を確定する仕方
　　P2　真実義（de kho na nyid）の決択の本論
　　　Q1　正理によって〔否定される〕否定対象の特定
　　　Q2　その否定は自立論証、帰謬論証のいずれによってなされるか
　　　Q3　その〔否定〕に依拠して〔二無我に関する〕見解を心に生じさせる仕方

『菩提道次第大論』毘鉢舎那章の議論で中観思想が展開されるP2は、Q1「否定対象の特定」とQ2「自立論証・帰謬論証の位置付け」とQ3「二無我の論証」に分かれる。分量的にはQ1「否定対象の特定」が最も長く（ショル版で約五九フォーリオ）、Q2「自立論証・帰謬論証の位置付け」とQ3「二無我の論証」が残りを二分している（各三〇フォーリオ程度）。そのうちQ1「否定対象の特定」の議論は「中観派の不共の勝法」を詳細に論証することに当てられる。[3]『菩提道次第大論』の中観思想の根本が「中観派の不共の勝法」と言われる存在論にあることは、この毘鉢舎那章の構成からも明らかである。この存在論は、その後の自立論証批判や無我の論証においても繰り返し言及されることになる。

「中観派の不共の勝法」は、最初「縁起と空性が矛盾することなく同一の基体において成り立つ」という命題で提起されるが、様々な議論を経たのち、より根本的な原理として「存在と無に関する四つの様態」という存在論的な理論へと還元される。中観派は、「自性によって存在していること（rang bzhin gyis yod pa）」と「単に存在していること（yod pa tsam）」、「自性が存在しないこと（rang bzhin gyis med pa）」と「端的に存在しないこと（med pa tsam）」をそれぞれ区別するが、実在

論者はそれらを区別せず、自性がなければ存在せず、存在するものは自性によって成立していると考える。自立論証派は、言説においては自性によって存在するものを認めるので、「中観派の不共の勝法」と抵触し、帰謬論証派から批判されることになる。自立論証批判は、このような存在論的立場を確立した後に提示されるので、「中観派の不共の勝法」という存在論に立脚した批判となるのは、ツォンカパにとって極めて自然なことであった。

同様のことは、『善説心髄』にも言える。『善説心髄』では、「中観派の不共の勝法」は中観派一般の立場を述べる部分で提示され、その後、自立論証派の主張を説明した上で帰謬論証派の説が述べられる。帰謬論証派の節では、その存在論的な立場が最初に詳説され、その後に「中観派の重要な論点」がいくつか論じられる中の最後に自立論証批判が置かれている。従って、この場合にも、自立論証派と帰謬論証派の存在論的な相違が論じ尽くされた後で自立論証批判が述べられることになる。

以下、ツォンカパの自立論証批判の主張内容を検討する前に、『菩提道次第大論』の自立論証批判がどのような構成で展開されるかを一瞥しておきたい。

上に挙げた科段の中でQ2「その否定は自立論証、帰謬論証のいずれによってなされるか」の下には次のような科段が設けられている。

- R1 自立論証と帰謬論証の意味の特定
  - S1 他説の否定
  - S2 自説の設定
    - T1 自立論証批判
      - U1 主題たる有法が成立しないという主張命題の過失を示す

V1〔対論者＝バーヴィヴェーカの〕主張を述べる（PSPD, 28.4–29.7）
V2 それを否定する
W1 内容が妥当ではない（PSPD, 29.7–30.11）
W2 提示された喩例とは異なる（PSPD, 30.12–14）
U2 同じ過失のゆえに論証因もまた成立しないと示す（PSPD, 30.15–31.13, 33.6）
T2 その過失は〔帰謬論証派〕自身には当てはまらないこと（PSPD, 34.1–36.2）
R2 自立論証派、帰謬論証派のどちらに従って〔空性の〕見解を心に生じさせるか

S1「他説の否定」では、帰謬論証についての誤った解釈を時代順に四つ取り上げ、それぞれが批判される。この他説の批判は必ずしも自説を準備するためのものではなく、ツォンカパの時代までの帰謬論証に関する通説を排除することを目的としている。(4) 自説の理論はそれらとは別に自説のみで完結している。

そのS2「自説の設定」は、上の科段に補記したように『プラサンナパダー』の一連の議論を引用注釈しながら進められる。(5) ただしツォンカパが引用しているのは、チャンドラキールティの自立論証批判全体からすれば限られた一節であり、しかも文脈の説明なしにバーヴィヴェーカによる弁明の箇所から引用が始まる。(6) このような引用の仕方は、『プラサンナパダー』の議論の流れよりも、ツォンカパが自説の構築に都合のよい部分をピックアップして引用している印象を与える。

自説の設定は、T1「自立論証批判」とT2「帰謬論証の妥当性の提示」の二つに分かれる。前者の方が項目数は多いが、分量は前者が一〇フォーリオに対して、後者が五フォーリオと、帰謬論証の妥当性についても比較的詳細な説明がなされる。この部分で帰謬論証は「他者に受け入れられている比量（gzhan la grags pa'i rjes dpag）」と位置付けられ、それはまた同時に言説の量として両論者に共通に存在するものとされる。この言説の量については「中観派の不共の勝法」の議論の中で

既に論じられている。この点からもツォンカパの議論が存在論的な基盤の上に構築されていることが分かる。以下第二節で自立論証批判の論理を、第三節で帰謬論証の妥当性の理論を見ていくことにする。

第二節　自立論証批判の論理

（一）　自性に対する量

ツォンカパの自立論証批判の論理は、ほぼ同じ内容で繰り返し言及される。まずは、チャンドラキールティがバーヴィヴェーカを批判して、無自性を論証する論証式がなぜ自立論証ではあり得ないかを述べる箇所を引用し注釈しながら、ツォンカパは次のように自説をまとめている。

〔この箇所で、〕「有法として設定された色処が成立する」〔と自立論証派などが主張する〕仕方は、そ〔の色処〕を把握する眼識の現量によって〔色処が〕成立することでなければならない。その〔成立の仕方〕も、それら〔現量〕によって錯誤することなく成立しないならば、〔それらの〕現量は対象（don）を確立する〔量〕としては不適当なものになるので、〔その眼識現量は色などに対して〕錯誤していないものでなければならない。

〔このように眼識などの〕無分別知が錯誤していないものとして成立するためには、かれら〔有自性論者〕の学説においては、〔その無分別知が〕それに対して錯誤していないところの、その対象自身の特質によって（rang gi mtshan nyid kyis）成立しているものが〔その知に〕現れると同時に、〔対象もまた〕現れている通り〔の仕方で〕存在していることが不可欠である。〔現量が自らの特質によって成立している対象に対して錯誤していないものである必要がある〕とするならば、〔実在論者たる〕対論者〔の学説〕においては、〔色などの〕有法が成立するための量と同じ〔あり方の〕量を、立論者〔である中観派の学説〕において〔設定すること〕はできない。なぜならば、いかなる法においても、自らの特質によって成立しているものは、言説においても存在しない〔と中観派は主張する〕ので、それを成立させる量が存在することはないからである。このようにこの論師（チャンドラキールティ）はお考えになって、自立論証を否定したのである。(7)

ここで論じられているのは、有自性論者に対して自性の存在を否定する中観派の論証式である。この引用では有法だけが取り上げられているが、原理的には論証式を構成する諸要素、すなわち有法、所証法、論証因、喩例（＝遍充関係）も同様である。論証式が成立するためには、これらの構成要素の各々が量によって成立している必要がある。対象が自性によって成立している、あるいは対象には自性が存在すると主張している人たちにとって、その対象を認識する量の「正しさ」は、その量が対象の自性に対して錯誤していないことであり、自立論証とは、立論者（中観派）と対論者（実在論者）とが、同じ意味での量の「正しさ」を共有している論証である。しかるに、無自性を論証しようとしている中観派にとって自性は存在しないので、自性に対して錯誤していないという量の「正しさ」も成立しない。それゆえ、立論者と同じ意味で正しい量を共有することができないのである。

この問題は『プラサンナパダー』の文脈では「有法不成立」をめぐる批判であった。すなわち両論者にとって議論の主題が共通に成立しないという論理学的な過失を指摘することが目的となっていた。これに対してツォンカパが問題とするのは、それらの論証式の構成要素を認識し成立させる量が両論者に共通なものとして存在しないということである。なぜ、ツォンカパはこのように量の共通性を問題にするのであろうか。

（二）　量の共通性

ツォンカパが量の共通性にこだわる理由は、チャンドラキールティがバーヴィヴェーカも有法が成立しないことを承認していることになると論じている箇所に対するツォンカパの注釈から読み取ることができる。『プラサンナパダー』の議論は「なぜ〔有法不成立の批判が論証因不成立の批判にも適用できるのかと言う〕ならば、〔それは、前に〕説かれた通りの意味〔、すなわち有法が成立しないと説く正理〕は、この論理学者（＝バーヴィヴェーカ）自身が認めていることに他ならない〔からである〕。」（PSPD, 31.1–2）という問答から始まる。この問いの中でチャンドラキールティが言う「前に説かれた通りの意味」をツォンカパは次のように説明する。

有法および論証因を確証する現量など〔の量〕は、錯誤しているか錯誤していないかのいずれか以外にはない〔。その〕場合、錯誤した〔知〕によって得られた対象を論証因などとして設定するとすると、〔それは〕実在論者にとっては成立せず、錯誤していない〔知〕によって得られた対象をそれら〔論証因など〕として設定するとすると、〔それは中観派〕自身の量によっては成立しないので、自立論証の論証因や有法など〔論証式の諸構成要素〕は〔両論者に共通には〕成立しない、と前に説いたことが「〔前に〕説かれた通り」という〔言葉の〕意味である。(8)

これはツォンカパ自身が、有法不成立についての議論の意味をまとめた自己言及の一つである。量は、錯誤しているか錯誤していないかのいずれかである。ここで錯誤しているというのは、対象の自性に対して錯誤していることを指すのは、上に見た通りである。自性が存在していると考える実在論者は、量が自性に対して錯誤していないと考えるのに対し、無自性を主張する中観派にとって自性は存在しないので、当然、自性に対して錯誤していない量も成立しない。有法を成立させる量は、錯誤しているか錯誤していないかのいずれかであり、錯誤しているか錯誤していないかは、対象に自性が存在しているか否かによる。この存在論が中観派と実在論者の間で異なっているので、実在論者にとって有法を成立させる錯誤していない量は、中観派によっては認められず、中観派にとって有法が成立するための量は錯誤した量なので、実在論者によっては認められない。それゆえ、両者に共通の有法を成立させる共通の量は存在しないことになるのである。ここまでは前節に述べた量の共通性の否定の論理である。

次にツォンカパは『プラサンナパダー』からバーヴィヴェーカの議論とそれに対するチャンドラキールティの批判を引用しつつ（LR, 455a1–a5; PSPD, 31.1–13）、その意図を分析する。『プラサンナパダー』の趣旨は、有法が不成立であるとバーヴィヴェーカ自身も認めているはずである、という点にある。それを導き出すためにチャンドラキールティは、バーヴィヴェーカが小乗仏教徒の提示した論証式について、その論証因は「世俗としてなのか勝義としてなのか」と二者択一を迫り、その何れも成り立たないと批判していることを取り上げ、それが有法不成立としてチャンドラキールティがバーヴィヴェーカに対して行った批判と同じ構造のものだと指摘する。ここでチャンドラキールティの議論を辿る必要はあまりない。重要なのは、次のようにツォンカパが提示している最終的な解釈である。

それならば、〔他者の提示した〕論証因について二諦に分けて考察したバーヴィヴェーカが、どうして〔前に論証因が成立しないなどの過失を〕指摘された、そのとおりのことを認めていることになるのかと〔疑問に〕思うならば、それについて説明しよう。ここで〔チャンドラキールティ〕論師は、錯誤していない知によって得られたものが勝義のものであり、錯誤した知によって得られたものが世俗のものであるとお考えになった上で、「二諦のいずれであるか」〔と問うこと〕は、その二つ〔の知〕のいずれによって得たられたのか〔と問うこと〕と同じ意味になると考えているのである。すなわち、論証因として提示されたその対象が世俗のものでも勝義のものでもないならば、その論証因が成立することはあり得ないということと、論証因として提示されたその対象が錯誤した知によって〔得られたものでもなく〕錯誤していない知によって得られたものでもないとするならば、論証因として提示されたその対象〔自身〕が成立しないことになるということとは同じ根拠によると、〔バーヴィヴェーカ〕自身が認めている〔ことになる〕と〔チャンドラキールティは〕おっしゃっているのである。ただし、直接〔バーヴィヴェーカがそう〕認めているわけではない(9)。

論証因について、世俗であるのか勝義であるのか、と問うことは、その論証因を把握する知が、自性に対して錯誤している知であるのか、錯誤していない知であるのかと問うことを意味する。そのいずれでもない知によって対象が把握されることはないので、この二つの場合のいずれかを選択せざるを得ない。しかるに、実在論者は対象を捉える量は自性に対して錯誤していないと考え、中観派は自性を否定するので対象を捉える知は錯誤したものであると考える。したがって、実在論者と中観派の間に共通の仕方で成立する量は存在しないのである。対象については勝義とも世俗とも、あるいは自性によって成立しているとも成立していないとも限定されない一般的な対象を主題にして論証式を構成することができるというバーヴィヴェーカの説を前提として受け入れた上で、ツォンカパは、対象ではなく、それを把握する知の方を、錯誤しているか否かという背反する二つの場合に分け、中観派と実在論者の間に共通に成立する量が存在しないことを導き出すのである。

〔声無常を論証するときに、〕大種所造の声、あるいは虚空の属性としての声というような、いずれの差別要素（khyad par）によっても限定されない声が〔有法として〕あると、両論者の学説において確定することができるが、〔今問題となっている〕無自性論者と有自性論者の両者の学説においては、錯誤していない知によって成立しているのでもなく、錯誤した知によって成立しているのでもない、〔錯誤・不錯誤のいずれによっても限定されない〕量によって成立している眼や色は存在しない。また、〔自性によって成立しているものに対して〕錯誤している〔感官〕知によって成立する〔有法など〕は対論者〔たる実在論者の学説〕においては成立せず、〔自性によって成立しているものに対して〕錯誤していない知によって得られる〔有法など〕は、立論者〔たる中観派の学説〕の量によっては成立しないので、〔あなたが提示する〕喩例と〔実際の意味の間〕の相似性はないのである、という意味である。(10)

声無常などの他の論証においては、一般的な声を有法にすることは可能であるが、そもそも自性があること、あるいは勝義の存在であることを否定しようとしている中観派の論証においては、そのような限定されない有法を設定することはできない。なぜならば、それを成立させるものである量が錯誤しているか錯誤していないかのいずれか以外にはあり得ないからである。このように議論を進めた上で、自性の存在は、自性を否定する立場の中観派には認められないので、それを把握する錯誤していない量も存在せず、したがって、両論者に共通に成り立つ有法も成立しないという結論が導き出されることになる。

さて、それでは、なぜ「自立論証」は両者に共通の有法の成立を前提とする、ないしは両者に共通に現れる量の存在を前提にしなければならないのであろうか。この問題は、このようにして自立論証が否定された後に帰謬論証として認められるものと対比することによって明確になる。

第三節　帰謬論証派にとっての量

（一）　他者に受け入れられている比量

論証式の構成要素を確証するものとして、立論者・対論者の両者に共通に成立する量は存在しないとすると、立論者たる中観派（帰謬論証派）の行う無自性論証の妥当性はどのように保証されるのであろうか。これについてもツォンカパは自己言及の形で、繰り返し自らの主張を述べている。

自立〔論証〕を認めるとすれば、両論者は、自相（rang mtshan）に対して量となるところの量が〔両者に〕共通するものとして現れると認めたうえで、その〔量〕によって成立する〔因の〕三相が両〔論者〕にとって成立することにより所証を論証する必要があるが、そうであるとすれば、その〔ような自相に対して量となる〕量は〔中観派の説では〕存在しないので、有法など〔論証式を構成する諸要素〕は成立しないことになる。

〔立論者たる中観派が〕自立〔論証〕を認めないとするならば、対論者たる実在論者自身にとって〔自相に対して量となる〕その量によって〔有法などが〕成立するだけで十分であり、〔立論者〕自身にとって〔有法などが〕その〔同じ現れ方の〕量によって成立している必要はないのである。それゆえ、〔中観の〕テキストに出ている諸々の比量も、他者の主張を否定することだけを目的としているものであり、他者に受け入れられている比量であって、自立的なものではない(11)。

この引用の前半は前節までに見た内容と同じであるが、そこからツォンカパは、両者に成立する量がないとき、対論者のみに成立する量によって有法が確証されるだけで十分であるという帰結を引き出す。これが「他者に受け入れられている比量（para-prasiddha-anumāna, gzhan la grags pa'i rjes dpag）」という、帰謬論証派が採用する帰謬論証の成立根拠である。ここでツォンカパは、単に「対論者の主張する量によって有法が確証されるだけで十分である」と述べているに過ぎない。しかし、この主張は後により強力に「対論者の認める量によって有法などが成立していることが不可欠である」という主張へと発展する。この間にツォンカパは『中論』第三章第二偈とその『プラサンナパダー』の注釈を引用し、帰謬論証が対論者自身の認めている量において承認されるべきものであることを具体例を通じて説明する。そののちにツォンカパは再び「他者に受け入れられている量」という言葉の意味について言及する。

〔中観帰謬論証派の〕自説においても、それら〔有法や論証因、遍充関係、所証法など〕は認められているが、自説にとっては、それ自体で成立している所量を量る量は、それらを論証するもの〔として〕は言説においてさえ存在しない。〔一方〕有自性論者〔の説〕においては、それら〔有法など〕が成立するためには、〔それ自体で成立している所量を量る〕その量が成立していることが必要不可欠である。それゆえ、〔中観派と有自性論者の〕両者に共通に成立し〔、かつ〕[12]それ自体で成立している〔所量〕を量る量は存在しないので、両方〔の説〕において成立しているものではなく、「他者において受け入れられているもの（gzhan la grags pa）」あるいは「他者において成立しているもの（gzhan la grub pa）」と言われるのである。[13]

帰謬論証派の自説においては「それ自体で成立するもの」は存在しないので、それを認識する量も存在しないが、実在論者にとっての正しい量は、「それ自体で成立するもの（rang gi ngo bos grub pa）」を認識するものでなければならない。中観派が実在論者に対して自性を否定する論証を提示するとしても、それは実在論者自身が認めるものでなければならない。そして、そのような量は立論者たる中観派においては、「正しい量」ではあり得ないので、論証式の諸要素を成立させる量は「他者にとって〔のみ正しい量として〕成立している」量であることになる。

以上の二つのツォンカパの自己言及に見られる「他者において受け入れられている論証」と「自立論証」の違いは、前者が対論者の存在論に依存する「相対的な」量であるのに対し、後者が何れか一方の立場に依存しない「自立的な」量だという点にある。そのことが『善説心髄』では、「自立」とは「独立」を意味すると述べられている。

> したがって、『般若灯論』の他者の過失を指摘する、ある箇所で[14]「独立的に (rang dbang du byas nas)〔述べているの〕か、それとも論難として (sun ’byin pa’i dbang du byas nas) 述べているのか」と〔いうように〕「独立」と訳された〔語〕と、「自立 (rang rgyud)」〔という語〕の二つは意味が等しいので、対論者によって受け入れられていることに依拠することなく (ma ’khris par)、量によって、対象の実相 (don gyi sdod lugs) に基づき〔、相手の見解からは〕自立的に、二つの有法と因の〔三〕相が成立していることを確定したのち、所証を理解する比量を生ずるものというのが、自立〔論証〕の意味である。[15]

「独立」と「論難」が、それぞれ自立論証と帰謬論証を意味すると解釈され、それゆえ「自立」の意味は「独立」すなわち「何らかの立場に依存しない」という意味で理解される。自立論証は、立論者や対論者の存在論からは独立した、対象自身の真相に基づく量によって成立する諸要素からなる比量であるが、帰謬論証派はそのような対象自身の実相を認めず、従ってそれに基づく量も認めないので、対論者に提示する帰謬論証の論証式は「他者に受け入れられている（のみの）比量」でなければならない。すなわち、対論者の存在論に依存した論証式ということになるのである。

（二）　両論者に成り立つ言説の量

それでは、その論証式は帰謬論証派にとって成立しないのか、と言えば、そうではない。論証が成り立つためには、その論証式は帰謬論証派にとっても成立するものでなければならない。その帰謬論証の「正しさ」はどのようにして保証されるのであろうか。それについてツォンカパは、帰謬論証派にとって成立する論証は、対論者にも成り立つものであると言う[16]。

このような（＝それ自体で成立している）自性に対して錯誤していない知であるならば、現れている対象（snang yul）に対して〔錯誤していない知〕も、思念されている対象（zhen yul）に対して錯誤していない〔知〕[17]も、真実なる対象〔である勝義諦〕に対して錯誤していないことになるので、〔立論者たる中観派の〕自説において、そのような〔自性に対して錯誤していない〕量によって有法など〔の論証式の諸要素〕が成立することは決してないと主張しているのであって、両論者の心に、眼や色などを量る言説の量がないと主張しているわけではない。対論者の心においても、前に説明したような、障害のない感官知によって引き出された、色などが単に存在していると確信する確定知の対象〔が存在すること〕は正理によって拒斥されることはない。

この引用の前半は、これまで見てきたことと同様、中観派の自説では自性に対する量が認められないという主張であるが、後半では、中観派の自説においても、対論者においても同じ言説の量が存在していることが指摘される。これは対論者が自覚的に認めているものではないが、両論者が言説において、すなわち言語的行為として議論をするときに両者に共通に成立しているものである。この点に関してはここではじめて説かれたわけではなく、毘鉢舎那章前半の「否定対象の特定」の中の、中観派によって承認される量と実在論者の量の区別をしている箇所[18]で詳細に論じられている。これら言説有を対象とする言説の量は、自性の有無を考察する正理によっては否定されないので、無自性を論証する論証式の諸要素を確立する量として妥当なのである。

帰謬論証は自説を主張することなく「他者の見解を否定するだけ」のものであるというチャンドラキールティの有名な言葉[19]を引用しながらも、ツォンカパはそこから「それゆえ〔帰謬論証派が〕論証式を提起することが全くないというわけではない。」(LR, 457b4–5) という主張を引き出している。「他者にとって成立している論証式」は、他者にとってのみ成立しているわけではない。

> ここで「〔他者にとって〕成立している〔論証式〕」というのは〔次のような意味ではない。すなわち、〕有法である眼、喩例である壺、論証因である「自分を見ないこと」、所証法である「青などを見ないこと」[20]〔、これら〕は〔中観派の〕自説において認められず、〔実在論者である〕他者によって認められているだけのものであるので、論証因や遍充関係などは〔対論〕相手にとってのみ成立しているものであるという意味ではない。それではどういうことかと思うならば、〔中観派は〕自説においても、それら〔有法や論証因、遍充関係、所証法など〕を認めるが、〔中観派〕自身の説においては、それらを論証する量がそれ自体で成立している所量を量るもの〔として〕は、言説においても存在しない〔と主張するのである〕[21]。

「他者にとって成立している」論証式は、中観派においても成立しているものであるが、ただそれらを構成する諸構成要素はそれ自体で成立するものではないので、それ自体で成立しているものに対して錯誤していない量は存在しないというにすぎない。それら諸要素は言説において成立する言説有であり、そのような言説有は、中観派の論理の否定対象とはならないので、両論者に共通に成り立つことになるのである。

「他者に受け入れられている論証式」の有法や〔所証〕法、論証因などは言説において何らか存在しているものである必要があるのであって、かの〔対論者〕が「存在している」と認めているだけで十分なわけではないのである。[22]

「他者に受け入れられている比量」というのは伝統的な概念であり、ツォンカパもそれを尊重してはいる。しかし、言説有を重視するツォンカパにとって、対論者に成立しているだけで中観派にとって成立していないような論証を行うことは考えられなかった。ツォンカパは、そのことをチャンドラキールティの言葉の端々に読み込もうとしているのである。

おわりに

以上のツォンカパの自立論証批判と他者に受け入れられている比量および言説の量に関する主張も、存在論的には「中観派の不共の勝法」に基づくものである。『菩提道次第大論』の毘鉢舎那章の根本思想がこの「中観派の不共の勝法」にあることは、その全編を通じて繰り返しこの原理が言及されることから明らかであるが、この自立論証批判もその例外ではない。

バーヴィヴェーカ論師などは、言説においてそれ自体で成立している、自らの特質（rang gi ngo bos grub pa'i rang gi mtshan nyid）が諸法に〔存在すると〕主張なさる中観派〔であるが、それら〕の人たちが自立論証因を自説においてお認めになる理由もまた、言説においてそれ自体で成立している、自らの特質があると〔お認めになっているということ〕ことであるので、自立論証因を自説において設定するかしないか〔の根本〕は、極めて微細な否定対象〔の区別〕に帰着するのである。(23)

この主張自体は、バーヴィヴェーカが自立論証を用いるべきであると主張する根拠を、彼が言説において自らの特質（rang gi mtshan nyid）が諸法に存在していると認めていることに還元し、その存在論は「否定対象の特定」において既に否定されているので、自立論証は成り立たないと主張する文脈である。この「否定対象の特定」とは、まさに「中観派の不共の勝法」が主題的に論じられている箇所であり、『菩提道次第大論』毘鉢舎那章の存在論的基盤をなす議論である。

このようにして、ツォンカパの自立論証批判は、単なる存在に基づく言説の量によって成立する論証を、論理的である限り全て承認する道を開くものと言える。と同時に、このような枠組みの中で、ツォンカパは、自立論証派が自立論証を行うことを否定していないということを、(24)少しも心に思い浮かべることがなかったことも明らかであろう。

（1）Dreyfus (2003) には、Svātantrika と Prāsaṅgika の相違について九編の論文が収録されている。そのほとんどのものがツォンカパの議論に言及しているが、ツォンカパの自立論証批判をテキストに即して丹念に研究しているものは Yoshimizu (2003) のみである。それに先立ち、Yotsuya (1999) はチャンドラキールティとツォンカパの自立論証批判を原典に即して研究したものである（後に日本語で書き直され、四津谷（2006, 第八～一〇章）に収録される）。四津谷氏の研究はチャンドラキールティとツォンカパの議論を分析することが主で、「ツォンカパは中観派にも主張があることを強調した」という一貫した解釈を除いては全体としての結論は明確ではない。福田（2008–2009）参照。これらに先立つ松本（1997-8）は、ツォンカパの自立論証批判の構造を解明しようとしたもので甚だ示唆に富む。ただし、筆者の解釈はいくつかの点で松本氏のものとは異なる。Ruegg (2000) はツォンカパの量に関する諸問題を論じているが、その中で Section III の第二、三節（Ruegg, 2000, 282–287）で para-prasiddha-anumāna について論じている。本章の内容とも重なる点はあるが、どちらかというと、ツォンカパの議論を祖述するものであり、論理構造（何が根本であり、そこからどのような構造が構成されるか）についての考察はない。

（2）『科段』, pp.18–20. 以下は重要な科段のみをピックアップしたものである。

（3）「中観派の不共の勝法」については本章第一章「中観派の不共の勝法」参照。

（4）ツォンカパは四つの見解を取り上げ、それを順次批判している。四津谷（2006, 第五章「中観論者における主張の有無(2)」は、その詳細な研究である。このうち、第四の説については、Ruegg (2002, pp.187–194) に詳しい。

（5）ツォンカパの議論と『プラサンナパダー』の原文との対応については、松本（1997-8, p.249）に指摘されている。

（6）それにも関わらず、ツォンカパは自説の設定を始める際に「この〔自立論証批判〕について『プラサンナパダー』に詳しくお説きになっているが、言葉が増えることを怖れて、ここでは主要なものを示す」と言って引用を始める（LR, 447b1）。

（7）gzugs kyi skye mched chos can du bzhag pa de 'grub lugs ni de 'dzin pa'i mig gi shes pa'i mngon sum tshad mas 'grub dgos la / de yang ma 'khrul bar de dag gis ma grub na don bsgrub pa'i mngon sum du mi rung bas ma 'khrul ba dgos so // rtog med ma 'khrul bar 'grub pa ni de dag gi lugs la gang la ma 'khrul bar song sa de'i rang gi mtshan nyid kyis grub pa de snang zhing snang ba ltar yod pa la nges par ltos so // de ltar na phyi rgol la tshad ma ji 'dra ba zhig gis chos can grub pa'i tshad ma de ni snga rgol la mi rung ste / chos gang la'ang rang gi mtshan nyid kyis grub pa'i ngo bo tha snyad du'ang med pas de sgrub byed kyi tshad ma med pa'i phyir ro snyam du slob dpon 'dis dgongs nas rang rgyud 'gog pa yin no // (LR, 449b1–4; LRC4, 268a3–b3) この部分は松本（1997-8, 259–260）にも引用され、「自立論証の不当を説く決定的な文章」とされている。ただし、松本氏の議論は錯綜しており、ここの文章の解釈を手始めに様々な論点が提示される。筆者には、

それほど複雑な問題だとは思えず、松本氏の議論をここで一々取り上げるだけの余裕もないので、ここでは、筆者自身の解釈のみを提示することにしたい。

（8） chos can dang gtan tshigs bsgrub pa'i mngon sum lta bu de 'khrul ma 'khrul gnyis las mi 'da' la / 'khrul pas rnyed pa'i don gtan tshigs la sogs par 'jog na dngos por smra ba la ma grub la / ma 'khrul bas rnyed pa'i don de dag tu 'jog na rang gi tshad mas mi 'grub pas rang rgyud kyi rtags dang chos can la sogs pa ma grub par sngon du bshad pa ni ji skad bsnyad pa zhes pa'i don no //（LR, 455b5–456a1; LRC4, 283a4–b1）

（9） 'o na ji skad bsnyad pa de legs ldan 'byed kyis rtags la bden gnyis kyi brtag pa byas pa des khas blangs lugs ji ltar yin snyam na / bshad par bya ste / 'dir slob dpon gyis ma 'khrul ba'i shes pas rnyed pa de don dam pa dang / 'khrul ba'i shes pas rnyed pa de kun rdzob pa yin pa la dgongs nas bden gnyis gang yin zhes pa de / de gnyis gang gis rnyed pa yin zhes pa dang gnad gcig tu 'gro dgos pa la bsams pa ste / 'di ltar rtags su bkod pa'i don de kun rdzob pa dang don dam pa gang yang ma yin na rtags de ma grub par 'gyur dgos pa dang / rtags su bkod pa'i don de ma 'khrul ba dang 'khrul ba'i shes pa gnyis gang rung gis rnyed pa'i don min na rtags su bkod pa'i don de ma grub par 'gyur ba rgyu mtshan mtshungs pa la / 'dis rang gis khas blangs zhes gsungs pa yin gyi dngos su khas blangs pa min no //（LR, 456b2–6; LRC4, 284b4–285a4）

（10） 'byung gyur gyi sgra zhes pa'am nam mkha'i yon tan gyi sgra zhes pa'i khyad par gang rung gis khyad par du ma byas par sgra yod par nges pa ni rgol ba gnyis po de dag gi lugs la byar yod la / rang bzhin gyis stong par smra ba dang rang bzhin gyis mi stong par smra ba gnyis kyi lugs la ma 'khrul ba'i shes pas grub pa'ang ma yin / 'khrul ba'i shes pas grub pa'ang ma yin pa'i tshad mas grub pa'i mig gam gzugs kyi spyi med cing / 'khrul ba'i shes pas grub pa ni phyi rgol la ma grub la / ma 'khrul ba'i shes pas rnyed pa ni snga rgol gyi tshad mas mi 'grub pas dpe dang 'dra ba yod pa ma yin no zhes pa'i don no //（LR, 451b5–452a2; Tsho, 702.16–703.3; LRC4, 274a6–b4）

（11） rang rgyud khas len na rang mtshan la tshad mar gyur pa'i tshad ma rgol ba gnyis ka'i mthun snang du khas blangs nas des grub pa'i tshul gsum gnyis ka la grub pas bsgrub bya bsgrub dgos la / de ltar na tshad ma de med pas chos can la sogs pa rnams ma grub par 'gyur ro //

rang rgyud khas mi len na pha rol dngos por smra ba rang la tshad ma de 'dra bas grub pas chog gi / rang la tshad ma des grub mi dgos so // des na gzhung nas 'byung ba'i rjes dpag rnams kyang gzhan gyi dam bca' ba 'gog pa tsam gyi dgos pa can gzhan la grags pa'i rjes dpag yin gyi rang rgyud min no //（LR, 457a5–b2; LRC4, 286a6–b5）

（12） 「両者に共通に成立するもの」と「それ自体で成立するものを量るもの」という二句は量を主題とする並列の述語であるという LRC4（228b1–b2）の解釈に基づいて訳した。

（13） de dag rang lugs la'ang khas len mod kyang de dag bsgrub pa'i tshad ma rang gi ngo bos grub pa'i gzhal bya 'jal ba ni rang lugs la tha snyad du'ang med la / rang bzhin yod par smra ba la de dag 'grub pa ni tshad ma de grub pa la nges par ltos pas gnyis ka la mthun snang du grub pa'i rang gi ngo bos grub pa'i 'jal ba'i tshad ma med pas gnyis ka la grub pa ma yin pa dang gzhan la grags pa'am gzhan la grub pa zhes zer ba yin no //（LR, 458a5–b1; LRC4, 288a5–b4）

（14）PP, 147b3: da ni sun 'byin pa'i lan btab pa dang / rang dbang du rjes su dpag pa'i mthus 'du byed rnams rnam pa las ngo bo nyid med pa nyid du bstan pa'i don gyi dbang gis rab tu byed pa bcu gsum pa brtsam mo //

（15）des na shes rab sgron mar gzhan gyi skyon brjod kyi skabs shig tu rang dbang du byas nas sam sun 'byin pa'i dbang du byas nas brjod ces rang dbang zhes bsgyur ba 'di dang rang rgyud gnyis don gcig pas / phyi rgol gyi khas blangs la ma 'khris par tshad mas don gyi sdod lugs nas rang dbang du chos can gnyis dang rtags kyi tshul rnams grub tshul nges par byas nas bsgrub bya rtogs pa'i rjes dpag skyed pa cig rang rgyud kyi don yin no //（LN, 90a1–3）

（16）de lta bu'i rang bzhin la ma 'khrul ba'i shes pa yin na snang yul dang zhen yul gang la ma 'khrul ba yin kyang de kho na'i don la ma 'khrul bar 'gro bas rang gi lugs kyi tshad ma de 'dras chos can la sogs pa ma grub par 'dod kyi / rgol ba gnyis ka'i rgyud la mig dang gzugs la sogs pa 'jal ba'i tha snyad pa'i tshad ma med par 'dod pa min no // phyi rgol gyi rgyud kyi'ang dbang po'i shes pa sngar bshad pa lta bu'i gnod med kyis drangs pa'i gzugs la sogs pa yod tsam du nges pa'i nges shes kyi yul la ni rigs pa'i gnod pa med de /（LR, 452a5–452b1; LRC4, 275b5–276a4）

（17）松本（1997-8, 254, 257, 260–261）は、ツォンカパが議論を「自相（svalakṣaṇa）」を対象とする現量に限定したことを前提にして批難を投げかけている。しかし実際には、ツォンカパは何度も思念対象（zhen yul）に言及し、有自性論者は、比量についても、その思念対象たる自性に対して比量が錯誤していないことを要求していると述べている。ツォンカパの批判は現量に限ったことではなく、さらに量の対象と考えられているものも論理学で言うところの直接知覚される自相そのものではない。ツォンカパが論理学的な意味での自相を問題としていないことについては、第七章「自らの特質によって成立するもの」を参照。

（18）LR, 396a3–408b3; 長尾（1954, 159–180）。この部分は、帰謬論証派にとっての量の設定および自立論証派と帰謬論証派の相違点を「自らの特質によって成立しているもの」を言説において認めるか認めないかの相違に求める重要な節であるが、本書の範囲を超えるので、別の機会に論じたいと思う。

（19）PSPD, 34.4–5 :「我々は、自立的な比量を決して用いない。なぜならば、諸々の比量は、他のものの主張命題を否定することだけを目的としているからである。(na vayaṃ svatantram anumānaṃ prayuñjmahe parapratijñā-niṣedha-phalatvād asmad-anumānānām.)」

（20）これらの論証式の構成要素は、『中論』第三章第２偈の「自ら自分自身を見ないものは、自分自身のみを見ないのではない。自分自身を見ないものがどうしてそれ以外のものを見るであろうか。（svaṃ ātmānaṃ darśanaṃ hi tat tam eva na paśyati / na paśyati yad ātmaānaṃ kathaṃ drakṣyati tatparām //）」という偈をチャンドラキールティが論証式に直したものに基づく。PSPD, 34.8–9 : yatra yatra svātmādarśanaṃ tatra tatra paradarśanam api nāsti, tad yathā ghaṭe / asti ca cakṣuṣaḥ svātmādarśanaṃ, tasmāt paradarśanam apy asya naivāsti /. ツォンカパはこの『プラサンナパダー』の議論を祖述しながら、帰謬論証が他者の立場に立って成立することを相当の分量を充てて論じているが、原理的な問題の解明には直接結び付くものではないので、ここでそれを辿ることはしない。

(21)　de la grub pa zhes pa ni chos can mig dang dpe bum pa dang rtags rang la mi blta ba dang bsgrub bya'i chos sngon po la sogs pa la mi blta ba rnams rang lugs la khas mi len cing / gzhan gyis khas len pa tsam yin pas rtags dang khyab pa la sogs pha rol po kho na la grub pa zhes bya ba ni don min no // 'o na ji ltar yin snyam na de dag rang lugs la'ang khas len mod kyang de dag bsgrub pa'i tshad ma rang gi ngo bos grub pa'i gzhal bya 'jal ba ni rang lugs la tha snyad du'ang med la /（LR, 458a3–5; 4; LRC4, 288a2–a6）

(22)　gzhan grags kyi sbyor ba'i chos can dang chos dang rtags rnams tha snyad du yod pa zhig dgos kyi / khos yod par khas blangs pa tsam gyis mi chog go //（LR, 459a2; LRC4, 289b5–6）

(23)　slob dpon legs ldan 'byed la sogs pa chos rnams la rang gi ngo bos grub pa'i rang gi mtshan nyid tha snyad du bzhed pa'i dbu ma pa rnams / rang rgyud kyi rtags rang gi lugs la zhal gyis bzhes pa'i rgyu mtshan yang tha snyad du rang gi ngo bos grub pa'i rang mtshan yod pa 'di yin pas rang rgyud kyi rtags rang lugs la 'jog mi 'jog ni dgag bya shin tu phra ba 'di la thug pa yin no //（LR, 453b3–5; LRC4, 278a3–5）

(24)　この可能性は、松本（1997-8, 265–266）において提示され、Yoshimizu（2003, 260–269）によって詳細に論じられ、ツォンカパは自立論証派たるバーヴィヴェーカが自らの存在論に立って自立論証を提起することに同意していたと結論づけられている。

第四章　二つの二諦説

はじめに

二諦説は中観思想の中心的な主張の一つである。[1] 中観思想の二諦説は、もともとナーガールジュナの『中論』第二四章で扱われる一トピックであり、数ある中観思想を構成する概念の一つにすぎなかった。しかし、その後、『中論』の注釈家たちによって徐々に二諦説への言及が増え、中観思想の土台を形成する思想になっていった。ツォンカパが依って立つ中観帰謬論証派の著作の中では、チャンドラキールティの『入中論』における二諦説がもっともまとまった論述である。ツォンカパは最初、縁起と空性の関係を中観思想の根幹に据えており、二諦もそれを意味するものとして考えていたが、後期には『入中論』の影響の下に二諦説の再構築を主題的に行うようになった。以下、前期の二諦説と後期の二諦説に分けて、その主張の相違を見ていきたい。[3]

第一節　前期の二諦説

（一）「中観派の不共の勝法」

ツォンカパの初期中観思想のもっとも中心的な主張は、第一章で検討した「中観派の不共の勝法」である。おそらく、聖文殊の導きによって中観思想の本質について大悟した内容も、これであったと思われる。[4]

「中観派の不共の勝法」は、（いくつかの命題で表現されるが、もっとも基本的なものとしては）縁起と空が同一の基体において矛盾することなく同時に成り立っている、という主張である。中観派（実際には中観派の中の帰謬論証派）以外の立場は実在論と総括され、その立場では、自性がなければ、そのものは存在することができないので、無自性なものにおいては縁起が成り立たない、すなわち、縁起と無自性・空は同時には成り立たないと考えられているとツォンカパは批判する。実在論者が、中観派を虚無論者であると非難するのも、このような実在論的思考に基づいてのものである。逆に言うならば、実在論の立場では、無自性の領域と縁起するものの領域は重なることがなく排他的であるため、全ての存在について無自性であるとも縁起しているとも言えないが、真の中観派は、この二つの属性の成り立つ基体の領域（外延）が等しいと考えているので、全ての存在（すなわち一切法）が縁起していると同時に無自性であると言えるのである。

この縁起と空の関係は、縁起していることが無自性であることの論理的根拠となる、という形で言及される場合や、無自性の意味が縁起の意味として現れる（理解される）と言及される場合、無自性であってはじめて縁起が成り立つと言われる場合などがある。

さらにこのような無自性・空と縁起の関係は、存在と無についての四つの様態の区別を前提としている。ツォンカパの診断によれば、実在論者は、存在することと自性によって存在すること、自性が存在しないことと端的に存在しないこと、これら存在についての二つの様態と無についての二つの様態を区別せずに、存在するとすれば、それは自性によって存在し、存在しないとすれば、端的にそのものが存在しないことになると考える。そのような実在論者にとって、前者は縁起している存在を指し、後者は無自性・空であることを意味し、これら存在と無とは同時には成立しない排他的な関係であると考えられている。しかし、中観派は、自性によって存在していることと、単に存在していることとを区別し、前者を否定するが後者は否定せず、また自性が存在しないと主張するが、それは端的に存在しないことを意味しないと考える。そして、単に存在していることが同時に自性が存在しないことを意味し、自性によって存在していると主張する者を有辺に堕した者として否定し、端的な（それゆえ、全面的な）無を主張する者を無辺に堕した者と批判する。単に存在しているということと縁起していることは同義であり、自性が存在しないことと無自性・空であることも同義であり、しかもそれらが同時に、いわば同じ事態の表裏として成り立っているのである。

この主張が「勝法」と言われるのは、この思想の下でのみ、無自性なものにおいて、輪廻から涅槃にいたるまでの一切の存在の働きとしての縁起が成り立ち、修行と仏果の因果関係や、業とその果報の因果関係という仏教の実践にとってもっとも重要な教説が正しく設定できるからである。

（二）　二諦説と「中観派の不共の勝法」

結論から言えば、初期の著作において二諦説は「中観派の不共の勝法」自体を指していた。諸存在が縁起していることが世俗諦であり、諸存在が無自性・空であることが勝義諦に相当する。また無自性なものが縁起する、と正しく理解することが、二諦を正しく理解することになる。以下、『菩提道次第大論』における二諦あるいは世俗諦、勝義諦に言及している個所をいくつか引用して、それを示すことにしたい。まず、『菩提道次第大論』で「中観派の勝法（dbu ma pa'i khyad chos）」という節の冒頭で、「中観派の不共の勝法」の意義と二諦の関係を次のように述べている。

最勝乗によって教化されるべき衆生が、〔修行の〕果の段階において最上の法身と最上の色身の二つを獲得するためには、〔因である修行〕道の段階において、前に説いたように、方便と般若を伴った福徳と智慧の〔二〕資糧を無量に積むことが不可欠である。そのためにはさらに、世俗の諸々の因果のうち、この因からこのメリットやデメリットが果として生じるという因果についての心の底からの確信、すなわち存在する限りのもの（如量）についての確信を得ることと、一切法にそれ自体で成立する自性が微塵もないという心の底からの確信、すなわちありのまま〔如実〕についての確信を得ることが不可欠である。なぜならば、この二つ〔の確信〕が二つとも揃っていなければ、方便と般若の両方の道全てを心の底から修することはできないからである。

以上のように〔修行の〕果位において〔色身と法身の〕二身を獲得するための因である〔修行〕道の本質を誤ることなく〔修行〕するためには、〔存在論的〕基盤についての見解を〔正しく〕確定する必要がある。そして、その見解の確定の仕方は、直前に説明した二諦についての確信（＝世俗の因果についての確信と無自性についての確信）を得ることにある。

この〔二つの確信〕は中観派以外の誰にとっても矛盾することに見えてしまい、〔それらが〕矛盾しないと説明することができないが、それについて微細で巧みな、詳細なる考察を行う「中観派」と呼ばれる智者は、二諦を理解する方法に通暁しているので、〔二諦についての二つの確信の間に〕矛盾の匂いさえもないと決定して、勝者の究極的なお考え〔の理解〕を獲得し、それによって自らの教主（＝釈尊）とその教えに対する稀有なる尊敬の念を引き出す言葉を轟かせる。そうすることで知恵ある人たちは、自性を欠いているという空性の意味は、縁起の意味であって、効果的作用の能力を欠いているという非実在の意味ではないと、秘義〔を述べる〕高い声で繰り返し轟かせなさったのである。(5)

ここに、方便と般若、福徳と智慧、色身と法身、世俗と勝義、縁起と空、如量知と如実知という二つの系列の関係が極めて組織的、かつ集約的に説かれている。その中で、如量智と如実智、すなわち因果あるいは縁起についての確信と一切法無自性・空についての確信とが二諦についての確信であると考えられていることが分かる。

また、我について車の比喩に基づき、七つの場合に分けた分析を行い、我が無自性であること、しかしそれにもかかわ

らず「私」は存在していることを説明したのち、

以上のように、我という一つのものについて、ありのままに考察することによって、自性を欠いた、自性のないものにおいて、効果的作用の働き（＝因果関係，bya byed）が成り立つという二諦の設定の仕方を知るならば、それを一切法に敷延して、一切のものの無自性を容易に理解することができる。それゆえ、上に説明した比喩とその意味の二つについて決定的な確信を得る必要があるのである。(6)

と言われている。ここでも縁起と空が矛盾せずに成り立つと確信することが二諦を確信することであると述べられている。

他にも『菩提道次第大論』で二諦に言及している例をいくつか見ておこう。

それゆえ、自分自身で、二諦の設定を行ったところの、勝義を確定する正理によって世俗のものの設定を否定する（gnod）とするならば、二諦を特定する設定に内的矛盾があることになるので、どうして二諦の設定に通暁していると言えようか。その二〔諦〕の設定に内的矛盾が少しもないとするならば、勝義を確定する正理によって世俗のものの設定を批判するというのは矛盾する。……真実（de nyid）を考察する正理によって考察を行うことにより、諸々の世俗のものが消滅してしまうならば、それは二諦の設定に通暁していないと〔チャンドラキールティは〕おっしゃっているのである。したがって、世俗のものである色などを正理によって否定することは、この師（チャンドラキールティ）のお考えでは決してないのである。(7)

ここでツォンカパは、「二諦の設定」を「勝義の設定」と「世俗の設定」に分け、それらが矛盾するようなものであってはならないと強調している。内的矛盾とは、勝義を設定するところの、自性を否定する正理が世俗の存在を否定してしまうことである。ここでは具体的には述べられていないが、「世俗のものである色」は世俗の量（言説の量）によって設定されるものである。したがって、ここで「二諦」と言われているのは、正理によって成立する無自性なる勝義諦と、正理によって否定されず、言説の量によって成り立つ言説有とを指していると考えられ、それらが矛盾しないというのであるから、ここに二諦を前提とした「中観派の不共の勝法」が説かれていると考えられる。

「二諦のいずれにおいても成り立たない」という否定的な言い方も多い。

　要約するならば、自性がないことと、〔輪廻への〕繋縛と〔輪廻からの〕解脱や生滅など（＝縁起）とが矛盾すると主張するならば、自性を欠いている空なるものにおいて輪廻と涅槃の全ての設定が成り立つということが、二諦のいずれにおいても妥当ではない〔ことになる〕ので、あなたは、まさに中観派の不共の勝法を否定したことになるのである。(8)

　無自性なものにおいて、繋縛・解脱や生滅などの輪廻から涅槃に至るまでの一切法（全ての存在）の設定が可能であるというのが「中観派の不共の勝法」であるが、対論者の主張のように無自性と諸法の設定が矛盾するとするならば、その「中観派の不共の勝法」が「二諦のいずれにおいても」成り立たないことになると批判される。このことからも、その二つが矛盾しない場合にこそ二諦が成り立つのであり、それが「中観派の不共の勝法」に他ならないとツォンカパは考えていることが分かる。その際、勝義諦は無自性であり、世俗諦は正理によって否定されることのない世俗の諸存在、すなわち言説有を指していることになる。このようにツォンカパが「中観派の不共の勝法」をもって二諦説であると言うときには、暗黙のうちに言説有（すなわち正理によって否定されない世俗の諸法の設定）を世俗諦と考えていたと言ってよいであろう。

　次も「二諦のいずれにおいても」という言い方で二諦が言及される例である。

もし、中観派と虚無論者（chad lta ba）の両者は、根拠は違うけれども、業とその果報や、前世と来世に、それ自体で成立している自性がないと認識する点では等しいので、自性がないというこの見解は一致していると考えるならば、その〔自性がないという見解の点で〕も等しくない。なぜならば、かの〔虚無論者〕は自性がないことが完全な無（ye med）であると主張するので、二諦のいずれにおいても〔それら業・果や前世・来世を〕承認することはできないが、中観派は、業とその果報などは世俗において存在すると承認するからである。(9)

業とその果報などは、縁起する諸法の一例である。虚無論者は、自性によって存在しないことを完全に存在しないことと解しているのに対し、中観派は全く存在しないことと、自性が存在しないことを区別して考える。これも「中観派の不共の勝法」の存在論に基づく批判である。

虚無論者について言及される「二諦のいずれにおいても」とは、縁起する諸法が「世俗においても」「勝義においても」存在しないことを意味する。勝義において存在しないというのは、自性が存在しないことを指すが、虚無論者は、それが完全な無（ye med）を意味し、したがって諸法は世俗においても存在しないと主張することになる。それに対して中観派は、それらは勝義においては存在しない（言い換えれば、自性によって存在するものではない）が、世俗においては存在していると主張する。これが「二諦」なのであるから、世俗諦は、言説において一切法の設定が可能であること、すなわち言説有が否定されずに承認されることを指している。このように、『菩提道次第大論』で二諦に言及するときにツォンカパの念頭にあったのは、「中観派の不共の勝法」に他ならないのである。

確かに、二諦や世俗諦などに言及した全ての場合に「中観派の不共の勝法」が説かれているわけではない。そればかりか、後期の二諦説と同じように『入中論』を引用しつつ、世俗すなわち無明にとって真実であると思い込まれているものが世俗諦であるとする説明も見られる（LR, 407b1–5）。(10) しかし、この箇所の議論は、「中観派の不共の勝法」に対して「諸物に自性を増益するという無明の執着の仕方を正理によって否定しながら、言説〔における〕諸対象は〔正理によって〕否定されないとするのは矛盾ではないか」という非難に対する答釈であり、その中で、正理によって否定されるのは無明が増益した真実なるもの（＝諦）であり、言説有は正理によって否定されない、と「中観派の不共の勝法」を擁護するための議論で言及されるものである。このような議論は、「世俗諦」を二諦のあり方の世俗諦として問題にしているのではなく、世俗諦というのは、真実なるものとして増益されたもののことであり、勝義としては無、すなわち自性による存在の無のことだという主張、すなわち「中観派の不共の勝法」に引き付けて説明することの方に力点がある。少なくとも、『入中論』の二諦説と「中観派の不共の勝法」の間に齟齬を意識してはいない。

ツォンカパの中観思想の中期を代表する二つの著作、『善説心髄』と『中論註正理大海』（ともに一四〇七年）のうち、前者は、「中観派の不共の勝法」および二諦説について上記の『菩提道次第大論』の場合と同じ立場に立っている。『善説心髄』後半の中観派について述べる部分の最初の方でナーガールジュナ父子の見解を要約するとき、「中観派の不共の勝法」がその中心的な内容となっている（LN, 43a5–49a2; A2B2C1:『科段』, p.35）。[11] その他の二諦への言及も、『菩提道次第大論』の場合と同じように、言説有と勝義無が念頭に置かれている。たとえば、

教主〔釈尊〕の聖言全ては、世俗と勝義の二諦に関して生じたものであり、その二〔諦〕の区分を知らないならば、教えの真実義を知ることはできないので、二諦〔という〕観点から〔釈尊の〕聖言を解釈する仕方もまた、それに他ならない。[12] なぜならば、依って仮説され、あるいは依って生じた（＝縁起）という性質を持ち多様なものとして説かれたもの一切は世俗諦であり、勝義はその〔縁起していること〕を理由にしての、自らの特質によって成立したものではないという空性のみに尽きるからである。[14]

というように、「中観派の不共の勝法」こそが二諦の意味であると述べ、また、

〔人も法も〕勝義においては等しく存在せず、言説においては等しく存在する。……二諦のいずれにおいても、存在することと存在しないこととは等しいからである。(15)

というように、「二諦」という語を言説有と勝義無の意味で用いている。他にも同様の例はいくつかある。以上のように、この時期までのツォンカパの二諦の理解が「中観派の不共の勝法」に関連するものであったと言えるであろう。

第二節　後期の二諦説

（一）　中期後半以降の四著作における二諦説

中期を代表するもう一つの著作、『中論註正理大海』では、『中論』で二諦が言及される第二四章「四聖諦の考察」に対する注釈箇所で、『入中論』に基づいた二諦説を紹介している。『中論』第二四章は、空性における四聖諦成立の可否を問題とし、そこに二諦の区別を導入することで、自性による存在の否定と自性によらない世俗の存在の設定を両立させる内容となっている。チャンドラキールティの中論註『プラサンナパダー』では、この二諦についての詳しい解説は『入中論』を参照させのみであるが、ツォンカパは『入中論』の所説を簡潔に述べようと言って、その概略を示している。この段階でツォンカパの関心が『入中論』に説かれる二諦説へと向けられたと考えられる。当然のことながら、後期（晩年）の『入中論註

密意解明』における二諦説の説明とほぼ同趣旨の内容となっている。

『中論註正理大海』以降の中観関係の大きな著作には、『菩提道次第小論』（一四一五）、『入中論註密意解明』（一四一八）およびツォンカパ自身の著作ではないが、ツォンカパの講義をダルマリンチェンが備忘録に書き残した『八難処』がある。[16] これらの著作の科段を比較すると、[17]『中論註正理大海』から『菩提道次第小論』、『入中論註密意解明』と進むにつれて、項目は少しずつ増えていくが、基本的な構造は『入中論』に基づくものであることが分かる（『八難所』は備忘録であるせいか、科段としては簡略であるが、内容はほぼ対応している。）。

まず、『中論註正理大海』の第二四章第八偈の註釈箇所に挿入される二諦の説明の科段は次のようになっている（『科段』，pp.59～60）。

P1　世俗諦〔を説明する〕
　Q1　世俗〔という語の意味〕と諦〔という〕語の意味を説明する
　Q2　世俗諦の定義的特質
　Q3　世俗の分類
P2　勝義諦を説明する
　Q1　勝義〔という語の意味〕と諦〔という〕語の意味を説明する
　Q2　勝義諦の定義的特質
　　R1　直接の意味
　　R2　批判を退ける[18]
　　　S1　如実見（ji ltar ba gzigs pa）が不合理になるという批判を退ける

S2　如量見（ji snyad pa gzigs pa）が不合理になるという批判を退ける

Q3　勝義諦の分類

P3　二諦の数の確定（grangs nges）を示す

次に『菩提道次第小論』における二諦説の科段を挙げる（『科段』, pp.32～33）。

S1　〔それを〕二諦に分ける〔、その分類の〕基体

S2　どのように分けられるかという数

S3　そのように分けられた意味

S4　分けられたそれぞれのものを説明する

T1　世俗諦

U1　世俗〔という語の意味〕と諦〔という〕語の意味を説明する

U2　世俗諦の定義的特質

U3　世俗の分類

T2　勝義諦

U1　勝義〔という語の意味〕と諦〔という〕語の意味を説明する

U2　勝義諦の定義的特質

V1　直接の意味

V2　批判を退ける

U3　勝義の分類

T3　二諦の数の確定を示す

さらに、『入中論』第六章第二三〜二九偈に対する『入中論註密意解明』の科段と、『入中論』の各偈の対応を挙げる（『科段』, pp.74–75）。

S1　二諦の一般的な設定（bden pa gnyis kyi spyi'i rnam gzhag）

T1　二諦に分けることによって、諸法に〔それぞれ〕二つずつの ngo bo があると述べる（『入中論』第二三偈）

T2　二諦の別の設定を示す

T3　世間に照らして世俗の分類を説明する（『入中論』第二四、二五偈）

T4　思念対象について錯誤している〔知〕の思念対象は言説においても存在していないと示す（『入中論』第二六偈）

S2　〔二諦が説かれた〕文脈（skabs）の意味に結びつける（『入中論』第二七偈）

S3　二諦それぞの ngo bo を説明する

T1　世俗諦を説明する

U1　世俗は誰にとって真実であり誰にとって真実でないのか

V1　直接の意味（『入中論』第二八偈）

V2　〔帰謬論証派〕独自の煩悩の設定の仕方を説明する

U2　唯世俗が三種類の人に現れることと現れないこと

U3　凡夫と聖者に基づいて勝義と世俗になること

T2　勝義諦を説明する

U1　〔『入中論』の〕偈（rtsa ba）の語句の意味を説明する（『入中論』第二九偈）

U2　それに対する批判を退ける

単純に科段を比較しただけでも、成立の順に内容が詳しくなっていくのが分かる。『中論註正理大海』では、世俗諦と勝義諦とに分けられただけであったのに対し、『菩提道次第小論』ではそれに先だって、二諦の分類の基体、数の確定、二つに分けられた意味などが論じられる。これは、『入中論註密意解明』に比べると整理された記述になっている。『入中論註密意解明』は『入中論』の偈の順番に従って解説されているが、対応する偈を見れば分かるように、偈の内容以上の議論が行われている。その中にはチャンドラキールティの『入中論釈』を祖述・敷衍した部分もあるが、発展的な議論も多い。[19]世俗諦および勝義諦それぞれの説明のうち、世俗と諦、勝義と諦に分けての語義の説明や、定義的特質（mtshan nyid）、それぞれの下位分類などは三者に共通に論じられている。しかし、ここでも『入中論註密意解明』は偈の注釈以外の発展的な議論が多く見られる。

いずれにせよ、『中論註正理大海』から始まる二諦説が、『入中論』の思想を下敷きにしながら論じられるようになっていることは明確に読み取れる。逆にそれ以前の著作には、二諦を主題に論じた科段は設けられていないことを考えると、ツォンカパの中観思想における二諦説の記述方法に転換があったことは明らかである。

（二）　後期二諦説の基本構造

本項では、最晩年の『入中論註密意解明』の記述に基づいて、ツォンカパ後期の二諦説の基本構造を明らかにしたい。[20]

勝義諦（don dam bden pa）、世俗諦（kun rdzob bden pa）、唯世俗（kun rdzob tsam）、真実・諦（bden pa）、虚偽（rdzun pa）、所知障（shes sgrib）、煩悩障（nyon sgrib）、無明（ma rig pa）、真実執着（bden 'dzin）、言説の量（tha snyad kyi tshad ma）、世俗有（kun rdzob tu yod pa）、言説有（tha snyad du yod pa）、正しい世俗（yang dag pa'i kun rdzob）、誤った世俗（log pa'i kun rdzob）、現れている対象（snang yul）、思念対象（zhen yul）、凡夫・声聞独覚の阿羅漢あるいは第八地以上の菩薩・仏陀という三種類の知の設定。ツォンカパの後期二諦説の基本的な構造を記述するためには、これらの各々の概念と概念相互の関係を確定する必要がある。

まず、これらの概念を説明するに当たって、断っておきたいことがある。ツォンカパは『入中論註密意解明』において、チャンドラキールティの『入中論釈』をかなりの分量引用しながら注釈を施しているが、その引用がツォンカパ自身の祖述部分と一体化している箇所も多い。確かにチャンドラキールティに対してツォンカパが付け加えた部分を抽出することも可能であるが、それでは文章の統一性は損なわれてしまう。ここでは、たとえチャンドラキールティの言葉を援用していても、全て最終的にはツォンカパが自らの理解を披歴したものと考えることにする。(21)

もう一つの前提は、「諦」という訳語と「真実」あるいは「真実なるもの」という訳語を同じ意味で使用したことである。「世俗諦」や「二諦」という時に、この「諦」を「真実」と訳すのは冗長であるし、逆に「真実なるものであると思い込む」などの句で「真実」の代わりに「諦」という語を使うのは日本語として不自然である。どちらも bden pa の訳であることをお断りしておきたい。

『入中論』における二諦説では、それ以前にはほとんど問われることのなかった認識主体の側の相違およびその認識内容に即して二諦の設定が行われる。まず、認識主体は、異生の凡夫、声聞・独覚の阿羅漢と第八地以上の菩薩（煩雑になるので以下、聖者と略称する。）、仏陀という三つのタイプが区別される。(22) この三種の人は、煩悩障と所知障の有無によって特徴づけられる。帰謬論証派の煩悩障と所知障の設定の仕方は、ツォンカパが後に帰謬論証派の特徴的な八つの論点の一つに数える独特のものである。[23] 他の立場では、人我執が煩悩障であり、それを断じることを目指すのが小乗の教え、法我執が所知障であり、それを断じることを目指すのが大乗の教えであると説かれるのに対し、帰謬論証派は、人法の二つの我執をともに有染汚の無明（nyon mongs pa can gyi ma rig pa）であると考え、それが煩悩障であると主張する。[24] またその無明をはじめとする諸煩悩の習気および、それから生じる主客の現れが所知障である。[25] これらのうち、凡夫は煩悩障も所知障も持っている。聖者は煩悩障は断じているが所知障は断じていない。[26] 仏陀は煩悩障も所知障も断じている。[27]

煩悩障とは、煩悩という障害であり、そのもっとも根本的な煩悩が有染汚の無明である。これはツォンカパの理解では、対象を真実に存在するものであると思い込む（bden par zhen pa）真実執着（bden 'dzin）に他ならない。一方、所知障は、そのような無明ないしは煩悩の習気である。ここで「習気」と言ったのは、種子のことではない、とツォンカパは断っている。無明の種子からは無明が生じてくるが、無明を断じた者はその種子も断じていることになる。しかし、なお無明の習気は残され、そこから二元論的な現れが生じる。[28] この煩悩障は、単に現れているだけの存在を真実に存在するものであると錯誤する。煩悩障を断じることによって、「真実の存在である」という思い込みはなくなり、その現れが虚偽なるものであることが分かる。これが勝義諦を（概念的にではあるが）認識することである。ただし、この段階では対象の現れは残っているが、所知障を断じることによって、存在しない虚偽なる現れは消滅し、勝義諦のみが直接認識されるようになる。これが仏智による認識である。

（三）　世俗諦

次に世俗諦をめぐる諸概念を整理しよう。世俗諦という語は世俗と諦に分けられる。そのうち世俗については、二つの意味が区別される。一方は無明を指し、もう一方は、そこにおいて生起があると認められるときの世俗、すなわち言説を指す。

それによって、衆生が事物のありのままの自性を見るのを遮り、蒙昧ならしめるので、「痴」すなわち無明〔である。それ〕は、事物が自性によって存在していないのを自性によって存在していると増益するものであり、ありのままのあり方である自性を見ることを遮ることを本質としているので〔覆い隠すものという意味で〕「世俗」である。これは「世俗諦」というときの「諦」が、いかなる世俗のものにとって措定されるのかという、その世俗を特定しているのであって、世俗一般〔の意味〕を特定しているわけではない。(30)

「世俗諦」というときの「世俗」は無明、すなわち煩悩障を指す。その働きは諸対象のありのままのあり方である無自性を覆い隠し、自性によって存在しているかのように増益するものである。「世俗諦」とは、そのような自性を増益する無明すなわち真実執着にとって真実なものとして現れたものである。(31) すなわち「世俗諦」とは、「世間の世俗という無明によって真実であると思い込まれているもの」という意味である。「世俗」という語が認識主体を表し、「真実である」という述定はその認識主体によって限定されたものである。これは、逆に言えば、その限定なしには「真実ではない」ことになり、したがって、世俗諦であると言われるものは、「世俗」という限定なしには虚偽なものであることをも意味している。虚偽の内容は、対象のあり方と現れ方の不一致である。(32) 逆に真実であることの意味は、認識対象と認識内容との合致である。これは「〔人を〕欺かないこと (mi slu ba)」とも言われる。このことは「世俗諦」と「勝義諦」の両方の「諦」に共通する意味である。(33)

この認識主体を構成要素に含めることによって、チャンドラキールティ＝ツォンカパは「世俗諦」という概念をさらに限定する。すなわち「世俗諦である」という述定は、当事者である凡夫によってではなく、外からの観察者によって行われる。外からの観察者とは、中観の見解を獲得して、世俗諦が実際には虚偽であることを知っている者のことである。(34) 煩悩障を断じた聖者もそれを知っている。凡夫自身の意識では、対象は「世俗にとっての真実である」と思われているのではなく、「世俗にとって」という限定なく「真実である」と思われているのである。

(四)　唯世俗

一方、聖者自身は現れている対象を「唯世俗 (kun rdzob tsam) である」と捉えている。(35) この「唯」という言葉は、世俗と諦のうち諦の方だけを否定して、世俗のみであることを示すために使われている。(36) ただし、唯世俗というときの「世俗」の意味は、先程述べた「有染汚の無明」という意味での世俗ではなく、したがって「世俗諦」を構成する世俗と諦のうち、後者を否定し前者のみを残すという意味ではない。もしそうでないならば、唯世俗の世俗も無明を意味することになってしまうからである。

その無明という我執の力によって世俗諦〔である〕と措定される、というのは、真実〔であるという述語〕が、いかなる世俗にとって措定されるのかという措定の仕方を説いているのであって、世俗諦である〔と述定される主語となっている〕壺や布などが真実執着によって措定されると言っているわけではない。なぜならば、真実執着によって設定されたものは、それ自体としては、言説においてさえ存在し得ないと主張なさっているからである。したがって、「世俗諦」という〔語の〕一部である諦（＝真実であるという述定）がそれにとって措定されるところの世俗と、壺などが世俗において存在していると措定されるときの世俗とは、〔世俗という〕名称が同じであるため意味も同じだと間違えるものがたくさん現れたように思われるので、正しく区別しなければならない。(37)

ここで第二の世俗の意味とされるのは、「世俗において存在している（＝世俗有である）」と述定されるときの、存在様態としての世俗である。この場合の世俗は言説と同じ意味である。「世俗有である」と述定されるとき、その主語となるものの存在は「世俗において」ないしは「言説において」という存在様態の限定のもとで肯定的に承認される。主語となる諸存在が否定されないばかりではなく、それは聖者によって「唯世俗である」とも述定される。この聖者はすでに煩悩障を断じているので、そこに現れてくるのは所知障、すなわち無明の習気によって引き起こされた分別知が作り出した二元論的諸存在である。これが世俗有であり、また唯世俗であると述定される〔主語となる〕ところのものである。[38]

唯世俗と言われ、世俗有と言われるものと、真実執着によって真実であると思い込まれているものとの対比は、以下のように「現れている対象（snang yul）」と「思念対象（zhen yul）」の対比としても言及される。[39]

同様に、幻、蜃気楼、鏡像などに対して、馬象、水、顔などであると構想されたものについても、世間の世俗に基づいても存在しているものではない。それゆえ、言説において存在するものであるためには、何らかの仕方で量によって成立していることが必要である。

そのような〔幻を馬象と思い込んでいるときの〕思念対象は言説においても存在しないが、現れている対象については、そのように主張なさることはないのである。

現在の、色声〔香味触〕などの五つ〔の対象〕が自らの特質によって成立しているものとして感官知に現れている〔場合、その現れている対象〕は、無明によって害され〔て知に現れ〕たものであるので、その〔色声が現れている〕知と、鏡像や蜃気楼などが現れている感官知とには、粗密の違い以外に、現れている対象に対して錯誤しているか否かの違いは存在しない。すなわち青などが自らの特質によって成立していることと鏡像が顔であるかのように存在していることとは〔両方とも〕あり得ないが、顔としては存在しない鏡像が存在しているように、自らの特質によって成立しているものではないけれども、青などは存在しているはずであり、それも外界の実物として存在しているように、鏡像もまた色処〔に含まれる〕とお考えになっている。〔それゆえ〕後に、鏡像によって、それが現れている感官知が生じられるともおっしゃっているのである。(40)

この議論では、世間的な意味では真実なものである色声香味触という五感の対象と、世間においても虚偽なるものである幻、蜃気楼、鏡像などのイリュージョンが対比され、両者に共通の錯誤性があることが指摘される。色を自性によって成立しているものと思い込むことが、鏡に現れている像を本当の顔であると思い込むことに喩えられ、色が自性によって成立していないことが、鏡像が本当の顔でないことに喩えられ、自性によって成立していない色の存在が、本当の顔ではない鏡像自体の存在に喩えられる。現れている対象が鏡像であり、思念対象が実際の顔であるのと同様に、色が現れている対象であり、自性によって存在している色が思念対象である。さらに最後には、鏡像の方も実は単なる比喩ではなく、現れている対象としては鏡像も色も区別がなく、他のものを生じさせる効力を持つという点で、その存在が否定されない。これら現れている対象の（否定されない）存在の仕方が「世俗において」あるいは「言説において」であることは言うまでもない。この記述に見られる「現れている対象」は、所知障である無明の習気の力によって生じてきたものであり、それ自体は無明を断じても残り続ける。したがって、三聖者の後得智の認識においても現れ続け、それが「ただ世俗のものにすぎない（唯世俗）」と述定される主語になる。凡夫においても、その同じものが現れているが、それは凡夫の持つ無明の真実執着によって「真実なる存在である」と（述定され）思い込まれているのである。

（五）　言説有

対象が「言説において」存在すると述定できるためには、言説の量（tha snyad pa'i tshad ma）によってその存在が成立する（すなわち、認識される）必要がある。

正しい世俗を認めない〔、それゆえ全ての世俗は虚偽なものであると考える〕ものは、〔世俗を〕正しいものと誤ったものという二つに分けることができないとしても、〔それならば、〕無明によって影響された対象と〔それを〕対象とする〔知〕を誤った世俗であるとどうして措定しないのか、と言うならば、世俗は言説の量によって措定されなければならないので、誤った世俗を措定するとしても、その〔言説の量〕に基づいて措定しなければならないが、「無明の習気によって害されたものは錯誤している」と言説の量によっては成立し得ないからである。(41)

この対論者は世俗に「正しい世俗」と「誤った世俗」があると主張する者である。それに対して帰謬論証派は、世俗諦であるものは全て虚偽なるものであると主張する。その存在、すなわち言説有は言説の量によって設定されるものであるが、それは同時に無明の習気に害された錯誤した知でもあり、したがって、その対象も真実ならざる虚偽なものである。ただし、虚偽なものであることは言説の量では知り得ず、正理知によって理解されることである。言説知の立場に立つ限り、それらが存在していることは否定されない。すなわち、所知障によって作り出される言説上の様々な存在は、言説の量によって認識される限りにおいては言説有として存在しているのである。

以上から、所知障によって作り出された「現れている対象」は、凡夫による「真実に存在している」という述定の主語、聖者による「世俗諦である」と「ただ世俗にすぎない」という述定の主語、そしてその存在は言説の量によって確認されることで「言説有である」という述定の主語になることが分かる。また、同じ主語に対して述定される、これら四つの述語は、外延が等しいという理解も導き出すことができる。ただし、外延が等しいのは「現れている対象」についてであって、凡夫が「真実に存在している」と思いなしている対象（思念対象）は、聖者や仏にとっては存在し得ないものである。[42]

（六）　勝義諦

一方、「勝義諦」は「勝義にとって真実である」という意味ではない。「勝義諦」とは真実そのもののことである。[43] これが同時に「自性」であるとも言われている。[44] この勝義諦については、認識主体によって二つの場合を区別することができる。一つは、対象が現れている聖者の後得智にとっての勝義諦であり、[45] もう一つは所知障も断じて対象の現れが全て消滅した仏陀（および三昧中の聖者）にとっての勝義諦である。[46] もとより「勝義諦」の意味そのものには変わりはないので、この二つは、それを捉える側の捉え方の違いだと言える。勝義諦は真実そのものであるが、その実質的内容は「〔諸対象が〕存在しない」ということである。聖者の後得智は、諸対象の現れがあった上で、その自性は、それが虚偽なる現れで実は存在しないものであるということを知っている。一方仏陀は、現れそのものがないので、端的に諸対象が存在しないという真実義（de kho na nyid）を直接知覚しているのである。[47]

ここで注意しなければならないのは、勝義諦、すなわち本当の真実は、端的に対象が存在しないことと解されており、「対象は存在するが、自性によって存在してはいない」という意味での無自性や空性であると説明されていないことである。仏陀の認識ではまさに対象が現れないことによって、その勝義諦を直接認識しているのに対し、聖者の後得智の認識においては、諸対象は二元論的に分節されたものとして現れているが、それが真実には存在しないことが勝義諦である。ただ聖者には、虚偽ではあっても対象が現れているので、その対象の無を直接知覚していないという違いがあるに過ぎない。

おわりに

以上、検討してきた晩年のツォンカパの二諦説が、初期の、「中観派の不共の勝法」そのものである二諦説とどのように異なっているかについて、最後にまとめておこう。

既に前節での記述からも、前期の二諦説と後期の二諦説の対応関係は明らかであろう。前期における二諦説のうち、世俗諦は言説有と同じものと考えられ、正理知によってもその存在が否定されず、縁起しているものと考えられたが、後期の二諦説でこれに対応するのは、所知障によって作り出された世俗のもの、あるいは「現れている対象」である。これが聖者によって「唯世俗 (kun rdzob tsam)」と捉えられるのは、「中観派の不共の勝法」において、縁起する諸存在が自性による存在とは区別され、「単なる存在 (yod pa tsam)」と捉えられていたことに対応する。後期でもツォンカパはこのような唯世俗としての現れが、虚偽なるものではあっても、縁起し因果関係が成立するものであること、そして言説の量によって捉えられ、言説有として「基体成立するもの (gzhi grub)」であると規定している。(48)

一方、勝義諦は、前期の二諦説では、縁起しているものにおいて同時に成り立っている無自性、すなわち自性によって存在しているものでないこと、ないしは端的に自性がないことと考えられていたが、後期の二諦説では、これは所知障によって世俗のものが現れている聖者の後得智において、それらが単なる現れであり、真に存在するものではないことを理解しているときの勝義諦に対応する。このとき、「中観派の不共の勝法」での、同じ一つの基体に縁起と無自性が同時に成り立っているという思想と、現れているけれども真実なものとしては存在しないということ、ないしは現れている対象を主語として、それが真実なものではないと述定されるという後期の思想とが対応していると考えられる。

このように前期の二諦説を後期の二諦説の一部に対応付けることは可能であるが、二諦説を総体として見た場合、それが一四〇七年の『中論註正理大海』において大きく構造転換したことは明らかである。以下、その相違点を列挙していこう。

1　前期の二諦説では、世俗諦と勝義諦はそれぞれ縁起と無自性を意味した。また、それらは別のものではなく、無自性であるものが縁起するという理解こそが「中観派の不共の勝法」だと考えられた。一方、後期では世俗諦は無明にとって真実であるものを意味し、実際は虚偽なものであり、端的に否定されるべきものとなった。「中観派の不共の勝法」自体は後期になっても否定されることなく、言及されてはいるが、初期の中観思想の中心的主張がこの「中観派の不共の勝法」に関連するものであったのに対し、後期では最後に帰謬論証派の八難所にまとめられるような個々の論点が全般的に論じられ、「中観派の不共の勝法」の重要性は相対的に低下している。

2　前期の二諦説は「中観派の不共の勝法」と同等であるが故に主に存在の仕方についての規定であったが、後期の二諦説は認識主体との関連で設定されるようになった。世俗諦は、世俗すなわち無明にとって真実であると思い込まれているもので、凡夫の無明の執着の仕方を表す概念となった。唯世俗も、聖者の後得智にとって、対象は真実ではなく虚偽なものと理解され、現れている対象は世俗すなわち言説において存在するにすぎないと認識されていることを意味する。

3　勝義諦は、前期の二諦説では、ある基体が自性を持たない、ないしは自性によって成立するものではないことと考えられたが、後期では、端的に存在しないことと解されるようになった。この端的に存在しないことは、初期の「中観派の不共の勝法」においては、存在と無に関する四つの様態のうち、否定されるべきものと考えられていた。

4　後期の二諦説においては、現れている対象と思念対象は「主語―述語」構造として考えることができる。すなわち、世俗諦と唯世俗の捉え方の違いは、現れている対象を主語として、それに対して「世俗にとって真実である」と述定されるか、「世俗のものにすぎない」と述定されるかの違いである。また聖者の後得智にとっての勝義諦も「現れている対象」を主語として、それが「真実に存在するものではない」と述定される。仏陀の認識では、「主語—述語」構造を前提にしながらも、その主語が消滅し、「(何も)存在しない」という述語のみが認識されると考えられる。一方、前期の二諦説および「中観派の不共の勝法」では、同一基体(主語)において縁起と無自性が同時に成り立つと言う場合の、基体=主語がどのようなものかは明確でなかった。場合によっては縁起するものが主語となり、それについて無自性であるという述定が行われるかのような記述も見られ、構造的に不明瞭であった。

5　前期の二諦説は、ほぼ後期の聖者の後得智の認識内容に対応し、それ以下の普通の凡夫の認識のあり方と最終的な仏陀の認識のあり方が、その聖者の上下に配されているので、凡夫から聖者、そして仏陀に至るまでの認識の進展が見渡せるようになった。これは後期二諦説の実践的な優位性である。

6　一方、前期の中観思想が「中観派の不共の勝法」というシンプルな原理に統合されて論じられたのに対し、後期の思想では論点は分散し、何が中心的・本質的主張であるかは明瞭でなくなった。これは規模や網羅性という点では進歩ではあっても、一点に集中することによる思想的な力という点では退歩であったとも言える。実際、後代のトゥカンが『一切宗義』のゲルク派の章でゲルク派の思想的な優位性を主張するとき、この縁起と空の共通基体性を中心とした「中観派の不共の勝法」を大きく取り上げていることからも、この主張の思想的な影響力を確認することができる。(49)

以上、前期の二諦説と後期の二諦説の相違を検討してきた。それらは思想的に相容れないものではなく、前期の二諦説に相当する「中観派の不共の勝法」自体は、後期にもそれなりの位置に生き続けているので、思想的な相違があったとは言えないが、二諦説として言及されるものに大きな構造転換があったことは否定できないであろう。

（1）　ゲルク派における二諦説の概説には、Newland（1992）および Tauscher（1995）がある。いずれもツォンカパを出発点とし、その元になったインドの論師、先行するチベット人、後代の注釈者や批判者などの見解も織り交ぜ、ゲルク派の思想史上における二諦説に関する概観を与えている。

（2）　ただし、それでも、それぞれの中観思想家にとって二諦説がどのように位置付けられるかは区々である。たとえば、チャンドラキールティの二諦説は『入中論』第六章第二三〜二九偈に説かれるが、科段としては、四句不生の中の他のものからの生起を否定したことに対する、世間の常識に反するという反論に対する答釈として位置付けられる。

（3）　ツォンカパの中観思想は、序論で述べたように、大きく三つの時期に区分することができる。『菩提道次第大論』（一四〇二）に代表される初期、『善説心髄』（一四〇七）と『中論註正理大海』（一四〇七）に代表される中期、そして『入中論註密意解明』（一四一八）に代表される後期（ないしは晩年）である。ただし、本章で扱う二諦説に関しては、後に述べるように、その転換は中期の『善説心髄』と『中論註正理大海』との間で起こる。

（4）　第二章「聖文殊の教誡による中観思想の形成過程」参照。

（5）　theg pa mchog gis ’gro ba’i gdul bya rnams kyis ’bras bu’i skabs su chos sku dam pa dang gzugs sku dam pa gnyis ’thob pa ni / lam gyi skabs su sngar bshad pa ltar thabs dang shes rab ya ma bral ba’i bsod nams dang ye shes kyi tshogs dpag tu med pa bsags pa la rag las la / de yang kun rdzob pa’i rgyu ’bras rnams kyi rgyu ’di las phan yon dang nyes dmigs kyi ’bras bu ’di dang ’di ’byung ba’i rgyu ’bras kyi ’brel pa la nges pa gting thag pa nas ’drongs pa ji snyed pa la nges pa thob pa dang / chos thams cad la rang gi ngo bos grub pa’i rang bzhin rdul tsam yang med par nges pa gting nas rnyed pa’i ji lta ba la nges pa thob pa la nges par ltos te / ’di gnyis ka med na thabs dang shes rab gnyis ka’i lam cha tshang ba la snying thag pa nas slob pa mi ’byung ba’i phyir ro //

de ltar ’bras bu’i skabs su sku gnyis ’thob pa’i rgyu lam gyi gnad mi ’phyug pa gzhi’i lta ba gtan la ’bebs tshul la rag las pa’i lta ba gtan la ’bebs tshul ni de ma thag tu bshad pa’i bden gnyis la nges pa rnyed pa ’di yin no //

’di ni dbu ma pa ma gtogs pa gang zag gzhan su’i ngor yang ’gal ba ’du bar mthong nas mi ’gal bar ’chad mi shes pa la phra zhing mdzangs la shin tu rgya che ba’i rnam dpyod dang ldan pa’i mkhas pa dbu ma pa zhes pa des / bden pa gnyis rtogs pa’i thabs la mkhas pas ’gal ba’i dri tsam yang med par gtan la phab nas rgyal ba’i dgongs pa’i mthar thug pa rnyed de / de la brten nas rang gi ston pa dang bstan pa la shin tu gus pa rmad du byung ba skyes pas drangs pa’i ngag tshig rnam par dag pas / shes ldan dag rang bzhin gyis stong pa’i stong pa nyid kyi don ni rten cing ’brel par ’byung ba’i don yin gyi / don byed pa’i nus pas stong pa’i dngos po med pa’i don ni ma yin no zhes skad gsangs mthon pos yang dang yang du sgrogs par mdzad do // (LR, 376b5–377a6)

（6） de ltar na bdag lta bu gcig la ji ltar dpyad pas rang bzhin gyis stong pa dang rang bzhin med pa la bya byed ’thad pa’i bden gnyis kyi ’jog tshul shes na / de chos thams cad la khyer nas thams cad kyi rang bzhin med pa bde blag tu rtogs par nus pas sngar bshad pa’i dpe don gnyis la nges pa thob par bya’o // (LR, 483a1–3)

（7） de ltar na rang gis bden pa gnyis kyi rnam par bzhag pa byas pa’i don dam gtan la ’bebs pa’i rigs pas kun rdzob pa’i rnam par bzhag pa la gnod na ni bden pa gnyis rnam par ’jog pa’i rnam gzhag la nang ’gal byung ba yin pas / bden pa gnyis rnam par ’jog pa la phul du byung ba’i mkhas par ji ltar rung // rnam gzhag de gnyis la nang ’gal cung zad kyang med na ni don dam gtan la ’bebs pa’i rigs pas kun rdzob pa’i rnam par bzhag pa sun ’byin pa ’gal ba yin no // ... / de nyid la dpyod pa’i rigs pa’i dpyad pa bcug nas kun rdzob pa rnams ’jig pa la bden gnyis ’jog pa la mi mkhas par gsungs pas / kun rdzob pa’i gzugs sogs rigs pas ’gog pa ni slob dpon ’di’i dgongs pa gtan ma yin no // (LR, 395b1–396a1)

（8） mdor na rang bzhin med pa dang bcings grol dang skye ’gag sogs ’gal bar ’dod na / rang bzhin gyis stong pa’i stong pa la ’khor ’das kyi rnam gzhag thams cad ’thad pa bden pa gnyis gang du’ang mi rung bas dbu ma pa’i khyad chos gcig pu de khyed kyis bkag pa yin no // (LR, 382b4–6)

（9） gal te dbu ma pa dang chad lta ba gnyis rgyu mtshan mi mtshungs pa de lta na’ang las ’bras dang ’jig rten snga phyi la rang gi ngo bos grub pa’i rang bzhin med par rtogs par ’dra ba’i phyir rang bzhin med pa’i lta ba ’di mtshungs so snyam na ’di yang mi ’dra ste / kho yis rang bzhin med pa ni ye med du ’dod pas bden gnyis gang du’ang khas mi len la / dbu ma pas ni las ’bras sogs de dag yod par kun rdzob tu khas len pa’i phyir te / (LR, 389b4–b)

（10） これらを含めて『菩提道次第大論』における『入中論』の二諦説の引用箇所については、第五章「『入中論』の二諦説と『中観派の不共の勝法』」において詳しく検討する。

（11） もちろん、『善説心髄』の中観思想全体について言えば、新たな展開が見られる。たとえば、自立論証派の思想のまとまった記述、自性と言説に関する言語論的な視点（これについては第八章「中期中観思想における言語論的転回」で詳論する。）、後に帰謬論証派の八つの特徴的見解としてまとめられることになるもの（KNG）の一部などである。これらは後期の中観思想へと繋がるものと考えられる。

（12） Cf. LN, 46a3: rang bzhin gyis stong pa’i don rten ‘bung gi don du gsungs pa.「自性に関して空であることの意味は縁起の意味であるとおっしゃった。」

(13)　rang gi mtshan nyid kyis grub pa の訳。この概念については、第八章「自らの特質によって成立しているもの」を参照されたい。

(14)　ston pa'i gsung rab thams cad ni kun rdzob dang don dam pa'i bden pa gnyis la brtsams nas 'jug la / de gnyis kyi rnam dbye mi shes na bstan pa'i de kho na nyid mi shes pas bden pa gnyis kyi sgo nas gsung rab 'grel pa'i tshul yang de nyid yin te / gang brten nas btags pa dang brten nas skye ba'i chos can sna tshogs pa zhig bstan pa thams cad ni kun rdzob kyi bden pa yin la / don dam pa ni rgyu mtshan des rang gi mtshan nyid kyis grub pa med pa'i stong pa de tsam zhig tu zad pa'i phyir te /（LN, 46b3–5）

(15)　don dam par med mnyam dang tha snyand du yod mnyam du mtshungs ... / bden pa gnyis char du yod med mtshungs pa'i phyir ro //（LN, 77b4–5）

(16)　この備忘録の著作年代、ないしはそれをツォンカパが講義した年代は不明である。同じように帰謬論証派の特徴的主張を八つの項目にまとめた『密意解明』(GR, 124a5–125b3; Q2R1S1『科段』, p.75）との対応関係、特に本書で述べる後期の二諦説が示されている点を考慮すると、後期の思想圏に属する講義であることは間違いない。ただし、この八つの項目以外に、最後に了義・未了義の解説が付加されており、これは『善説心髄』の要約になっているので、中期思想との関連もある。最晩年になっても、過去の著作の要約を講義することはありうるので、これだけでは確定的なことは言えないが、後期の早い時期に講義が行われた可能性が高い。

(17)　これらの著作中の二諦に関する箇所の科段は、Tauscher(1995, pp.387–398)にまとめられている。『八難所』についてはKNG参照。

(18)　『菩提道次第小論』と『入中論註密意解明』の勝義諦の説明のところで「批判を退ける」箇所では、科段としては挙げられていないが、この『中論註正理大海』と同様、如実見と如量見とが可能か否かに関する批判とそれに対する答釈が述べられている。

(19)　二諦が扱われる第二三偈から第二九偈の註釈は、デルゲ版『入中論釈』では253a3–256a6の三フォーリオであるのに対し、ショル版『入中論註密意解明』では95a3–113a3の一八フォーリオを占める。版が異なるとは言え、ツォンカパの記述はチャンドラキールティの記述の六倍ほどとなっている。『菩提道次第小論』も176a6–190a3と一四フォーリオを占めるので詳しいが、註釈でない分、内容は『入中論註密意解明』よりも整理されているのでツォンカパの思想を体系的に理解するには、こちらの方が適している。この『菩提道次第小論』の毘鉢舎那章については、Hopkins (2008) に、その英訳と研究が、またその二諦説については古角 (2014) の研究がある。

(20)　本章で中心的に扱う『入中論註密意解明』の二諦説についての従来の研究としては、Newland(1992)、Tauscher(1995)をはじめ、小川 (1998) および吉水 (1990; 1991a; 1991b) がある。これらの論稿と本書の記述は、単純な祖述の面では重なる部分もあるが、ここでは前期の二諦説との対比をするために、簡略に整理して全体像を示す。

(21)　チャンドラキールティとツォンカパの見解の相違については、両者の言葉の対応関係、増減などを厳密に追跡することによって明らかにしなければならず、それは今後の研究の課題となるであろう。

(22)　声聞・独覚の阿羅漢と第八地以上の菩薩については微妙な問題がある。まず、単に「聖者」とだけ言うと、声聞・独覚の有学の聖者や第七地以下の菩薩も含まれるが、これらの聖者は無明を断じていないので、凡夫と同様、対象を真実なるものと捉える真実執着を持っている。一方、阿羅漢と第八地以上の菩薩でも、三昧に入っているときには、対象の現れはないので、無自性の認識（如実智）に関しては仏陀と同じであるが、三昧から出た後得智においては、虚偽な対象が現れてくる。ただ、それ以下の聖者とは異なり、その対象の現れを真実なるものとは考えず、それが虚偽であることを知っている。ここで簡単に阿羅漢と第八地以上の聖者と言及しているが、かれらに独特の認識の仕方は、この後得智による虚偽なる対象の認識である。

(23)　KNG, pp.43–46, B4 第七の要点参照。

(24)　GR, 103b3–4: de ltar na re zhig srid pa'i yan lag gis bsdus pas nyon mongs can gyi ma rig pa'i dbang gis / kun rdzob kyi bden pa rnam par gzhag go zhes gsungs pas ni / chos rnams bden par 'dzin pa'i ma rigs pa gang zag dang chos kyi bdag 'dzin du grags pa ni yan lag bcu gnyis kyi ma rig par bzhed pas shes sgrib tu mi bzhed do //「そうであるならば、まず生存（＝輪廻）の支分に含まれる有染汚の無明の力によって世俗諦が設定される、とおっしゃっているので、人法の我執として知られるところの、〈諸法を真実なるものと捉える無明〉は、十二支縁起の〔最初の〕無明であると〔チャンドラキールティは〕お考えになり、それゆえ所知障とはお考えになっていないのである。」

(25)　GR, 108a2: nyon mongs pa'i bag chags rnams shes sgrib yin te / de'i 'bras bu gnyis snang 'khrul pa'i cha thams cad kyang der bsdu'o //「諸々の煩悩の習気が所知障であり、その結果〔として生じる、主客の〕二つに〔分節した〕錯誤した現れ全ても、その〔所知障に〕含められる。」

(26)　GR, 105a1–2: dngos po bden 'dzin la gang zag dang chos la bden 'dzin gnyis yod la / de nyid bdag 'dzin gnyis su'ang bzhed pa ni sngar bshad zin to // bden 'dzin de 'jug 'grel dang / bzhi brgya pa'i 'grel pa gnyis kar nyon mongs can gyi ma rig par bshad la / ma rig pa de nyan rang dgra bcom gyis spangs pa dang / bzhi brgya pa'i 'grel par mi skye ba'i chos la bzod pa thob pa'i byang sems kyis spangs par bshad do //「実在する物を真実であると執着する〔真実執着〕(dngos po bden 'dzin) には、人と法に対する二つの真実執着があり、それが二つの我執であるともお説きになっていることは上述した。その真実執着が『入中論釈』と『四百論釈』の両方で有染汚の無明であると説明され、その無明が声聞・独覚の阿羅漢によって断じられる〔と説明される。〕また『四百論釈』で、無生法忍を得た菩薩によって断じ

られるとも説明されている。」

（27）　GR, 110a4–5: phung po la sogs pa de nyid ma mthong bas dmigs pa de dag nyid / ma rig pa’i bag chags shes sgrib dang bral ba’i sangs rgyas rnams kyis / rab rib can ma yin pa’i mig gis skra shad ma mthong ba’i tshul du / phung sogs kyi rang bzhin gang du gzigs pa’i yul de ni sangs rgyas de rnams kyi don dam pa’i bden pa’o //「その同じ蘊などを、見られない〔という仕方〕で認識している〔ときの〕それら〔の対象〕を、無明の習気である所知障を離れた諸仏は、眼病にかかっていない者の目に毛髪が見えない〔のと同じ〕ように、蘊などの自性（＝空性）としてご覧になっている〔が、そのような諸仏の知〕の対象が諸仏の勝義諦である。」この引用そのものは、構造的に書かれてはいるが、長い名詞節と関係代名詞を使った表現を和訳で再現するのは難しい。ここでは、仏が所知障を断じていることの典拠として引用した。眼病は、人や蘊などの対象を現し出している原因である所知障に相当する。

（28）　GR, 108a2–3: nyon mongs kyi sa bon la bag chags su bzhag pa cig dang / nyon mongs kyi sa bon min pa’i bag chags gnyis las shes sgrib tu ’jog pa ni phyi ma ste / nyon mongs kyi sa bon thams cad zad pas bden ’dzin mi skye yang / bag chags kyis bslad pas snang yul la ’khrul pa’i blo skyed pa’o //「煩悩の種子を習気と言う場合と、煩悩の種子ではない習気の二つがあるうち、所知障であると規定されるのは後者である。〔なぜならば、〕煩悩の種子が全て尽きることで真実執着は生じなくなるが、習気によって害されていることによって、現れている対象に対して錯誤している知を生じる〔からである〕。」

（29）　この自性は、否定対象としての自性ではなく、物事の真実のあり方としての自性である。この二つの自性については、本書第九章「二つの自性」で詳論する。

（30）　’dis sems can rnams dngos po ji ltar gnas pa’i rang bzhin lta ba la sgrib pa ste rmongs par byed pa’i phyir na gti mug ste / ma rig pa dngos po’i ngo bo rang bzhin gyis yod pa ma yin pa la / rang bzhin gyis yod par sgro ’dogs par byed pa yin lugs kyi rang bzhin mthong ba la sgrib pa’i bdag nyid can ni kun rdzob bo // ’di ni kun rdzob bden pa zhes pa’i bden pa / kun rdzob pa gang gi ngor ’jog pa’i kun rdzob ngos ’dzin pa yin gyi / kun rdzob pa spyi ngos ’dzin pa min no // (GR, 102a3–5)

（31）　GR, 102b2–4: kun rdzob bden ’dzin de’i mthus sngon po la sogs pa gang zhig /rang bzhin gyis grub pa med bzhin du der snang bar bcos pa’i bcos ma sems can rnams la bden par snang ba de ni / sngar bshad pa’i ’jig rten gyi phyin ci log gi kun rdzob pa de’i ngor bden pas ’jig rten gyi kun rdzob kyi bden pa zhes thub pa des gsungs te /「世俗すなわち真実執着の力によって、青などが、自性によって成立しているものではないにもかかわらず、〔自性によって成立しているかの〕ように現れるものとして作為された作り物（bcos pa’i bcos ma）が、衆生に対して真実なものであるかのように現れたもの〔である。それ〕は、前に説明した世間の顛倒した世俗にとって真実なもの

であるので、世間の世俗〔にとって〕の真実（＝諦）であると牟尼によって説かれたのである。」

(32)　GR, 97a6–97b1: don dam las gzhan kun rdzob pa'i ngo bo ni / so so skye bo ma rig pa'i rab rib kyi ling tog gis blo'i mig ma lus par khebs pa rnams kyis brdzun pa mthong ba'i stobs las bdag gi ngo bo yod pa rnyed pa yin te / byis pa rnams kyi mthong ba'i yul du rang gi mtshan nyid kyis grub par snang ba de bzhin du rang gi ngo bo yod pa ni min te ngo bo gnyis kyi gcig yin no //「勝義とは別の世俗の ngo bo とは、異生〔の凡夫〕の、無明という眼病の錯覚によって、知という目が完全に覆われたものたちに虚偽なるものが見える〔、その〕ことから自らの存在を得るものであり、凡夫たちの知覚の対象に、自らの特質によって成立しているものとして現れるけれども、それ自体はその通りのものとしては存在していないもの、〔それが二諦という〕二つの存在のうちの一方のもの（＝世俗諦）である。」

(33)　GR, 109a3: don dam bden pa'i bden pa de bden grub ma yin par bstan par bzhed nas / de kho na nyid gzigs pa'i ngor slu ba med par gnas pa bden pa'i don du bshad do //「勝義諦〔と言うときの〕『諦＝真実なるもの』は『真実なるものとして成立しているもの』〔のこと〕ではないと示されていると〔チャンドラキールティは〕お考えになり、真実義（de kho na nyid）をご覧になっている〔知〕にとって、欺くことなく存在していることが『真実である』ことの意味であると説明される。」

同様に、LRCB, 197a1–3: don dam bden pa'i bden tshul ni mi slu ba yin la / de yang gnas tshul gzhan du gnas shing snang tshul gzhan du snang nas 'jig rten la mi slu ba'i phyir / don dam bden par 'jig rten gyi tha snyad kyi dbang gis yod par bzhag pa tsam yin par rigs pa drug cu pa'i 'grel pa las gsungs so/「勝義諦〔と言うとき〕の真実（諦）のあり方は〔人を〕欺かないことである。それについても、もののあり方と現れ方とが異なっていることによって世間を欺くことがないので、世間の言説の力によって、勝義諦として存在していると設定されただけであると『六十頌如理論釈』で〔チャンドラキールティが〕おっしゃっている (Scherrer-Schaub, 1991, p.36)。」

『菩提道次第小論』では続けて LRCB, 197a3: des na kub rdzob bden pa'i bden pa ni bden 'dzin gyi ngor bden pa dang / don dam bden pa gnyis sgra don mi 'dra'o //「したがって、世俗諦〔と言うとき〕の諦が真実執着に対して真実であるのと、勝義諦〔と言うときの諦〕という二つ〔の諦〕は語の意味が異なるのである。」とあるが、これは勝義諦がそのままの意味で真実であるのに対し、世俗諦は真実であるという語を使っていても、実際には虚偽なるものを指しているので、二つの「諦」の意味が異なっているのであるが、それはあくまで「真実」の語義が「〔人を〕欺かないこと」、すなわち認識対象の認識内容との一致という意味であるという一般論を否定するものではない。

(34)　GR, 96b3–4: kun rdzob kyi bden pa'i mtshan gzhi bum pa la sogs pa rnyed pa dbu ma'i lta ba ma rnyed pa la yang yod mod kyang / gzhi de kun rdzob kyi bden pa yin par tshad mas rnyed pa la ni / sngon du dbu ma'i lta ba rnyed pa cig nges par dgos te / gzhi de kun rdzob bden par grub na brdzun par 'grub dgos shing / brdzun par dngos su 'grub pa la gzhi de la sngon du bden grub tshad mas khegs dgos pa'i phyir ro //「世俗諦であると述定される主語（mtshan gzhi）となっている〔単なる〕壺などを得る（認識する）ことは中観の見解を得ていない者でも〔可能で〕あるが、その主語となっているものが『世俗諦である』と量によって得られる（認識される）ためには、前もって必ず何らかの中観の見解を得ておく必要がある。なぜならば、その主語となるものが世俗諦であると成立するならば、それは虚偽なものであると成立していなければならず、虚偽なものであると直接的に成立するためには、その主語となるものが、あらかじめ真実なものとして成立することが否定されていなければならないからである。」

（35）　GR, 102b4–5: gang zag gsum po gang gi ngor mi bden pa'i rtog pas bcos pas bcos mar gyur pa'i dngos po ni de'i kun rdzob pa'i ngor mi bden pas kun rdzob tsam zhes bya'o //「三人の人（声聞・独覚の阿羅漢と第八地以上の菩薩）に対して、真実ならざる分別知によって作り出されたので作為されたものである事物は、その〔三人の〕世俗〔の知〕にとって真実なものではないので、唯世俗と言われる。」

（36）　GR, 108b3–4: so skyes don dam par grub par bzung ba'i bum sogs de nyid / sngar bshad pa'i 'phags pa gsum mnyam gzhag las langs pa'i rjes thob snang ba can rnams kyi kun rdzob tsam yin par bstan pas / de rnams kyi ngor bden pa tsam gcod kyi kun rdzob bden pa yin pa mi gcod /「凡夫にとって勝義のものとして成立していると捉えられている壺などが、前に述べた三聖者（声聞・独覚の阿羅漢と第八地以上の菩薩）が三昧から出たあとに〔対象が〕現れてくる後得智〔にとって〕の唯世俗であると説かれているので、かれらにとって、真実のみであること（限定なしに真実であること＝凡夫の理解）が否定されているのであって、世俗諦であることは否定されない。」

（37）　ma rig pa bden 'dzin de'i dbang gis kun rdzob kyi bden pa 'jog ces pa ni / bden pa kun rdzob pa gang gi ngor 'jog pa'i 'jog tshul ston pa yin gyi / kun rdzob bden pa yin pa'i bum snam sogs bden 'dzin des 'jog ces pa min te / bden 'dzin des bzhag pa ni rang gis tha snyad du yang mi srid par bzhed pa'i phyir ro // des na kun rdzob kyi bden pa zhes pa'i zur gyi bden pa gang gi ngor 'jog pa'i kun rdzob dang / bum sogs kun rdzob tu yod par 'jog pa'i kun rdzob rnams ming mtshungs pas / de na yang gcig tu 'khrul pa mang du byung snang bas legs par phyed par bya'o // (GR, 103b4–104a1)

（38）　「存在する」「存在である」というのも全て述語として表現されるということに注意しなければならない。「存在」というのは「存在している」と判断されたものを指しているが、その主語になるもの自体について、存在しているかどうかを考えることはできない。このことはチベット語では明確に表現できるが、すべての文章・思想がそれを明確に意識して書かれているとは限らない。

（39）　「現れている対象」と「思念対象」は、チベット論理学では、「把握対象(gzung yul)」、「志向対象('jug yul)を加えて、「四つの対象(yul bzhi)」とまとめられる概念である。ゲルク派の定説では、このうち「現れている対象」と「把握対象」は同じものを指す。また「思念対象」はより正確には、'dzin stangs kyi yul（その知に固有の捉え方で捉えられる対象）と言われる。「思念（zhen pa）」という働きは分別知に特有の働きであり、分別知に現れる観念像（don spyi）を媒介にして外界の対象に意識を向ける働きを指す。この語は、その「思念対象」が実際に存在するかどうかには関与していない。言い換えれば「思念対象」には存在するものも存在しないものもあり得るのである。

（40）　de bzhin du sgyu ma dang smig rgyu dang gzugs brnyan la sogs pa la rta glang dang / chu dang byed bzhin sogs su brtags pa gang yin pa de dag kyang / 'jig rten kun rdzob las kyang yod pa min pa nyid do // de ltar na tha snyad du yod pa la ni tshad mas grub pa cig dgos so //

de 'dra ba'i zhen yul rnams tha snyad du yang med kyang snang yul la ni de ltar mi bzhed do //

da lta gzugs sgra sogs lnga rang gi mtshan nyid kyis grub par dbang shes la snang ba ni / ma rig pas bslad pa yin pas shes pa de dang / gzugs brnyan dang brag cha sogs snang ba'i dbang shes rnams la / phra rags tsam ma gtogs pa snang yul la 'khrul ma 'khrul la khyad par med cing / sngo sogs rang gi mtshan nyid kyis grub pa dang / gzugs brnyan byad bzhin du yod pa mi srid kyang / byad bzhin du med pa'i gzugs brnyan yod pa bzhin du / rang gi mtshan nyid kyis grub pa min kyang sngo sogs yod dgos la / de yang phyi rol gyi don du yod pa bzhin du gzugs brnyan yang gzugs kyi skye mched du bzhed pa yin te / 'og nas gzugs brnyan gyis de snang ba'i dbang shes skyed par yang gsungs so //（GR, 101a5–b3）

（41）　gal te yang dag pa'i kun rdzob mi 'dod pas yang log gnyis su mi byed kyang / ma rig pas bslad pa'i yul dang yul can rnams log pa'i kun rdzob tu ci'i phyir mi 'jog ce na / kun rdzob ni tha snyad pa'i tshad mas 'jog dgos pa'i phyir log pa'i kun rdzob 'jog na yang de la bltos nas 'jog dgos na / ma rig pa'i bag chags kyis bslad pa ni 'khrul par tha snyad pa'i tshad mas me 'grub pa'i phyir ro //（GR, 100b4–6）

（42）　GR, 108b4–5: so skyes bum sogs la don dam du grub par 'dzin pa'i zhen yul 'phags pa la kun rdzob tu 'gyur bar ston pa min te de mi srid pa'i phyir ro //「異生〔の凡夫〕が壺などを勝義において成立していると捉えている〔ときの、その〕『思念対象』が、三聖者にとっては世俗のものとなると説いているわけではない。なぜならば、それ（凡夫が実在していると思念している対象）は、〔その三聖者にとっては〕存在し得ないものだからである。」ここでは現れている対象と思念対象、凡夫と聖者の見方の相違が説かれ、特に凡夫にとっての「勝義のものである」すなわち「真実なるものである」という述語と、聖者にとっての「世俗のみのものである」という述語の主語が同じものであること、思念対象を主語とした場合には「存在していない」と述定されることが示されている。また、世俗諦の定義的特質（mtshan nyid）は、GR, 96b5–6: kun rdzob bden par 'jog byed brdzun pa mthong bas rnyed pa'i don ni / shes bya brdzun pa slu ba'i don 'jal ba'i tha snyad pa'i tshad mas rnyed pa'o //「世俗諦であると設定する〔根拠になる〕『虚偽なるものが見られることによって得られるもの』の意味は、虚偽なる所知である欺くもの（shes bya brdzun pa slu ba'i don）を量る言説の量によって得られるもの。」である。すなわち、諸対象が「世俗諦である」と述定されるための根拠の一部に、それら諸対象が言説の量によって得られる、すなわち言説の量によって成立するものであることが含まれている。ここでは触れないが、凡夫にとっても世俗のものは正しいものと誤ったものに分けられ、前者のみが真実であると思い込まれるものであり、後者は世俗にとっても虚偽なものとされる。前者が真実であると思い込まれるのは、それが言説の量によっ成立するからである。

(43)　ツォンカパはチャンドラキールティの「義でもあり、勝でもあるので勝義である。その同じものが真実（諦）であるので勝義諦である」（PSPD, p.494, l.1: paramaś cāsāv arthaś ceti paramārthaḥ, tad eva satyaṃ paramārthasatyam /; LRCB, 197a1: don yang de yin la dam pa yang yin pas na don dam pa'o // de nyid bden pa yin pas don dam bden pa'o /）という言葉を引用している。

(44)　自性には今の場合のように肯定的に使われる場合と、無自性というように否定対象として使われる場合とがある。この二つの自性については第七章「二つの自性」で詳しく扱う。

(45)　GR, 108b5: rten 'brel kun rdzob pa'i rang bzhin chos nyid 'phags pa rnams kyi don dam par ston pas「縁起〔している〕世俗のものの自性、すなわち法性が聖者たち〔にとって〕の勝義であると説いているので……。」

(46)　GR, 108b6–109a3: sangs rgyas rnams kyi don dam pa ni rang bzhin nyid yin zhing / de yang slu ba med pa nyid kyis don dam pa'i bden pa yin la / de ni de rnams kyis so so rang gis rig par bya ba yin no // zhes gsungs so // rang bzhin nyid yin zhing zhes pa'i nyid kyi sgra ni nges gzung yin la / des gang gcod pa ni 'phags pa gzhan rnams kyi don dam bden pa ni mnyam gzhag tu snang med kyi rang bzhin dang / rjes thob tu snang bcas kyi rang bzhin du 'jog pa lta bu'i res 'jog min par / dus rtag tu rang bzhin la mnyam par bzhag pa'i chos nyid yin zhes pa'o //「諸仏の勝義は自性のみであり、それはまた欺くことがないので勝義諦であり、それはかれら〔諸仏〕によって自内証されるべきものである、と〔入中論釈に〕おっしゃっている。『自性のみである』と言われている『のみ』は、限定辞であり、その〔語〕による否定〔で意図されているの〕は、聖者たちの勝義諦が、三昧において〔諸対象の〕現れがないときの自性と、出定後の〔諸対象の〕現れを伴ったときの自性と〔の二つとして〕設定されるような、一時的な〔勝義諦〕ではなく、常に自性のみに等持しているその法性であるということである。」ここで現れがあるときの自性と現れがないときの自性という二つの自性が言及されているが、これが本文で述べた二つの勝義諦に対応する。このときの「現れたもの」とは「勝義諦である」という述定の主語になるものであり、無明の習気によって生じたものである。この二つの自性と、第九章で検討する二つの自性（否定対象としての自性と法性と同義の自性）とは別の対比であることに注意する必要がある。

（47）　GR, 111a5–6: de kho na nyid kyi gzigs ngor gnyis snang nub pas gnyis kyi tshul gyis mi gzigs pa ni bden mod kyi / 'on kyang ma gzigs pa'i tshul gyis de dag gis gzigs so zhes brjod do //「真実義をご覧になる〔知〕に対して〔主客の〕二元論的現れは消滅しているので、二元論的なあり方でご覧になることがないのは事実だが、しかし、ご覧にならないという仕方で、かれら〔諸仏〕はご覧になると言うのである。」あるいはGR, 111b2–3: sangs rgyas kyi don dam mkhyen pa'i ye shes kyis chos can la ma reg par chos nyid 'ba' zhig thugs su chud par gsungs te phung sogs ma gzigs pa'i tshul gyis de dag gi de kho na nyid gzigs par gsungs pa dang don gcig go //「仏陀の、勝義を認識なさる智慧によって、有法（基体）に触れることなく法性（自性）のみをご理解になるとおっしゃっている。すなわち、蘊などをご覧にならないという仕方で、それら〔蘊など〕の真実義をご覧になるとおっしゃっていることと同じことである。」

（48）　GR, 106a3–5: gti mug gis btags pa'i bden grub kho na chags sogs kyi dmigs rnam gnyis kyi nang nas dmigs par ston pa min te / bdag 'dzin lhan skyes gnyis ka'i dmigs rnam gnyis kyi dmigs pa gzhi grub pa yin la / chags sogs kyang gti mug dang mtshungs ldan yin pas dmigs pa mtshungs pa'i phyir ro //「痴によって仮説された真実成立(bden grub)こそが、貪など〔の知〕に認識対象と認識内容(dmigs rnam)の二つ〔がある〕うちの認識対象であると説いているわけではない。なぜならば、〔人我執・法我執という〕二つの倶生の我執の認識対象と認識内容の二つのうち、認識対象は基体成立している（=存在している）ものであり、貪など〔の知〕も、痴と共に〔生じるもの〕であるので、認識対象は〔痴の認識対象と〕等しいからである。」ここで言及される認識対象(dmigs pa)と認識内容(rnam pa)は、ちょうど命題構造の主語(ないしは主題、基体)と述語(属性)に相当する。その認識対象、すなわち主語になるものが「基体成立」であり、それが「真実〔なるものとして〕成立している」というのは、痴、すなわち無明による増益の認識内容である。

（49）　福田（1995, 92–95）参照。

第五章　『入中論』の二諦説と中観派の不共の勝法

はじめに

前章において『菩提道次第大論』に代表される前期の二諦説と『入中論註密意解明』に代表される後期の二諦説との間で、二諦に関する理解（あるいは少なくとも記述体系）が変化したと考えられることを示した。『菩提道次第大論』と『善説心髄』においては、二諦説は「中観派の不共の勝法」自体を指していたのに対し、『中論註正理大海』以降の著作では『入中論』第六章第二三～二九偈に説かれる二諦説が詳しく説明される。しかし、その後期の二諦説の元となる『入中論』は帰謬論証派の代表的な論書であり、ツォンカパは初期からその二諦説を知っていたはずである。一方「中観派の不共の勝法」は聖文殊の教えによりツォンカパが開眼した中観思想の奥義であり、それが後期において顧みられなくなることは考えられない。そこで二つの疑問が浮かんでくる。一つは『菩提道次第大論』において『入中論』の二諦説を説く偈が引用される場合、ツォンカパはどのような解釈を示しているのか、もう一つは後期の二諦説において「中観派の不共の勝法」の思想を受け継ぐ内容はないのかということである。本章においては、その二つの問題を検討する。

最初に結論を挙げておくならば、前者の問いに関しては『菩提道次第大論』に引用される『入中論』の二諦説に関する偈はごく一部に限られ、それに対するツォンカパの解釈も、語義解釈以外は全て「中観派の不共の勝法」の内容になっていることを指摘する。また後者の問いに関しては、二諦説を説く最初の第二三偈において、二諦がともに全ての実在（bhāva, dngos po）の有する異なった ngo bo《ゴウォ》 であると同時に、それらの ngo bo が一体のもの（ngo bo gcig）であるという解釈のうちに「中観派の不共の勝法」の二諦の共通基体性と同種の思想を読み取ることができる。このときの ngo bo の意味は、一語で訳すのは極めて困難であり、多くの訳者は異なった訳語を用いているが、同じ偈の解釈の中で異なった意味で ngo bo

を用いていると考えるよりも、それらを統一的に解釈できるような理解を模索した方がよい、というのが筆者の立場である。ツォンカパの主要な中観関係文献には「中観派の不共の勝法」とほぼ同じ内容である「幻の如き存在」という概念が別に説かれているので、二諦説を検討するだけでは後期中観思想における「中観派の不共の勝法」の位置づけを行うことはできないが、その点については今後の課題としておきたい。

第一節　『菩提道次第大論』における『入中論』の二諦説

（一）『入中論』からの引用

まず、『菩提道次第大論』毘鉢舎那章において『入中論』の二諦説が引用されている箇所を検討しよう。ツォンカパが引用している偈は『入中論』第六章の第二四偈、二五偈、二六偈、第二八偈ａ～ｃのみであり、自注からの引用は第二八偈に対する注釈部分に集中している。第二四、二五偈は、本質的には錯誤している言説知にも、正しい言説知と誤った言説知、そして真実なる対象と誤った対象とがあると説く偈である。第二六偈はそのうち、世俗知にとっても存在しない誤った対象の例を挙げる。第二八偈のａ～ｃは、世俗諦を世俗と諦に分けて語義解釈する偈であり、『入中論』の二諦説の一つの特徴となっている。これらの部分をツォンカパがどのように文脈で引用しているかを順に検討していこう。

第二四、二五偈

虚偽なる知覚にも二種類あると認められる。感官が明瞭な〔知〕と感官に欠陥のある〔知〕とである。欠陥のある感官による知は、正しい感官に基づく知の観点からして（apekṣya, ltos nas）誤ったものであると認められる。（第二四偈）
阻害要因（upaghāta, gnod pa）のない六つの感官によって把握されたものが、世間〔の知〕によって認識され、世間〔の観点〕に従ってのみ真実である。他のものは世間〔の観点〕に従ってのみ誤ったものと設定される。（第二五偈）[1]

『入中論』の文脈では、「虚偽なる知覚」とは世俗諦を設定する知を指している。[2] 虚偽であるのは、認識内容と実際の存在のあり方が相違しているからである。世俗諦は、それ自体としては虚偽なる知覚によって認識される虚偽なる対象である。しかし、その中にも、世俗の知の観点に従う限りでは、欠陥のない感官（感官それ自体が健全であり、かつ知覚に対する外的な阻害要因がない場合）によって認識される整合性のある対象群と、そうでない対象群の間に相違があることは認められる、という趣旨である。これを引用するツォンカパの前後の記述を見てみよう。

従って、ティミラ眼病などの内外の錯誤の因によって影響を受けているという阻害要因がないならば、感官知などが無明によって害されていることによって自性がないにもかかわらず自性のある対象を把握するものとして現れるという錯誤が、顛倒していない言説〔の諸存在〕を阻害することは決してない。……（『入中論』第六章第二四、二五偈の引用）……と言って、言説知とその対象のそれぞれに、言説知の観点に従ってのみ顛倒したものと顛倒していないものとの二つずつが設定されるのである。[3]

ここでツォンカパは『入中論』の偈を「中観派の不共の勝法」の枠組みで説明している。無明によって存在しない自性が現れている錯誤知は、錯誤していることでは言説知によって措定される対象を阻害することはない。そのとき、言説知によって設定される諸存在は、正理によって否定されることのない世俗の諸法であり、無自性であるが故に成り立つ縁起する存在のことである。しかも、錯誤していると言われる根拠になっている増益された自性は、言説においてさえ存在しないというのがツォンカパの定説であるから、言説知によって設定される諸存在は、元々そのような自性を欠いた存在である。そうではあても、言説知の観点から顛倒していない対象と言われる。ここでツォンカパはそれを「世俗諦」であるとも二諦の設定とも言っているわけではないが、先に見たツォンカパの二諦の理解からして、「中観派の不共の勝法」における縁起している言説有であると考えることができるであろう。

続く第二六偈は、このうち、外教徒が構想するアートマン、幻や陽炎などが顛倒した世俗の例として挙げられ、これらが世俗の知にとっても存在しないものであると指摘されるが、特に上の偈と内容が異なるわけではない。

第二八偈

繰り返し引用され言及されるのが第二八偈a〜cである。すなわち、

　無知は自性を覆い隠すが故に世俗である。それによって作為されたもの（kṛtṛma, bcos ma）が真実なものとして現れる。それが世俗諦であると牟尼はお説きになった。[4]

ここでは世俗が無明であり、その力によって真実なる存在として現れるものが「世俗、すなわち無明にとっての真実」という意味で世俗諦である、という世俗諦の語義解釈が述べられている。文字通りには、この偈の言う世俗諦は、正理知によって否定されるべき真実なる存在であるが、前章で見たように、これは凡夫にとって「真実なもの」であるにすぎず、実際には虚偽なる存在である。一方、ここで省略されている第d句では「作られた存在は世俗においてある」と言われ、そのときの世俗は言説の意味であり、これは否定されることのない言説有を意味する。

ところが、ツォンカパは第二八偈aを引用しながら次のように言っている。

〔我々は、〕言説において一切法は幻の如しと主張するので、言説において虚偽なるものであっても、〔それを〕世俗諦であると規定することに矛盾はない。なぜならば、「無明は自性を覆い隠すが故に世俗である」（『入中論』第六章第二八偈a）とおっしゃっているところの「無明」である「世俗」にとって〔それら諸法が〕真実であることと、諸法がそれ自体で成立していることを否定する〔知である〕世俗（＝正理知）にとって虚偽なものであると設定されること、この二つは矛盾しないからである。

「世俗においても虚偽なるものは、世俗諦ではない」と（『入中論釈』で）言われる〔ときの「虚偽なるもの」〕は、言説の量によって虚偽であると認識されるものを指しているのであって、言説において虚偽である全てのもの（tsam）を指していると言うのは正しくない。

以上のように、中観派が、言説において、自説として、輪廻から涅槃にいたるまでの多く〔の諸法〕を措定することと、実在論者が独自の主張によって構想している諸対象が言説において存在していることを否定すること、これらは非常に難解であるので、二諦の設定を正しく理解することは極めて困難であると思われる。(5)

この部分でツォンカパは二種類の「世俗」を区別している。一つは「無明」であり、もう一つは「正理知」である。正理知は自性を否定する論理であるが、それ自体は言葉によって表現される言語活動であるので言説知であり、それがここでは「世俗」と言われている。「矛盾しない」と言われているのは、無明にとっては真実なものが、正理知にとっては虚偽なるものであること、この真実と虚偽が同じ対象について言われることである。ただしこれは、同じものが無自性でありながら縁起することが矛盾しないという、無自性と縁起の共通基体性とは少し意味が異なる。なぜならば、無明にとって真実であるものは、無自性ではなく自性によって存在しているものだからである。ただ、働きの異なる無明と正理知が、同じ「世俗」という言葉で言い表されるという意味である。

また「虚偽なるもの」も二種類ある。正理知にとって諸法が虚偽であるというときの「虚偽なるもの」は、諸法が無自性であるのに自性を持った存在として現れているものである。これが「言説において虚偽である全てのもの」である。一方、他学派が構想するアートマンや創造主などや、幻や蜃気楼、陽炎のようなものは、言説の量によって虚偽であると認識される。ここでツォンカパは明確には述べていないが、「世俗においては虚偽でないもの」とは、単純に世俗すなわち無明にとって真実であるものではなく、世俗すなわち言説の量によって存在するものとして措定されるものである。これが「中観派の不共の勝法」で無自性と矛盾しないと言われる「縁起しているもの」であり、また「単に存在するもの」と言われるものである。

その二つの対比は、言い換えれば「言説において、自説として、輪廻から涅槃にいたるまでの諸法の存在が措定されるもの」と、「言説においても否定される、実在論者の構想する諸存在」や蜃気楼などとの対比である。後者は世俗においても虚偽なるものであるが、前者は世俗において存在が措定される諸法であり、すなわち言説有である。しかもそれは正理知によって自性が否定されるものであるが故に、幻の如き存在であると言われる。「幻の如き存在」とは無自性でありながら縁起している言説有を意味する。

同様に、のちに再び第二八偈a～cを引用し、その意図を次のように説明する。

色声などを世俗諦であると規定するときの「諦（真実）」とは、思考（bsam pa）の力によって真実〔とされるのも〕であり、またその思考とは真実執着（bden 'dzin）のことであるので〔色声などは〕自性を増益する無明（＝真実執着）にとって真実なのである。したがって、有染汚の無明を断じた〔声聞・独覚の〕二阿羅漢と第八地以上の菩薩たちには、これらの現れは作為を本質としているもので〔あると認識されるので〕あって、真実なるものと〔捉られること〕はない。なぜならば、〔彼らには〕真実なものであると思いなすこと（mam par rlom pa）がないからである。真実執着（＝無明）を持たないものたちにとっては「唯世俗」であるとおっしゃられている理由もそれである。(6)

ここでは、真実執着のなくなった知に単に現れるだけのものを「唯世俗」と言い、「世俗諦」は無明によって、その現れが真実なるものとして思い込まれたものを指すというように『入中論』の主張が祖述される。しかしツォンカパは、その直後に「それゆえ」として次のような理解を提示する。

それゆえ、色声などが真実なものであるのは無明にとってであるけれども、色声などがその無明によって措定されるわけではない。たとえば、縄を蛇であると把握する誤った知にとっては縄は蛇であるけれども、その誤った知が縄〔の存在〕を措定しているわけではないのと同様である。色声などを措定する知は、阻害要因のない眼識などの六つ〔の感官知、すなわち言説の量〕であるので、それらによって成立している対象は言説において存在しており、正理知によっては決して否定されない。また無明によって執着されている通り〔のものは〕世俗においても存在しない。なぜならば、無明は、諸事物において、それ自体で成立している自性を増益するものであり、そのような自性は言説においても存在しないからである。それゆえ、それらは正理知によっても言説において否定される。もしこれが正理知によって否定されないならば、「言説において諸々の実在するものは幻の如し」という〔比喩〕は成立しないのである。(7)

ここでの構図は明解である。無明によって執着されている自性は、言説においても（正理によって）否定されるが、それとは別に諸法の存在は言説の量によって設定され、それは正理知によっても否定されない。それが「幻の如し」と言われる意味である。この場合、言説の量によって設定される諸存在は、いわば主語であり、それに対して無明は自性を増益し、正理知はその自性を否定する。いずれの場合も、主語が言説の量によって成立していることが前提であり、またそれは無明によって作り出されるものではなく、正理知によって否定されるものでもない。

これはまさに「中観派の不共の勝法」の強調する点である。『入中論』を祖述する部分では、それは「唯世俗」とされ、阿羅漢や菩薩によって認識されるものに限定されていたが、ツォンカパが自らの説を説明する段になると、そのような認識者の視点は姿を消し、無自性かつ縁起する存在であること、とりわけ縁起ないしは現れの側面が強調されるようになる。無明にとって真実であるものをツォンカパも認めているが、それは「世俗諦」として強調されることはなく、正理によって否定されるべきものであり、世俗においても存在しないもの(その意味では他学派が構想するアートマンと同様なもの)とされる。それらとは別に正理知によっては否定されない世俗の諸存在を確保することの方がツォンカパの関心の中心になっている。だからこそ、「言説において諸々の実在するものは幻の如し」という比喩が用いられるのである。

煩悩障と所知障

この第二八偈の自注に関しては、さらにもう一度言及される(8)。もともと『入中論』のこの偈に対する自注も長いので、それが分割されて別々の箇所で引用されているのであろう。そのコンテキストは、輪廻の根本原因が有染汚の無明であり、それはまた有身見とも言われることを指摘する箇所である。その議論自体は二諦ないしは世俗諦に言及するものではないが、ツォンカパが世俗諦をどのように考えていたかを示す箇所であるので、簡単に見ておきたい。

輪廻の根本が有染汚の無明であるということは、これが「煩悩障」であることを意味している。これは、中観帰謬論証派に独自の主張の一つである。煩悩障は声聞・独覚の阿羅漢も断じることができるので、声聞・独覚でも無自性を悟ることが出来る。それに対して所知障は、無始時来の自性に対する思い込みによって薫習された習気であり、そこから主客に分離した現れが生じる。(9) これは仏になるとき、初めて断じられる。逆に言うと、阿羅漢や第八地以上の菩薩は、煩悩障を断じているので、諸法を自性によって成立しているものと捉えることはないが、しかし、所知障は断じていないので、諸法は自性をもって現れる。その現れは無自性であるのに自性があるものとして現れているので虚偽なるものであるが、現れている通りに真実に存在していると思い込まれてはいないので、「幻の如き存在」である。この現れは所知障を断じるまでは現れ続ける。

これまでの説明では、自性は無明の力によって現れると言われていたが、ここではより明確に、無明は自性を持った現れを生み出しているのではなく、所知障によって自性を持った錯誤した現れが生じ、その自性を真実に存在すると執着しているものが無明、すなわち真実執着であると説明されている。したがって、阿羅漢や菩薩においても自性をもった錯誤した現れは存在する。ただそれを「真実に存在する」と思い込むことがないので、「幻の如き存在」になる。では言説有はそのような阿羅漢や菩薩にしか存在しないのだろうか。そうではない。自性の存在は正理知によってのみ否定され、言説の量によっては否定されない。また言説の量は自性の存在を措定するものではない。したがって、言説の量に依拠する限り、世俗の諸法の諸設定は否定されることなく、縁起する存在として措定される。これが言説有である。このように煩悩障と所知障の関係が導入されても、「中観派の不共の勝法」に変わりはなく、それと二諦説を同じものとみなすツォンカパの理解も変更されることはないのである。

第二節　後期中観思想における二諦の同一性と別異性

（一）『入中論』第六章第二三偈における ngo bo

後期の二諦説では、世俗諦と勝義諦はそれを認識する異なった知によって成立する異なった二つの ngo bo（存在）として設定されるようになる。二諦についての見方が存在論的なものから認識論的なものへと変化する。前期には二諦がまとまって議論されることはなかったが、後期においては『入中論』を祖述するような形で詳論されるようになり議論は精緻になっていった。しかしもう一方では、全てが「中観派の不共の勝法」の存在論に収斂していくような情熱的な記述も影を潜めたとも言える。しかし、『入中論』の二諦説の最初の偈である第六章第二三偈の註釈において、世俗諦と勝義諦の共通基体性が論じられるが、そこに二諦の同一性と差異とを読み取ることができる。以下、本章ではこの一偈に対するツォンカパの註釈を中心に、後期の二諦説の存在論的な側面を見ていこう。

『入中論』第六章の二諦説を説き始める最初の第二三偈は次のような偈である。

> 全ての実在(bhāva, dngos po)は、正しい〔対象〕を認識する知によって〔その〕存在が得られる ngo bo と虚偽〔なる対象〕を認識する知によって〔その〕存在が得られる ngo bo という二つの ngo bo を保持している。正しい〔対象〕を認識する知の対象は真実義〔すなわち勝義諦〕であり、誤った〔対象〕を認識する知の対象は世俗諦であると〔如来たちは〕お説きになった。(10)

この第二三偈は、二諦説の総論と位置付けられるような基本的な偈であり、この偈の註釈やこの偈を引用しての議論において、二諦の分類、分類対象（dbye gzhi）、二諦それぞれの定義的特質（mtshan nyid）、二諦の関係などの基本的な事柄が論じられ、それ以降の偈の注釈では世俗諦・勝義諦[11]の個別的な問題が論じられる。その最初の偈に対する註釈では次のような主張が取り上げられる。

(1) 二諦の分類対象は所知 (shes bya) である。あるいは、所知を分けると世俗諦・勝義諦のいずれかになる。
(2) 全ての実在は、世俗諦の ngo bo と勝義諦の ngo bo という二つの ngo bo を持っている。
(3) 世俗諦の ngo bo と勝義諦の ngo bo は、ngo bo は同一であるが、ldog pa《ドックパ》[12]は異なる (ngo bo gcig la ldog pa tha dad)。
(4) 「ある対象において、虚偽なる所知を認識する言説の量によって得られる、当該対象の ngo bo」が世俗諦の定義的特質 (mtshan nyid) であり、「正しい所知である真実義を認識する正理知によって得られる、当該対象の ngo bo」が勝義諦の定義的特質である。

これら四つの命題は、それぞれ関連する二つのグループに分けることができる。すなわち、(4)を根拠として(1)が成立し、(3)を根拠として(2)が成立する。

これらの議論の中で何度も使われ、重要な意味を担っていると考えられる ngo bo という語について最初に考察しておきたい。この第二三偈のサンスクリット語原文では、ngo bo の原語は rūpa であり[13]、通常は「性質」「本質」や「本性」「自性」あるいは「形態」「体」などと訳される。Hopkins は "nature" と訳している[14]。全ての実在は二つの本質、勝義諦という本質と世俗諦という本質を有している。従って、二諦は基体たる実在が有する二つの本質的属性であるということになる。

ツォンカパ以前のカダム派においてもすでに、二諦の同一・別異の関係についての議論が行われていたようである。カダム派サンプ・ネウトク寺を代表するチャパ・チューキセンゲ (phya pa chos kyi seng+ge, 1109–1169) が自立論証派の立場で書いた中観概論『中観東方三家』では、様々な異説を論破したのち、世俗諦と勝義諦が ngo bo が同一で ldog pa が異なるという自説が提示される (BMSS, 10.6–12)。ツォンカパも、この偈の註釈でその伝統に従っていると言える。ngo bo gcig ldog pa tha dad は論理学の用語で、二つの存在 (dharma, chos) が名称・概念としては (排除対象が) 異なるが、存在 (ngo bo) としては同じ一つのものであることを意味する。このときの ngo bo は、「性質」や「本質」「自性」といった訳では意味が通じない。Hopkins はここでは ngo go を "entity" と訳している。(15)

しかし、同じ二諦について、同じ箇所で、同じ ngo bo に異なった訳語を与えるのは不自然であろう。できれば、同じ一つの意味で理解できた方がよい。以下、ツォンカパの議論を辿りながら、それらを統一的に解釈できるような ngo bo の意味を考えてみよう。そのことによって、世俗諦と勝義諦の共通基体性と相違についての後期ツォンカパの理解も示される。もちろん、ngo bo という用語は、仏教文献、とりわけチベットの文献に頻出する語彙であるので、その意味を確定するためにはさらに様々な文献での用例を検討する必要がある。しかし、ひとまず二諦という明確な文脈のもとでその意味を考えてみることで、少なくともツォンカパの二諦説についての理解を少しでも深めることができるであろう。

有法（基体）	法（名称・概念）	定義的特質
実在（有為・行）	世俗諦	虚偽なる所知を認識する言説の量によって得られる、当該対象の ngo bo（存在）
	勝義諦	正しい所知である真実義を認識する正理知によって得られる、当該対象の ngo bo（存在）

（二）　世俗諦と勝義諦との ngo bo が同一であること

まず、勝義諦と世俗諦とが「ngo bo は同一、ldog pa は異なる」という主張を取り上げ、その根拠を辿りながら、その背後に前提されている「ngo bo が同一であること」の意味を明らかにする。

「ngo bo は同一、ldog pa は異なる」のうち、世俗諦と勝義諦の ldog pa が異なること自体は、チベット仏教では自明のことである。ldog pa は、他のものとの差異であるが、世俗諦と勝義諦とは、名称としても、概念としても、異なっていることは明らかだからである。したがって、ツォンカパは、それらの ldog pa が異なることを論証しようとはしていない。問題は ngo bo が同一であることの方にある。その論証は次のような手順で進められる。

全ての法は、ngo bo を有している。

ngo bo のない法はあり得ないので、[16]

「法（dharma, chos）」[17]とは、チベットの概念体系の中では、存在するもの（yod pa）、所量（gzhal bya）、所知（shes bya）などと同義で、[18]兎角や我などの完全に存在しないもの（med pa）と対立する概念であり、量（pramāṇa）によって確認されるもの、[19]知の対象となり得るもの[20]のことである。それらは、名称・概念(ming あるいは tha snyad、最終的には ldog pa)によって区別される。簡単に言えば、名称が異なれば、異なった法である。

それと同時にそれぞれの法は、自らの ngo bo も持っている。法は、アビダルマの伝統に従って「自らの ngo bo を保持するもの（rang gi ngo bo 'dzin pa）」と定義される。[21] その場合、「自らの ngo bo」は、そのものを他のものから区別させる特質という意味で理解されかねないが、実際には次項にあるように、その法を他のものから区別させる特徴のようなものではない。

二つの ngo bo は同一であるか別異であるかのいずれかである。

基体が成立しているもの（gzhi grub pa）であるならば、ngo bo が同一であるか別異であるかの何れか以外にはなく、[22]

基体成立（gzhi grub）は「量によって成立するもの（tshad mas grub pa）」と定義され、法や所知、存在するものと同義の概念である。したがって、これは「〔ある二つのものが〕法であるならば、〔それらの〕ngo bo は同一であるか別異であるかのいずれかである。」という意味である。すなわち、二つの法は ldog pa としては異なっていても、同一の ngo bo であることが可能である。それゆえ、各々の法の ngo bo は、そのものを他のものから区別するような特質ではないことになる。

世俗諦も勝義諦も法であるので、それぞれに ngo bo あり、それゆえ同一であるか別異であるかのいずれかである。

この〔帰謬論証派の〕立場では、〔世俗諦と勝義諦の〕両者に ngo bo があるが、その〔ngo bo〕については、〔二つの〕ngo bo が同一でもなく別異でもないものはあり得ないので、また[23]

もし世俗諦と勝義諦の ngo bo が別異ならば、世俗諦の ngo bo を有するものが勝義諦である空性と異なったもの（空でないもの）となってしまう。

諸々の有法が、真実なるものを欠いている空性（bden stong）と、ngo bo が異なっているとするならば、〔それらは〕真実なるものとして成立していることになってしまう…。(24)

「諸々の有法（chos can rnams）」とは、ここでは世俗諦であると述定される主語となるところのものである。それは同時に諦とされない単なる世俗のもの（唯世俗）でもある。すなわち、世俗諦であると言われるものと唯世俗であると言われるものとは外延が等しい。(25)「世俗諦という法を有しているもの」は、言い換えれば、「世俗諦であるもの」であり、それは要するに「世俗諦の ngo bo」である。それを主題として、勝義諦の ngo bo と同一であるか別異であるかが問われることになる。ここでは勝義諦は「真実を欠いている〔空性〕」と言い換えられているが、これは「勝義諦であるもの」であり、したがって、「勝義諦の ngo bo」のことである。それらが別異であるとすると、世俗諦であるものは、空なるものではないことになり、したがって、真実なるものとして成立していることになってしまう。これは一切法が無自性であると主張する中観派の見解と相容れない。それゆえ、世俗諦であるものは同時に勝義諦であるものでなければならない。言い換えれば、世俗諦と勝義諦とが常に同一の基体に属し、外延が等しいことになる。(26)

従って世俗諦と勝義諦は ngo bo が同一である。

〔世俗諦と勝義諦が〕ngo bo は同一で ldog pa は異なるのは、作られたものと無常なもの〔が ngo bo は同一で ldog pa

は異なるの〕と同様である。[27]

以上の議論から、世俗諦と勝義諦が ngo bo gcig であることが示されたことになる。ここで ngo bo gcig の例として挙げられる「作られたもの」と「無常なもの」は、「音声を主題として、それは無常である。なぜならば、作られたものであるから」という自己同一性の論証式のの典型例における論証因と所証であり、外延が等しい関係にあり、両者が同一存在に属すること、すなわち共通基体性の例として言及されている。ngo bo gcig が二つの概念の共通基体性であるとすれば、ngo bo はそれぞれの概念あるいは属性の基体（ādhāra あるいは dharmin）であると言うことになる。

世俗諦と勝義諦は同一体の結合関係にある。

それ[28]はまた、同一体という結合関係（'brel pa）[29]にあるので、作られたものと無常なもののように、同一の ngo bo を有するものであると〔『菩提心釈』[30]に〕説かれているのである。[31]

同じことが、「同一体という結合関係（tādātmya, bdag gcig pa'i 'brel pa）という論理学用語で言い換えられる。「同一体という結合関係」はチベット論理学では次のように定義される。

実在（dngos po）と同一体（bdag nyid gcig）でありながら異なっており、[32]実在が存在しないならば、それも存在し得ないところのもの、というのが、実在と同一体の結合関係〔にあるもの〕の定義である。[33]

「ngo bo が同一」は、同一体(bdag nyid gcig pa)あるいは同一自性(rang bzhin gcig pa)と同義であるので、[34] この定義にある「同一体でありながら〔ldog pa が〕異なる(bdag nyid gcig gi sgo nas tha dad)」は、「ngo bo が同一、ldog pa が異なる」と言い換えることができる。実際には、「同一体という結合関係」は、論証因と所証の外延が等しくない場合にも成り立つので、外延が等しい関係である「世俗諦・勝義諦」あるいは「作られたもの・無常なもの」よりも弱い関係であるが、ここでは外延の広狭を考慮する必要はない。

このようにして世俗諦の ngo bo と勝義諦の ngo bo が同じ基体として成立しているという説は、前期ツォンカパの中観思想における中心的主張である「中観派の不共の勝法」に極めて近い考え方である。「中観派の不共の勝法」は、縁起と空とが同一の基体において矛盾することなく同時に、しかも不可欠のものとして成立するという思想である。前期のツォンカパの用法では、縁起が世俗諦、空が勝義諦と考えられていた。後期の二諦説では、世俗と諦を分けて考え、さらに唯世俗との違いも強調されるようになるが、少なくとも世俗諦と勝義諦が ngo bo は同一なものとして存在するという主張は、縁起と空が同一基体において常に矛盾無く成立するという前期の思想を継承するものと言えるであろう。

(三) ngo bo についての作業仮説

これまで和訳することなく ngo bo というチベット語を用いてツォンカパの記述を辿ってきた。この ngo bo について、以上の資料だけで確定的な解釈を提起することはできないが、作業仮説だけは提示しておきたい。

ngo bo の用法には、ngo bo と khyad par が対比的に用いられる場合、あるものが他のものと ngo bo が同一であるか ngo bo が異なっているかが問われる場合、「〜の ngo bo」という表現で用いられる場合などがある。

第一の ngo bo と khyad par の対比の代表的な用法として、唯識思想において、遍計所執性として増益されるものを挙げることができる。[35] その場合には、ngo bo は限定要素（khyad par kyi chos）によって限定される基体（khyad par gyi gzhi）を意味している。ngo bo と khyad par は、基体と属性、dharmin と dharma の関係と言い換えることもできる。この ngo bo と khyad par は、第二の用法の ngo bo は同一、ldog pa は異なるというときの ngo bo と ldog pa に対応している。もちろん、それぞれが用いられる文脈は異なるが、ldog pa は、もともとは「他のものとの差異」であり、その意味では khyad par の「他のものとの差別要素」という意味と重なるであろう。それらが、一つの ngo bo に複数属しているのであるから、ngo bo は、それら差別要素や異なりである属性の基体と考えることができる。

ngo bo と khyad par は唯識文献の古い表現であるが、「ngo bo は同一、ldog pa は異なる」はダルマキールティ[36]のアポーハ論に基づく概念である。[37] ダルマキールティによれば、同一の不可分なる対象（svabhāva-abheda）に対して複数の語が使用されるが、しかしそれらの語が同義語となってしまうことがないのは、それぞれの語が、対象そのものに存在している、それぞれ別の何かからの異なり（viśeṣa, bheda, vyāvṛtti）を理解させるために構想されたものだからである。[38] それらの語の意味は何かからの「異なり」によって区別されるが、いずれも不可分なる同一の存在（svabhāva）を指し示していることに違いはない。

「svabhāva は同一不可分である」というときの svabhāva のチベット語訳は “ngo bo nyid” であり、また svabhāvena^ekarūpatva（PVSV, 25.14）という表現は “rang gi ngo bos ngo bo gcig pa” と訳される。また他のものとの差異（vyāvṛtti）のチベット語訳は “ldog pa” であり、それと viśeṣa（khyad par）は同じ意味で用いられる。その ldog pa を理解させるために法（dharma）、あるいは名称（nāman）が仮説される。法ないしは名称が異なっているのは、異なった ldog pa を表示するためであり、それらが現実の存在では同一の ngo bo であることを妨げない。このような対応を見れば、ダルマキールティのアポーハ論が「ngo bo が同一、ldog pa は異なる」という関係の起源になっていることは明らかであろう。そして、それ自体としては分割できない単一なる存在であり、実際に存在するものである ngo bo は、ダルマキールティ論理学における svabhāva と同じものとして理解することができるのではないかと思われる[39]。

「〜の ngo bo」あるいは「〜という ngo bo」という表現の ngo bo も同じ意味と考えられる。「〜」の部分は何らかの法(名称・概念)であり、それの ngo bo とは、その法の対象側における存在、すなわちその法によって指し示され特定される当のものである。実際の用例では「〜であるもの」と訳せることが多い。この意味での法(dharma)は何らかの有法(dharmin)におけるある一つの属性であり、その ngo bo とは、そのような有法であると考えられる。

それでは「勝義諦の ngo bo」や「世俗諦の ngo bo」はどうか。勝義諦と世俗諦が真偽の認識の対象として成立するとき、それぞれの ngo bo もまた成立する。それらがたとえ存在するものとして同一であっても、その認識内容が区別されることには変わりはない。もしそうでなければ、「作られたもの」を見たとき、誰もが「無常なること」を認識してしまうのと同様、世俗の存在を見て、その同じ ngo bo である勝義諦も認識してしまうことになるであろう。要するに、認識の対象として成立するプロセスに違いがあるが、存在しているものとしては同一で不可分であるということである。この考え方は、「中観派の不共の勝法」における無自性と縁起の共通基体性、縁起を論証因として無自性を論証する論証式、無自性の意味が縁起の意味として現れてくるという空性理解のプロセスと同じ思想に帰着するものである。後期の二諦説はこの『入中論』第六章第二四偈以降、「中観派の不共の勝法」とは異なった展開を見せていくことになるが、その前提となる基本的な存在論においては「中観派の不共の勝法」を受け継ぐものがあると言えよう。

(四)　分類対象

最初に挙げた四つの命題のうち、(1)の命題は、世俗諦と勝義諦の分類の基体(dbye gzhi)、すなわち分類対象が何であるか、という問題である。ツォンカパは、「所知」が分類対象であり、それが世俗諦と勝義諦の二つに、そして二つのみに分けられる、という立場をとる。これは、ツォンカパ独自の主張ではなく、先に指摘したようにカダム派からの伝統をそのまま踏襲したものである。『入中論』には、その典拠はなく、典拠として引用されるのは、『大乗集菩薩学論』に収録されている『父子合集経』である。

二諦の分類の基体（dbye gzhi）は、….所知（shes bya）とすべきである。すなわち、『大乗集菩薩学論』所引の『父子合集経』に、「….知られるべきこともまた、世俗〔諦〕と勝義諦というこれに尽きる。….」と説かれている。「知られるべきこともまた」によって所知が分類対象であることが、「というこれに尽きる」によって、諦が二つに限られることが〔説かれている〕。(40)

『入中論註密意解明』における引用はもう少し長いが、『菩提道次第小論』における『父子合集経』の引用に準じて典拠となる部分だけを挙げた。shes par bya ba は元々の経典では「知るべきこと」という当為の意味であろう。如来は、知るべきことを知っているが故に一切智者と言われるのである。しかし、チベット文献の中では、shes bya「所知」に当為の意味はなく、「知の対象となり得るもの（blo'i yul du byar rung ba）」という定義的特質（mtshan nyid）によって規定され、「法（chos）」や「存在するもの（yod pa）」、「所量（gzhal bya）」などと同義とされる。すなわち、量（pramāṇa, tshad ma）によって認識されることによって、その存在が成立しているものである。

このような所知が世俗諦と勝義諦の二つに分類される意味を考えてみよう。たとえば、所知は、「常住なもの（rtag pa）」であるか「実在するもの（dngos po）」であるかのいずれかに分けられる。「実在するもの」とは「無常なもの（mi rtag pa）」と同義なので、これは、所知が「常住なもの」と「無常なもの（＝常住でないもの）」のいづれかに分類され、常住でも無常でもないものは存在しないことを意味する。このような分類や包摂の関係は、個体を対象としたものではなく、名称あるいは概念によって区別されるものの集合を対象とした分類である[41]。所知が世俗諦と勝義諦に分類されるのも同様である。すなわち、名付けられた様々なものを主題にして、世俗諦であるか勝義諦であるかのいずれかが述定されるのである。たとえば、壺は世俗諦であり、空性は勝義諦である。名称によって区別される存在するものは全て、世俗諦であるか勝義諦であるかのいずれかに分類され、世俗諦でも勝義諦でもないものは存在しないことになる。

一方、所知が世俗諦と勝義諦に分類されるということは、「世俗諦は所知である」あるいは「勝義諦は所知である」という命題が成立するということでもある。このことは、特に「勝義諦が知の対象となる」というツォンカパの主張を裏付けることとなり、ツォンカパ自身の意図としては重要である。そのため、ツォンカパは『入中論註密意解明』のこの箇所で、勝義諦が意識の対象にならない、言語表現を越えているという説を批判する議論を展開しているが、今のわれわれの議論には直接関係しない。重要なことは、世俗諦と勝義諦それぞれの主語になる対象が重なることなく二分され、言い換えれば、「世俗諦であること」と「勝義諦であること」は矛盾し、相容れない（'gal ba）ということである。定義的特質（mtshan nyid）、定義対象（mtshon bya）、定義基体（mtshon gzhi）の用語法で言えば[42]、世俗諦と勝義諦とは定義対象であり、それらは直接的に（＝排他的に）対立する概念（phan tshun spang 'gal）である。それゆえ、それらが述定される定義基体の領域は二分され、第三項は存在しない。そのように定義対象を矛盾させる「根拠」となるのが、それらの定義的特質である。

（五） 勝義諦の定義的特質と世俗諦の定義的特質

ツォンカパは『入中論』第六章第二三偈から勝義諦と世俗諦の定義的特質（mtshan nyid）を導き出す。それに対するツォンカパの説明は、『中論註正理大海』と『菩提道次第小論』とでほぼ同文である。

これらの内外の実在するものの各々何れにも勝義の ngo bo と世俗の ngo bo の二つずつがある。例えば芽を例にとるならば、正しい所知である真実なる対象をご覧になる正理知によって得られるところの、芽の ngo bo と、誤った所知である〔人を〕欺く対象を量る言説知によって得られるところの、芽の ngo bo である。そのうち前者が芽の勝義諦の ngo bo であり、後者が芽の世俗諦の ngo bo である。(43)

この世俗諦と勝義諦の定義的特質の特徴は、それぞれを認識する知の相違に基づいて、それらの知の認識対象として規定されていること、そして、それらが基体＝主題である「実在するもの（dngos po）」の ngo bo として成立しているものであることである。「実在するもの」とは、上に言及したように無常なものと同義の概念であり、効果的作用の能力（don byed nus pa）によって定義される。原因によって作られ、また他のものの原因になるものである。チャンドラキールティの『入中論釈』では、「実在」と同義の「行（'du byed）」と言い換えられる。ゲルク派の定説としては、実在だけではなく、常住なものも含めた一切法に、世俗としての ngo bo と勝義の ngo bo があるのであるが、ここでは『入中論』の偈の注釈であるので、実在するもの（dngos po）、またはその同義語が挙げられているのであろう。

所知が勝義諦および世俗諦によって二分されることの論理的な根拠がこの定義的特質の規定の中に示されている。それぞれの定義的特質において、「所知」全体が正しいものと誤ったものに二分され、それらを捉える知が正理知と言説の量に二分され、それによって、当の二つの対象（勝義諦と世俗諦）が異なったものとして把握され成立することになる。

ツォンカパは次のように言っている。

何らかの基体が誤った、〔人を〕欺く対象として定立される（yongs su bcad）ならば、欺かない真実義（de kho na nyid）であることは排除される（rnam par gcad）ので、欺くものと欺かないものとは相互に排除し合って存在している直接的対立項(dngos 'gal)である。それ(=直接的対立項)であるならば、所知全てに対して遍充しているので、二つ〔のいずれかであり、その〕二つ以外の第三の選択肢(phung gsum)は退けられている。(44)

所知は、人を欺く対象と欺かない対象という直接的対立項によって完全に二分される。この定義的特質(mtshan nyid)によって根拠付けられる定義対象(mtshon bya)である「世俗諦」と「勝義諦」とは、分類の対象(dbye gzhi = mtshan gzhi)である所知全体を完全に二分する。また、直接的対立項である定義的対象および定義的特質が述定される主語となる定義基体(mtshan gzhi)、すなわち「勝義諦であるもの」と「世俗諦であるもの」とは異なったものであることが帰結する。一方、ツォンカパは、

勝義〔であると得られる(=認識される)(45)対象(myed pa'i don)〕と、世俗であると得られる(=認識される)対象〔という〕二つの対象は別のものであるとおっしゃっているのであって、同じ一つ〔の対象〕について得られ方(myed tshul =認識のされ方)が二つある〔とおっしゃっている〕のではない。(46)

と言って、同じ一つの芽という対象を、凡夫が見るのか聖者が見るのかという見方の違いによって二諦が区別されるという説を退ける。ここで、「得られる」という語を「述定される」という意味で理解することによって、ツォンカパの主張と彼が批判している主張の違いは明瞭になる。同じ一つの対象に対して相容れない二つの述定が行われることはない、というのがツォンカパの見解である。

(六)「ngo bo が同一」と主述関係

世俗諦と勝義諦の ngo bo が同一であるならば、勝義諦の ngo bo と世俗諦の ngo bo が同一の存在であることになるが、ここで注意しなければならないのは、通常の「基体」と「属性」は、主述関係で表現できるのに対して、世俗諦と勝義諦についてはそのような表現はできないことである。ツォンカパはこの点を次のように述べている。

芽は、それ自身、真実なるものとして空であるけれども、それ自体が勝義諦であるわけではない。(47)

これは短い言及ではあるが、非常に示唆的である。「真実なるものとして空（bden stong）」、より正確には、「真実なるものを欠いていること（bden par grub pas stong pa）」は勝義諦に他ならない。そして、それは芽のような実在を主語として、それに述定することができる。しかし、「勝義諦」は、芽のような実在を主語にして述定することはできない。「勝義諦である」と述定できる主語になるものは、たとえば「空性」や「法性」などである。世俗諦である、あるいは勝義諦であると述定される主題（mtshan gzhi）は直接的対立項であると先に述べたとおりである。

同様のことは『中論註正理大海』において『入中論』第六章第二三偈を引用したのち、次のように述べられている。

芽の法性はその〔芽の〕自性（rang bzhin）であるので、芽の ngo bo であると言われ、芽の色や形などもまた、芽の本性（bdag nyid）であるので、その〔芽の〕ngo bo であるのである。(48)

ここでは「芽の ngo bo に二諦の二つの ngo bo がある」という具体例について、「芽の法性は芽の自性であるので芽の ngo bo であり、芽の色形も芽の本性であるので芽の ngo bo である」と説明されている。芽の法性とは、芽の空性を指し、「勝義諦である」と言えるものである。同様にして、芽の色形は「世俗諦である」と言える。芽の空性も芽の色形も、それぞれ所知であり、所知が勝義諦・世俗諦の分類対象であることに適っている。一方、その芽の法性および芽の色形も、芽の自性あるいは本性であるがゆえに、芽の ngo bo であることになる。チベット仏教の概念体系では、「ngo bo が同一であること」と「同一体 (bdag nyid gcig)」と「同一自性 (rang bzhin gcig)」は同義であるとされるので、(49) ここにツォンカパが挙げている理由も、チベット論理学の伝統に従ったものであると言える。

法性も色形も芽という一つの存在 (ngo bo) に対して概念的に異なったものとして与えられた法である。それらの区別はアポーハ (それ以外のものからの異なり＝ ldog pa) によるものにすぎない。ただし、それらは単に一つのものに対して観点の違いによって区別されているだけの存在ではない。それらは「認識対象」として異なったものとして設定されるのであって、同じ対象を捉える知の捉え方が異なっているのではない。同一のものであっても、一つの認識対象が認識されることで他の認識対象も認識されるわけではない。存在の実相と認識論的な問題および修道論的な問題とは、決して混同されることなく区別されなければならないのである。

おわりに

本章では、第五章で指摘したツォンカパの中観思想の前期と後期とで二諦の理解が変わったことについての附論である。前期の二諦説は世俗と勝義を同じ一つの存在のうちに統合し、それらが同時に矛盾なく成り立つことを強調する「中観派の不共の勝法」を意味していた。それに対して後期の二諦説はチャンドラキールティの『入中論』の二諦説に基づき、凡夫と聖者と仏陀という認識主体の相違に対応して世俗諦と勝義諦を切り離し、さらにその中間に「唯世俗」を設定して、凡夫から仏陀への修行過程を説明できるようになった。

本章では、まず初期の代表作である『菩提道次第大論』において『入中論』の二諦説が引用されている箇所がどのように解釈されているかを検討した。『菩提道次第大論』において二諦に言及するとき、ツォンカパは無自性であるものが同時に縁起しているという「中観派の不共の勝法」のことを念頭に置いていた。『入中論』の二諦説を引用しても、自説を述べるときには常にその理解に立ち戻っている。初期のツォンカパは「中観派の不共の勝法」に基づくことによって、二諦を二つの真実に分離するのではなく、一つの統一された存在のあり方へと統合したものとして考えていた。二諦は、二つの別々の見方や別のレベルのものではなく、存在論的に同時に成立する一つの事象の二つの契機に他ならなかったのである。

次に晩年の著作である『入中論註密意解明』において、二諦の定義をめぐってのツォンカパの微妙な表現を考察をした。結論は単純なようにも思えるし、また細かく表現を区別をしなければならないとも言える。二諦の定義から読み取れる命題を再掲し、それらの間の関係を整理しておこう。

(1) 二諦の分類対象は所知 (shes bya) である。あるいは、所知を分けると世俗諦・勝義諦のいずれかになる。
(2) 全ての実在は、世俗諦の ngo bo と勝義諦の ngo bo という二つの ngo bo を持っている。
(3) 世俗諦の ngo bo と勝義諦の ngo bo は、ngo bo は同一であるが、ldog pa は異なる (ngo bo gcig la ldog pa tha dad)。
(4) 「ある対象において、虚偽なる所知を認識する言説の量によって得られる、当該対象の ngo bo」が世俗諦の定義的特質 (mtshan nyid) であり、「正しい所知である真実義を認識する正理知によって得られる、当該対象の ngo bo」が勝義諦の定義的特質である。

(1)はもっとも基本的な命題であり、「世俗諦である」「勝義諦である」と述定される主語群が、重なることなく二つのグループに分けられることを意味する。このことは、(4)によって、それらを認識する知が異なっていることから帰結し、さらにそれは対象が真実なるものであるか非真実(=虚偽)なるものであるかという排他的二分法に由来する。また(3)によってそれらの相違は「他のものとの差異(ldog pa)」が異なることによる。しかし、一方でその(3)、あるいはその議論の過程で見られた、勝義諦を離れた世俗諦は存在しない、という ngo bo gcig の規定から、すべての存在は、世俗諦の ngo bo と勝義諦の ngo bo を同時に兼ね備えてるという(2)の命題が帰結する。

一見矛盾したようなこれらのの命題が相まって、世俗諦と勝義諦の関係が示されている。その際の ngo bo の意味は、他のものからの差異の違いによって区別される個々の認識対象、あるいは法が、対象の側で同一の存在を有していることを存在論的な前提としたときの、その存在を指していると解釈できるのではないかという仮説を提案した。これによって、二諦説の定義に関するツォンカパの様々な言説を統一的に理解できると思われる。

(1) MAK, VI, 24: mthong ba brdzun pa'ang rnam pa gnyis 'dod de // dbang po gsal dang dbang po skyon ldan no // skyon ldan dbang can rnams kyi shes pa ni // dbang po legs gyur shes ltos log par 'dod // (mṛṣā-dṛśe 'pi dvividhā matā hi spaṣṭa-indriyā doṣavad-indriyāś ca / sad-indriya-jñānam apekṣya mithyā jñānaṃ mataṃ doṣavad-indriyāṇām //)

MAK, VI, 25: gnod pa med pa'i dbang po drug rnams kyis // gzung ba gang zhig 'jig rten gyis rtogs te // 'jig rten nyid las bden yin lhag ma ni // 'jig rten nyid las log par rnam par bzhag / (vinā upaghātena yad indriyāṇāṃ ṣaṇṇām api grāhyam avaiti lokaḥ / satyaṃ hi tal lokata eva śeṣaṃ vikalpitaṃ lokata eva mithyā //)

(2) 後に検討するように、『入中論』の二諦説の最初の偈、第六章第二三偈およびその自注でそのことが定義される。

(3) des na rab rib la sogs pa'i phyi nang gi 'khrul rgyus bslad pa'i gnod pa med na ma rig pas bslad pa'i dbang gis dbang shes la sogs pa rnams rang bzhin med bzhin rang bzhin yod pa'i yul 'dzin par snang ba'i 'khrul pas ni tha snyad pa'i phyin ci ma log pa la mi gnod de // ... (MAK, VI, 24–25) ... / ces tha snyad pa'i shes pa dang yul la tha snyad pa'i shes pa nyid la ltos te phyin ci log ma log gnyis gnyis su bzhag go // (LR, 398b5–399a3)

(4) MAK, VI, 28a–c: gti mug rang bzhin sgrib phyir kun rdzob ste // des gang bcos ma bden par snang de ni // kun rdzob bden zhes thub pa des gsungs te // (mohaḥ svabhāva-āvaraṇad dhi saṃvṛtiḥ satyaṃ tayā khyāti yad eva kṛtrimam / jagāda tat saṃvṛti-satyam iti asau muṇiḥ). Cf. 25d: bcos mar gyur pa'i dngos ni kun rdzob tu'o // (padārthaṃ kṛtakañ ca saṃvṛtiḥ //)「作られた事物は、世俗において〔存在するもの〕である。」

(5) tha snyad du chos thams cad sgyu ma lta bur 'dod pas na tha snyad du brdzun pa yin kyang kun rdzob bden par 'jog pa'ang mi 'gal te / "ma rig rang bzhin sgrib phyir kun rdzob ste //" zhes gsungs pa'i ma rig pa'i kun rdzob de'i ngor bden pa dang chos rnams la rang gi ngo bos grub pa 'gog pa gang gi ngor bzhag pa'i kun rdzob pa de'i ngor brdzun pa gnyis mi 'gal ba'i phyir ro //

"kun rdzob tu yang brdzun pa de kun rdzob bden pa ma yin no" (MABh, 107, 16–17) zhes gsungs pa ni tha snyad pa'i tshad mas brdzun par rtogs pa la bya yi / tha snyad du brdzun pa yin pa tsam la byar mi rung ngo //

de ltar dbu ma pas tha snyad du rang gi lugs la 'khor 'das kyi rnam gzhag mang po zhig 'jog pa dang / dngos por smra ba rnams kyis rang gi 'dod pa thun mong ma yin pas btags pa'i don rnams tha snyad du yod pa'i 'gog tshul 'di dag shin tu dka' bas bden pa gnyis kyi rnam par bzhag pa phyin ci ma log par rtogs pa srid mthar snang ngo // (LR, 403b5–404a3)

(6) gzugs sgra sogs kun rdzob bden par 'jog pa'i bden pa ni bsam pa'i dbang gis bden pa yin la / bsam pa de yang bden 'dzin la bya dgos pas rang bzhin sgro 'dogs pa'i ma rig pa'i ngor bden pa yin no / /des na nyon mongs can gyi ma rig pa spangs pa'i dgra bcom gnyis dang sa brgyad

pa yan chad kyi byang sems rnams la ni snang ba ’di dag bcos ma’i rang bzhin yin gyi / bden par ni ma yin te / bden par mngon par rlom pa med pa’i phyir ro zhes bden ’dzin med pa rnams la kun rdzob tsam du gsungs pa’i rgyu mtshan ni de yin no // (LR, 407b3–5)

（７）　de’i phyir gzugs sgra sogs bden pa de ma rig pa’i ngor yin kyang gzugs sgra sogs ma rig pa des ’jog pa min te / dper na / thag pa la sbrul ’dzin gyi log shes kyi ngo na thag pa de sbrul yin kyang log shes des thag pa rnam par ’jog pa min pa bzhin no // gzugs sgra sogs rnam par ’jog pa’i blo ni gnod pa med pa’i mig la sogs pa’i shes pa drug po rnams yin pas ’di dag gis grub pa’i don tha snyad du yod pas rigs pas mi ’gog la / ma rig pas ji ltar bzung ba ltar kun rdzob tu yang med de / ’di ni dngos po rnams la rang gi ngo bos grub pa’i rang bzhin sgro ’dogs pa yin la / de ’dra ba’i rang bzhin ni tha snyad du’ang med pa’i phyir ro // de’i phyir rigs pas kyang tha snyad du ’gog ste ’di rigs pas ma khegs na tha snyad du dngos po rnams sgyu ma lta bur mi ’grub bo // (LR, 407b5–408a3)

（８）　二諦に直接関わらないのと、紙数の関係で引用は省く。LR, 412b2–b4; MABh, 107.5-8, 197.17-19.

（９）　所知障の言及は、LR, 491b1–2; MABh, 107.19–108.9.

（10）　MAK, VI, 23: dngos kun yang dag brdzun pa mthong ba yis // dngos rnyed ngo go gnyis ni ’dzin par ’gyur // yang dag mthong yul gang yin de nyid de // mthong ba brdzun pa kun rdzob bden par gsungs // (samyag-mṛṣā-darśaṇa-labdha-bhāvaṃ rūpa-dvayam bibhrati sarva-bhāvāḥ / samyag-dṛśāṃ yo viṣayaḥ sa tattvaṃ mṛṣā-dṛśāṃ saṃvṛti-satyam uktam //)

（11）　ツォンカパの後期中観思想における二諦説においては、kun rdzob（世俗）と kun rdzob bden pa（世俗諦）は区別され、また他に kun rdzob tsam（唯世俗）という概念も登場する。しかし、二諦説の初めの部分では、少なくとも世俗と世俗諦とは特に区別されていないように思われる。また「〔チャンドラキールティは〕義（don）も勝（dam pa）も勝義諦（don dam bden pa）を指しているとお考えになっている」（LR, 197a1）と言われているので、勝義と勝義諦とは同義であると考えていいであろう。

（12）　チベット文献における ldog pa は、独特の術語である。福田（2004c）および福田（2016）参照。仏教論理学では、それぞれの語の意味（あるいは概念）は、そのものの他のものからの差異によって規定されると考えられる。この「差異」はディグナーガによって「〔他のものの〕排除（apoha, gzhan sel）と術語化され、それを受けたダルマキールティは、それを「異なり（vyāvṛtti、あるいは bheda, viśeṣa など）」と術語化した。この vyāvṛtti のチベット語訳が ldog pa であるので、「アポーハ」すなわち「他のものの排除」を指していると考えてよい。原義からは外れるが、「概念」、「意味」、あるいはそれらと一対一に対応する「名称」と読み替えても文意は通じることが多い。

（13）　この偈の前半をサンスクリット語から訳せば、「全ての存在（sarvabhāva）は、正しい認識あるいは虚妄なる認識によって、その存在が得られる二つの性質 (-labdhabhāvam rūpadvayam) を有している。」となる。rūpa は、全ての bhāva が持つ性質であり、また認識によって存在を得るものであるので、単なる形態やあり方ではなく、認識の対象として生じるような「もの」である。しかし、それは諸存在が有する (√bhr) ものでもある。

(14) Hopkins (2008, p.114)。"Nature" は、ODE の定義では、"the basic or inherent features, character, or qualities of something"「何らかの基体の基本的、本来的な特徴、性格、性質」である。単なる性質よりも強い意味で使われているので、「本質」と訳すことができるであろう。

(15) Hopkins (2008, p.106)．"Entity" は、ODE の定義では、"a thing with distinct and independent existence" とされる。その語源説明によると、"from French entité or medieval Latin entitas, from late Latin ens, ent- 'being' (from esse 'be')" とあり、これを日本語で「存在」と訳すことも可能であろう。

(16) ngo bo med pa'i chos mi srid pas / (GR, 95b6–96a1)

(17) 漢訳語で「法」と訳したが、ここでは「存在するもの」という意味で理解することができる。一般に「法」には、(1) 仏陀の説いた教えの内容、(2) その教えを記した経典、(3) 存在するもの、(4) 属性・特徴という四つの意味がある。第一章註12参照。一切法というときは「全ての存在するもの」の意味である。ただし、「存在するもの」は、単に基体だけを指さず、属性もまた「存在するもの」である。量によって認識される対象が全て存在するものである。二諦は全ての事物 (bhāva, dngos po) の二つの ngo bo であり、それがここではそれぞれ chos と言われているのであるから、二諦は事物の属性であるとも言える。

(18) 「同義」については、第一章註18参照。

(19) tshad mas dmigs pa。法と同義の「存在するもの (yod pa)」の定義。

(20) blo'i yul du bya rung ba。法と同義の「所知 (shes bya)」の定義。

(21) この定義は、漢訳仏教に伝わる法の定義「任持自性」に相当する。

(22) gzhi grub pa yin na ngo bo gcig dang tha dad las mi 'da' la / (GR, 96a1)

(23) 'dir ni gnyis ka (= kun rdzob bden pa と don dam bden pa) la ngo bo yod la / de la ngo bo gcig dang tha dad gang yang min pa mi srid pa'i phyir dang / (GR, 97a6)

(24) chos can rnams bden stong las ngo bo tha dad na bden grub tu 'gyur (GR, 97a6–b1)

(25) ここで「外延が等しい」とは、言説有が主語になって、それが無明にとっては真実であることを「世俗諦」と言い、同じものが、有染汚の無明を断じた者にとっては、真実であることの否定された「単なる世俗」であるので、両者は主語を等しくしていることになり、外延が等しいのである。Cf. LRCB, 194a1–3.

(26)　ツォンカパによれば、世俗諦と勝義諦の ngo bo が同一であるとしても、世俗諦と勝義諦を命題で表現するときには「壺は世俗である」と言えるが、「壺は勝義である」とは言えない。正しくは、「壺の自性は勝義である」と言うべきである。壺は無明を断じた聖者には知覚されないが、その聖者の知によって認識されるものが勝義だからである。この場合の壺の自性とは、壺の空性のことである。LRCB, 179b3–4: bum sogs kun rdzob dang / de dag gi rang bzhin ’phags pa’i don dam mo zhes phye nas brjod par bya yi / bum sogs ’phags pa la don dam mo zhes smra bar mi bya ste / de’i yang dag pa’i don mthong ba’i rigs shes kyis bum sogs ma rnyed pa’i phyir dang / yang dag pa’i don mthong ba’i rigs shes kyis rnyed pa don dam bden pa’i don du gsungs pa’i phyir ro //「壺などは世俗であり、それらの自性が聖者〔の三昧知にとって〕の勝義であると区別して述べるべきであって、壺などが聖者〔の三昧知〕においては勝義であると主張してはならない。なぜならば、正しいものを知覚する〔聖者の〕正理知によって、壺などは得られないからであり、正しいものを知覚する正理知によって得られるものが勝義諦の意味（定義的特質）であると〔チャンドラキールティが〕おっしゃっているからである。」

(27)　ngo bo gcig la ldog pa tha dad pa byas pa dang mi rtag pa lta bu (GR, 97b1)

(28)　次に述べる bdag gcig ’brel の定義にあるように、bdag gcig ’brel の主語になるのは、関係項二つのうちの一方であり、それが他方と同一体であると述定される。しかし、ここの文脈では、ツォンカパは世俗諦と勝義諦とが ngo bo gcig であり bdag gcig ’brel の関係にあると考えていると思われる。ただし、世俗諦であるものを主語として、それが勝義諦と bdag gcig ’brel の関係にあると言っても、論理的には矛盾はない。

(29)　bdag gcig pa’i ’brel pa とは、ダルマキールティの論理学で、論理的な遍充関係（vyāpti）の必然性を保証する実在上の結合関係に二種類があるうちの一つ、tādātmya「同一体であること」を指す。この場合の結合関係（pratibandha）は単なる関係（saṃbandha）とは異なり、むしろ rag las pa「依存関係」と言い換えられる。これについては、福田（2013a; 2013b）参照。

(30)　ツォンカパは、世俗諦と勝義諦が ngo bo gcig であることの教証として、密教のナーガールジュナ作の『菩提心釈』（BCVV, k.68: kun rdzob stong pa nyid du bshad // stong pa kho na kun rdzob yin // med na mi ’byung nges pa’i phyir // byas dang mi rtag ji bzhin no //「世俗は空なるものに他ならないと説かれる。空なるもののみが世俗である。なぜならば、〔世俗は空〕なくしてはあり得ないことに確定している（avinābhāvaniyama）からである。作られたものと無常なもの〔が、それなくしてあり得ない関係に確定しているの〕と同様である。」）を引用して簡単な説明をしている（GR, 97b2-3）。ここに引用したのは、同偈dに対する註釈である。

（31） de yang bdag gcig pa'i 'brel pa yin pas byas mi rtag bzhin du ngo bo gcig par bstan no // (GR, 97b3)

（32） "gi sgo nas" という表現は、文字通りには「の点では」という意味であり、直訳するならば、「bdag bcig という点では異なっている」と訳せるであろう。異なっているといっても、bdag gcig でない場合の異なり方もあるので、それと対比して bdag gcig であり、かつ異なっているという意味である。

（33） dngos po dang bdag nyid gcig gi sgo nas tha dad / dngos po med na khyod med dgos pa de / dngos po dang bdag gcig 'brel gyi mtshan nyid / (福田 , 2002b, p.88)

（34） ngo bo gcig pa bdag nyid gcig pa rang bzhin gcig pa rnams don gcig yin khyab mnyam yin / (福田 , 2002b, p.13).

（35） ツォンカパは『善説心髄』で次のように述べる。「『解深密経』では、依他起は、ngo bo と khyad par として遍計執された存在としては (ngo bor) それ自身の特質によって成立しているものではないので、特質が無自性であること (mtshan nyid ngo bo nyid med pa) が法無我であると説かれているが、そのことから間接的に、依他起に対して、ngo bo と khyad par として仮説されたものが、自らの特質によって成立していると執着することが法我執であると示されている。」(Hopkins, 1999, 430.12–16: mdo sde dgongs 'grel las / gzhan dbang ngo bo dang khyad par du kun brtags pa'i ngo bor rang gi mtshan nyid kyis grub pa med pas mtshan nyid ngo bo nyid med pa chos kyi bdag med du bshad pa'i shugs kyis gzhan dbang la ngo bo dang khyad par du btags pa rang gi mtshan nyid kyis grub par 'dzin pa chos kyi bdag 'dzin du bstan la /)。このような設定はツォンカパによる理解であって、唯識一般のものではない。Hopkins は、"ngo bo dang khyad par du kun brtags pa'i ngo bor" を "as factors imputed in the manner of entity and of attribute" と訳している (Hopkins, 1999, p.195)。すなわち、同じ ngo bo を、"factor" と "entity" と訳し分けている。

（36） 七世紀の仏教論理学の大成者。主著は『プラマーナ・ヴァールティカ』。チベットでは、ダルマキールティの論理学の伝統が、全ての仏教文献の基礎になっている。

（37） ここでダルマキールティのアポーハ論を考察する余裕はない。以下、主に『プラマーナ・ヴァールティカ』第一章のアポーハ論の総論に当たる第四〇～四二偈およびその自注に基づいて、基本的な主張のみを略述する。

（38） 「それゆえ、svabhāva としては区別されなくても、ある特定の法、すなわち名称によって、差異 (viśeṣa) すなわち区別 (bheda) が理解される場合、その〔差異〕を別の〔ダルマ、名称〕によって理解させることはできない。それゆえ〔同じ一つの対象を指し示す〕全ての語が同一の意味対象を持つもの (eka-artha) となってしまうことはない。」(PVSV, p.25.24-26: tasmāt svabhāva-abhede 'pi yena yena dharmeṇa nāmnā yo viśeṣo bhedaḥ pratīyate na sa śakyo 'nyena pratyāyayitum iti na^eka-arthāḥ sarva-śabdhāḥ /; PVSV-Tib, 275a3:

de'i phyir ngo bo nyid tha mi dad kyis kyang khyad par gyi bye brag zhig ming gi chos gang gis go bar 'gyur ba de ni gzhan gyis go bar mi nus pas sgra thams cad ni don gcig pa ma yin no //)。「ある特定のものから区別される〔一群の〕ものが、その区別を理解させるために協約された語によって、その特定のものからの区別に基づき、svabhāva としては区別されなくても、複数のダルマを有するものとして理解される。」(PVSV, p.25.15-17: yato yato bhinnās tad-bheda-pratyāyanāya kṛta-saṃniveśaiḥ śabdais tatas tato bhedam upādāya svabhāva-abhede 'py aneka-dharmāṇāḥ pratīyante /; PVSV-Tib, 274b7–275a1: gang dang gang las tha dad pa de'i dbye ba shes par bya ba'i phyir / tha snyad du byas pa'i sgra dag gis de dang de las tha dad pa rgyur byas nas ngo bo nyid tha mi dad kyang chos du ma shes par byed do //).

(39)　ダルマキールティ論理学における svabhāva の概念については、Steinkellner (1971) が、「概念としての svabhāva」と「実在としての svabhāva」という二義性を指摘したことに基づいて理解されてきた。この箇所でも ngo bo が属性であると同時に基体でもあるという二義性を有していると考えることもできる。しかし、筆者の提案は、これらを統一的に理解できる視点を獲得することにある。そのことはダルマキールティ論理学における svabhāva の理解にも通じるものがあるが、そのことについては別の論考を必要とする。

(40)　bden gnyis kyi dbye gzhi ... shes bya la bya ste yab sras mjal ba'i mdo bslab btus su drangs pa las / ... shes par bya ba yang kun rdzob dang don dam pa'i bden pa 'dir zad de (etāvac caitat jñeyam / yad uta samvṛtiḥ paramārthaś ca, ŚS, 256)... / zhes gsungs te / shes par bya ba yang zhes pas shes bya dbye gzhi dang / 'dir zad do zhes pas bden gnyis su grangs nges pa ... (GR, 97a2–4)

(41)　チベット論理学あるいは論理的な表現を基礎にしたチベット語文献において、存在するものとして考えられているのは、個々の個体ではなく、「名付けられたもの」すなわち名称・概念に対応するものの集合である。命題の主語になるのも、そのような概念的に他のものと区別されるものであり、個々の個体ではない。ただし名指されたものが個体であることはあり得る。これらチベット論理学の基礎的な存在論的概念については、福田 (2004c) 参照。

(42)　この三つ組みの概念については、詳しくは福田 (2003) および福田 (2011) を参照。要点のみを示すならば、これら三つ組みの概念は、主題・述定・論証因という三要素からなるチベット仏教の論証式の構造を転用したもので、主題、それに対する概念・名称の述定、その概念・名称を述定する根拠という三要素からなる「定義式または規定式 (mtshon sbyor)」で表現される。その主題が定義基体 (mtshan gzhi) であり、それに対して述定される概念・名称が定義対象 (mtshon bya) であり、その述定の根拠が定義的特質 (mtshan nyid) である。ある特定のもの (定義基体) について、ある概念 (定義対象) のものと述定し、その根拠になるものが定義的特質である。述定される概念・名称は言説 (tha snyad) とも言われる。

(43)　phyi nang gi dngos po 'di rnams re re la yang don dam pa dang kun rdzob pa'i ngo bo gnyis gnyis yod de / de yang myu gu lta bu zhig la mtshon na / shes bya yang dag pa de kho na'i don gzigs pa'i rigs shes kyis rnyed pa'i myu gu'i ngo bo dang / shes bya rdzun pa slu ba'i don 'jal ba'i tha snyad pa'i shes pas rnyed pa'i myu gu'i ngo bo'o // de'i snga ma ni myu gu'i don dam bden pa'i ngo bo yin la / phyi ma ni myu gu'i kun rdzob bden pa'i ngo bo'o // (LRCB, 178b3–5)

（44） gzhi gang zhig brdzun pa slu ba'i don du yongs su bcad na / mi slu ba'i de kho na nyid yin pa rnam par gcad dgos pas / slu mi slu ni phan tshun spangs te gnas pa'i dngos 'gal lo // de yin na ni shes bya thams cad la khyab par byed pas gnyis dang gnyis ma yin gyi phung gsum sel ba yin ... (GR, 98b2-3)

（45） rnyed pa「得られる」とは、通常「認識される」という意味であるが、ここでは、何らかの対象 (gzhi) が世俗として、あるいは勝義として認識されるということは、その対象が「世俗諦である」あるいは「勝義諦である」と述定されることと等価である。

（46） don dam pa dang kun rdzob rnyed pa'i gzhi gnyis so sor gsungs kyi gcig la rnyed tshul gnyis byung ba min no // (GR, 97a2)

（47） myu gu ni rang gi bden stong yin kyang rang gi don dam bden pa ni min no // (LRCB, zhol, 177a2-3)

（48） myu gu'i chos nyid ni de'i rang bzhin yin pas de'i ngo bo zhes bya la myu gu'i kha dog dang dbyibs la sogs pa yang myu gu'i bdag nyid yin pas de'i ngo bo'o // (RG, 236b3)

（49） 本章註34参照。

第六章　自性と縁起

はじめに

中観思想は、一切法に自性がないこと、すなわち一切法の空性を論証することが根本テーマである。それを論証するために、「自性」とは何か、自性が存在しないというのはどのようなことか、何を根拠にして無自性を論証するのか、など無自性をめぐって様々なテーマが立てられる。特に「否定されるべき自性とは何か」という問題は「否定対象の特定（dgag bya ngos 'dzin）」という術語で呼ばれ、『菩提道次第大論』の毘鉢舎那章でも主要な部分を占めている。(1) 今否定対象として「自性」を挙げたが、それは必ずしも自明のことではない。否定対象の特定が重要な課題になるのは、何が否定対象であるかを明確にする必要があるからである。

前章までは、ツォンカパの中観思想の核心である「中観派の不共の勝法」の思想について、ツォンカパの主張に沿った形で分析を行ってきた。「中観派の不共の勝法」とは、縁起と無自性が矛盾することなく同一の基体において成立すること、あるいは縁起しているものであることによって無自性であることが論証されること、あるいは無自性の意味が縁起の意味として現れること、あるいは単なる存在と自性による存在、端的な無と自性の無とを区別することなどとまとめることができるが、そこで、否定されるべき自性とは何であり、縁起するとはどのようなことであるのか、などの問題については棚上げにして、それらを自明の言葉として前提し、その上での相互の関係を述べてきた。本章以下では、これらの否定対象である自性、あるいはその同義語についてのツォンカパの特徴的な思想を検討していく。

実際には、否定対象は「自性」のみではない。ツォンカパの立場、すなわち帰謬論証派の見解において否定対象とみなされる概念は、「自性によって成立しているもの（rang bzhin gyis grub pa）」、「自らの特質によって成立しているもの（rang gi mtshan nyid kyis grub pa)」、「それ自体で成立しているもの（rang gi ngo bos grub pa)」、これらがさらに自性や自相の修飾語となっているもの（たとえば、「それ自体で成立している自性（rang gi ngo bos grub pa'i rang bzhin)」）、grub pa の修飾語が処格のもの「勝義において成立しているもの（don dam par grub pa)」、「真実なるものとして成立しているもの（bden par grub pa)」、「真に成立しているもの（yang dag par grub pa)」、grub pa の代わりに yod pa が使われるもの[2]（たとえば「自性によって存在するもの（rang bzhin gyis yod pa)」）などである。これらは、言葉は多様なわりに、ツォンカパ自身はあまり区別をしていないように見えるが、「成立する・存在する」という動詞に対する修飾語の格助詞が具格か処格かの違いについては厳格に区別されている。

処格
1　勝義において成立しているもの（don dam par grub pa)
2　真実なるものとして成立しているもの（bden par grub pa)
3　正しく成立しているもの（yang dag par grub pa)

具格
1　自らの特質によって成立しているもの（rang gi mtshan nyid kyis grub pa)
2　自性によって成立しているもの（rang bzhin gyis grub pa)
3　それ自体で成立しているもの（rang gi ngo bos grub pa)

これらは、grub pa に対する修飾語が具格か処格かという違いだけではなく、格助詞の付されている名詞の意味が、処格のグループでは「真実、勝義」など存在の様態を示す言葉であるのに対し、具格のグループでは「自性（rang bzhin)、自体（rang gi ngo bo）、自らの特質（rang gi mtshan nyid）」など、そのものの実体や本質、すなわちそのものの存在根拠を指す言葉である点に大きな相違が見られる。

ツォンカパの思想において、これら二つの修飾語のグループの違いは自立論証派の立場を批判して帰謬論証派の存在論を主張する際に大きな意味を持っている。自立論証派は、真実などの様態のグループに属する存在を否定するが、自性などによって成立しているものは世俗において承認する。それに対して帰謬論証派は、自性などによって成立しているものであるならば、必ず真実なものとして成立しているはずであるので、これら二つのグループはいずれも否定対象であると主張する。この二つのグループを異なったものと見る（自立論証派）にせよ、必然的な関係にあると考える（帰謬論証派）にせよ、これら二つのグループの存在論的な位相の違いが前提となっている。

ただし、自立論証派と帰謬論証派の立場の違いをこのように設定しているのはツォンカパの独創であり、もともとのインドにおいてそのような対立があったわけではない。あるいは少なくともそのような対比が意識されていたわけではない。これら両派の存在論的な位置づけと、これら二つのグループの存在論的な位相の区別は、聖文殊の教示を受けながらツォンカパの中で同時に形成されていったものであろう。言い換えれば、これらの二つのグループの存在論的な区別は、自立論証派と帰謬論証派の違いを明確に設定するために都合のいいように設定されているのである。それが妥当であるか否かは、今は問題ではなく、ツォンカパがそれらを異なったものとして設定することによって帰謬論証派の存在論的な優位性をどのように打ち立てているかを理解することが、本章での課題である。

さて、自性という訳語はサンスクリット語の svabhāva、チベット語の rang bzhin の漢訳仏教語であり、現代語に訳すことは難しい。それを「実体」や「本質」あるいは「本質的属性」と訳すにせよ、そのような訳語だけで自性の意味を伝えることはできない。それはチベット語においても同様であり、何をもって自性と言うか自体を議論し規定する必要がある。

一方、縁起は、現代語に訳されることはほとんどないが、そのおおよその意味は仏教に関心のある人であれば一応の理解を持っているであろう。仏教の根本的な教理の一つでもあるため、縁起そのものを否定する仏教徒はいない。それぞれの学派には、それぞれの教義に基づく縁起説がある。みな、釈尊が悟ったとされる縁起をそれぞれの立場から解釈し直したものと言える。その中でナーガールジュナが『中論』の帰敬偈で縁起を説いた釈尊に敬礼し、縁起と空を結びつけて中観思想を宣揚したとき、その縁起は他の立場の説く縁起とは異なった意味を担っていたに違いない。ツォンカパもまた、「中観派の不共の勝法」の思想を確立していく過程で、聖文殊から授けられた教えを自らの思想として表現した最初の著作『縁起讃』において、他ならぬ縁起を説いたことを釈尊の最も重要な価値として賞讃したことは第二章で見てきた通りである。この縁起が他の立場と共通のものであるはずはない。本章では、一八世紀の有名な学説綱要書作者のチャンキャ・ルルペードルジェの再解釈をも参照しながら、ツォンカパの初期中観思想における自性と縁起の関係について考察を深めたい。

第一節　自性の規定

ツォンカパは『菩提道次第大論』において、「無明が自性を増益する仕方はどのようなものであるのか」という問いを立て、次のように答えている。(3)

人あるいは法いずれの対象においても、知の力によって設定されたのではなく、それらの諸法にそれぞれの側で（rang rang gi ngos nas）何らかの実相（gnas tshul lam sdod tshul）があると執着すること（'dzin pa）が〔無明による自性の増益の仕方〕である。また、その〔無明〕によって執着されている通りの思念対象（zhen yul）である、諸法それぞれ

〔にあると増益されている〕実相（sdod lugs）を指して、「我」や「自性」が、作業仮説として（brtag pa mtha' bzung gi sgo nas）特定される。[4]

ここでは、無明と自性の関係が、増益する側の知と増益される側の対象（正確には思念対象）との関係として述べられている。諸法が知の力によって設定されたものではなく対象それ自身の側に、それぞれの実相[5]があると増益する知が無明であり、そのように増益された思念対象が自性である。増益の仕方、増益するもの、増益されるものは、別々のものではなく、全部が一体の構造をなしている。この増益の構造は、『菩提道次第大論』の毘鉢舎那章において、ほとんど同じ言葉で繰り返し何度も言及される。この時期のツォンカパにとって、それだけ、この構造が基本的なものであったと言えるであろう。

ここでは、「自性」と「我」が同義語として挙げられているが、ツォンカパはさらに『四百論釈』に基づいて、他の同義語を挙げ、この増益された実相について肉付けをしていく。[6]

「他に依存しないもの」というのは、因や縁に依存しないということではなく、それを対象としている（yul can, viṣayin）言説知を指して「他」と言い、その力によって設定されたものではないので、「他に依存しないもの」〔と言うの〕である。それゆえ〔それは〕「自立的なもの」と言われる。すなわち、それらの対象（yul）それぞれの独自の実相（rang rang gi gnas lugs sam sdod lugs thun mong min pa'i ngo bo）〔のこと〕である。その同じものが「それ自体（rang gi ngo bo）」や「自らの自性（rang gi rang bzhin）」と言われる。[7]

自性および我の同義語として、「他に依存しないもの」が最初に取り上げられるのは注目に値する。この「他」が言説知を指すことにより、これは先の実相の増益の規定で「知の力によって設定されたものではなく」とされたことの言い換えであることになる。「他に依存しない」ことから「自立的であること」が帰結する。これも先の増益の規定で、それぞれの対象の上にある実相と言われたものを意味していることになる。

対象について自性が増益される仕方を逆にすれば、自性を持たない単なる存在である言説有は、対象の側の実相の存在していない、言説知の力によって措定されたものであるということになる。言説有を措定する言説知とは、すなわち言説の量に他ならない。言説知によって措定されるとは、言説の量によって認識されることによって、その存在が成立することを意味する。そのような言説有は、「中観派の不共の勝法」によれば、縁起する存在でもあり、それゆえ「他に依存しない」自性と相容れないことは言うまでもない。

次にツォンカパは、縄と蛇の喩例を使って、同じ増益の構造を説明する。内容も表現もほぼ同じであるので、ここに引用する必要はないかもしれないが、ツォンカパ自身が同じことを繰り返し記しているのを確認するために、重複を厭わずに引用しておこう。

それについても、たとえば、縄に対して蛇が仮説（＝増益）されているとき、その蛇を捉えている知の側でどのように仮説されたか〔を考察すべきなのに、それ〕を措いて、その蛇が、それ自体としてどのようなものであるかを考察したとき、対象の上に蛇そのものは成立していないので、その〔成立していない蛇の〕属性も考察することはできない。それと同様に、これら〔世俗の〕諸法についても、言説知に対して現れる仕方を考察することを措いて、それら諸法自身の実相がどのようなものであるかと対象の上に〔おけるあり方を〕考察したとき、何も成立していないものに対して、そのように（＝何も成立していないと）は捉えずに、言説知の力によって設定されたものではなく、それら諸法それぞれの側に〔量によって〕認識される実相があると捉えるのである。(8)

増益された蛇は、対象である縄のどこを探しても見出せない。その蛇がここでは諸法それ自体の側に増益された実相の喩例となっている。ただし、この喩例では仮説の基体となっている縄と、そこにおいて仮説された蛇とは別のものであり、縄は実在している基体であるのに対し、諸法において増益された実相は、諸法自身の側にあるものとして増益されたものであり、それを欠いた法もまた縄のように実在するものではない。要するに、増益された実相が、仮説された蛇のように実体のないものであることのみが喩えられているのである。

最後にもう一度同じことがまとめられる。表現は若干異なるが、内容は変わらない。

従って、内なる知の力によって設定されたのではなく、それ自体として (rang gi ngo bo'i sgo nas) 対象の上に成立しているものが「我」とか「自性」と言われる。(9)

「対象それ自身の側において成立している実相」という部分のチベット語の表現は、少しずつ違っているが、和訳でその違いを表現することは難しい。(10)

第二節　自性と縁起

同じ規定は、後に法無我について論じる箇所にも繰り返される。そこでは、鏡像を見て、そこに実物があると捉える幼児が喩例として用いられるが、[11] ここでは、さらに縁起との関係が論じられる。「他に依存しないもの」という自性の規定について、「他」を他の因縁という意味に解するとき、自性は因縁に依らない存在、すなわち縁起しないものを指すことになる。そうなると縁起を承認している仏教徒であれば、当然自性を否定していることになるので、中観の論理は仏教徒に対しては必要ないということになる。この問題に対するツォンカパの返答から、自性と縁起の関係についての初期のツォンカパの理解が読み取れる。

> 有情もまた、〔感官によって〕感受し〔感官知に〕現れている諸法について、そのように現れている知の力によって設定されたものではなく、それら〔現れている〕対象（＝諸法）に、現れている通りの実相（sdod tshul）が対象の上にそれ自体（rang gi ngo bo）としてあると捉えることが、[12] 自性があると増益する仕方であり、その対象の〔上にある〕そのような自性が、「それ自体」（rang gi ngo bo）、「自性」（rang bzhin）、「自立的なもの」（rang dbang ba）〔という語〕の意味であるので、そのような〔自性など〕が〔対象の側に〕存在するならば、〔その対象は〕因や縁という他に依存することは矛盾するのである。もし矛盾しないとするならば、既に成立してしまっている壺が、再び因縁によって生じることはあり得ないと〔いう、縁起することによって自性を否定する論理を〕承認することができない〔ことになってしまうであろう〕[13]。

ここで自性と矛盾するとされる「他のものに依存するもの」の「他のもの」とは、それが生じるための因縁を指している。「自立的なもの」が「他に依存しない」というのは、自立的なものは縁起しないという意味で捉えられている。もし、逆に「自立的なもの」が「因縁に依存することが可能である」と認めるならば、既に成立しているものが再び生じることになり、自己からの生起を否定するための論理が成り立たなくなる。

このあとツォンカパは、「自立的なもの」はそれ自身で成立しているので縁起するものではないが、有為は全て縁起するものなので自立的なものではなく、従って全ての有為に自性はないという内容のチャンドラキールティの『四百論釈』を引用している。(14) 縁起と自性が矛盾すると主張するのが「中観派の不共の勝法」によって否定される実在論であることは、第一章「中観派の不共の勝法」において見てきた通りである。それがここでも繰り返されていることになる。

対象の上に〔ある〕、それ自体として（rang gi ngo bo'i sgo nas）独立自存する実相（rang tshugs thub pa'i sdod lugs）を指して「自立的なもの」と言うべきである。従って、自性を欠いている（自性に関して空である）こと（rang bzhin gyis stong pa）の意味は、自立的な存在（rang dbang ba'i ngo bo）を離れていることを指しているのであって、効果的作用の働きある実在ではないということを指してはいない。それゆえ、縁起するという理由によって、自性を否定することができるのである。(15)

しかし、ここで新たに問題になるのは、仏教徒であるならば、因縁に依存しないようなものを認めることはないので、全ての仏教徒は自性を否定していることになり、中観の論理は不要になってしまうという批判である。そこで、中観派以外の仏教徒が縁起を認めていても、なおそこに自立的なものを前提としていることを指摘する必要がある。すなわち、自立的なものとは「因縁に依らないもの」「縁起しないもの」「効果的作用の働きのないもの」を意味するのではなく、縁起はしていても、なお「対象の側に、それ自体で成立している実相」を考えていると批判できなければならない。

そこでツォンカパは反論者に再度「自分たちは縁起していることを認めているのに、何を否定しようとしているのか」という問いを立てさせ、それに対して次のように答える。

〔反論者：〕自立的な存在（rang dbang ba’i ngo bo）を、効果的作用の働き（don byed pa）としての縁起によって否定し、自立を離れていることの意味は縁起の意味であると〔あなたが主張〕するならば、〔そのことで〕あなたは私に対して一体何を否定しているのか。なぜならば、我々もまた効果的作用の働きとしての縁起を認めているからである。したがって、あなた〔の主張〕と私〔の主張〕に違いはない。

〔ツォンカパ：〕あなたは因果〔関係としての〕縁起を承認している〔と言う〕けれども、〔それは〕幼児が鏡に映った顔の像を本当の顔であると考えているのと同様、縁起〔しているもの〕に対して、自性によって成立しているものであると増益し、〔それが、〕実在するものの本性（dngos po’i rang gi ngo bo nyid）であると述べているので、縁起をありのままに理解せずに、それとは逆に（ji bzhin min par）語っているのであるが、我々は自性が存在しないと主張しつつ、そのように〔自性のないものが縁起していると〕主張しているので、〔あなたの考えとの〕違いはそこ〔にある〕のである。[16]

縁起を認めていると主張する反論者に対して、ツォンカパは、あなたは縁起している諸法が現れている通りの自性をもった存在であると考えているのであって、縁起をありのままに理解していないと答える。しかし、反論者の誤解の本質は、縁起そのものについての誤解ではなく、対象が「現れている通りの自性をもっていると考える」こと、あるいは「自性によって成立していると増益している」ことにある。反論者が言う意味での縁起、すなわち効果的な作用があったとしても、対象の自性を増益をしている限り、真の縁起は成り立たない。そのことが「無自性なものが縁起する」という「中観派の不共の勝法」によって批判されるのである。

幼児と有情が共に錯誤しているのは、現れているものが、それの現れている知の力によって措定されたものではなく、それ自体で成立していると捉えているからである。意識に依らずに、対象それ自体で、現れている通りに成立していると捉えることが、その対象に自性を増益することである。中観派以外の仏教徒は、一切法がそのように成立していると考えているのである。

ここでは、言説知と対象の存在の間に因果関係があるとも、それらが縁起しているとも説いてはいない。「他に依存しないもの」が「他である言説知に依存しない実相を増益すること」に他ならないとしても、他である言説知と知に現れている対象との間に因果関係が考えられているわけではなく、あくまでも自性の増益の仕方の説明に他ならない。すなわち、言説知に依って措定されるという言説有のあり方は、言説有が縁起しているということを意味するのではなく、言説有が自性を欠いていることを意味している。このことは、ツォンカパの縁起理解を整理することでより明確になる。

第三節　二種類の縁起

ツォンカパは『菩提道次第小論』で、無自性を論証する論証因としての縁起に二種類挙げている。

それゆえ、芽などの外的な実在と想などの内的な実在は、順に種などと無明などに依って生じる (brten nas 'byung) が、もしそうであるならば、それらが自らの特質によって成立していること (rang gi mtshan nyid kyis grub pa) は不合理である。なぜならば、自らの自性によって(rang gi ngo bo nyid kyis)成立しているならば、自立的な自存の自性(rang dbang ba'i tshugs thub kyi rang bzhin) が自らに成立していなければならないので、因と縁に依存することは矛盾することになるからである。『四百論』に(17)「依って生じるものは自立的なものでないであろう。この一切は自立的なものではない。それゆえ、我は存在しない」とある。この〔偈〕によって、人や壺などもまた、自らの集合体（tshogs pa）に依って仮説されたものであるので、自性によって成立しているものではないと理解するべきである。〔以上が〕縁起という論証因の二つの設定〔の仕方〕である。[18]

ツォンカパの書き方は明瞭ではないが、最後に「縁起という論証因の二つの設定」とあるので、ここで二種類の縁起が区別されていることは明らかである。まず芽や想などの実在するもの（dngos po）は、種や無明という原因から生じる結果であるので、これらは因・縁に依って生じる（brten nas skya ba）縁起である。一方、『四百論』第一四章第二三偈によって、構成要素に依って仮説される（brten nas btags pa）という縁起が示される。これもツォンカパの挙げている人や壺という例から分かるように有為の縁起である。無為については、『菩提道次第小論』では別に次の科段「その〔縁起という論証因〕と前の正理（＝部分と全体の同一性・別異性を考察することによる自性の否定）によって無為もまた真実無であることが論証される仕方」[19]で論じられる。内容は、有為についての部分と全体の同一・別異を検証する正理と縁起の論証因とを無為にも適用するものであるが、無為についても様々な仮説・設定が行われうることを指摘するものであり、言説知に依存するという縁起は説かれていない。

ツォンカパは『中論註正理大海』の冒頭の『中論』の帰敬偈の註釈箇所で、チャンドラキールティを参照しながら、帰敬偈に説かれる縁起の語義解釈を行っている。その箇所ではチャンドラキールティは基本的に因縁に依って生じる有為の縁起を意図しているが、ツォンカパは、因縁に依って生じるのではなく、依って成立するという意味に理解しようとしている。

この〔『中論』の帰敬偈を注釈する〕箇所で、〔生滅がないなどの八つの否定によって限定される〕限定対象（khyad gzhi）として示されている縁起は、註釈〔『プラサンナパダー』〕では有為の縁起であると説明されている。[20]その中で、

「出会う（'phrad）」、「相待する（ltos）」、「依拠する（rten）」の三つは同義語であるとお説きになっているので、[21]「依拠する」という語の意味は所知全てにある（＝当てはまる）が、「起（'byung ba）」に二つ〔の意味が〕あるうちの「生起（skye ba）」〔の意味〕は有為でないものには存在しない（＝当てはまらない）けれども、「それに依って成立する（de la brten nas 'grub pa）」ということも「起（'byung ba）」の意味であると説かれることがある。すなわち〔『中論』第八章第一二偈に〕「行為者は行為に依存して〔生じ〕、行為もその行為者によって生じる（'byung ba, pravartate）こと以外に、成立の原因は見当たらない。」と、行為に依って行為者が生じるとお説きになっているけれども、行為が行為者を生み出す（skyed byed）わけではない。この論理は他の法にも適用されるとおっしゃっている箇所で、[22]量と所量、所証と能証が相互に依拠して生じるとお説きになっているのも、[23]相互に生み出すものではあり得ないのである。[24]

rten 'byung を、単に因縁に依って生起することではなく、依って成立するという意味で解するならば、縁起の意味が有為・無為の一切法に妥当するものとして理解することができる。これはいわゆる「相互依存の縁起」にあたる。ツォンカパが『中論』を引用しながら挙げている例は、まさに作用の主体とその対象が相互に依拠して成立するものであり、一方が一方を生じさせるような因果関係ではない。このことと、先の『菩提道次第小論』の、無為についても同一・別異の関係の分析による縁起の論証因によって真実無が論証できるという指摘を重ね合わせれば、ツォンカパが考える縁起のあり方は、因果関係と相互依存の縁起の二つであることが分かる。相互依存の縁起を概念的設定と言ってもいいが、[25]この場合の概念は言説（tha snyad）と言い換えられるので、結局これは言説有の設定に他ならない。この言説有は、存在するもの全て、すなわち一切法を包括するものである。実際ツォンカパは、この引用の後にこの相互依存の縁起によって「縁起していない法は何も存在しない。それゆえ空でない法は何も存在しない。[26]」という『中論』第二四章第一九偈の、一切法（有為と無為を含む）に妥当する縁起と空とが正しく解釈できることになると結んでいる（RG, 11b5–6）。「依って仮説される」という意味での「他に依存するもの」(gzhan la rag las pa) は、「自立的なもの」あるいは「それ自体で成立しているもの」と矛盾することは明らかなので、これもまた無自性を論証する縁起の論証因の一つとされるのである。

先に検討したように「他に依るもの」の「他」は言説知であると述べられていたが、縁起についての議論で「言説知によって設定される」ことが言及されることはない。これは常に自性を定義するときに、その対立項として言及され、また帰謬論証派の立場からの言説有を規定するものである。言説有は言説知に依るものであるとしても、それが縁起という論証因とは考えられていなかったのである。

第四節　チャンキャ『学説設定』における三種の縁起

ツォンカパは前節の引用で、対論者の問に対し「縁起を認めていると主張しても、対象が現れている通りに対象の側で成立していると考えているならば、それは縁起をありのままに理解していないことになる。」と答えていた。縁起と自性が矛盾し、縁起と無自性が矛盾せず、縁起によって無自性を論証できるという「中観派の不共の勝法」では、縁起と自性・無自性は密接に関係し合い、切り離し得ない一つの構造をなしている。ここから、言説知に依存して諸法（すなわち諸々の概念と名称）が成立することを「縁起」と呼ぶ解釈が生まれて来ても不思議ではない。実際、後代のチャンキャ・ルルペードルジェの学説綱要書にはそのことが第三の縁起として説かれている。

チャンキャはその『学説設定』において、帰謬論証派が考える縁起に三種があることを指摘している。三種類の縁起とは、有為のみに当てはまり、他の仏教徒にも共通に承認されている因果関係としての縁起、有為および無為の全ての法に当てはまる、構成要素の集合あるいは仮説の基体の上に仮説されるという、自立論証派も含めた中観派に共通の縁起、そして帰謬論証派の勝法である、分別知に依存して仮説されるという縁起である。

一般に「出会う」「相待する」「依拠する」の三〔語〕は同義語であるとも説かれているが、理解が得やすいように区別して述べるならば、[27]

「出会う」「相待する」「依拠する」の三語が同義語であるというのは、前節で引用したようにツォンカパの『中論註正理大海』の言葉であり、さらにそれはチャンドラキールティの『プラサンナパダー』の縁起の語義解釈を基にしている。チャンドラキールティもツォンカパもそれら三語の意味の違いを区別してしていないが、チャンキャがここでそれらを区別して三種の縁起に配当している。

前節で見たように、ツォンカパ自身は縁起を最初の二種類にしか区分していない。分別知に依存して全ての存在が設定されるという依存関係については言及しているし、また帰謬論証派の言説有の設定の仕方として重要ではあるが、それを「縁起」に数えることはなかった。

以下、チャンキャは、'phrad pa と ltos pa と brten pa を区別して、三種類の縁起を順次説明していく。

「出会う（'phrad pa）」という〔語〕によって、実在するものが自らの因によって生じるという縁起が論証因の意味であると理解される。この〔縁起の意味〕は下位の学説とも共通である。その場合にも、〔因によって生じる〕ということだけを縁起の意味であると主張する点で等しいので「共通」と言うのであって、〔下位の学説の者〕たちが主張する縁起が本当の〔縁起〕である（rten 'brel bden pa ba）と主張しているわけではなく、またかれらが〔その縁起によって〕

真実無を論証しているわけでもない。「出会う」というのは因と果の生滅の働きが出会うことであって、因と果が出会うわけではない。(28)

因縁に依って果が生起するという有為の縁起は、全ての仏教徒に共通の縁起の理解であるが、中観派以外のものは、その真の意味を理解していない。その真の意味とは、縁起しているが故に、そのものが真実なるものとしては存在しないことを理解できることであろう。ここで大事なことは、この意味での縁起を認めたとしても、そのことで中観派の無自性を論証できるわけではないという但し書きである。この有為の縁起についても、他の仏教徒に共通の理解と、中観派、あるいは帰謬論証派独自の理解があることを示している。共通であるのは、表現の上での類似だけである。

「相待する(ltos pa)」という〔語〕によって、有為および無為の諸法が、それぞれの構成要素に相待して自らの存在(rang gi bdag nyid)を得るという論証因が示される。〔これは〕samutpāda が「成立すること」を意味すると説明されるのに基づくものである。これは前の〔縁起の意味〕よりも範囲が広く、直接説かれている意味だけは、他の中観派と共通のものである。(29)

「相待する」の意味での縁起は、そのものの構成要素に相待して全体が仮説されることを意味する。有為について当てはまることはもちろんだが、無為、すなわち概念的なものについても、それが仮説される基体の上に構想されたものである。ここでは相互依存の縁起への言及はないが、「依って仮説される」というあり方には、その構成要素に相待して仮説される場合以外に、他の存在との相対的な関係(主体・客体のような二元論的な関係も含めて)も含まれると考えてよいであろう。ツォンカパも『中論』第八章第一二偈を引用しているように、(30)『中論』にそのことが明確に説かれているので、自立論証派を含む中観派一般に共通の縁起の理解である。

「依拠する（rten pa）」という〔語〕によって、一切法が依って仮説されたもの〔であるという〕論証因の意味が示される。それぞれの仮説の基体（gdags gzhi）に依拠して仮説されただけのものとして成立しているということである。この〔解釈〕は、最上の学説であるこの〔帰謬論証派〕のみの勝法であり、自立論証派以下〔の立場〕と共通しないものである。[31]

さらにここでは帰謬論証派独自の縁起説、すなわち全ての存在は、仮説の基体の上に設定されただけのもの、仮説されただけのものにすぎないという関係が、最も深遠なる縁起として説かれている。この一切法が言説知に依拠して設定されるという考え方は、もちろんツォンカパ自身にあるものだが、先に指摘したように、これをツォンカパは「縁起」としては説いていない。縁起ではなく、無自性なる存在の仕方を示していると考えているのである。[32]

さらに続けてチャンキャは、これら三種の縁起を『中論』の帰敬偈の箇所での『プラサンナパダー』の縁起の語義解釈に関連づけている。

以上の通りであるならば、『プラサンナパダー』のその〔縁起の語義解釈〕の原典における「実在するものの生起（bhāvānām utpāda, dgnos po rnams kyi 'bung ba）」という〔語句〕の「生起」の意味が、「生じること（skye ba）」だけを意味しているならば、最初の論証因〔を表している〕。「成立していること」、あるいは「存在していること」を意味しているならば、第二、第三の論証因も表しているのである。「因や縁に」というのが、芽の質料因（nye bar len pa'i rgyu）である種と、縁である水や肥料などだけを指しているならば、最初の論証因〔を表し〕、それ自身の存在が成立する因である仮説の基体あるいは構成要素（cha shas）を指しているならば、第二の論証因〔を表し〕、それぞれ〔の存在〕を仮説する〔主体である〕分別知を指しているならば、第三の論証因を表しているのである。[33]

『プラサンナパダー』の縁起の語義解釈に示された「因と縁に相待した諸々の実在するものの生起（hetu-pratyaya-apekṣo bhāvānāṃ utpādaḥ, dngos po rnams kyi 'byung ba rgyu dang rkyen la ltos pa）[34]の「生起」を「生じる」という意味と解することによって有為法の縁起が、「成立している」あるいは「存在している」という意味に解することによって有為法・無為法の全てを含む一切法の縁起が示されていると説明している。また「因や縁」も、質料因などの実際の原因と解すれば第一の縁起が、構成要素や仮説の基体と解すれば第二の縁起が、仮説する分別知を指すと解すれば第三の縁起が意図されていると説明する。いずれもテキストの解釈としては無理があるが、三種類の縁起を明確化しようとするチャンキャの意図は十分に伝わる。

それゆえ、チャンドラキールティのご主張によって「因と縁に依存している」と言われた因縁は有為の因縁である種や水・肥料のようなものだけを指していると言うべきではなく、仮説する〔主体〕である分別知もまた意図されているとすべきであるということは、吉祥なるチャンドラキールティと聖ツォンカパ大師の特に優れたお考えであるけれども、天辺の尖った学者の帽子で頭が飾られた思慮ある人々の大部分は、現在、〔そのようには〕お説きになっていないのである。[35]

チャンキャは、以上のように第一と第二の縁起以外に、第三の分別知によって仮説されるという縁起がチャンドラキールティやツォンカパの真意であるが、現在の最高位の学僧達の大部分はそれに言及していないと批判している。[36] 根本(2014)

は、ジャムヤンシェーパ（'jam dbyangs bzhad pa ngag dbang brtson 'grus, 1648–1721）が『縁起奥義探求（rten 'brel gyi mtha' dpyod）』で三種の縁起に言及していることを報告しているが（p.292, n.24）、実際にはジャムヤンシェーパは縁起を三種として明示しているわけではない。ジャムヤンシェーパの記述は以下の通りである。

(1)仮説するものに依存して成立するものというのが縁起の定義である。あるいは(2)構成要素に依存して成立するものというのが縁起の定義である。その〔縁起するもの〕を分けるならば有為〔の縁起〕と無為の縁起の二つがある。(3)因縁に依って生じたものというのが有為の縁起の定義(rang 'dus byas su gyur pa'i rten byung yin pa'i mtshan nyid)である。(4)因縁に依ることなく仮説するものに依存して成立しているものというのが無為の縁起の定義である。また、(5)三つの縁に依って生じたものというのが有為の縁起の定義である。三つの縁とは、不動の縁（梵天・自在天などの知の働きから生じるものではない縁という意味）と無常の縁と可能力の縁である。[37]

(1)と(2)は「あるいは」で別の定義の仕方として挙げられる。さらに縁起するものの分類として有為と無為に分け、それぞれの定義が(3)と(4)に述べられるが、(1)と(2)との関係は明確ではない。さらに有為の縁起の別の定義として(5)が述べられる。チャンキャの言う三種の縁起は、順に(3)、(2)、(1)=(4)に当たるが、チャンキャが意図しているような、学説の高低および、定義されるものの範囲の広狭に言及しているわけではない。このジャムヤンシェーパの記述は、関連するいくつかの定義を列挙しているような感がある。分別知に依って仮説される縁起が、無為の縁起の定義とされて、チャンキャのように一切法に適用されるもっとも普遍的かつ根本的な縁起と考えられていないことからも、チャンキャの提起した縁起の段階性とは別の発想と思われる。もちろん、ジャムヤンシェーパの著作は膨大なので、他の箇所でチャンキャのような図式に言及していないとは限らないし、またその他のゲルク派の学僧の誰かがその点に言及している可能性もあるので、これがチャンキャの独創かどうかは現時点では確認できない。

これに引き続いてチャンキャは前節で引用した『菩提道次第小論』の二種の縁起に言及する箇所を挙げ、それをツォンカパ自身の意図とは別に三種の縁起に配当する解釈を示している。チャンキャが第三の分別知に依拠して仮説されるという縁起が示されていると考えているのは「人や壺などもまた、自らの集合体（tshogs pa）に依って仮説されたものであるので、自性によって成立したものではないと理解するべきである。」という部分であるが、これは「部分によって全体が仮説される」という第二の縁起に相当することは既に見た通りである。[38] これも原文の解釈としては妥当性を欠くが、チャンキャの意図は理解できる。

おわりに

本章では、自性と縁起についてのツォンカパの見解を概括的に検討した。『菩提道次第大論』においては、自性、それ自体、自立的なもの、他に依らないものなどが同義とされ、他のものである言説知あるいは分別知によって設定されたのではなく、対象自身の側にそれ自体で存在していると捉えられている対象の実相が「自立的なもの」であり、それが自性とも我とも呼ばれるとされる。これはそれを捉えている言説知に現れている通りに対象の側でも存在していると思い込まれているものである。そのような自性あるいは対象の実相は否定されるが、その対象自身の存在は、言説知によって設定されたものとして（すなわち言説の量によって認識されたものとして）正理知によって否定されることはない。この自性の規定における「言説知によって設定されたのではなく」という部分を逆転させて、言説有が「言説知によって設定されたもの」

としてポジティヴに規定されることになる。

言説有は、言説知に依拠して成立するものである。一見するとこれこそが帰謬論証派独自の縁起説を述べているように思えるが[39]、実際にはツォンカパ自身はそれを「縁起」として言及することはなかった。ツォンカパが考えていた縁起は、因縁によって果が生起するという有為の縁起と、構成要素あるいは対比的な他の概念に依って仮設されるという有為と無為の両者に共通の、すなわち「一切法」に適用される縁起である。後者はチャンドラキールティが「相互依存の縁起」として主張したものを継承したものである。ツォンカパ自身はこの二つの縁起によって、有為法も無為法も無自性であることを論証できると考えていた。

一八世紀の代表的な学説綱要書の作者であるチャンキャ・ルルペードルジェは、チャンドラキールティおよびツォンカパのテキストに基づきつつ、ツォンカパが挙げた二種の縁起に、さらに言説知に依拠して言説有が仮設されることを第三の縁起と位置付けた。この第三の縁起は、帰謬論証派のみが主張している最も深遠なる縁起である。ツォンカパもこの関係については言及していたが、それを縁起としてではなく、言説有の設定として述べていたに留まる。テキストの解釈としては無理はあるにせよ、このように三種の縁起にまとめて、それをより深化する思想として捉えたことは、チャンキャの慧眼を示していると言えるだろう。

（1）『菩提道次第大論』毘鉢舎那章の構成については、第一章「中観派の不共の勝法」第一節「『菩提道次第大論』の構成と「中観派の不共の勝法」の位置付け」参照。

（2）ここに挙げた否定対象における「成立しているもの（grub pa）」は「存在するもの（yod pa）」とほぼ同じ意味である。一般的には「存在するもの」とは、量によってその存在が確認されるもの（tshad mas dmigs pa）を意味するが、しかし、帰謬論証派の理解では、これら否定対象のいずれも「存在しない」もの、すなわち量によって確認されないものである。ただし、これら否定対象は帰謬論証派にとって存在しないものではあっても、対論者である実在論者にとっては存在していると見なされているので、実在論者の立場で「量によってその存在が確認されている」という意味で「成立・存在している」と言われている。このような仮説的な仕方での設定をチベット語では “brtag pa mtha' gzung gi tshul” と言う。

（3）この文章は、第一章「中観派の不共の勝法」六六頁において既に引用した。

（4）gang zag gam chos gang yang rung ba'i yul rnams la blo'i dbang gis bzhag pa min par chos de rnams la rang rang gi ngos nas gnas tshul lam sdod tshul cig yod par 'dzin pa 'di yin la / des ji ltar bzung ba'i zhen yul chos rnams kyi rang rang gi sdod lugs de la ni bdag gam rang bzhin zhes brtag pa mtha' bzung gi sgo nas ngos gzung bar bya ste /（LR, 425b3–4）

（5）ここで「実相」と訳した gnas tshul、sdod tshul、gnas lugs、後に出て来る sdod lugs は、みな「存在の仕方」という意味であるが、単なる存在ではなく、真実の存在の仕方のことであるので、「実相」と訳した。各々の表現の違いは想定していない。

（6）CŚṬ, 220b6: 'di na gang “rang gi ngo bo” dang “rang bzhin” dang “rang dbang” dang “gzhan la rag ma las pa nyid” yin pa de la ni /. Cf. CŚ, XIV, k.23cd: 'di kun “rang dbang” med pa ste // des na “bdag” ni yod ma yin //.

（7）gzhan la rag ma las zhes pa ni rgyu rkyen la rag ma las pa ma yin gyi yul can tha snyad pa'i shes pa la gzhan zhes bya ste de'i dbang gis bzhag pa min pas gzhan la rag ma las pa'o // des na rang dbang ba zhes bya ste yul de dag gi rang rang gi gnas lugs sam sdod lugs thun mong min pa'i ngo bo'o // de nyid la rang gi ngo bo dang rang gi rang bzhin zhes bya'o //（LR, 425b5–426a1）

（8）de yang dper na / thag pa la sbrul du btags pa de sbrul 'dzin gyi blo'i ngos nas ji ltar btags pa de bzhag nas sbrul de rang gi ngo bo'i sgo nas ji ltar yin dpyad pa na yul steng du sbrul nyid ma grub pas de'i khyad par dpyad du med pa de bzhin du / chos 'di rnams kyang tha snyad pa'i blo'i ngo na ji ltar snang ba'i snang tshul la dpyad pa bzhag nas chos de rnams kyi rang gi gnas lugs ji lta bu yin snyam du yul steng du dpyad pa na cir yang ma grub pa yin pa la / de ltar du mi 'dzin par tha snyad pa'i shes pa'i dbang gis bzhag pa min par chos de dag la rang rang gi ngos nas gzhal ba'i gnas lugs re yod par 'dzin pa ste /（LR, 426a1–4）

（9）　des na nang gi blo'i dbang gis bzhag pa min par rang gi ngo bo'i sgo nas yul gyi steng du grub pa de la bdag gam rang bzhin zhes zer la /（LR, 426a5–6）

（10）　自性などと同義のものとして『善説心髄』において重要になる「自らの特質によって成立しているもの（rang gi mtshan nyid kyis grub pa）」は、この『菩提道次第大論』においてはほとんど使われていない。これらの用語の頻度については、木村（2004）に調査報告がある。この概念については第八章「自らの特質によって成立するもの」参照。

（11）　LR, 486b2–3: dper na / byad bzhin gyi gzugs brnyan snang ba na byis pa chung ngu rnams mig rna sogs su snang ba de ni de 'dra ba'i blo'i ngo na de ltar yin gyi / ji ltar snang ba ltar gyi don rang gi gnas tshul min no snyam du mi 'dzin par don de rang gi gnas lugs sam sdod lugs su 'dzin pa bzhin du ...「たとえば、顔の像が鏡に現れているとき、幼児たちは、目や耳などとして現れているものが、そのような〔現れ方をしている〕知にとってそう〔見えて〕いるのであって、現れている通りの対象（＝顔）自身の実相（don rang gi gnas tshul）ではないと捉えず、その〔現れている〕対象は〔鏡像〕自身の実相（gnas lugs sam sdod lugs）であると捉える。それと同様に」。

（12）　この箇所は原文のチベット語と和訳では語順を相当変えている。日本語としては読みやすく理解しやすいと思われるが、ツォンカパの意図を正確に反映しているかどうかは分からない。

（13）　sems can rnams kyang myong ba dang snang ba'i chos rnams la / de ltar snang ba'i blo'i dbang gis bzhag pa min par / don de dag la ji ltar snang ba ltar gyi rang gi ngo bo'i sgo nas yul steng du sdod tshul yod par 'dzin pa ni rang bzhin yod par sgro btags tshul yin la / de'i yul gyi rang bzhin de 'dra ni rang gi ngo bo dang rang bzhin dang rang dbang ba'i don yin pas de 'dra ba yod na ni rgyu rkyen gzhan la rag las pa 'gal te / mi 'gal na ni grub zin pa'i bum pa slar yang rgyu rkyen las skye mi dgos pa khas blang du mi rung ba yin no //（LR, zhol, 486b3–6）

（14）　CŚṬ, 220b6–221a1 ad CŚ, XIV, k.23: 'di na gang rang gi ngo bo dang rang bzhin dang rang dbang dang gzhan la rag ma las pa nyid yin pa de la ni rang las grub pas rten cing 'brel par 'byung ba yod pa ma yin na / 'dus byas thams cad rten cing 'brel par 'byung ba yang yin no // de ltar dngos po gang la brten nas 'byung ba yod pa de ni rang dbang du mi 'gyur te / rgyu dang rkyen la rag las te skye ba'i phyir / 'di kun rang dbang med pa ste / de'i phyir dngos po gang la yang bdag ste rang bzhin yod pa ma yin no //.

（15）　yul steng du rang gi ngo bo'i sgo nas rang tshugs thub pa'i sdod lugs la rang dbang bar bya'o // des na rang bzhin gyis stong pa'i don ni rang dbang ba'i ngo bo de dang bral ba la byed kyi / don byed pa'i dngos po med pa la mi byed pas / rten 'brel yin pa'i rgyu mtshan gyis rang bzhin dgag nus pa yin te /（LR, 487a4–5）

（16）　gal te rang dbang ba'i ngo bo don byed pa'i rten 'brel gyis bkag nas rang dbang dang bral ba'i don rten 'brel gyi don yin na / khyod kyis nged la ci zhig bkag ste / kho bo cag kyang don byed pa'i rten 'brel 'dod pas so // de'i phyir khyed dang nged la khyad med do snyam na / khyed kyis rten 'brel rgyu 'bras khas blangs kyang byis pa chung ngu bzhin gzugs brnyan la byad bzhin du bden par 'dzin pa ltar / rten 'brel de la rang bzhin gyis grub par sgro btags nas dngos po'i rang gi ngo bo nyid du brjod pas na rten 'brel ji bzhin ma rtogs pa dang ji bzhin min par brjod la / kho bos ni rang bzhin med par 'dod cing de ltar smra bas khyad par ni de'o // (LR, 487b4–6)

(17) CŚ, XIV, k.23.

(18) des na myu gu la sogs pa phyi dang / 'du byed la sogs pa nang gi dngos po rnams rim pa bzhin du sa bon la sogs pa dang / ma rig pa la sogs pa la brten nas 'byung la / de lta yin na de dag la rang gi mtshan nyid kyis grub pa mi 'thad de / rang gi ngo bo nyid kyis grub na ni / rang la rang dbang ba'i tshugs thub kyi rang bzhin grub dgos pas / rgyu rkyen la rag las pa 'gal ba'i phyir te / brgya pa las / gang la brten nas 'byung yod pa // de ni rang dbang mi 'gyur ro // 'di kun rang dbang med pa ste // des na bdag ni yod ma yin / zhes so // 'dis ni gang zag dang bum pa sogs kyang rang gi tshogs pa la brten nas btags pa yin pas / rang bzhin gyis grub pa med par shes par bya ste / rten 'byung gi gtan tshigs kyi rnam gzhag gnyis so // (LRCB, 172a1–4)

(19) 『科段』, p.32: M2N1O2P3Q2R2S2T2U2 "de dang rigs pa snga bas 'dus ma byas kyang bden med du 'grub tshul".

(20) PSPD, 5.5–6; Macdonald (2015), p.121, ll.4–5: hetu-pratyaya-apekṣo bhāvānām utpādaḥ pratītya-samutpāda-arthaḥ //; Tib, 2b5: dngos po rnams kyi 'byung ba rgyu dang rkyen la ltos pa ni rten cing 'brel par 'byung ba'i don to //. チャンドラキールティが明示的に有為の縁起だと述べているわけではないが、dngos po はチベット語の概念体系では有為と同義、すなわち外延が等しく、また因縁に依って生じるのも有為であることを示している。

(21) PSPD, 5.4; Macdonald (2015), p.121, l.2: pratītya-śabdo 'tra lyab-antaḥ prāptāv apekṣāyāṃ vartate /; Tib, 2b3–4: lyab kyi mtha' can pratitya'i sgra ni phrad pa ste ltos pa la 'jug pa yin te /. ここでも、文字通りの引用ではない。rten cing 'brel bar 'byung ba の rten の部分を phrad pa、ltos pa と言い換えたというツォンカパの解釈であろう。

(22) PSPD, p.189, ll.8–10: evaṃ karma-kārakayoḥ paraspara-apekṣikīṃ siddhiṃ muktvā na^anyat siddhi-kāraṇaṃ paśyāmaḥ // yathā ca karma-kārakayoḥ paraspara-apekṣikī siddhiḥ / evam anyeṣām api bhāvānām ity atidiśann āha /.

(23) Cf. PSPD, p.190, ll.5–8: karma-kāraka-upādeya-upādātṛ-vyatiriktā ye 'nye bhāvā janya-janaka-gantṛ-gamana-draṣṭavya-darśana-lakṣya-lakṣaṇa-utpādya-utpādakāḥ / tathā^avayava-avayavi-guṇa-guṇi-pramāṇa-prameyādayo niravaśeṣā bhāvās teṣāṃ kartṛ-karma-vicāreṇa svabhāvato 'stitvaṃ pratiṣidhya paraspara-apekṣikīm eva siddhiṃ prājño nirmumukṣur jarā-jāti-maraṇādi-bandhanebhyo duḥkhakṣayāya vibhāvayet //; Tib,

64b3–5: shes rab can gyis las dang byed pa po dang nye bar blang ba dang nye bar len pa po las tha dad pa'i dngos po gzhan gang dag bskyed bya skyed byed dang / 'gro ba dang 'gro ba po dang / blta bya dang lta byed dang / mtshan nyid dang mtshan gzhi dang / 'byunb bar bya ba dang 'byung bar byed pa dang / de bzhin du / yan lag dang yan lag can dang / yon tan dang yon tan can dang / tshad ma dang gzhal bya la sogs pa'i dngos po ma lus pa de dag las dang byed pa po'i rnam par dpyad pas ngo bo nyid kyis yod pa bkag ste / phan tshun ltos pa'i grub pa nyid yin par shes par bya'o //. チベット語訳はサンスクリット語原文のいくつかの単語を欠いているが、趣旨は変わらない。ここでツォンカパは tshad ma (pramāṇa) と gzhal bya (prameya) 以外に bsgrub bya (sādhya) と sgrub byed (sādhana) を挙げているが、『プラサンナパダー』には、これらへの言及はない。

（24） skabs 'dir khyad gzhir bstan pa'i rten 'brel ni 'grel par 'dus byas kyi rten 'brel la bshad do // de la phrad ltos rten gsum rnam grangs par gsungs pas rten pa'i sgra don ni shes bya thams cad la yod la 'byung ba la gnyis yod pa'i skye ba ni 'dus byas min pa la med kyang de la brten nas 'grub pa yang 'byung ba'i don du gsungs pa yod de / byed po las la brten byas shing // las kyang byed po de nyid la // brten nas 'byung ba ma gtogs pa // 'grub pa'i rgyu ni ma mthong ngo // (MMK, VIII, k.12: pratītya kārakaḥ karma taṃ pratītya ca kārakam / karma pravartate na^anyat paśyāmaḥ siddhikāraṇam //) zhes las la brten nas byed pa po 'byung bar gsungs kyang las byed pa po'i skyed byed min pa dang / rigs pa de chos gzhan la yang sbyar bar gsungs pa'i skabs su tshad ma dang gzhal bya dang bsgrub bya dang sgrub byed phan tshun la brten nas 'byung bar gsungs kyang phan tshun skyed byed du mi rung ngo // (RG, 11a6–b3)

（25） 吉水千鶴子氏は一連の論考で、概念的な相互依存関係として縁起を考えることに対する批判的な見解を提起されている（Yoshimizu (1994)；吉水（1997）参照)。

（26） MMK, XXIV, k.19: apratītya-samutpanno dharmaḥ kaścin na vidyate / yasmāt tasmād aśūnyo 'pi dharmaḥ kaścin na vidyate //.

（27） spyir 'phrad ltos rten gsum rnam grangs par yang gsungs mod kyang go ba chags sla ba'i phyir phral nas brjod na / (CKGT, p.309,ll.18–19)

（28） 'phrad pa zhes bya bas ni gtan tshigs kyi don dngos po rang gi rgyus bskyed pa'i rten 'brel 'dzin pa yin la / 'di ni grub pa'i mtha' 'og ma dang yang thun mong ba'o // de yang de tsam zhig rten 'brel gyi don du 'dod par 'dra bas thun mong ba zhes bya yi de dag gis 'dod pa'i rten 'brel bden pa ba 'dod pa ni ma yin la de dag gis bden med bsgrub byar 'dod pa yang ma yin no // 'phrad pa ni rgyu dang 'bras bu'i skye 'gag gi bya ba 'phrad pa la bya yi rgyu 'bras gnyis 'phrad pa ni ma yin no // (CKGT, P.309,ll.19–24)

（29） bltos pa zhes bya bas ni 'dus byas dang 'dus ma byas kyi chos rnams rang rang gi cha shas la bltos nas rang gi bdag nyid rnyed pa'i gtan tshigs bstan pa ste sa mu dp'a da grub pa la 'chad pa'i dbang du byas pa'o // 'di ni snga ma las khyab che zhing dngos bstan gyi don tsam dbu ma pa gzhan dang thun mong ba'o // (CKGT, p.309, l.24–p.310, l.2)

（30） 前節二四〇頁参照。

（31） brten pa zhes bya bas ni chos thams cad brten nas btags pa'i gtan tshigs kyi don bstan pa ste / rang rang gi gdags gzhi la brten nas btags pa tsam du grub pa'o // 'di ni lugs mchog tu gyur pa 'di kho na'i khyad chos yin te / rang rgyud pa man chad dang thun mong ma yin pa'o // (CKGT, p.310, ll.2–5)

（32） ここでチャンキャは「言説知」に言及していない。しかし、以下の説明にあるように、第三の縁起について「それぞれを仮説する主体たる分別知（rang rang 'dogs byed kyi rtog pa）に依拠して成立することと説明しているので、これを言説知による縁起と考えてよいであろう。

（33） de ltar na tshig gsal gyi lung de'i dngos po 'byung ba zhes pa'i 'byung ba'i don skye ba tsam la byas na gtan tshigs snga ma dang / grub pa dang yod pa la byas na gtan tshigs phyi ma gnyis kyang ston no // rgyu dang rkyen la zhes bya ba ni myu gu'i nye bar len pa'i rgyu sa bon dang rkyen chu lud sogs tsam la byas na gtan tshigs snga ma dang / bdag nyid kyi ngo bo grub pa'i rgyu gdags gzhi 'am cha shas la byas na gtan tshigs bar pa dang / rang rang 'dogs byed kyi rtog pa la byas na gtan tshigs phyi ma ston no // (CKGT, p.310,ll5–10)

（34） 本章註20参照。これは、dngos po が「効果的作用の能力（don byed nus pa）」によって定義され、「有為（'dus byas）」と同義とされるチベット仏教の用語法では、明らかに有為法の縁起しか意味していない。実際に「因縁に依存して生起する」という表現も、有為法の縁起を意味していると解すべきである。

（35） des na zla ba'i bzhed pas rgyu dang rkyen la bltos pa zhes pa'i rgyu rkyen ni 'du byas kyi rgyu rkyen sa bon dang chu lung lta bu kho na la mi bya bar 'dogs byed kyi rtog pa la'ang bya dgos pa 'di dpal ldan zla ba dang rje bdag nyid chen po'i dgongs pa khyad par can zhig yin mod / rtse mo rab tu rno ba'i paN zhvas dbu la mdzes pa'i rnam dpyod can phal mo che zhig gis da dung ma thon 'dug go / (CKGT, p.310, ll.11–14)

（36） 縁起についての議論の最後にも、次のように自らの理解のオリジナリティを示唆している。CKGT, p.311, l.24–p.312, l.2: rten 'brel gyi gtan tshigs kyi don gong du bshad pa de rnams kyang zla ba'i zhabs kyis rten cing 'brel bar 'bung ba'i sgra'i don bshad pa nyid kyi dgongs pa bla na med pa yin zhing / rje bdag nyid chen po'i dgongs pa mthar thug kyang yin mod / gzhan dag gis gsal bar bshad pa mi snang bas kho bos mdo tsam bshad pa yin no //「上述した論証因としての縁起の〔三つの〕意味も、チャンドラキールティ御前による縁起の語義の説明の無上のお考えであり、また聖大師〔ジェ・ツォンカパ〕の究極のお考えでもあるけれども、他の人が明瞭に説明したものはないように思われるので、私が少しばかり説明したのである。」

（37）（1) rang ’dogs byed la ltos nas grub pa rten ’byung gi mtshan nyid / yang na (2) rang gi cha shas la ltos nas grub pa de’i mtshan nyid / de la dbye na ’dus byas / ’dus ma byas kyi rten ’byung gnyis / (3) rang nyid rgyu rkyen la brten nas byung ba yin pa de / rang ’dus byas su gyur pa’i rten byung yin pa’i mtshan nyid / (4) rang gi rgyu rkyen la brten nas ma byung bar rang ’dogs byed la ltos nas grub pa ’dus ma byas kyi rten byung gi mtsha nyid / yang (5) rkyen gsum la brten nas byung ba ’dus byas kyi rten byung gi mtshan nyid / rkyen gsum yod de / g.yo ba med pa’i rkyen / mi rtag pa’i rkyen / nus pa’i rkyen gsum la byed pa’i phyir /（LRTD, 7b2–5）

（38）本章二三九頁参照。

（39）筆者も福田（2000b）ではそのように考えていたが、本章ではその点を訂正した考察をしている。

第七章　自らの特質によって成立しているもの

はじめに

第六章「自性と縁起」で挙げたように[1]、ツォンカパは中観派と実在論を対比するために、「存在するもの」の存在の仕方について、処格を用いた存在様態の修飾語のグループと具格を用いた存在根拠の修飾語のグループを区別していた。後者の代表的な例は、「自性によって成立しているもの (rang bzhin gyis grub pa)」であり、また「それ自体で成立しているもの (rang gi ngo bos grub pa)」という表現も多く用いられる。いずれも初期から後期にかけて常に用いられている術語である[2]。これらの修飾語の中で、具格のグループに属する「自らの特質によって成立しているもの (rang gi mtshan nyid kyis grub pa)」[3]は、中期の『善説心髄』において多用され、唯識派、中観自立論証派、中観帰謬論証派の相違を論じる際に重要な役目を担っている。この概念の重要性について、松本 (1997-4) は「自立論証派は言説において自相によって成立している (rang gi mtshan nyid kyis grub pa)[4]法を承認」し、「帰謬論証派はそれを言説においてさえ認めない。」という説が、それまでになかったツォンカパの独自の思想であると指摘した(pp.165f; p.181)。このことは、ゲルク派の学説綱要書、たとえばクンチョクジクメワンポの『学説設定宝環』で帰謬論証派が「自らの特質によって成立しているものを言説においてさえお認めにならない無自性論者 (ngo bo nyid med par smra ba)」(DTRP, p.57) と定義されることに対応する[5]。

それではなぜツォンカパは「自性によって成立しているもの」に換えて「自らの特質によって成立しているもの」という術語で自立論証派と帰謬論証派の相違を表現しようとしたのであろうか。そもそも、rang gi mtshan nyid kyis grub pa の意味はどのように理解すべきなのであろうか[6]。

「自らの特質によって成立しているもの (rang gi mtshan nyid kyis grub pa)」には、従来「自相成就」(長尾、1954)、「自相的に成立しているもの」(御牧他、1996)、「自相によって成立しているもの」(松本、1907)、「自相として成立しているもの」(吉水、1992; ツルティム他、1996; 片野、1998; 片野他、1998)、「自相成立」(小林、1994)などの訳語が用いられて来た。これらの訳語は、「自らの特質」を「自相」と訳す点が共通している。また、「によって」という具格は「として」あるいは「的に」という様相の意味で訳されるか、ないしは省略されてしまうことが多い。[7] この場合には「成立しているもの」の意味も希薄になり、単に「実体的存在」、さらには「実在」という意味に還元されてしまうことにもなる。「によって」という根拠の意味に解される場合でも、なぜ根拠の意味であるのかが説明されているわけではない。これら従来の見解に対して、筆者は、rang gi mtshan nyid と論理学における rang mtshan (svalakṣaṇa. 以下「自相」と訳す。)とが異なる概念であるが故に「自相」という訳語を用いない方がよく、むしろチベット仏教の術語である「定義的特質 (mtshan nyid)」との関連を考えて、「自らの特質」と分解するべきであり、また kyis という具格助詞は「によって」という根拠を表す表現であると考えている。

本章では、まず自らの特質が論理学で用いられる現量の対象としての自相とは異なった概念であることを論じる。自らの特質は概念的なものにも用いられるので、論理学で使われる現量の対象としての自相とは異なっていることは明らかである。

次いで、kyis という具格助詞の意味を考える。このような事物に使われる具格には、「によって」という手段や原因を意味する場合と、「として」という同一性を意味する場合、さらに副詞化して様態を表す場合があるが、rang gi mtshan nyid kyis grub pa の場合は、「として」ではなく「によって」と解釈した方がよいことをいくつかの例に基づいて示す。「として」という同一性ではないことは、第八章「中期中観思想における言語論的転回」の考察からも支持される。

「自らの特質によって成立しているもの」という概念が頻出するのはツォンカパの中期中観思想の『善説心髄』において言語論的な視点が導入されてからであるが、[8] その理由の一端は、吉水 (1992; 1993) および Yoshimizu (1993; 1994) において指摘されているように、『善説心髄』において唯識思想の三性説・三無自性説の存在論を検討したことによる。とは言え、初期の『菩提道次第大論』においてもこの表現が用いられているので、必ずしも『善説心髄』における唯識思想の検討によって形成された概念であるとは言えない。本章では、唯識についてのツォンカパの理解を全体として考察する余裕はないが、「自らの特質によって成立しているもの」という術語と唯識思想との関連性については検討することにしたい。

第一節　自相と自らの特質によって成立しているもの

論理学では、自相は、「有効な働きの能力があり（arthakriyā-samartha ―引用者注）、類似しないものであり、言葉の所詮ではなく、それなくしてはそれの知が生じないもの。」と規定され、それとは逆に規定される共相とは異なり、真の実在性が与えられ、勝義有であるとされる。(9) それは現量（pratyakṣa）の対象となり、また現量はそれのみを対象とする。(10) ツォンカパの中観思想の和訳や研究において rang gi mtshan nyid が「自相」と訳されるとき、その意味が明示されるわけではないが、そのことは逆にそれが論理学で使われる自相を指していることを暗に示していると言えるであろう。そして、これを現量の対象としての自相と考えるとき、kyis という具格助詞も「によって」という根拠の意味ではなく、「として」という同一性の意味で理解されることになるであろう。たとえば、壺が自相によって成立しているというよりも、自相として成立していると訳す方が自然であろう。

しかし、ツォンカパ自身は「自らの特質によって成立している自相（rang gi mtshan nyid kyis grub pa'i rang bzhin）」が、論理学やアビダルマで用いられる自相と異なった概念であることを断っている。

論理学書に効果的作用の能力のあるもの（don byed nus pa）のみを自相（rang mtshan）〔と説いたり〕、アビダルマの経典などで、〔あるものを〕他のものとは異なったものとして示す（mtshon pa）〔特質、たとえば〕火〔を火として示す〕熱さのようなものを自相（rang gi mtshan nyid）と呼んでいるが、それと、〔ここで言う〕自らの特質によって成立している自相とは全く異なっているのである。(11)

この但し書きは、『善説心髄』の帰謬論証派の章の最初で、他の立場における存在規定が「自らの特質によって成立しているもの」を認めるものであると批判する箇所で述べられる。ツォンカパは、その自らの特質によって成立している自相が「効果的作用の能力あるもの」を意味する論理学上の自相や、アビダルマの典籍における、そのもの特有の性質を意味する自相とは異なった概念であると断っている。(12) ただし、その両者と自らの特質によって成立している自相とがどのように異なるかについては、述べられていない。本章では、ツォンカパの念頭にあったと考えられること、およびそこから論理的に帰結するであろうことについて掘り下げて考察することにしたい。

まず、自相を位置付けるために、チベット仏教の存在論的なヒエラルキーを紹介する。それは後代のドゥラ文献では広く前提とされるようになるものであるが、ツォンカパ自身もそれとほぼ同じ存在論を前提としていた。ツォンカパはその中で自相と同義である「実在するもの（bhāva, dngos po）」に二つの意味を区別する。その区別が、論理学的な自相と、ツォンカパによって否定対象とされる自らの特質との相違に対応している。また、自らの特質が現量の対象としての自相とも異なった概念であることを示す状況証拠をいくつか提示する。

次に「自らの特質」に付される具格助詞の意味を考察し、「によって」という成立根拠の意味であることを指摘する。「自らの特質」が論理学上の自相と異なるだけではなく、自らの特質によって成立しているものの否定は、唯識思想における遍計所執性の相無自性（mtshan nyid ngo bo nyid med pa）と共通な部分と異なる部分を持っている。この「自らの特質によって成立しているもの」というツォンカパ独自の概念が、遍計所執の相自性の増益についての理解と深く関係しているので、最後にそれについて検討したい。

（一）　存在論的ヒエラルキー

後代のドゥラ文献では次のような存在論的カテゴリーの階層が前提されている。[13]

- 人無我 (gang zag gi bdag med)
  - 存在しないもの (med pa)
  - 存在するもの (yod pa) ＝法 (chos) ＝所量 (gzhal bya) ＝所知 (shes bya) ＝基体成立 (gzhi grub)
    - 常住なもの (rtag pa) ＝無為 ('dus ma byas) ＝共相 (spyi mtshan)
    - 実在するもの (dngos po) ＝有為 ('dus byas) ＝自相 (rang mtshan) ＝無常なもの (mi rtag pa)
      - 色 (gzugs)
      - 知 (shes pa)
      - 不相応行 (ldan min 'du byed)

まず、人無我でないものは存在しないという意味で「人無我 (gang zag gi bdag med)」がもっとも外延の広い概念である。この人無我を分けると「存在するもの (yod pa)」と「存在しないもの (med pa)」に分けられる。「存在しないもの」は兎の角のように端的に存在しないものである。「存在するもの」は、「法 (chos)」、「所量 (gzhal bya)」、「所知 (shes bya)」、「基体成立（gzhi grub）」などと同義である。これを分けると「常住なもの（rtag pa）」と「無常なもの（mi rtag pa）」に分けられる。前者は「実在しないもの dngos med）」、「共相（spyi mtshan）」および「無為（'dus ma byas）」と同義であり、後者は「実在するもの（dngos po）」、「自相」、「有為（'dus byas）」、「因果（rgyu 'bras）」などと同義である。「実在するもの」はさらに「色（gzugs）」と「知（shes pa）」と「不相応行（ldan min 'dus byas）」に分けられる。

ツォンカパも、このヒエラルキーとほぼ同じものを前提としていたと推定することができる。たとえば『善説心髄』に次のような言及がある。

同様に、色や受などの「有為法」であれ、あるいは経量部が有対の絶対否定（med dgag）を虚空と設定しているものに至るまでの「無為法」であれ、〔これら〕「量によって成立するもの」とされる全てのものが「存在しているもの」として措定されるとき、それぞれの名称の言説が意味している対象（'jug gzhi）〔として〕何らかの実物（don）が成立している〔か否か〕を探し求めて、それによって得られる実物が無いならば、「存在している」と措定することはできないので、それとは逆のもの（＝それの実物を探して得られた場合のそれ）を「存在しているもの」として措定する。(14)

「量によって成立するもの」とは「基体成立」の定義であるので、ここには、「基体成立」＝「存在するもの」が前提とされており、さらにそれが有為法と無為法に分けられる。逆に言えば、「存在するもの」は有為法・無為法を含む「〔一切〕法」と同義であることになる。『入中論註密意解明』においても、

「所知」を、「実在しているもの」と「実在していないもの」（dngos por yod med）の二つに分けたうちの前者、「実在するもの」について説明するならば、「実在するもの」を有色（gzugs can）とそうでないもの（＝知）の二つに分け、有色

について……、知について……。「実在しないもの（dngos med）」が真実なるものとして成立しているということも、その同じ正理によって否定できる。すなわち、無為の虚空についても……。同様に法性についても……。他の無為についてもまた……前と同様否定されるので、「所知」一切が真実なるものとしては存在していないことが成立するのである。[15]

とある。「所知」が「実在するもの」と「実在しないもの」に分けられ、「実在するもの」はさらに色と知に分けられる（不相応行は言及されていない。）。「実在しないもの」は無為法と同義であり、「実在するもの」は有為法と同義である。また、有為法と無為法を合わせた全体が「所知」一切である。これは一切「法」と同義である。

中観の論書ではないが、ツォンカパの独立した唯一の論理学書『七部論入門』（DDJG）では、対象（yul）は所知、所量と同義であり（1a2）、それは「実在するもの」と「実在しないもの」に分けられ（1a3）、実在するものはさらに物質的なもの（bem po）と知（rig pa）に分けられる（1a5）。

以上を総合すると、上記の後代のドゥラ文献の分類体系と比較した場合、無および不相応行についての言及がないことを除けば、重要な同義語も含め、ほぼ同じ枠組みをツォンカパも共有していたことが分かる。

（二）「実在するもの」についての二つの意味

この階層の中の「実在するもの（dngos po）」について、ツォンカパは二つの意味を区別している。

従って、「実在するもの」〔という言葉〕には自性（rang bzhin）を指す場合と効果的作用の能力あるものを指す場合の二つがある。そのうち実在論者（dngos po yod par smra ba）が言う「実在するもの」は、自性によって成立しているもの（rang bzhin gyis grub pa）のみを指すのに対し、虚無論者（dngos po med par smra ba）の言う「実在するもの」は効果的作用をなすものを指しているのである。なぜならば、その〔実在論と虚無論という〕二〔つの立場〕を退けることで、自性が否定されながら幻の如き因果が存在すると示されているからである。[16]

「実在するもの」は、前節で述べた存在論的ヒエラルキーの中では、「存在するもの」を、常住なもの（rtag pa）と無常なもの（mi rtag pa）の二つに分けたうちの無常なものと同義、すなわち外延が等しく、「効果的作用の能力あるもの（don byed nus pa）」によって定義される。[17] 伝統的な用語で言えば、有為法に当たり、それはさらに色・知・不相応行の三つに分けられる。

この「実在するもの」には「自性によって成立しているもの」と「効果的作用の能力あるもの」という二つの意味があるとツォンカパは指摘する。この引用文では、実在論者および虚無論者の見解を批判するためにこれら二義が挙げられているので、いずれの理解も間違っているように見えるが、実際はそうではない。

「中観派の不共の勝法」の存在論から言えば、「実在するもの」は効果的作用（すなわち因果関係）の能力があり、縁起するものであるが、自性によって成立しているものではない。それに対して実在論者は、因果関係が成立するためには、そのものが自性によって成立している必要があると考える。この実在論的思考法によれば、無自性を主張する中観論者は、因果関係すなわち縁起を否定する虚無論者だということになる。一方、虚無論者は、実在するものを否定するが、それは効果的作用の能力のあるものを否定していることになる。それに対して「中観派の不共の勝法」の思想は、自性による存在を否定し効果的作用の能力ある実在を肯定するので、反実在論・反虚無論と位置付けられることになる。実在するものの二義に関してツォンカパが次のように述べていることは、この「中観派の不共の勝法」と符合している。

中観の諸々のテキストでは、実在するもの、あるいは自性〔について〕有、無、有無、いずれでもないという四つの選択肢 (mu bzhi) が全て否定され、さらにそれに含まれない法は存在しないので、正理によって一切が否定される〔ことになるという過失がある〕と思うならば、これは、前述したように実在するもの (dngos po) に二つ〔の意味〕があるうち、それ自体で成立している (rang gi ngo bos grub pa) 実在は二諦のいずれにおいても否定されるが、効果的作用の能力ある実在は、言説においては否定されない〔ので、その過失はない〕。(18)

実在論者である論理学者は、効果的作用の能力のあるものと自性によって成立しているものを同一視しているが、かれらが効果的作用の能力によって定義される自相を主張する限りは中観派の側からそれを否定することはないので、中観派と実在論の対立は、実在するものがそれ自体で成立していると認めるか否か、という方にのみ関わることになる。虚無論者も、実在論者の真逆に位置するように見えるが、実際には、効果的作用の能力は、それ自体で成立する実在に属するという前提に立ち、その実在を否定することによって効果的作用の能力まで否定してしまうので虚無論に陥るのである。したがって、実在論者と虚無論者は共通の実在論的思考を前提としているので、その対極にあるのが、それ自体で成立する自性を否定しつつ、そこに効果的作用が成り立つと主張する中観派であるということになる。

(三)　自らの特質は現量の対象に限られない

さて、以上のように、効果的作用の能力によって定義される実在と自らの特質によって成立している実在を区別することによって、実在論的思考を明確に批判できるようになったばかりではなく、概念的な存在(無為法・共相)についても、自らの特質によって成立していることを否定できるようになる。また、「実在するもの」が現量に自らの特質によって成立しているものとして現れるという意味も、対象が自相として感官知に現れるという意味ではなく、自相が自らの特質によって成立しているものとして現れるという意味となる。すなわち、現量の対象が、それ自身の姿で（自相として）現れているだけではなく、自らの特質によって成立しているものとしても現れているということになる。

松本（1994-7）は、「感官知に色等が自相として顕現する」という理解が、「ツォンカパの中観思想における最も基本的な理解」であると強調するが（p.237）、「自相として現れる」という表現は、より正確には「自らの特質によって成立しているものとして現れる」と言うべきである。このように言い換えると、前節で検討したように、これは現量の対象の問題ではなく、その対象の存在論的な成立の仕方の問題であることが分かる。この点について、ツォンカパは、現量の量性の問題として次のような議論を展開している。

> その〔論理学者の主張〕において「錯誤していないこと（ma ’khrul ba）」とは、対象自身の本質が存在している通りに〔現れ、現れている通りにそれを〕把握すること〔と規定される〕。それゆえ、感官知現量は五つとも自相を認識するので、色声などの「自らの特質」は、それら五つの現量の所量であることになる。従って、それら〔五つの感官知現量〕が量になる対象（tshad mar ’gro sa’i yul）も、その〔五つの対象〕自身の特質であると主張するのである。
>
> 〔それに対し、〕この論師〔チャンドラキールティ〕は、後に述べるように、それ自体で成立しているもの（rang gi ngo bos grub pa）、あるいは自らの特質（rang gi mtshan nyid）によって成立しているものを言説においてお認めにならないので、その〔五つの〕感官知が〔五つの対象の〕自相（rang mtshan）に対する量であるとどうしてお認めになるであろうか。従って、ここでそれら〔の感官知〕が量であることを否定しているのは、それら〔五つの感官知〕が五つの対象自身の特質（rang gi mtshan nyid）に対して量となるという主張を否定しているのである。．．．．

色声などの五つの対象はみな自らの特質によって成立していないにもかかわらず〔五つの〕感官知に〔その五つの対象が〕自らの特質として（du）現れているので、それら〔の感官知〕は、〔対象〕自身の特質に対して量とはならないと言うのである。要約するならば、五つの感官知は、五つの対象の自相（rang mtshan）に対して量ではない。なぜならば、五つの対象の自相が現れていることについて〔人を〕欺くものであるからである。なぜならば、五つの対象〔の実相〕は自らの特質を欠いた空なるものであるにもかかわらず自相（rang mtshan）として（du）現れるからである。(19)

論理学においては、量はその対象に関して錯誤していないことによって人を欺かないものとなる。色声などを対象とする感官知現量は、色声などに、それぞれ自らの特質あるいは自相が存在し、その自らの特質が存在している通りにそのまま現れ、現れている通りに感官知によって認識されると考える。そのとき、その感官知は対象である色声などの自らの特質に関して人を欺かないが故に「量」であると主張する。

しかるに帰謬論証派の立場では、色声などの対象に自らの特質は存在しない（言い換えれば、色声などの対象は自らの特質によって成立したものではない）ので、色声などの自らの特質が現れている知は（言い換えれば、色声などが自らの特質によって成立している自相として現れている知は）、現れているもの（自らの特質によって成立している自相）に関して誤った知であり、したがって人を欺く知であるので「量」ではないことになる。

この議論でツォンカパは、色声などと、感官知に現れる色声などの対象自身の特質とが異なったものであることを前提にして論じている。これも「中観派の不共の勝法」に合致する見解である。すなわち色声などの言説有（言説の量によって措定されるもの）は正理知によって否定されず、ただ、それらの自性のみが否定される。この場合、自性と自らの特質とは同義である。自らの特質は論理学における認識対象として想定されるものであり、またそのような「哲学的」文脈において用いられる。一方、自性はより一般的な用語であり、必ずしも否定対象としてだけではなく、単に「属性」という意味や、あるいは、第九章で見るように、法性と同義な自性という意味でも用いられる。否定的な表現としても、哲学者に由来する「自らの特質が存在しないこと（rang gi mtshan nyid med pa）」ではなく、一般的な用語である「自性が存在しないこと（rang bzhin med pa）」の方が用いられる。いずれにせよ、上の引用文は論理学的な認識の対象という文脈なので、「自性」ではなく、哲学的な用語である「自らの特質（rang gi mtshan nyid）」が用いられているのである。

しかし、この「自らの特質」が自性と同じものを指しているとするならば、それは現量の対象である有為法に限定される必要はない。前節で確認した存在論的カテゴリーを前提とした場合、「一切法が無自性である」というときの「一切法」は、有為と無為の両方、あるいは無常なものと常住なものの両方、あるいは自相と共相の両方を含み、量によって存在の確認されるもの全てを指している。それゆえ、無自性（rang bzhin med pa）が「自性によって成立しているものを欠いた空（rang bzhin gyis grub pas stong pa）」と言い換えられ、さらに「自らの特質によって成立している自性を欠いた空（rang gi mtshan nyid kyis grub pa’i rang bzhin gyis stong pa）」と言い換えることになれば、これらは単に現量の直接的対象である自相だけの問題ではなく、有為法・無為法を含む一切の存在が無自性であることを意味していることになる。前章で挙げた存在様態に関する修飾語のリストからしても、「自らの特質によって成立しているもの（rang gi mtshan nyid kyis grub pa）」と「自性によって成立しているもの（rang bzhin gyis grub pa）」は同じグループに属するので、適用範囲の相違はないと考えるべきであろう。

『菩提道次第大論』で多用される「それ自体で成立しているもの」についても、同様のことが言える。

> 実在しないもの（dngos po med pa）についても、諸々の無為〔法〕を、それ自体で成立している（rang gi ngo bos grub pa）実在しないものと考えるならば、そのような〔それ自体で成立している〕実在しないものもまた否定される。[20]

と、無為法がそれ自体で成立するものであることが否定されているが、「それ自体で成立しているもの」は「自らの特質によって成立しているもの」と同じ系列の存在概念である。これが否定されるということは、逆に対論者の立場では、無為法が「自らの特質によって成立しているもの」と考えられていたことを示している。また、同じ『菩提道次第大論』に

ここで、自らの特質（rang gi mtshan nyid）と言っているのは、論理家（rtog ge ba）たちが主張しているような、効果的作用を行うもののみを指しているのではなく、実在するものあるいは実在しないものに、それぞれの自性が〔あると〕承認されるところのその自性などを指している。それゆえ、有自性論者は、実在しないもの（＝常住なもの・共相）を量る比量もまた、そのような自性という思念対象（zhen yul）に対して錯誤していないと主張するのである。[21]

これは、量が、自らの特質によって成立しているものに対して錯誤しない量たりうるかどうかを議論している箇所である。実在論では、実在するもの（有為法）にも実在しないもの（無為法）にも、それぞれの自性が考えられ、量はその自性に対して量となる、と考えられている。このように無為法も含めて一切法が自性によって成立していると実在論者は考えているのに対し、中観派はそれら一切法が自性によって成立するものではない、すなわち、自らの特質によって成立しているものではないと主張するのである。

このように、自相も共相も共通に修飾する限定辞として「自らの特質によって成立しているもの」が用いられていることからも、「自らの特質」が現量の対象としての自相とは別の概念であることは明らかである。[22]

また、唯識派は、依他起や円成実が「自らの特質によって成立している」と主張するが、[23]これも現量の対象としての自相のことを指してはいない。遍計所執について言われる相無自性（mtshan nyid ngo bo nyid med pa）とは「自らの特質によって成立していないこと」と言い換えられる。[24]この場合の否定の意味は、帰謬論証派が一切法について言説においても「自

らの特質によって成立しているもの」を否定するのとは異なった意味である。[25] しかし、たとえ異なった意味であったとしても、「自らの特質」が論理学的な自相と関係のない概念であることは同じである。

第二節　具格助詞 kyis の意味

(一) 「によって」という解釈

以上、「自らの特質 (rang gi mtshan nyid)」が、論理学における現量の対象としての自相とは異なることを確認してきた。また「自らの特質」は、自性などを意味しているとも言われていたので、第六章「自性と縁起」で検討したように、「他に依らないもの」「自立的なもの」「対象の側にある」実相を意味することになる。それが具体的に何を指しているのかという問題は、第八章「中期中観思想における言語論的転回」で検討することにして、ここでは、kyis という具格助詞の意味について考察しよう。物事を表す名詞に付された具格助詞には「によって」という根拠・手段の意味、「として」という同一性の意味、副詞化された様態の意味、[26] 他動詞の動作主体を示すという四つの解釈があり得る。[27] 第六章はじめに列挙したように、存在についての述語は、真実なるものとして成立しているもの (bden par grub pa) などの処格系列のものと自らの特質によって成立しているもの (rang gi mtshan nyid kyis grub pa) などの具格系列のものに分けられるが、このうち、前者は「真実」、「本当のもの」、「正しいもの」などのように様態を示す表現であることから、この処格表現は様態の意味で使用されていると考えられる。一方、具格表現では、「自らの特質」や「それ自体 (rang gi ngo bo)」、「自性 (rang bzhin)」など、そのものの本質やそのもの自体を意味する語が用いられている。もし kyis という具格助詞も様態を表現しているとするならば、この二つの存在概念の系列の違いはなくなってしまうであろう。[28]

また、自相や生起、その他諸法が、自らの特質ないしは自性「として」成立している、と同一性の意味で解釈すると、「成立している」という語の意味は希薄になり、最終的には「自相として成立しているもの」とは「自相」に他ならないということになってしまうであろう。しかし、それならば、なぜこれら全ての語群に「成立している（grub pa）」という動詞が用いられているのかが説明できない。

従って、kyis という具格助詞は「自らの特質によって成立している」というように根拠の意味で解するのが自然である。これらの表現は、それぞれの存在が、自らの特質なり自性なり、それ自体なりによって根拠づけられて成立しているということを意味しているのであり、そうであってはじめて、それらが「真実なるものとして（don dam par, bden par, yang dag par）成立している」と言えるか否かが問題となるのである。

（二）「自相として」あるいは「本来的な」という解釈

rang gi mtshan nyid kyis grub pa という術語について主題的に論じている吉水（1993）および Yoshimizu（1993）では、この語は「自相［実在］として成立している」と訳され、これまでの本章での議論とは異なった解釈をとっている。

Yoshimizu（1993）では、「自相」に効果的作用の能力によって規定されるものと実体的に実在するものという二つの意味があること、および中観派も実在論も存在するものに効果的作用の能力のある存在を認めた上で、それに実在（実体的存在）としての自相を認めるか否かという点が両者の相違点であると指摘している（pp.126–140）。また、吉水（1993）では、実在と概念という二分法に基づき、rang gi mtshan nyid kyis grub pa は実在を意味するものと解釈する。依他起において成立する rang gi mtshan nyid は「他に依存して生じた現象が観念（遍計されたもの）のみではなく、実在するものであることを意味している」(p.972)。そして「存在の本性あるいは性質として遍計された概念そのものは言葉のみで実在性が無いことがこの場合の『相無自性』であり、rang gi mtshan nyid kyis ma grub pa/rnam par gnas pa ma yin pa である」(p.977)。この概念と実在の枠組みの上で、ツォンカパの帰謬論証派の思想が、実在性を否定することによって概念のみが「仮説有＝縁起する存在」であるとする見解であると解釈し、さらにその縁起は概念の相互縁起のことであるとして、それが成り立たない旨のツォンカパ批判を展開する (p.977)。Yoshimizu (1993) では、その理解が次のように要約されている (pp.93–94)。

> The most important point for interpreting this concept (= rang gi mtshan nyid kyis grub pa) is, in my opinion, that it is given in the SNSu (= *Saṃdhinirmocana-sūtra*) as opposition to the concept of "being postulated by means of names and conventions" (ming dang brda gyis rnam par bzhag pa, SNSu, VII. 4). That is, a mere concept — the concept of "pot," for instance — that is postulated by means of names and conventions is not a real existence; it has no reality belonging to space and time. On the other hand, the object or entity that is designated "pot" is existent, since it has its own-being to be perceived in a certain space and at a certain moment. This ontological state is called "rang gi mtshan nyid kyis grub pa" if one takes it as reality. （（＝）内は引用者の注記。チベット語の翻字方式は拡張ワイリー方式に改めた。）

日常的な存在は、名称と言語協約によって設定された単なる概念であり、したがって、実在ではない。一方、実在するものは、特定の時間と空間において存在し，直接知覚される実在である。rang gi mtshan nyid kyis grub pa は、時間的空間的に特定される自相の存在論的なあり方とされる。

本章では、「自らの特質 (rang gi mtshan nyid)」が現量の対象となる自相（その特質には時間的空間的限定も含まれる。）とは異なるものであることを確認してきた。実在と概念の二元論的枠組みは、言説有において無自性なる縁起が可能であることを保証しようとしたツォンカパの努力と相反するものであろう。たとえばツォンカパは「名前だけという意味は……名前はあるが対象はないとか、名前でない対象はない〔という意味〕ではない。」と断って[29]、名前（概念と言ってもよい。）と対象という単純な二元論に陥ることを拒否している。その思想的営みを概念実在論であるとして批判するとすれば、ツォンカパの思想を正確に理解することができないであろう。

第三節　唯識思想との関連

さて、「自らの特質によって成立しているもの」という表現は、既に述べたように『善説心髄』から多用されるようになった。『菩提道次第大論』でも用いられているが、数は必ずしも多くはない。この用語が、『善説心髄』の前半に記述される唯識思想と関連があるであろうことは吉水（1993, 973–974）に指摘されている[30]。『善説心髄』では、唯識思想の三無自性説を出発点として、唯識思想と自立論証派と帰謬論証派の存在論の相違が論じられる。そこで唯識思想における遍計所執性が相無自性であるというときの相無自性を、ツォンカパは、「自らの特質によって成立していないもの（rang gi mtshan nyid kyis ma grub pa）」と言い換えている。以下、「自らの特質によって成立しているもの」の存在論的な側面について、ツォンカパの唯識思想解釈から読み取れることをまとめてみよう。

（一）　唯識思想における定義的特質・定義対象・定義基体

以下の引用の1および2は、『善説心髄』の中で、唯識思想の無自性説を、主観・客観の不分離という意味での空性説から、増益の構造に即した空性説へと議論を深めた箇所に出てくる。[31] ここでツォンカパの唯識思想における空性理解を全体として扱う余裕はないので、命名（言語協約）あるいは言説（言語使用）の構造と、その前提となる増益の構造のみを取り上げ、そこに「自らの特質」がどのように係わっているかを分析することにしたい。

1　gzugs zhes tha snyad btags pa’i tshe sngon po gzugs kyi tha snyad ’dogs pa’i gzhi yin pa de ji ltar snang ba ltas pas na (1) **ming dang brdas bzhag pa** min par (2) **rang gi gnas lugs kyi dbang gis grub pa** bzhin du snang ngo // (LN, 30b6–31a1)

2　lto ldir ba bum pa’i tha snyad kyi gzhi’am gnas yin pa de (3) **lto ldir ba’i gnas lugs sam rang gi mtshan nyid kyis grub** na / (4) **brda’i dbang gis ma bzhag par** ’gyur la (LN, 31b1–2)

3　(5) **tha snyad kyi dbang gis bzhag pa’i yod pa** la tha snyad du yod pa dang / de’i dbang gis bzhag pa min gyi (6) **rang gi mtshan nyid kyis yod pa** la don dam par yod par bzhag pa ste / (LN, 21b2–3)

以上の文例で太字の部分とそれに対する主語（(5)と(6)は太字が主語に当たるので、その述語）を抜き出すと以下のようになる。

(1)　sngon po → ming dang brdas bzhag pa
(2)　sngon po → rang gi gnas lugs kyi dbang gis grub pa
(3)　lto ldir ba → lto ldir ba’i gnas lugs sam rang gi mtshan nyid kyis grub〔pa〕
(4)　lto ldir ba → brda’i dbang gis bzhag pa

(5) tha snyad kyi dbang gis bzhag pa’i yod pa → tha snyad du yod pa
(6) rang gi mtshan nyid kyis yod pa → don dam par yod pa

上の引用文の1と2は、構造上は全く同じであり、チベット仏教における定義的特質（mtshan nyid）、定義対象（mtshon bya）、定義基体（mtshan gzhi）の概念構造[32]をそのまま下敷きにしている。まず、1では、「青（sngon po）」を主題として、それについて「色（gzugs）である」と述定される（tha snyad btags pa）。そのときの「述定される基体（tha snyad ’dogs pa’i gzhi）」とは主題として立てられた「青」である。主題は具体的な対象であり、それについて特定の概念（名称）が述定（命名）される。そのような述定・命名の根拠が、(1)では「名称や記号によって（ming dang brdas）」、(2)では「自らの実相の力によって（rang gi gnas lugs kyi dbang gis）」と述べられる。「名称や記号」は、言語的な名称と概念的な記号を意味していると思われるが、後に見るように、この具格は手段・根拠の意味であることを考えると、ming が言表作用、brda が概念的指向作用を意味している可能性があり[33]、それぞれ「ことばによる言説（ming gi tha snyad）」と「知による言説（blo’i tha snyad）」に対応しているのではないかと思われる。一方(2)では、その同じ述定が「自らの実相の力によって」成立していることが否定される。この場合の「自らの実相」は、述定の対象である「青」自身の本質的なあり方を指し、その実相の力によってそれが「色」として成立していると述定される。ただしそのような実相は存在しないので、それは虚偽なる現れとなり、結果的にはそのような成立の仕方が否定されていることになる。この(1)と(2)を比較すると、「名称や記号」という仮想的なものと「自らの実相」という実体的なものが対比され、前者の具格表現が、後者では「～の力によって」という手段・方法・根拠の表現で置き換えられているので、前者の具格も根拠の意味であることが分かる。

次の引用2も、構造は全く同じであるが、定義的特質、定義対象、定義基体の関係が前提となっていることはさらに明瞭である。「壺」と名付けられる実在側の対象は「腹部の膨れたもの（lto ldir ba）」であるからであり、それが同時に「壺」

と名付けられる根拠としての定義的特質でもある。[34]「壺」は実在する「腹部の膨れたもの」に対して、言説として名付けられた定義対象である。この言説としての「壺」は、(3)のように「腹部の膨れたものの実相あるいは自らの特質によって成立しているもの (lto ldir ba'i gnas lugs sam rang gi mtshan nyid kyis grub pa)」ではなく、(4)のように「記号の力によって設定されたもの (brda'i dbang gis bzhag pa)」である。この(4)では(1)で述べられた「名称や記号によって」の具格が「記号の力によって (brda'i dbang gis)」と、手段・根拠の意味であることが明示されている。また(2)の「自らの特質の力によって (rang gi mtshan nyid kyi dbang gis)」と(3)の「腹部の膨れたものの実相あるいは自らの特質によって成立しているものによって (lto ldir ba'i gnas lugs sam rang gi mtshan nyid kyis)」とは構文上同じ位置にあるので、後者の具格が前者の「〜の力によって」という手段・根拠の意味であることが分かる。さらに(3)の「腹部の膨れたものの実相」と「自らの特質」とは言い換えであると考えられるので、「腹部の膨れたもの」が「自ら」、「特質」が「実相」と言い換えられている。

「設定される (bzhag pa)」と「成立している (grub pa)」という動詞の意味の違いも、「名称や記号によって」なのか、「自らの実相によって」なのかの違いに対応している。設定される (bzhag pa) のは、言語使用や言語協約などの言語的な働きによるが、成立する (grub pa) のは、その対象自身の何らかの特質によると使い分けられている。

以上の引用は唯識思想の遍計所執性が相無自性、すなわち「自らの特質によって成立していないもの (rang gi mtshan nyid kyis ma grub pa)」であることを説明するためのものであるので、「自らの特質によって成立するもの」については否定的に述べられているが、「名称や記号」、「言説」、「自らの実相」などと並列に置いてみると、「(自らの) 特質」の位置づけも明瞭になる。「定義的特質 (mtshan nyid)」とは、命名などの行為からは独立した、名付けられる対象自身に存在している存在根拠のようなものである。その存在根拠の力によって、その対象の存在が成立するというのが、「自らの特質によって成立しているもの」の意味である。

引用3は、言説有と勝義有の設定の仕方について述べられている。「言説の力によって (tha snyad kyi dbang gis)」は(1)および(4)と同種の表現であり、「名称や記号」と「言説」とが同じ意味であり、またここでも具格が「の力によって(gi dbang gis)」と敷衍されている。ここでの言説有とは遍計所執性のことである。一方(6)では、「自らの特質によって存在しているもの(rang gi mtshan nyid kyis yod pa)」は勝義有として肯定される。これは依他起性および円成実性を指しているからである。唯識派にとって、遍計所執性を「自らの特質によって成立しているもの」とすることが増益なのである。文脈としては、肯定されているが、「自らの特質によって存在しているもの」の意味は、遍計所執性についてそれが否定されるときと変わらない。それゆえ、この引用では、「自らの特質によって」は特に言い換えられていないが、(2)と(3)との類比から(実際にそのような表現は用いられていないが)「自らの特質の力によって存在しているもの」の意味であると解することができる。

以上の引用箇所は、一般的なチベット仏教の概念構造である「定義的特質」、「定義対象」、「定義基体」を下敷きにした議論であるが、ただそれらの概念そのままであるわけではない。これらは仏教思想を論理的に解釈したり表現したりするときに利用される一般的な概念の枠組みであり、唯識派であれ中観帰謬論証派であれ、普通に用いられ、存在論的立場によって否定されたり肯定されたりするようなものではない。しかし、ツォンカパが「自らの特質によって成立しているもの」という表現を用いるときは、それを存在論的に位置付け、それを肯定するか否定するか、あるいは限定的に肯定するかなどによって、その主張の立場が区別されることになる。「自らの特質」の「特質(あるいは定義的特質)」は、主語である「定義基体」について、述語あるいは名称・概念・言説である「定義対象」を述定する根拠であるが、それが単に述定の論理的根拠なのではなく、その主語となる対象が特定の名称・概念のものとして成立するための存在根拠である。その述定が、言語的な過程(言語協約)によって外から設定されたもの(ming dang brdas bzhag pa)であるのか、それとも自らの特質によって成立しているものであるのか(rang gi gnas lugs sam rang gi mtshan nyid kyis grub pa)が対比されているのである。唯識派は、帰謬論証派と同様、「自らの特質によって成立しているもの」であるならば、勝義の存在であると主張するが、自立論証派はその二つを区別し、言説において「自らの特質によって成立しているもの」を認めるが、勝義においてはそれを否定するという立場に立つ。ただし唯識派と帰謬論証派の間にも大きな違いがある。帰謬論証派の特徴的思想は「自らの特質によって成立しているもの」を言説においても勝義においても認めず、全てを「名付けられただけの存在（ming btags pa tsam）」と主張する点にあり、次章で論じるように、実在論的思考における「自らの特質によって成立しているもの」を前提とする思考方法を根底から退けることが、実在論者を批判するときの帰謬論証派の根本的原理となるのである。(35)

（二）　遍計所執性と増益

以上のように、定義的特質、定義対象、定義基体との対応関係から「自らの特質」の意味と「によって」という具格助詞の意味とは十分に裏付けられるであろう。しかし、その思想内容はツォンカパの唯識思想の解釈の中心的話題として重要なものであり、それを検討することで、「自らの特質によって成立しているもの」という術語の思想的な意味がより明確になる。ツォンカパによる唯識思想の解釈では、三性説、三無自性説、了義・未了義などが重要なテーマとなるが、「自らの特質によって成立しているもの」が係わってくるのは、遍計所執性（kun btags pa'i mtshan nyid）における増益の構造においてであるので、ここではその点のみを取り上げる。

ツォンカパは遍計所執性とそれへの増益の構造について言葉を変えながら繰り返し述べているが、まとまった記述として次のものがある。

遍計所執（kun brtags）が自らの特質によって成立していると捉える〔知〕が法我執であると主張される〔ときの、その〕遍計所執は、蘊などに対して、「これは色である」と言って基体（ngo bo）として、あるいは「これは色の生起である」などと言って〔それの有する〕差別相（khyad par）として、名称と記号において（ming dang brdar）仮説されたところのもの（btags pa'i ngo bo）である。蘊などは、単にそれだけのものとしては存在するので、〔蘊を〕それ（＝色など）として捉える〔知〕は増益するものではなく、蘊などがそのようなもの（＝色など）として（ngo bo der）自らの特質によって存在していると捉える〔知〕が増益するものである。[36]

遍計所執とは、命名の基体である蘊などに対して、名称・記号において、「これは色である。」というように基体（ngo bo）として仮説されたものと、「これは色の生起である」というようにその基体の諸属性（khyad par、その基体としての存在の差別相）として仮説されたところのものである。この遍計所執には三つの構成要素が区別される。(1)仮説・命名の対象（蘊）、(2)仮説された存在である基体（「色」）と差別相（「生起」など）[37]、(3)仮説された存在に対応する名称・概念・記号などである。このうち、(2)が狭義の遍計所執に当たる。

その蘊などに対して基体（ngo bo）や差別相（khyad par）が仮説されていると言うだけであれば増益とはならない、そのような基体や差別相が、自らの特質によって成立していると思いなしているときに、実際に存在していないものを存在していると誤って構想しているので増益となる。自らの特質は、基体や差別相の根拠となる、言語・概念による仮説の外部に実在する存在根拠のことである。この引用文では、二つの捉え方を対比することによって増益の構造が示されている。一つは単に「である」と捉えるだけの捉え方、もう一つは、その「である」が、そのものを規定する特質、すなわちそのものの真の存在の仕方・実相（gnas lugs）によって根拠付けられていると捉える捉え方である。言うまでもなく、後者が、ないものをあると思いなす増益である。これはまた法我執（chos kyi bdag 'dzin）でもある。

このようにして、遍計所執を構成する三つの構成要素に第四の要素が付け加わる。すなわち(4)仮説された存在（すなわち遍計所執）が、自らの特質あるいは実相によって成立していると執着する増益（する知）である。

（三）　基体（ngo bo）と差別相（khyad par）

それでは、定義的特質（mtshan nyid）によって根拠付けられる（と思いなされている）、遍計執された基体（ngo bo）と差別相（khyad par）とは、どのようなものであろうか。この遍計所執の構造は『解深密経』に基づくものである。

> 妄分別知の活動対象（spyod yul）〔であり、〕遍計所執性の拠り所（gnas）〔であり、〕行を特徴とする（'du byed kyi mtshan ma）〔依他起性〕に対して、「色蘊である。」と基体〔の特質として〕、あるいは〔他のものからの〕異なりの特質（bye brag gi mtshan nyid）として、名称や記号において設定されたものと、「色蘊が生じる。」あるいは「〔色蘊が〕滅する。」あるいは「色蘊が断じられる、遍知される」と基体の特質、あるいは〔他のものからの〕異なりの特質として、名称や記号において設定されたものが遍計所執性である。(38)

この文章に「基体〔の特質〕、あるいは異なりの特質（ngo bo nyid〔kyi mtshan nyid〕dam bye brag gi mtshan nyid）」は二回出てくるが、ツォンカパの注釈にもあるように（LN, 9b5）、最初は「基体の特質」を、二度目は「異なりの特質」を指すと考えるべきであろう。

1　実在し縁起する依他起性を拠り所として、名称・記号において、「これは色蘊である」と基体の特質として設定されたもの。

2　実在し縁起する依他起性を拠り所として、名称・記号において、「色蘊が生じる・滅する。色蘊が永断される・遍知される。」と差別相の特質として設定されたもの。

この『解深密経』の引用が「基体」と「差別相」の最も詳しい具体例である。これによると、基体の特質とは「それは何であるか」という問いに対する答えであると考えられる。個々の対象において「これは何であるか」と問われたときの答えは、見方によって多少の違いはあるとしても、例えば「白い」とか「長い」というような付帯的な属性と一線を画するものであることは明かである。この基体の特質は、また『解深密経』の別の箇所（SNSu, 25a2 = LN, 3a2）では、諸蘊の「自らの特質（rang gi mtshan nyid）」と言及される。ただし、これは「自らの特質によって成立しているもの」における「自らの特質」を指しているわけではない。今問題にしている「基体の特質（ngo bo nyid kyi mtshan nyid）」、あるいは「自らの特質（rang gi mtshan nyid）」は、仮説された遍計所執であり、それが「自らの特質によって成立している」と捉えることが増益だからである。

「差別相の特質（bye brag gi mtshan nyid）」は、基体として設定されたものについての様々な言明によって表現される、その基体の性質や作用である。『解深密経』の例では、色蘊を主語として、それが「生じる・滅する」、「断じられる・遍知される」と言われる。これらは『解深密経』の別の箇所（SNSu, 25a2-3 = LN, 3a2）では、それぞれ「生起という特質（skye ba'i mtshan nyid）」、「消滅という特質（'jig pa'i mtshan nyid）」、「断じられること・遍知されること（spang ba dang yongs su shes pa）」と言われている。最後の「断じられる・遍知される」には「特質」という語は付けられていないが、それらが「差別相の特質」であることから、「断じられるという特質・遍知されるという特質」と考えて差し支えないであろう。これらは、たとえば、「色蘊が生じる」が「生じるところの色蘊」というように色蘊を修飾する限定要素として書き直すことができ、そうした場合にそれを khyad par（限定要素）と呼ぶことも肯ける。これらは基体として仮説されたもの（色蘊）のある特定の状態（属性より広い意味で）を表す限定要素である。

この二つの「特質」は、名称・概念が付与されて仮説されるものである。「名称や記号において（ming dang brdar）」の処格は、先の引用では「名称や記号によって（ming dang brdas）」と具格になっていた。いずれにせよ、これを「として」という意味で考えるべきではない。これらは、依他起性に対して、基体や差別相として（du）遍計所執性が仮説されるときの契機の一つであって、名称・概念として仮説された・設定されたわけではないからである。

この構造自体は、中観帰謬論証派においても変わらない。異なるのは、唯識派が仮設の拠り所を実在するものと考えていること、すなわち遍計所執とは別に、自らの特質によって成立している勝義有である依他起性と円成実性が存在すると考えた点である。帰謬論証派においては、仮設の拠り所も含めて全てのものは、仮説されただけの存在であり、どこまで行っても実体に根拠を求めることはない。しかし、仮説されただけの存在としての諸法は、言説の世俗的な行為の中では有効に機能する。すべての存在に、それ自身の存立根拠である特質を認めないことこそが無自性の意味であり、またそのようなそれ自身の存立根拠によって縛られることがないので、あらゆる存在は変化することができるのである。これは、すでに本書において繰り返し言及してきた「中観派の不共の勝法」の立場である。

おわりに

本章では、ツォンカパの中期中観思想から頻繁に用いられるようになる「自らの特質によって成立しているもの」という術語に関して、「自らの特質」の指すもの、「によって」という具格助詞の意味を探り、さらに唯識思想における同じ用語についてのツォンカパの解釈を検討することによって、関連する諸概念の間の関係を分析してきた。唯識思想においては、遍計所執としての増益されたものを相無自性であると言うときの否定対象である相自性が「自らの特質によって成立しているもの」と言い換えられる。唯識思想では、その「自らの特質によって成立しているもの」の否定は、増益された遍計所執性に限られて限定的であるが、中観帰謬論証派はそれをあらゆる存在に拡大することによって、例外や除外規定のない真の一切法無自性を主張できることになるのである。

　このような「自らの特質によって成立しているもの」の解釈は何も新しいものであるわけではない。これは、例えばダライラマ一四世が「つぼの本質が究極的にどう言い表されているかを考えてみると、つぼの存在そのものは、かなりあやふやになってきます。つぼが何であるかということは、一種の約束ごととして取り決められているにすぎません。つぼをつぼと呼ぶ根拠は、その形にあるのか、機能にあるのか、あるいは材質にあるのか（つまり粘土や水などの混合物をつぼとよぶのか）と考えていくと、『つぼ』というのは単なる呼び名にすぎないとわかるでしょう。[39]」（傍点は引用者による）と言っているのと同じことであり、それはおそらく現代のゲルク派の学僧が常識として理解していることでもある。本章では単にそれをツォンカパの原典に当たって確認したにすぎない。

（1） 本書二二九頁参照。

（2） これらの術語の使用頻度に関して、木村（2004b, pp.300–301）に『菩提道次第大論』と『善説心髄』についての調査報告が掲載されている。著作毎にどの術語が多く用いられるかの違いはあるが、全く用いられないわけではないので、その使用の多寡が有意な違いを示しているかどうかは、内容に基づいて判断する必要がある。

（3） 本章は、この語を構成する「自らの特質（rang gi mtshan nyid）」や「によって（kyis）」の意味を検討することを目的とするので、最初に結論とも言うべき訳語を示すのは適切ではないが、日本語としての読みやすさを考慮して、結論を先取りした訳語を使用することにした。

（4） この訳語は、松本氏の解釈による。

（5） ここで ngo bo nyid med pa の中の ngo bo nyid を「自性」と訳した。サンスクリット語では rang bzhin も ngo bo nyid も svabhāva の訳語として用いられる。Negi の『蔵梵辞典』では ngo bo nyid に対して svabhāva 以外に prakṛti、nisarga、svabhāvatā、svarūpatva、rūpatva、rūpatā などの対応サンスクリット語が挙げられている（TSD, p.977）。ngo bo nyid med par smra ba は、自立論証派・帰謬論証派に共通の中観派一般の定義であるので、この場合の自性は、rang bzhin の訳語としての自性とは異なった意味に解さなければならない。なぜならば、自立論証派は言説において rang bzhin gyis grub pa な法を承認する中観派だからである。ngo bo nyid は自立論証派も帰謬論証派も勝義においても世俗においても認めないものなので、上の二つのグループで言えば don dam par (bden par) grub pa の方に当たる。すなわち、ngo bo nyid med pa は「真実無」とでも訳すべきであろう。

（6） 吉水千鶴子氏はこの術語に着目され、rang gi mtshan nyid kyis grub pa についてのツォンカパの用例を詳細に検討する複数の論稿を発表された（吉水, 1992; 吉水, 1993; Yoshimizu, 1993; Yoshimizu, 1994）。吉水氏の研究は多岐にわたり、必ずしも rang gi mtshan nyid kyis grub pa という概念のみに焦点が当てられているわけではなく、またこの語の理解も筆者と異なり、その結果として訳し方も異なっている。しかし、これを詳細に検討する余裕はないので、ここで筆者の理解を示すに止めておきたい。

（7） 欧文訳は、Yoshimizu (1993, P.94, n.6) に列挙されている。Hopkins の "established by way of their own character" を代表としてほとんどの欧文訳は、チベット語の直訳である。これら欧文訳の多くは、kyis という具格を「によって」という成立根拠の意味で解している。なお吉水氏は "intrinsically real" と英訳されている。これは kyis を様態の意味にとり、さらにそれを完全に副詞化して意訳した訳語である。

（8） もちろん、『菩提道次第大論』でも使われているので、その段階でもツォンカパの中にその思想があったと言うべきであるが、明確に記述されるのは『善説心髄』においてである。また木村(2004a)においての使用頻度の調査においても、この術語が『善説心髄』から頻出することが確認されている。

(9) 戸崎(1979, p.61)に、『プラマーナ・ヴァールティカ』現量章第一〜三偈の内容が要約されているものによる。

(10) 以上の自相の規定や、自相と現量の関係は、現代のダルマキールティ研究において受け入れられている理解であり、チベット論理学、とりわけゲルク派の論理学はこれとは異なった解釈が取られている。ここでは、従来の研究に見られる共通の理解を問題としているので、戸崎博士のまとめられた規定を挙げた。

(11) rtog ge'i gzhung nas don byed nus pa kho na la rang mtshan dang / mngon pa'i mdo la sogs par gzhan dang thun mong ma yin par mtshon pa me'i tsha ba lta bu la rang gi mtshan nyid du bshad pa dang / rang gi mtshan nyid kyis grub pa'i rang mtshan ni ches shin tu mi 'dra'o // (LN, 65b3–4)

(12) ここでツォンカパは、アビダルマの自相を省略形の rang mtshan ではなく rang gi mtshan nyid という形で言及しているが、これは「そのものを他のものから区別する定義的特質」というように、そのものの定義的特質(mtshan nyid)であることを念頭に置いているのかも知れない。

(13) たとえば、チョクラウーセルの『ラトゥー・ドゥラ(*rwa stod bsdus grwa*)』などの対象(yul)の分類に見られる。同書も含めて、ケードゥプジェ、タルマリンチェン、ジャムヤンシェーパやその弟子のセ・ガワンタシ、ヨンジンプルプチョクなどのドゥラ文献に見られる術語の定義や分類などを収録した西沢(2011, Vol.4)を参照されたい。

(14) de bzhin du gzugs dang tsher ba la sogs pa'i chos 'dus byas dang / 'dus ma byas kyi chos tha na mdo sde pas thogs pa'i reg bya rnam par bcad tsam gyi med dgag la nam khar bzhag pa yin chad kyang rung ste / tshad mas grub par 'dod pa thams cad yod par 'jog pa na rang rang gi ming gi tha snyad 'jug pa'i 'jug gzhi'i don de ji 'dra zhig tu grub pa btsal ba na des rnyed pa'i don med na yod par 'jog mi nus pas de las bzlog pa la yod par 'jog go // (LN, 65b1–3)

(15) shes bya la dngos por yod med gnyis su kha tshon chod pa'i dang por dngos po la bshad na / dngos po la gzugs can yin min gnyis su kha tshon chod cing / gzugs can la ... / shes pa la ... / ... dngos por med pa rnams bden par grub pa yang rigs pa de la brten nas 'gog nus te / 'dus ma byas kyi nam mkha' la yang ... // de bzhin du chos nyid la yang ... / 'dus ma byas gzhan yang de dang 'dra bas / ... / shes bya thams cad bden med du 'grub bo // (GR, 74b2–75a3)

(16) des na dngos po ni rang bzhin la byed pa dang don byed nus pa la byed pa gnyis las / dngos po yod par smra ba'i dngos po ni rang bzhin

gyis grub pa kho na la bya la / dngos po med par smra ba'i dngos po ni don byed pa'i dngos po la bya ste / de gnyis sel ba na rang bzhin bkag cing sgyu ma lta bu'i rgyu 'bras yod par bstan pa'i phyir ro //（LR, 386a2–3）

（17）『命題集』(p.28)：don byed nud pa chos can / dngos po'i mtshan nyid yin.

（18）dbu ma'i gzhung rnams nas dngos po'am rang bzhin yod pa dang med pa dang gnyis ka dang gnyis ka min pa'i mu bzhi thams cad bkag la / der ma 'dus pa'i chos kyang med pas rigs pas thams cad 'gog go snyam na / 'di ni sngar bstan pa ltar dngos po la gnyis las rang gi ngo bos grub pa'i dngos po ni bden pa gnyis gang du yod par 'dod kyang 'gog la / don byed nus pa'i dngos po ni tha snyad du 'gog pa ma yin no //（LR, 411a2–4）

（19）de la ma 'khrul ba ni yul gyi rang gi mtshan nyid ji ltar gnas pa ltar 'dzin par byed pas dbang po'i shes pa'i mngon sum lnga kas rang mtshan 'jal bas na gzugs sgra la sogs pa'i rang gi mtshan nyid ni mngon sum lnga po de dag gi gzhal bya yin pas / de dag tshad mar 'gro sa yang yul lnga po de'i rang gi mtshan nyid yin par 'dod do //

slob dpon 'di ni 'chad par 'gyur ba ltar rang gi ngo bos grub pa'am rang gi mtshan nyid kyis grub pa ni tha snyad du'ang mi bzhed pas dbang po'i shes pa de rnams rang mtshan la tshad mar ga la bzhed / des na 'dir de dag tshad ma yin pa bkag pa ni de rnams yul lnga'i rang gi mtshan nyid la tshad mar 'do pa 'gog pa yin la / ...

dbang shes rnams la gzugs sgra sogs yul lnga po de rnams rang gi mtshan nyid kyis ma grub bzhin du rang gi mtshan nyid du snang bas na de dag rang gi mtshan nyid la tshad ma ma yin no zhes pa ste / mdor na dbang po'i shes pa de dag yul lnga'i rang mtshan la tshad ma ma yin te / yul lnga'i rang mtshan snang ba la ltos te bslu ba'i phyir te yul lnga rang gi mtshan nyid kyis stongs bzhin du rang mtshan du snang ba'i phyir /（LR, 397b3–398a3）

（20）dngos po med pa'ang 'dus ma byas rnams la rang gi ngo bos grub pa'i dngos med du 'dod na ni de 'dra ba'i dngos med kyang 'gog go //（LR, 411a4）

（21）'dir rang gi mtshan nyid ces pa ni rtog ge pa dag 'dod pa ltar don byed pa kho na la byed pa min gyi / dngos po'am dngos med gang la rang rang gi rang bzhin khas len pa'i rang bzhin sngar bshad pa lta bu la byed pas / rang bzhin yod par smra ba rnams kyis ni dngos med 'jal ba'i rjes dpag kyang de 'dra ba'i rang bzhin gyi zhen yul la ma 'khrul bar 'dod pa yin no //（LR, 452a3-5）

（22）ただし、全ての共相・概念も究極的には自相に根拠を持つとダルマキールティは主張するが、少なくともチベットの概念構造においては、自相と共相は決して混同されることはなく、共相の根拠として自相が要請されることもない。

(23)『善説心髄』の唯識説を検討している箇所に述べられる。LN, 7a5–6: gzhan dbang rang gi mtshan nyid kyis grub pa med na skye ba dang 'gag pa mi rung bas de la skur pa 'debs pa yin la yongs grub rang gi mtshan nyid kyis med na dngos po'i gshis su mi 'gyur ba'i lugs so //「依他起が『自らの特質によって成立していない』ならば、生起も消滅も成り立たないので〔依他起〕に対して損減していることになる。また、円成実が『自らの特質によって成立しているもの』でないとしたら、実在するものの本性（dngos po'i gshis）とはなりえない、という説である。」

(24) LN, 5a2: kun brtags la med rgyu'i mtshan nyid kyi ngo bo nyid ni rang gi mtshan nyid kyis grub pa'am gnas pa la bya'o //「遍計所執において存在しないとされる相自性（mtshan nyid kyi ngo bo nyid）とは、『自らの特質によって成立しているもの・存在しているもの』を指す。」

(25) LN, 5a2–3: 'dir rang gi mtshan nyid kyis yod med bstan tshod ni ming dang brda la ltos nas bzhag ma bzhag yin la / bzhag pa la yang yod pas ma khyab cing 'jog lugs kyang thal 'gyur bas yod pa rnams ming gi tha snyad kyi dbang gis bzhag pa dang ches mi mthun pas rang gi mtshan nyid kyis yod med kyi don yang mi mthun no //「この〔『解深密経』の立場〕で、rang gi mtshan nyid によって存在している〔と説かれる〕か存在していないと説かれるかの違いは、言語協約（brda）に依拠して設定されたものであるか否か〔の違い〕であり、また〔言語協約に依拠して〕設定されたものが全て存在しているわけではなく、また、設定の仕方も、帰謬論証派が存在している諸々のものを名称の言説の力によって設定されるもの〔と主張する〕のとは大きく異なっているので、『自らの特質』によって存在していることと存在していないことの意味もまた、〔帰謬論証派の見解と〕一致しないのである。」

(26) これら同一性と様態の意味はサンスクリット語の具格形の用法に由来すると思われる。もしチベット語として同一性や副詞化した様態を表現したいのであれば、処格助詞が使われるであろう。

(27) チベット語としての具格助詞にこの四つの用法しかないという意味ではない。具格助詞としては、名詞が人か物事か動名詞かによって大きく三つの意味が区別されるが、ここでの「自らの特質」は（抽象的ではあるが）物事なので、基本的には根拠や手段、方法の意味である。

(28) 上にも述べたように、サンスクリット語としては様態は具格形で表現され、逆に don dam par などは処格形ではなく、paramārthataḥ という従格を表す語尾が用いられるので、処格・具格という対比はあくまでチベット語訳に基づいて整理された分類である。

(29) Cf. LN, 67b5-6: ming tsam gyi don ni sngar ltar tha snyad kyi don btsal ba na mi rnyed pa la byed kyi ming yod cing don med pa'am ming

ma yin pa'i don med pa ni ma yin no //. 言説の意味を探したときに得られないことを「名前だけ」と言うことに関しては、次の第八章「中期中観思想における言語論的転回」において取り上げる。

(30) 吉水氏は、この概念が唯識思想に由来するとも主張しているが、その点については必ずしも同意できるわけではない。まず、木村（2004b）の調査にもあるように、この用語はすでに『菩提道次第大論』において、「自性によって成立しているもの」などと区別なく用いられている。またチャンドラキールティの『六十頌如理論釈』や『空七十論釈』『四百論釈』などのチベット語訳でも用いられているので（ACIP のチベット語大蔵経入力テキストの検索によるので、用例を完全に精査しているわけではない。）、ツォンカパがこの用語を採用した起源を唯識文献に求める必要はないであろう。

(31) この増益の理解に基づく唯識の空性理解は、ツォンカパの独自な貢献の一つであるとチベット人ゲシェ、ゴマン学堂元僧院長テンパ・ゲルツェン師から教えられた。それまでの仏教史の中でツォンカパが始めて明らかにしたこととして、一つはこの唯識の空性理解、もう一つは密教の究竟次第における幻身の解釈がある、とテンパゲルツェン師はおっしゃっていた。このことは、それ以外の自立論証派の理解も、本書で扱っている「中観派の不共の勝法」も、全てチャンドラキールティが説いていることを整理して示したものであると理解されていることを示している。

(32) この三つ組みの概念については、第五章『入中論』の二諦説と中観派の不共の勝法」二二四頁註42参照。

(33) サンスクリット語原語は nāmasaṃketa が想定され、チベット語訳はこの複合語を dvandva で解釈している。この nāman は言語の使用（vyavahāra と同じ意味で）を、saṃketa は命名行為を意味しているのかも知れない。

(34) 正確には、壺の定義的特質は「腹部が膨れ、底が平らで、水を運ぶことのできるもの（lto ldir zhabs zhum chu skyor gyi don byed nus pa）」であるが、ここでは、定義的特質そのものではなく、その定義的特質の担い手としての具体的な存在（定義基体）を意味している。

(35) チベット仏教文献では、何らかの術語の後に～mtshan nyid pa と～btags pa ba という限定辞が付け加えられることがしばしばある。「真の～」「仮の～」などと訳されるが、これは、上で検討してきた rang gi mtshan nyid kyis grub pa と tha snyad du btags pa の違いに対応している。このうち～mtshan nyid pa は、正確には mtshan nyid rdzogs pa、あるいは mtshan nyid dang ldan pa、すなわち「そのものがそのものであると言えるための特質（mtshan nyid）を完全に備えているもの」という意味であり、「真の～」というのは、その原意からの意訳である。また、自らの特質によって成立しているものは、真実なるものとして成立している（bden par grub pa）のと同様、mtshan nyid pa なものは、真なるものであることになる。もちろん mtshan nyid pa は、「自らの特質によって成立しているもの」が有する存在論的構造を想定する必要のない一般的な表現ではあるが、類似した関係を前提にしていると言えるだろう。

(36) kun brtags rang gi mtshan nyid kyis grub par ’dzin pa chos kyi bdag ’dzin du ’dod pa’i kun brtags ni phung po la sogs pa la ’di gzugs so zhes ngo bo dang ’di gzugs kyi skye ba’o zhes sogs khyad par du ming dang brdar btags pa’i ngo bo’o // de tsam zhig tu ni phung po la sogs pa yod pas der yod par ’dzin pa sgro ’dogs min gyi phung sogs ngo bo der rang gi mtshan nyid kyis yod par ’dzin pa sgro ’dogs so // (LN, 29b3–5)

(37) 属性の場合、通常では「白い」などの性質を思い浮かべるが、ここで差別相と言われているのは、それ自体で存在するのではなく、何らかの基体があって、その基体において考えられる状態や作用などである。状態や作用などはそれ自体では存在し得ず、必ず何らかの基体の存在を前提とするので、属性と言える。

(38) rnam par rtog pa’i spyod yul kun brtags pa’i mtshan nyid kyi gnas ’du byed kyi mtshan ma la gzugs kyi phung po zhes ngo bo nyid dam bye brag gi mtshan nyid du ming dang brdar rnam par bzhag pa dang / gzugs kyi phung po skye’o zhe’am ’gag pa zhe’am gzugs kyi phung po spang ba dang yongs su shes pa zhes ngo bo nyid kyi mtshan nyid dam bye brag gi mtshan nyid du ming dang brdar（北京版、デルゲ版、ナルタン版共に brdar と処格であるが、ツォンカパが『善説心髄』で引用しているテキストでは、brdas と具格になっている。なお、この引用の前半に出てくる brdar に関しては、大蔵経のみならず、ツォンカパの引用も処格である。）rnam par bzhag pa gang lags pa de ni kun brtags pa’i mtshan nyid lags te / (SNSu, 22b2-4 = LN, 9b3–5)

(39) ダライラマ (2000, 52–53)。

第八章　中期中観思想における言語論的転回

はじめに

本章では、ツォンカパの中期中観思想の代表的な著作である『善説心髄』を取り上げ、そこで新たに導入された言語論的な考察方法を分析し、それが初期の「中観派の不共の勝法」にどのように補完するものであるかを検討する。

『善説心髄』自体の主題は、釈尊の説いた経典のうち、何が了義で何が未了義であるのかを、唯識派、中観自立論証派、中観帰謬論証派それぞれの視点から明らかにしていくことにある。議論は『解深密経』における三転法輪の説を踏まえ、第二法輪として説かれた般若経が了義なのか、未了義なのかをめぐって展開する。その際に、枠組みとして用いられるのが、これも『解深密経』に説かれた三性説と三無自性説とである。中観思想の記述においても、この三性・三無自性説と二諦説との関係が常に見え隠れする。

しかし、それとは別に、中観帰謬論証派の立場を説明する際に、帰謬論証派以外の実在論者あるいは有自性論者、特に中観自立論証派の批判が展開されるが、そこに見られる原理は、「言葉」と「存在」の設定の問題にかかわり、存在を言語論的な視点から捉えるという特徴的な議論となっている。(1) この『善説心髄』に見られる言語論的な視点は、初期の『菩提道次第大論』には見られなかったものなので、これをツォンカパの中観思想における「言語論的転回」と呼ぶこともできるであろう。「言語論的転回」とは、リチャード・ローティが二〇世紀の英米系の哲学に顕著に見られる傾向を指摘して有名になった言葉である。(2) ローティによれば、従来の哲学が主に意識を問題にすることによって哲学的問題に答えようとしたのに対し、フレーゲに始まる現代論理学を背景にして、哲学的諸問題の解明が理想的言語を再構成すること、あるいは日常的言語の動態を分析することに還元されるという方法的意識が今世紀の英米系の哲学を特徴付けているという

(Roaty, 1967, p.3)。ここで、この用語を援用するのは、ローティが指摘するのと同じ傾向をツォンカパの思想に見出そうとするためではない。初期の「中観派の不共の勝法」は、空と縁起の共通基体性や存在と無の四つの様態などの存在論を基にした中観思想であった。それに対して、否定対象の確認のための手続きとして、言葉とその意味対象、および言語活動の働きに着目している点が、この『善説心髄』の特徴である。したがって「転回」は思想史的なものではなく、ツォンカパの中観思想内での転回である。

第一節　『善説心髄』中観章の構成

このツォンカパの言語論的な議論を位置づけるために、『善説心髄』後半の中観の部分の科段を挙げておこう。(3)

A2　『無尽慧所説経』に依る立場
　B1　『〔無尽慧所説〕経』に〔了義・未了義の区別が〕どのように説かれているかを提示する。
　B2　〔中観論師たちが〕その意味をどのように解釈しているか。
　　C1　守護者ナーガールジュナが『経』の意味をどのように解釈しているか。
　　　D1　縁起の意味が無自性の意味であると解釈していること。
　　　D2　それ（縁起の意味）が聖言（gsung rab）の意味の心髄（snying po）であると賞讃したこと。
　　C2　彼に従うものたち（後代の中観論師）がどのように解釈しているか。

D1　中観自立論証派は聖〔ナーガールジュナおよびアールヤデーヴァ〕の原典をどのように解釈しているか。
D2　中観帰謬論証派は聖〔ナーガールジュナおよびアールヤデーヴァ〕の原典をどのように解釈しているか。
E1　人および法に自性があるかないかをどのように説明するか。
F1　人および法において自性を否定するという〔他の立場との思想的〕相違を説明する。
G1　自らの特質によって成立している自性を否定することが〔帰謬論証派の他の立場との〕違いであると説明する。
G2　否定対象を特定し、〔それが〕どのように存在しないかを示す。
H1　後天的な増益と先天的な増益[4]の捉え方を示し、それ（否定対象）が存在しないことを示す。
H2　声聞の〔三〕蔵に基づいても二無我をお説きになっているということの意味を説明する。
F2　以上〔の帰謬論証派の特徴的思想〕に基づいて聖〔ナーガールジュナおよびアールヤデーヴァ〕の真意を解釈する独自のやりかたを示す。
F3　この〔解釈の〕仕方が諸経典と矛盾する〔という非難〕を退ける。
E2　勝義において成立しているものを否定する主要な正理は何か。

A1が瑜伽行派の、A2は中観派の了義未了義の解釈である。A2の中観派の部分は大きく二つに分かれ、B1で中観派の了義・未了義に関する立場が『無尽慧所説経』に基づいて提示され、B2において中観派の論師たちの解釈が詳細に論じられる。B2はさらにC1でナーガールジュナおよびアーリアデーヴァという中観派の祖師の説が取り上げられ、C2ではブッダパーリタ以降の注釈者たちの説が述べられる。まずC1-D1で、無自性の意味は縁起の意味であると説く経典が了義であるというナーガールジュナの主張が述べられ、C1-D2では、それこそが釈尊の聖言の核心であると賞讃される。この二つの節には「中観派の不共の勝法」そのものが、要約されて説かれている。

C2は、D1で中観自立論証派の主張が、D2で中観帰謬論証派の主張が詳論される。帰謬論証派の節の中心的な部分は、人法二無我についての帰謬論証派の特徴的見解を述べるE1 - F1である。その最初にツォンカパは、自立論証派の論師たちがみな、ブッダパーリタやチャンドラキールティと自らの二諦説に違いがないと考えているのに対し、チャンドラキールティは自らの二諦説と他の中観派の二諦説とが異なり、そして自らの説のみがナーガールジュナの真意を正しく解釈していると考えていたことが指摘される。

では、その違いとは何か。ツォンカパはチャンドラキールティの『入中論』の自注を引用しつつ、次のように祖述する。

自説が他の中観派と共通でないことを論証因にして、実在論の二者（＝経量部と唯識派）が勝義において主張している諸々のものを中観派〔にとって〕の世俗において認めている者のことを、中観の真実義（de kho na nyid）を全く知らないものと規定するのは次のような理由による。すなわち、〔チャンドラキールティは〕自説において言説としてさえ自らの特質によって成立している（rang gi mtshan nyid kyis grub pa）[5]法（＝存在）を決して認めないのに対し、それら〔実在論者が勝義において主張するもの〕は、その〔自らの特質によって成立しているもの〕についてのみ措定されるものだからである。[6]

二諦のいずれにおいても「自らの特質によって成立するもの」を認めないことが、帰謬論証派のみの、他と異なる独自の見解であり、自立論証派と帰謬論証派の違いも、前者が自らの特質によって成立するものを言説において認めるのに対し、後者はそれを言説において「さえ」認めないことにある、という主張は、ツォンカパも繰り返し言及し、また一般にもツォンカパの帰謬論証派理解の根本的な命題とされている。しかし、以下本書で検討するようにツォンカパ自身は、さらにその根拠を問い、あるいはここからより根本的な帰結を導き出す。すなわち、なぜ言説において自らの特質によって成立するものを認めないのか、またそれを認めない結果、どのようになるのかを論じているのである。

他の中観派とは、自立論証派であり、それはさらに経量行中観自立論証派（mdo sde spyod pa'i dbu ma rang rgyud pa）と瑜伽行中観自立論証派（rnal 'byor spyod pa'i dbu ma rang rgyud pa）に分かれる。両者とも、いかなるものも勝義においては存在しないと主張するが、世俗においては前者は経量部の存在論を認め[7]、また後者は瑜伽行派の存在論の立場に立つ。ツォンカパは初期の「中観派の不共の勝法」の思想において、二諦を異なった段階のものとして設定する理解を退け、空性と縁起が相互に不可欠のものとして同時に成立すると主張していた。それに対して自立論証派は世俗と勝義を異なった領域のものとして設定している。それゆえ、ツォンカパの理解は他の中観派と共通することのない、独自のものであるということになる。

こうして自らの特質によって成立するものを認めるのは、帰謬論証派以外の全ての立場ということになる。実在論者は勝義においてそれを認め、自立論証派は勝義のものとしてはそれを否定するが、世俗あるいは言説においては認める。それらを批判するとき、帰謬論証派は、単に「言説において」自らの特質によって成立することを否定するのではなく、二諦に分けることなく普遍的にそれを否定する。そのことは、次のように述べられている。

〔帰謬論証派が、〕自相（rang mtshan）[8]によって成立している原因と結果とを否定するのに対し、〔自立論証派は次のように非難する。〕勝義においてそれらを否定することで他のものからの生起が退けられるのは正しいけれども、言説において自性あるいは自らの特質によって他のものから生起することは認めなければならない。もしそれを認めないならば、世俗においても諦は存在しない〔ことになってしまう〕ので、世俗諦は存在しないことになってしまうであろう。〔以上のように〕非難するのに対して、〔『入中論』の二つの偈（第六章第三五〜三六偈）で〕順に、自らの特質によって〔成立している〕生起は二諦のいずれにおいても存在しないと論証しているが、それは、勝義における生起はなくても、言説においては自らの特質によって〔成立している〕生起があると主張する〔自立論証派〕に対して論証しているのであって、実在論者に対して〔行った論証〕ではない。それゆえ、中観二派に、否定対象のそれだけの違いがあるならば、チャンドラキールティは、なぜそれを特別に取り上げた否定をなさらなかったのか、と言うのは正しくない。(9)

ただし、実際に否定されるのは、存在を「自らの特質によって成立するもの」と捉える捉え方であり、これは中観自立論証派に限らず、他の実在論者も同様である。それゆえ、ツォンカパの自立論証派批判は、実在論全体の批判としても妥当する。ツォンカパが自性によって成立するものを否定するとき、それを「勝義において」あるいは「言説において」という限定を付すことなく、二諦のいずれにおいても否定する議論となっているので、自立論証派は実在論に含められ、実在論一般が批判されることになるのである。

第二節　帰謬論証派独自の否定対象の特定

先の科段のG2-H1が、この帰謬論証派独自の見解を主題的に論じる科段になる。ツォンカパはこの箇所に下位の科段を設けず一気に論じているが、その議論の筋道を辿るのは容易でないために、後代の註釈書の科段を参照することにしよう。『善説心髄』の注釈の多くは、前半の唯識思想の部分に集中している。ここに述べられる議論は他のツォンカパの著作には見られないので、注釈もそこを詳説することになる。それらの註釈書の中で、二〇世紀前半の学僧ジクメー・ダムチュー・ギャツォ（'jigs med dam chos rgya mtsho, 1898–1946）の『了義未了義善説心髄の入り口（善説心髄大註）』という註釈書の後半が中観派の部分を詳細に注釈している。[10] 以下にこの注釈の科段を掲げる。

この註釈書ではH1の部分がさらに細かく科段に分けられている。以下、番号は『善説心髄』のものに続けて、Ⅰ以下のアルファベットと番号を当てている。

G2　その否定対象を特定したのち〔それが〕なぜ存在しないのかを示す
　H1　後天的増益と先天的増益の捉え方を示し、それ（否定対象）が存在しないことを示す
　　I1　法および人の設定の仕方
　　　J1　有自性論者の主張の仕方（LNJN, p.473）
　　　J2　帰謬論証派の主張の仕方
　　　　K1　帰謬論証派の自説において法と人の言説を設定する仕方
　　　　　L1　考察をしてから設定することができないことについて（LNJN, p.474）
　　　　　L2　考察せずに設定されることについて
　　　　　　M1　人の設定の仕方（LNJN, p.477）
　　　　　　M2　法の設定の仕方（LNJN, p.477）
　　　　K2　そのように設定すべきである典拠
　　　　K3　それが帰謬論証派の勝法であるというのは正しくないという非難を退ける
　　I2　二つの増益の把握の仕方

I3　二つの無我の特定

I4　唯識派が遍計所執は自相によって成立していないと主張することと矛盾する〔という非難〕を退ける

この中で特に理論的なものは、J1およびJ2‐K1である。前者では有自性論者の二我の捉え方が、後者ではそれに対する帰謬論証派の批判と帰謬論証派の言説有および二我執の設定が述べられる。

この科段の最初に言及される「後天的増益（kun btags kyi sgro 'dogs）」と「先天的増益（lhan skyes kyi sgro 'dogs）」の区別はツォンカパの複雑な議論の枠組みとして重要な対概念である。後天的増益とは、学説論者の把握の仕方である。ここでは、唯識派や経量部、中観自立論証派が何をもって「自らの特質によって成立するもの」と考えているのかが解明され、それが批判される。しかし、それは全ての有情に共通するものではなく、したがってまたそれが有情を輪廻に縛りつける根本的なものでもない。先天的増益とは、全ての有情を輪廻に縛りつける普遍的な無明を指す。すなわち倶生の真実執着（lhan skyes kyi bden 'dzin）あるいは有染汚の無明（nyon mongs can gyi ma rig pa）である。否定対象としてはこちらの方がより根源的であるが、実際に中観の論書の中で議論されるのは大部分後天的な増益の方なので、先に学説論者の説が検討される。

まずJ1において、有自性論者、あるいは実在論者の考え方が提示される。これは実際に有自性論者が主張していることではなく、帰謬論証派の立場からの否定対象である「自らの特質によって成立するもの」の規定に他ならない。この点については後述する。

ついで、J2‐K1‐L1において、それが否定され、L2において、それに変わる帰謬論証派の立場での言説有が提示される。J1の批判対象としての「自らの特質によって成立するもの」は必ずしも言説有に限られるわけではないが（自立論証派以外の実在論者はこれを勝義の存在と考える。）、この一連の議論でのツォンカパの批判対象は実在論者一般ではなく、言説において「自らの特質によって成立するもの」を認める自立論証派であるので、その否定も言説有としてそれを否定することになり、それに変わる帰謬論証派の存在論も言説有の設定の仕方になる。J2‐K1‐L1で、先ほど後に廻された先天的な増益（倶生の我執）が簡単に触れられる。

第三節　議論の構造

この一連の議論における登場人物は、中観自立論証派（その背後には他の有自性論者あるいは実在論者がいる）、中観帰謬論証派、そして有情一般（普通の人）の三者である。これらの間に複数の対立軸が重なりながら交差している。一つは、学説論者である自立論証派と帰謬論証派の対立軸、もう一つは自立論証派と有情一般の対立軸、さらに帰謬論証派の言説有の設定と有情一般の先天的増益の対立軸である。自立論証派および帰謬論証派の立場は（学説論者らしく）確定的であるが、普通の人の立場は、否定されない言説有と、否定されるべき先天的増益（倶生の真実執着）という二つの側面を持っている。自立論証派と帰謬論証派の対立は「自らの特質によって成立するもの」を言説において承認するか否か、という点をめぐって生じる。一方帰謬論証派と普通の人の対立は、帰謬論証派の無自性の理解と普通の人の無明による真実執着の間で生じる。自立論証派の真実執着と普通の人の真実執着の間には、前者が後天的なもの、後者が先天的なものという対比が見られる。

これらの対立軸をツォンカパは必ずしも明確に順序立てて説明してはいないので、読解する者がそれらを意識的に区別しなければ、ただツォンカパの議論に流されていくだけになってしまうであろう。

このように登場人物と対立軸とを設定すると、全体としての構造は、ツォンカパ初期の中観思想の中心的主張である「中観派の不共の勝法」を土台にしていることが分かる。自立論証派が言説において認めている「自らの特質によって成立するもの」は帰謬論証派にとっては勝義において成立すべきものであるが、それは正理によって否定される。これが帰謬論証派にとっての空性である。その否定と同時に言説としての存在が普通の人にとっての言語的行為の有効性によって確保される。一方、普通の人は空性を悟っているわけではなく、言説知からは独立に対象がそれ自体で成立していると思いなしている。いずれも『菩提道次第大論』で扱われている内容である。

この『善説心髄』が初期の『菩提道次第大論』と異なっているのは、何が「自らの特質によって成立するもの」であるかをより具体的に提示した点と、学説論者と一般の有情の対象の捉え方の違いを明確に区別している点とである。この二つの相違点は前者が明確になることによって、後者の区別も明確になるという関係にある。すなわち、初期においては「自らの特質によって成立するもの」と「それ自体で存在しているもの」は等価のものとされ、それらの違いを明確にする視点は提供されていなかった。しかし、『善説心髄』において、前者が学説論者の特定の考察方法に基づく設定であり、後者は一般の有情の自然な見方とされることによって、「自らの特質によって成立するもの」と「それ自体で存在しているもの」の意味の違いが明瞭になったのである。その意味でこの『善説心髄』はツォンカパの中観思想の中でエポックメーキングな位置を占めていると言える。

第四節　自立論証派による「自らの特質によって成立するもの」の設定方式

『善説心髄』の構造で見たように、ツォンカパは帰謬論証派の説明を始めるに際して、帰謬論証派の立場が他の学派、とりわけ中観自立論証派の立場と共通しない独自のものであると宣言する。その独自性とは、自立論証派が言説において「自らの特質によって成立するもの」を認めるのに対し、帰謬論証派はそれを認めない点にある。そこでツォンカパは、他の立場が承認している「自らの特質によって成立するもの」とは何かを問題にする。

それならば、どのように捉えるならば、自らの特質によって成立していると捉えている〔ことになる〕のかと問うならば、この点についてまず、学説論者 (grub mtha' smra ba) の説を述べよう。

「この人がこの業を行い（＝積み）、この果報を受けた」という言説が「〈人〉という対象に対して〕付与された (tha snyad btags pa)〔とき、その対象〕について、〔構成要素である五〕蘊自体が〈人〉であるのか、それとも それら〔五蘊〕とは別のものが〔〈人〉であるのか〕と、「人」という言説が付与されたもの（＝〈人〉）の実物 (don) を探し求め、同一物であるか別物であるか (don gcig pa'am don tha dad) など、何らかの結論 (phyogs) が得られて、〈人〉を措定する基体 ('jog sa) が見出されたならば業を積んだ〈人〉などを措定することができるが、〔いかなる結論も〕得られないならば〔業を積んだ〈人〉などを〕措定することはできない〔と実在論者は考える〕。

それゆえ、「人」という言説が付与されたものだけで満足せず、その言説がそれに対して付与されたところの、その基体 (gdags gzhi) がどのようであるかを考察し、探し求めて〔それが見出されて〕から措定するならば、〈人〉が自らの特質 (rang gi mtshan nyid) によって成立していると措定しているのである。自部（＝仏教徒）の毘婆沙部から中観自立論証派にいたるまでのすべてのものは以上のように主張する。(11)

この一節にツォンカパの見解が集約されて表現されている。ここで議論される事態を構成する要素は

(1)「言説（tha snyad）」
(2)「言説が付与されたもの（tha snyad btags pa）」
(3)「言説が付与されたものの実物（tha snyad btags pa de’i don / gdags gzhi）」

に分けられる。(1)はツォンカパが示している例から考えて言語表現ないしは端的に名称と考えてよい。(2)はその名称がそれに対して結びつけられた対象である。ツォンカパの議論内容からすれば、(1)の言説に一対一に対応する対象のことであり、上の訳では〈　〉を付けて表している。これと、次の(3)の実物とは別のものである。(3)は、名称(1)によって名指されているもの(2)の実物・実体（don）である。これは、名称による仮説が行われる基体（gdags gzhi）であり、言語の外部にある命名の根拠である。ここに挙げられている例では、(1)の名称は「この人がこの行為をした」という言表における「人」という語である。(2)の対象は、その名称が指している、対象の側の〈人〉のことである。それに対応する実物(3)とは、五蘊と同一であるか別異であるかは立場によって異なるものの、その名称が付与された基体の実物のことである。

このうち、問われるのは(3)の名指されたものの実物である。その基体があってはじめて名指されたものの存在が根拠付けられ、因果関係を担える存在であることが保証されると実在論者は考える。そのとき、名指された対象が「自らの特質（rang gi mtshan nyid）によって成立している」ものとして設定されていることになるというのがツォンカパの診断である。

ここでツォンカパが提起しているのは、実在論者が、対象を「自らの特質によって成立している」と捉えているか否かを検証するための手続きである。この検証方法は『善説心髄』の中で何度か言及されるが、「名称の実物ないしは基体がどのようなものかを考察し探し求め、それが見出されたときにその対象が存在していると措定できる」という実在論者の考え方は一定している。問い求められるものは、tha snyad btags pa’i don、tha snyad btags pa’i btags don、tha snyad btags pa’i btags gzhi、tha snyad ’jug pa’i ’jug gzhi、tha snyad btags pa’i gdags gzhi、ming btags pa’i gdags gzhi など用語に若干のバリエーションはあるが、[12] どれも同じものを指している。

この実在論者の存在の規定の仕方の、より一般的な定式化は次のようになる。

「量によって成立していると主張される全てのもの」を「存在している」と措定するためには、それぞれの名称の言説（min gi tha snyad）が指向する（'jug pa）〔先の〕指向対象（'jug gzhi）である実物（don）がどのようなものとして成立しているかを探し求めたとき、それによって得られる実物が存在しないならば「存在している」と措定することはできないので、それとは逆のもの（＝そのような実物が得られたもの）について、「存在している」と措定するのである。[13]

この引用文では、「量によって成立していると主張される全てのもの」が「存在している」と述定されるための条件が述べられている。一般にチベット論理学では「量によって成立するもの」は「存在するもの（yod pa）」と同義の「基体成立（gzhi grub）」の定義であるので、[14] 諸対象は量によって成立すれば（＝認識されれば）「存在するもの」として措定されるはずである。しかしながら、実在論者はそれ以上のことを要求しているとツォンカパは考える。実在論者にとって諸法が存在していると措定されるためには、その名称の付与された対象の実体がどのようなものであるかを考察し探し求めて、その実体が見出される必要があるのである。

ただ、tha snyad 'jug pa'i 'jug gzhi という表現は、「人」という言説が指向している対象である〈人〉を意図していないかもしれない。tha snyad 'jug pa は直接 'jug gzhi を修飾する形容詞節として機能している。すなわち tha snyad が向かっていく対象が 'jug gzhi である。実在論者の視点から言えば、(2)の言説に一対一に対応する対象は素通りして、その言説が付与されている実体が直に問われているのであろう。後に見るように、普通の人は、逆にそのような実体(3)を考慮することなく、言説が指し示す対象、すなわち(2)だけで満足をしているのである。

このように考察し探し求めて、その実体が見出されたときはじめて、その言説の対象が「存在している」と措定される。このことによって諸対象の「存在」は「自らの特質によって成立している」ことになる。ここで最初にツォンカパが立てた問い、すなわち実在論者、特に中観自立論証派が何をもって「自らの特質によって成立している」と見なしているのかという問いに一応の答えが出されたことになる。

ツォンカパが実際に述べているのはここまでである。しかもツォンカパはこの見解に対して何の典拠も示さない。実在論者が、名称の付与対象の実体を探し求めて、それが得られたときにはじめて「存在」を措定している、そしてそれが「自らの特質によって成立している」ことの意味であるというようなことは、おそらくインドの典籍には出てこないであろう。しかし、ツォンカパがこのような仕方で実在論、特に自立論証派を規定した理由はいくつか考えられる。まず、ジクメー・ダムチュー・ギャツォの科段のG2 - H1 - I4に当たる箇所でツォンカパ自身が問答を提示しているように（LN, 69a4–b2）、この「自らの特質によって成立するもの」の設定の仕方は、『善説心髄』前半に述べられた瑜伽行派の「遍計所執性が相無自性である」という主張と相似している。ツォンカパは遍計所執性の仮説には、依他起性という根拠があるので、いかなる根拠も否定する帰謬論証派の理解とは異なっているとしてこの相似性を否定しているが、表現の上で遍計所執性が相無自性であることと相似していることは事実であり、それが下敷きになってツォンカパの「自らの特質によって成立するもの」の理解が醸成された可能性は否定できない[15]。

次に、帰謬論証派の言説有を「名付けられただけのもの」として設定するために、それの対極にあるものとして、そのように名付けられる何らかの根拠が言語の外に存在する、という説を対論者の立場として設定する必要があったのではないだろうか。実在論の説明にある『人』という言説が付与されたものだけで満足せず」という一節は、そのことを物語っているように思われる。『善説心髄』の記述順序は、まずこの批判対象を先に提示し、それを否定して自らの言説有の設定を述べるという順序になっているので、実在論者の説が唐突に述べられた印象を持つことになるのであろう。

第三に、それではなぜ「自らの特質」という言葉が用いられるのか、という点について筆者の推測を述べておきたい[16]。ツォンカパは多くの場合、「自らの特質によって成立しているもの」という表現において、チベット語で自相に当たる rang mtshan ではなく、冗長な rang gi mtshan nyid という表現を用いている。チベット語として解釈すれば、rang gi mtshan nyid は「自相」という一語ではなく、「自らの特質（mtshan nyid）」というように mtshan nyid に独立した意味が与えられることになる。このとき、この語は、チベット仏教に特有の「定義的特質（mtshan nyid）」、「定義対象（mtshon bya）」、「定義基体（mtshan gzhi）」という三つ組みの概念との関連を連想させる。定義対象は「言説（tha snyad）」、すなわち名称・概念に当たる。定義的特質は、主題である定義基体に対して、その定義対象、すなわち言説を述定するための根拠に他ならない。これは論証式の上での関係であるが[17]、存在論的には定義対象あるいは言説が人間によって仮説された概念的なもの、あるいは言語的なものであるのに対し、定義的特質は、意識の外部にあって、その主題にその概念や名称が付与される実在上の根拠である[18]。この関係は、ツォンカパが指摘する実在論者の言説有を「自らの特質によって成立するもの」と考える方法と酷似している。

一方「自相」を rang mtshan と短縮してしまうと mtshan nyid であることよりも、論理学における二つの所量の一つである自相、すなわち現量の対象を連想させることになるであろう。そのような自相と区別するために、一般に短縮する傾向にあるチベット仏教文献の表現の中で、ここにだけ、わざわざ rang gi mtshan nyid という冗長な表現が使われていたのではないだろうか[19]。一方、定義基体は、ツォンカパの記述に見られる「意味対象（'jug gzhi）」や「仮設対象（gdags gzhi）」などの「基体・対象（gzhi）」を伴った語とは関係がない。

現在のところ、以上の定義的特質、定義対象、定義基体との関係を確証する典拠は見つかっていないが、次のような記述は言説有の設定と定義的特質、定義対象、定義基体とが関連していることを十分に示唆しているように思われる。

たとえば、地と〔その定義的特質である〕堅さを、定義的特質と定義対象であると措定する場合にも、[20]「定義的特質」と「定義対象」という言説が指向する基体を前〔述〕のように探し求めて得られた実物に対して措定するとするならば、〔そのような実物は得られないので、〕その二つを〔定義的特質と定義対象として〕措定することはできないけれども、〔我々帰謬論証派の立場では〕相互依存の関係を通じてそれらが〔定義的特質、定義対象として〕存在していると措定する〔ことができる〕。[21]

この文ではたまたま定義的特質と定義対象に言及しているが、これらはいずれも「言説（tha snyad）」であり、したがってそれぞれが述語の位置にくる。すなわち「地は定義対象である」および「堅さは定義的特質である」という言明を考え、その述定の根拠が言語外の実体として得られるか否かが問われているのである。帰謬論証派は定義的特質や定義対象という名称の意味対象（'jugs gzhi）が実物として存在していることを認めないので、そのような実物を「自らの特質（rang gi mtshan nyid）」として「地は定義対象である」あるいは「堅さは定義的特質である」と設定することも承認しない。ただし、定義的特質と定義対象の関係は相互に依存することによって相対的に成立するので、「地は定義対象である」、「堅さは定義的特質である」という言明は成立する。このことは、帰謬論証派にとって定義的特質や定義対象の存在が認められないのではなく、それらが言語外に実体としての根拠があって設定されていることが否定されているのである。ここでも「言語外の根拠」が定義的特質であると明示的に指摘されているわけではないが、言説の言語外の根拠は定義的特質（すなわち、自らの特質）を措いては考えられないであろう。こうして、実在論者は言説の存在が言語外の実体である「自らの特質(rang gi mtshan nyid)」によって成立していると主張していることになる。これが言説有が「自らの特質によって成立している」ということに他ならない。したがって、rang gi mtshan nyid を rang mtshan という一単語ではなく、「自ら（＝言説）の特質」という意味で考えるべきことが分かるであろう。

第五節　「考察（vicāra）」の意味

以上のような、実在論者の思考方法を特定するための検証手続きを簡単にまとめたあとで、ツォンカパは帰謬論証派の主張を詳細に展開する。まずJ2 - K1 - L1で、以上のような実在論者の「考察」をしても、その言語外の根拠は見出せないことを指摘し、L2において、それゆえ、言説の存在は「考察」されずに設定されると主張する。

J2 - K1 - L1は、

チャンドラキールティ師の説は、そのようなことを通じて存在を措定することは言説においてもお認めにならないので、自〔説〕における言説〔有〕の措定の仕方は、『プラサンナパダー』に〔次のように説かれている〕。[22]

という言葉から始まり、その後チャンドラキールティの『プラサンナパダー』から一連の議論を引用祖述している。しかし、そこからツォンカパが導き出している理解は、もともとの『プラサンナバダー』の文脈とは異なったものである。この引用箇所は『プラサンナバダー』では、ディグナーガを念頭に置いた論理学者批判（PSPD, pp.55–75）の一部である。論理学者は量の対象である所量が自相と共相の二種類であることを根拠に量が現量と比量に限定されると主張する。その所量である自相あるいは共相は「相（lakṣaṇa, mtshan nyid）」であるので、それによって表示される「所相（lakṣya, mtshon bya）」があるはずである。これら相と所相の関係が、同一であるか別異であるかの選択肢を設けて、おなじみの中観の論理によって吟味し、相の自立性を否定する（PSPD, pp.59–69）。ツォンカパが引用するのは、その中で「トルソーの胴体」あるいは「ラーフの頭」という表現のように、限定要素（viśeṣaṇa）と被限定項（viśeṣya）が同じ一つのものを指していることがあることを巡る議論の一部である。[23] しかし、『善説心髄』でのツォンカパの解説において対論相手とされているのは、論理学者ではなく、自らの特質によって成立するものを認める実在論者、特にそれを言説において認める中観自立論証派であるので、チャンドラキールティの元々の意図とは異なった文脈で引用していることになる。ツォンカパは、そのチャンドラキールティの議論の背後に、単に論理学者に止まらず、実在論者共通の存在の設定方式があることを導き出す。

チャンドラキールティは、もし論理学者が言うように、認識の対象が自相・共相に限られるのならば、それら「相（mtshan nyid）」によって特徴付けられる「所相（mtshon bya）」が別にあるはずであるが、そうなると、それら「所相」は認識対象ではないことになってしまうであろうと批判する。それに対して論理学者は、「ラーフの頭」や「トルソーの胴体」という表現において同じものに対して「ラーフ」と「頭」、「トルソー」と「胴体」という二つの語が用いられているのと同様、相と所相も同一のものに対して異なった名称が用いられているにすぎず、相を認識することで所相も認識されると反論する。

それに対してチャンドラキールティは、「ラーフの頭」や「トルソーの胴体」の場合と、相と所相の場合では事情が異なるので、前者が後者の妥当性の喩例にならないと批判する。『善説心髄』は、その根拠を述べている部分から引用を始める。[24]

まず、「ラーフの頭」「トルソーの胴体」という表現において「頭」や「胴体」という概念が広すぎるので、それらを所有者によって限定するために「ラーフ」や「トルソー」が限定要素として用いられる必要があるが、「地の特質は堅さである」という表現は、「地」という所相（定義対象）と「堅さ」という相（定義的特質）が一対一の関係にあるので、前者が後者を限定的に修飾する必要性はないと批判する。

それに対して反論者は、トルソーと胴体、ラーフと頭は、同じものに対して別の語が協約されたもの（brda byas pa）であり、また「トルソー」および「胴体」と言われるそれぞれの実物（don）を探しても別々のものは得られないので、言説を付与する基体(gzhi)を探したとき異なった実物(don tha dad pa)は得られず、それゆえ、トルソーと胴体は、同じものに対して異なった語が用いられる喩例として成り立つと主張する。(25)

反論者は、言葉の意味対象の実体を探しても、別の存在としては見い出せないので、異なった存在ではないと論証しようとしているが、これは一見すると、語の意味対象は探してもどこにも見い出せないので、言説は名付けられただけの存在だと主張する帰謬論証派の論法と軌を一にしているように見える。しかし、ツォンカパは、対論者のこのような「考察」は、そもそも名称の意味対象を言語外の存在に求めようとする実在論的思考様式の現れだと批判する。

> 聞き手〔の意識〕にとっては、基体と属性(gzhi chos)という〔言説〕だけはあっても、その言説の実物について分析考察したとき胴体と頭とは別に成立しているトルソーやラーフを得ることはできないので、それらは基体と属性としては成り立っていない、と反論するのは、前に説明した、他〔学派のものたち〕が諸法を「存在している」と措定する仕方である。(26)

「前に説明した」というのは、前節で検討した実在論者の「自らの特質によって成立するもの」を設定する手続きを指している。考察したならば得られないので存在しない、という考え方は、その背後に、考察して得られたならば存在していると措定できるという実在論的思考様式があるのだと指摘しているのである。

チャンドラキールティが「世間の言説においてはそのような考察は行われないこと」、そして「世間の諸事物は考察されることなく存在している」ことを指摘したことについて、ツォンカパは次のようにまとめている。

> 存在するのは世間の言説においてであって、その存在についてそのような考察をしてから措定するのではなく、考

察することなく措定するのである、と〔チャンドラキールティ師は〕お答えになっているのである。[27]

チャンドラキールティが「世間においてはそのような考察は行われない」と言っているところを、ツォンカパは「その存在についてそのような（＝名称の付与対象としてどのような実物があるかという）考察をしてから設定するのではなく」と注釈している。似ているようであるが、「考察をしない」を「考察してから設定するのではなく」と言い換えているのは、ツォンカパが考える実在論者の存在の設定方法をここに読み込んでいるからに他ならない。

このツォンカパの言葉は、次の二点にまとめられる。[28]

(1) 〔諸法は、その意味対象が何であるかを〕考察してから措定しようとするならば、措定することができない。

(2) 〔諸法は、その意味対象が何であるかを〕考察することなく、その存在が措定される。

この二つの項目はちょうど「中観派の不共の勝法」の二つの側面に対応している。すなわち(1)は、諸法が無自性であるという側面、(2)は、諸法が言説において存在している側面に当たる。「中観派の不共の勝法」では、自性がないことと、言説において存在が設定されることが矛盾することなく、同一の基体において成立していなければならない。実際ツォンカパはこの二つの項目が「矛盾していないこと」に言及している。ただ『菩提道次第大論』と異なるのは、「考察」という要素が加わっていることである。

これに第三項目として

(3) 諸法は、その命名の基体が何であるかを考察し、探し求めて得られたときに、その存在が措定される。

を加えると、「考察」に関する全ての態度が網羅されることになる。もちろん、この(3)は実在論者が行う「考察」である。以上三つの考察は肯定的にであれ、否定的にであれ、全て同じ「考察」、すなわち名称の意味実体を探し求める考察に他ならない。それが立場によって位置づけを換えて言及されるだけである。(1)は帰謬論証派の立場からの発言である。考察を行ったならば、そのような意味実体を見出すことはできない。この意味実体は「定義的特質（mtshan nyid）」、より正確には「自らの特質（rang gi mtshan nyid）」であり、それを否定するのは、学説論者としての帰謬論証派の役目である。(2)は言説有の設定であり、名称の意味実体についての考察を行うことなく世俗の対象の存在を措定する。

言説有は「自性の有無を探し求める正理によって考察されないので否定されない」というのが、初期の『菩提道次第大論』の立場であった。正理知の対象である自性は否定されるが言説有は否定されないので、無自性なものにおいて同時に言説有の縁起が成り立つ。しかし、この『善説心髄』の「考察」は、正理知による考察ではない。それは実在論者が、存在を設定するために行う言語論的な「考察」であり、一般の人はそのような「考察」を行うことはないのである。一方帰謬論証派は、実在論者と同じ「考察」を行うが、それは対論相手の「考察」を前提として、それによって意味実体が見出せないことを示し、したがって、言説有は意味実体に支えられたものではなく仮説されただけのもの（btags pa tsam）、名称だけのもの（ming tsam）、名付けられただけのもの（ming btags pa tsam）であると論証するためである。もちろんこれは、対論者の論理を逆手に取った帰謬論証である。「自らの特質によって成立しているもの」を勝義においては認めないが言説においては認めるのが自立論証派、それを二諦のいずれにおいても認めないのが帰謬論証派という違いは、命名の基体を求めて得られると主張するのが自立論証派（その他の実在論も同様）、そのような命名の基体を求めても得られないと主張するのが帰謬論証派という違いへと還元されるのである。

中観思想における「考察（vicāra）」は、一般にインドの中観思想研究において「自性の有無についての正理による考察」

とされてきた。それは中観派が自性の存在を否定するための考察であり、世俗のものはその正理による考察の対象にならないのでその存在は否定されない。江島（2003）の以下の言葉はそのことを端的に述べている（pp.239–240; 初出は江島，1980）。

> このような、考察を行わず、考察することなく是認された次元にあるところの世間・世俗、それがそのままの状態に置かれているのであれば、解脱・勝義はそれにとって無関係である。……考察することなく是認されていたことが俎上に載せられ、その不合理性が指摘される。……「真実を説くもの」としての考察が展開されたときは、無考察の立場は自壊作用を起こす。

世俗の存在が「考察されずに設定される」というときの「考察」が「自性の有無についての正理による考察」と考えられていたことが分かる。しかし、ここでツォンカパが提示する「考察」は中観派（ツォンカパにとっては真の中観派である帰謬論証派）による「考察」ではなく、実在論者が実体的存在を措定するための考察である。そしてそれは概ねチャンドラキールティの記述を祖述することによって導き出された理解である。

ツォンカパは後期に至ってもこの「考察」の解釈を維持していた。中観思想の集大成になる最晩年の『入中論註密意解明』においても何度かそれが言及される。その表現は「仮説された実物を探し求めて措定する（btags don btsal nas 'jog pa）」ないしは同様の表現に定式化される。「探し求める（btsal ba）」は「考察する（dpyod pa）」になったり、あるいはそれらが繰り返されたり、また「設定する（'jog pa）」も「設定される（bzhag pa）」になったり、あるいは「設定することはない（mi 'jog pa）」と否定的に述べられたりするが、この実在論者の存在の設定方式であることに変わりはない。

第六節　世間一般の人の言説有の捉え方

名称の意味実体が何であるかを考察して探し求め、それが見付かるか見付からないかを問題にするのは、もともと哲学上の議論であり、哲学に毒されていない普通の人は、そのような問いを立てることはない。すなわち、言説における存在は、その名称の意味実体が問われることなく、日常の言語活動において言葉を使用することによって成り立っている。言い換えれば、名称の意味実体、あるいは命名の基体を考察すること自体が実在論者の思考方法なのであって、普通の人はそのように問うことなく言語活動を円滑に遂行しているのである。これが「考察することなく〔言説において存在を〕措定すること (ma dpyad par 'jog pa)」と言われるのである。

一般の人の「考察しない」把握の仕方について、ケードゥプジェが『千の要点 (*stong thun chen mo*)』において分かりやすい例を挙げている。

たとえば、デーヴァダッタに会いたいと思う人が、「カラスの鳴き声のする家にデーヴァダッタがいる」という言葉だけに従ってその家の中に入〔れば〕デーヴァダッタに会うことができるけれども、この中にいるデーヴァダッタというその名前の指し示している対象 (gang la 'jug pa'i gzhi) は、彼の〔五〕蘊と同一の実在であるのか別の実在であるのか、どのようなものであるのかなどと分析して、このようなものであると見出してから、その人と会わなければならないとしたら、デーヴァダッタと会うことはできないであろう。なぜならば、そのように探し求めたならば、どこにも〔デーヴァダッタを〕見出すことはできないからである。[30]

実在論者は目的の人の名前の意味実体を詮索するが、そのような実体は存在しないので、結局目的の人に会うことはできない。それに対し、普通の人は言葉だけに従って行動するので目的の人に会うことができる。この比喩では、意味実体を考察してから措定する実在論者の設定方法では日常の有効な活動が成り立たないこと、そしてその理由が、考察をするならば、その実体を見つけることができないからだということ、言い換えれば、そのような考察は非現実的であることが印象的に示されている。

しかし、普通の人たちが対象の空性を理解しているわけではない。普通の人も、その対象が「名前だけのもの」「名付けられただけもの」と捉えているわけではなく、デーヴァダッタは対象それ自身においてデーヴァダッタであると考えているのである。

それ（＝倶生の真実執着 lhan skyes kyi bden 'dzin の捉え方）は、内外の諸法が言説の力によって設定されただけのものではなく、それ自体で（rang gi ngo bo'i sgo nas）存在していると捉えることである。それについても、ヤジュニャダッタ（mchod sbyin）などの人（gang zag）をそのように捉えるならば、それは人我執であり、目や耳などの法をそのように捉えるならば、法我執である。以上によって、〔それらの我執の対象である〕二我についても理解することができる。[31]

この二つの我執は、倶生のものであり、有情に普遍的に存在しており、それこそが有情を輪廻に縛りつけるものである。それは対象を「言説の力によって設定されただけのものではなく、それ自体で存在していると捉える」ものである。「それ自体で」と訳した原語 rang gi ngo bo'i sgo nas は rang gi ngo bos を言い換えたものと考えられる。ツォンカパは、「成立している（grub pa）」あるいは「存在している（yod pa）」に対する修飾語として、この「それ自体で（rang gi ngo bos）」、「自らの特質によって（rang gi mtshan nyid kyis）」、「自性によって（rang bzhin gyis）」を並列に列挙する。(32) しかし、「自らの特質によって成立しているもの」は、実在論者が名称の意味実体を求めてそれが得られたときに措定されるものであり、対象を「自らの特質によって成立しているもの」と見なすのは、学説論者の後天的な増益のみである。それに対して全ての有情（そこには学説論者も含まれる）が対象を実体と思いなすときには、対象が「それ自体で存在しているもの」と把握することになる。これは先天的な増益、すなわち有染汚の無明による執着の仕方である。したがって、「自らの特質によって」と「それ自体で」とは異なった意味であることが分かる。普通の人は、哲学的考察を行わないので、その名称の意味実体である mtshan nyid を考慮することはなく、言葉のみに従って行動する。しかし同時に、先天的かつ普遍的な無明のゆえに、対象は、そのような言語活動（言説）だけで成立しているのではなく、「対象それ自体で存在している」と思い込んでいるのである。

おわりに

本章では、ツォンカパの中期の代表作『善説心髄』に顕著に見られるようになった「言語論的視点」を検討することにより、初期のツォンカパの中観思想では不分明だった「自らの特質によって成立するもの」という否定対象が、実在論者、とくに中観自立論証派の言説有の設定要件として位置付けられるようになったことを明らかにした。この言語論的な視点は、その後の著作には見られるが、初期の『菩提道次第大論』には見られないことも指摘した。この、実在論者の存在の設定方式が、言葉の意味実体への考察を行うことによって特徴付けられるというツォンカパの特徴的な問題設定は、ツォンカパの中観思想の中での言語論的転回と呼べるものである。

実在論者が探し求める言葉の意味実体は、その対象の存在根拠であり、前章で考察した「自らの特質（rang gi mtshan nyid）」と同じものである。この概念における「特質（mtshan nyid）」が、チベット仏教文献に頻出する「定義的特質（mtshan nyid）」、「定義対象（mtshon bya）」、「定義基体（mtshan gzhi）」の三つ組みの概念のうちの、名称である定義対象の根拠である定義的特質と相通じるものがある。この概念を元にした「自らの特質によって成立している」という術語の「によって（kyis）」という具格助詞は、その存在根拠であり意味実体である「自らの特質」によって、その対象が成立していることを示している。このことは、言語論的転回が見られる『善説心髄』において「自らの特質によって成立しているもの」という術語が頻出するようになった理由も説明することになるであろう。

（1）すでに本書第六章「自性と縁起」で見てきたように、言説有が言説知によって設定されただけの存在である、という主張は、『菩提道次第大論』にも見られる。これを言語論的な思想と言えないこともないが（根本, 2014, p.287f）、本章で言う「言語論的転回」とは、存在論を言語論的な「問題設定」に還元することを指している。言説有の設定はあくまで「存在論」の範囲内での思想である。

（2）リチャード・ローティが今世紀の英米哲学のエポックメイキングな論文を編集したアンソロジーに *The Linguistic turn* というタイトルを付け、その序論の中で、その方法論的な傾向を総括している（Roaty, 1967）。

（3）『科段』p.25。本章で取り上げる箇所はC2 - D2 - E1 - F1のG1とG2 - H1であるので、それ以外の部分の下位項目は省略してある。

（4）kun btags dang lhan skyes kyi sgro 'dogs。後天的な増益とは、学説（grub mtha'）論者の見解（lta ba）を指す。要するに特定の立場の哲学的見解。先天的な増益は、倶生の真実執着(bden 'dzin lhan skyes)であり、全ての凡夫が生まれつき備えているものである。

（5）この術語については、第七章「自らの特質によって成立しているもの」で詳論した。

（6）rang gi lugs dbu ma pa gzhan dang thun mong ma yin pa'i gtan tshigs kyis don smra gnyis kyis don dam par smras pa rnams dbu ma pa'i kun rdzob tu 'dod pas dbu ma'i de kho na nyid mi shas par 'jog pa'i rgyu mtshan ni rang gi lugs la tha snyad du yang rang gi mtshan nyid kyis grub pa'i chos mi 'dod la de dag ni de'i steng nas 'jog pa sha stag yin pa'i phyir ro // (LN, 64a3–4)

（7）ただし完全に経量部説に立つわけではない。バーヴィヴェーカは自己認識現量を認めないとされるからである。

（8）この自相は、文脈的には「自らの特質 (rang gi mtshan nyid)」であった方がよい。

（9）rang mtshan gyis grub pa'i rgyu 'bras bkag pa la don dam par de bkag nas gzhan skye 'gog pa rigs kyang tha snyad du rang bzhin nam rang gi mtshan nyid kyis skye ba'i gzhan skye 'dod dgos / de mi 'dod na kun rdzob tu yang bden pa med pas kun rdzob kyi bden pa med par 'gyur ro zhes rgol ba la rim pa bzhin du rang gi mtshan nyid kyis skye ba bden pa gnyis char du med par bsgrubs te / 'di ni dbu ma bdon dam par mi skye yang tha snyad du rang mtshan nyid kyis skye ba yod par 'dod pa la sgrub kyi dngos por smra ba la min pas / dbu ma pa gnyis la dgag bya'i khyad par de tsam yod na zla ba grags pas de la dmigs bsal can gyi dgag pa ci'i phyir ma mdzad ces smra bar mi rigs so // (LN, 64b5–65a2)

（10）この註釈書は、中観の部分のみならず、前半の唯識の部分の注釈においても、それまでの伝統を踏まえて詳細な解説を行っている。ジェフリー・ホプキンスの記念碑的な大著『善説心髄』研究三巻の最初に、このジグメー・ダムチュー・ギャツォの注釈をもっとも有用なものの一つとして挙げている（Hopkins, 1999, p.23）。そこには次のようなエピソードも記されている。一九九六年、彼がダライラマ法王に『善説心髄』の二〇種の注釈を集めて研究していると述べたとき、法王は「どの注釈が一番いいか」と尋ねられた。ホプキンスがジグメー・ダムチュー・ギャツォの名を挙げると、法王はスーツケースの中からカリンポン版の『善説心髄』を取りだしてホプキンスにお見せになった。その本の欄外の余白は法王のメモで埋め尽くされていたが、その大部分はジクメーダムチューギャツォの注釈に基づく書き込みであった。欄外で書き足りないときは、紙を貼って書き足されていたという。

（11） ’o na ji ’dra zhig tu bzung na rang gi mtshan nyid kyis grub par bzung ba yin zhe na / ’di la thog mar grub mtha’ smra ba’i lugs brjod par bya ste /

gang zag ’dis las ’di byas so // ’bras bu ’di myong ngo zhes pa’i tha snyad btags pa la rang gi phung po ’di nyid gang zag yin nam ’on te de dag las don gzhan zhes gang zag gi tha snyad btags pa de’i don btsal te / don gcig pa’am (orig. pa’i) don tha dad la sogs pa’i phyogs gang rung zhig myed nas gang zag de ’jog sa byung na las gsog pa po la sogs par ’jog nus la / ma myed na ’jog mi nus pas

gang zag gi tha snyad btags pa tsam gyis mi tshim par de’i tha snyad gang la btags pa’i btags gzhi de ji ltar yin dpyad cing btsal nas ’jog na gang zag rang gi mtshan nyid kyis grub par ’jog pa yin te / rang sde bye brag tu smra ba nas dbu ma rang rgyud pa’i bar thams cad kyis de bzhin du ’dod do // (LN, 65a3–b1)

（12） これらの表現の多くは「tha snyad＋動詞（名詞形）＋属格助詞＋同じ動詞（あるいはその変化形）＋対象を表す名詞」という構成になっており、属格を挟んで二度動詞が繰り返される。この属格が同一性を表しているのか、それとも異なったものの間の所属関係を表しているのか、解釈が分かれるところである。

（13） tshad mas grub par ’dod pa thams cad yod par ’jog pa na rang rang gi ming gi tha snyad ’jug pa’i ’jug gzhi’i don de ji ’dra zhig tu grub pa btsal ba na / des rnyed pa’i don med na yod par ’jog mi nus pas de las bzlog pa la yod par ’jog go // (LN, zhol, 65b2–3)

（14） 「存在するもの」の定義は、「量によって認識されるもの（tshad mas dmigs pa）」である。dmigs pa と grub pa はここではほぼ同義と考えられる。これらは後代のドゥラ文献には確定されたものとして現れるが、ツォンカパの時代に各語の定義がどの程度確定されていたかは分からない。この箇所のツォンカパの言い方は、yod pa の定義が tshad mas grub pa であると見なされているように思われる。ツォンカパには『七部論入門』という小品が残されている。後代のドゥラに見られる自説（rang lugs）のみをまとめたような著作である。その巻頭に yul dang shes bya gzhal bya rnams gtso bor don gcig yin pas // yul gyi mtshan nyid go bar bya ba’am rig par bya // shes bya’i mtshan nyid blo’i yul du byar rung ba // gzhal bya’i mtshan nyid tshad mas rtogs par bya ba // (DDJG, 1a2–3) とある。ツォンカパの晩年の弟子ゲンドゥンドゥプ（ダライラマ１世）の『量論・論理の飾り』にも yul dang / shes bya dang / gzhal bya dang yod nges dang / gzhi grub rnams don gcig pas / yul gyi mtshan nyid / blos rig par bya ba / shes bya’i mtshan nyid / blo’i yul du byar rung ba / gzhal bya’i mtshan nyid / tshad mas rtogs par bya ba / **yod nges kyi mtshan nyid / tshad mas dmigs pa / gzhi grub kyi mtshan nyid / tshad mas grub pa**

·/ (TMRG, 163a2–3) とほぼ同じ記述が見られる。

（15）このことは、吉水千鶴子氏の一連の rang gi mtshan nyid kyis grub pa に関する研究で指摘されている。吉水（1992; 1993）、Yoshimizu (1993; 1994) 参照。また、本書第七章「自らの特質によって成立するもの」第三節「唯識思想との関連」を参照。

（16）この点については第七章「自らの特質によって成立しているもの」において詳論した。

（17）実際には「定義式あるいは既定式（mtshon sbyor）」である。これら定義的特質、定義対象、定義基体の関係については、第五章二二四頁註42参照。

（18）mtshan nyid は、「実在対象の属性（don gyi chos）」あるいは「実在対象上の〔他者との〕異なり（don ldog）」と説明されることもある。前注参照。

（19）ただし、rang gi mtshan nyid とあるべきところで rang mtshan という表現が用いられることもある。しかし、多くの場合に冗長な表現をわざわざ用いていることの意味は大きい。

（20）この場合、「地と堅さ」と「定義的特質と定義対象」とは順序が逆である。以下も同様である。

（21）sa dang sra ba sogs mtshan mtshon du 'jog pa la yang mtshan mtshon gyi tha snyad 'jug pa'i 'jug gzhi de sngar ltar btsal nas rnyed pa'i don la 'jog na de gnyis 'jog mi nus kyang phan tshun ltos pa'i sgo nas de dag yod par 'jog go // (LN, 67a3–4)

（22）zla ba'i zhabs kyi lugs ni de 'dra ba'i sgo nas yod par 'jog pa ni tha snyad du yang mi bzhed pas rang gi tha snyad 'jog lugs ni tshig gsal las / ... (LN, 65b4–5)

（23）引用されているのはPSPD, p.67, l.3–p.68, l.3.『善説心髄』65b5–67b1にツォンカパは、自説の解説を挟みながら断続的に引用する。

（24）LN, 65b5–66a3. トルソーの胴体とラーフの頭の比喩は、PSPD, p.66, l.1から始まっているので、ツォンカパの引用は、コンテキストの説明なしに突然、論理学者の提示する比喩が不適切であるという箇所から始まる。

（25）PSPD, p.67, ll.6–8. これに対するツォンカパの解釈は、LN, 66a3–67b1.

（26）nyan pa po'i ngor gzhi chos de tsam zhig yod kyang tha snyad de'i don la brtags pa na lus dang mgo las so sor grub pa'i mchi gu dang sgra gcan mi rnyed pas de dag gzhi chos su ma grub bo zhes rtsod pa ni sngar bshad pa'i gzhan gyis chos rnams yod par 'jog lugs so // (LN, 66b1–2)

（27）yod pa ni 'jig rten gyi tha snyad du yin la de la ni dpyad pa de ltar byas nas 'jog pa ma yin gyi ma dpyad par 'jog go zhes lan mdzad do // (LN, 66b2–3)

（28）これは実際にはチャンドラキールティの「考察されたならば、色をはじめとする〔五蘊〕とは別にアートマンは存在しないけれども、諸蘊に依って、世間の世俗において、この〔アートマンが〕存在する」(PSPD, p.67, ll.8–9）を引用する直前のツォンカパの「dpyad nas ’jog na ’jog mi nus pa dang ma dpyad par ’jog lugs」(LN, 66b3）という導入部分の言葉に基づく。

（29） 言葉の外部に、それを支える意味実体を探し求める考察であるので、存在論的な考察と言った方がよいかもしれない。しかし、初期の中観思想が言語の問題に言及することなく設定していた「自らの特質によって成立するもの」を名称の意味実体を考察することによって設定されると分析するようになった、その変化は重要であるので、本章ではこれを「言語論的な考察」と考えてきた。

（30） dper na lhas byin dang ’phrad par ’dod pa zhig gis khang pa gang na bya rog sgra sgrogs pa ’di na lhas byin yod do zhes pa’i ming tsam gyi rjes su ’brangs nas khang pa de’i nang du zhugs na lhas byin dang phrad par nus kyi / ’di’i nang na yod pa’i lhas byin zhes bya ba’i ming de gang la ’jug pa’i gzhi kho rang gi phung po rnams dang rdzas gcig tha dad ji lta bu zhig yod ces sogs su brtags pa na ’di ’dra zhig tu yod ces rnyed nas de dang ’phad dgos na lha byin dang ’phrad pa mi srid par ’gyur te / de ltar btsal na gang du’ang mi rned pa’i phyir ro //（TTCM, 85b2-4）

（31） de ni phyi nang gi chos rnams tha snyad kyi dbang gis bzhag pa tsam min par rang gi ngo bo’i sgo nas yod par ’dzin pa ste / de yang mchod sbyin la sogs pa’i gang zag la de ltar ’dzin na gang zag gi bdag ’dzin dang mig rna la sogs pa’i chos la de ltar ’dzin na chos kyi bdag ’dzin yin la des bdag gnyis kyang shes par bya’o //（LN, 68b2–3）

（32） たとえば、“rang bzhin gyis yod na dang / **rang gi ngo bos** yod na dang **rang gi mtshan nyid kyis** yod na dang / rdzas su yod na zhes dgag pa gsungs pa’i rang bzhin la sogs pa”(LR, 427b2–3); “des (=ma rig pas) sgro ’dogs lugs ni chos rnams la **rang gi ngo bos** sam / **rang gi mtshan nyid kyis** sam / rang bzhin gyis grub pa yod par ’dzin pa’o //”（LRCB, 154b2–3）; “ming gi tha snyad kyi dbang tsam gyis bzhag pa min pa’i yod par ’dzin pa ni / bden pa dang don dam par dang yang dag tu grub pa dang / **rang gi ngo bos** dang **rang gi mtshan nyid kyis** dang **rang bzhin gyis** yod par ’dzin pa lhan skyes yin la / des bzung ba’i zhen yul ni brtag pa mtha’ bzung gi bden tshad do //”（GR, 77b1–2）。第六章「自性と縁起」二二九頁参照。

第九章　二つの自性

はじめに

ここまでの議論では、「自性」は「無自性」に代表されるように、否定されるべきものの代表であった。それは単純に「自性」とのみ言われる場合もあれば、「自性によって成立しているもの」あるいは「自らの特質によって成立している自性」と限定辞を付けて言及される場合もある。その前後に言葉は足され、より厳密な言い方になるにせよ、否定の中心的概念が「自性」にあることは明らかである。もちろん、他にも否定対象を表現する語句はいくつかあったが、インドの原典からもこの「自性」という語は伝統的に否定対象と認定されていたと言えるであろう。

しかし、もう一方で、「自性」という語には、存在の正しい実相を意味する用法があった。ここでそのインドの起源を尋ねる余裕はない。少なくともチャンドラキールティはそのような意味での「自性 svabhāva」という語を使い[1]、それに倣ってツォンカパも二つの自性を区別している。本章では、その二つの用法についてのツォンカパの中観文献におけるいくつかの例を検討する。

この二つの自性の関係は、(実際にツォンカパがそのような言い方をしているわけではないが)「無自性であることが諸法の自性である」と表現することができるであろう。この場合の最初の自性が否定対象としての自性であり、述語になっている自性は、存在の実相、言い換えれば「法性」と同義の自性である。この表現は、同じ一つの文に同じ一つの語が異なった意味で用いられていても、文脈上その意味の違いがすぐに理解できることを示している。以下、この二つの「自性」についてツォンカパの記述を検討し、さらにそれらが「中観派の不共の勝法」および二諦説の枠組みの中にどのように位置付けられるかを考える。[2]

第一節　『中論』第一五章第二偈の解釈

（一）『菩提道次第大論』における二つの自性の議論

根本（2014）は、ツォンカパがチャンドラキールティの用法に基づいて「法性と同義のものとされる自性（chos nyid la rang bzhin du byas pa'i rang bzhin）」と「それ自体で成立している自性（rang gi ngo bos grub pa'i rang bzhin）」という二つの自性を区別していることを指摘した。前者は空性や勝義諦と同義であり肯定されるものであるが、後者は正理によって否定されるべきものである。確かにツォンカパは、これら二つの自性の用法の違いに言及している。しかし、一般的に「自性が存在しない」あるいは「自性に関して空である」と言われるときは、後者の否定対象としての自性が意図されている。ツォンカパが法性と同義の自性に言及するのは、以下に検討するように、ごく限られた文脈においてのみである。本章では、その限られた文脈を検討し、法性と同義の自性に言及するとしても、基本的な枠組みは「中観派の不共の勝法」に立脚するものである場合と、チャンドラキールティの註釈に従っているために「中観派の不共の勝法」と齟齬を来していると思われる場合とがあることを指摘したい。筆者は、ツォンカパの思想自体としては、法性と同義の自性を設定する必要はなく（それは法性や真実義、如性、勝義諦、空性など別の用語で十分に表現できる）、二つの自性があるとするのはチャンドラキールティの言葉を祖述する必要から導入された用法であると考えている。

まず『菩提道次第大論』において、はじめて二つの自性について言及される箇所のコンテキストを理解するために、その毘鉢舎那章における「否定対象の特定」の科段の大まかな構成を挙げておこう。(3)

R1　否定対象を特定する必要がある理由
R2　否定対象を特定せずに〔中観派を〕否定する学説（gzhung lugs）を退ける
S1　否定対象の範囲を広く考えている者〔による中観派の批判〕を退ける
S2　否定対象の範囲を狭く考えている者〔による中観派の批判〕を退ける
R3　自説の否定対象を特定する仕方

この中でR2 - S1「否定対象の範囲を広く考えている者による中観派の批判を退ける」は、下位の科段も設けられ質・量ともに毘鉢舎那章の中心的な部分をなしている。「中観派の不共の勝法」もそこで取り上げられる。それに対してR2 - S2「否定対象の範囲を狭く考えている者による中観派の批判を退ける」は、下位の科段も設けられず、分量も少ない。「法性と同義とされる自性」はこの箇所で言及される。否定対象の範囲を広く考えている者は、中観派があらゆる存在を否定していると批判するが、それに対してツォンカパは、言説有は正理によって否定されず、無自性と縁起が同時に成り立つという「中観派の不共の勝法」を主張する。一方、否定対象の範囲が狭すぎると批判する者は、中観派が限られた存在しか否定していないと主張する。

この科段の最初に批判対象となる説が次のように提示される。

ある人曰く、否定対象は自性であり、またその〔自性〕は、三つの条件（khyad par gsum）を備えているものである。すなわち、
(1)　その存在（ngo bo）〔については、〕因や縁によって生じられたものではなく、
(2)　他の状態（gnas skabs）に変移することはなく、

(3)　他の設定するもの（rnam 'jog）に依存していない[4]ものである。それについて、『根本中頌』〔第一五章「自性の考察」〕においても

　自性が因と縁から生じることは不合理である。もし因と縁から生じたならば、自性は作られたもの（kṛtaka, byas pa can）であることになってしまうであろう。（第一偈）

　〔しかし、〕自性が作られたものであるということがどうしてあり得ようか。諸々の自性は作為されたものではなく（akṛtrima, bcos min）、他に依存していないものである。（第二偈）

とおっしゃっているからである、と言う。[5]

　否定対象が自性であるとする点では、帰謬論証派の自説と少なくとも表現の上では異ならない。ここで問題になるのは、その自性が三つの条件を備えているものとして規定されることである。ツォンカパは、それらの条件が中観派にとっての正理の否定対象に相応しくないと批判する。ここに引用される『中論』第一五章第二偈後半は、後に「法性と同義とされる自性」の定義として取り上げられるものである。

　ツォンカパによれば、[6]もし「因と縁から生じないもの」あるいは「作為されたものでないもの」という条件を備えた自性を認める人がいるとすれば、そのような自性は中観派の正理の否定対象になるが、これらの条件は中観派にとっての否定対象固有の本質ではない。これらを否定しても、必ずしも中観派にとっての否定対象を否定したことにはならないからである。たとえば、仏教徒であれば、有為は全て因と縁によって生じ、変化するものであると認めているが、だからといってかれらが中観の見解を得ているわけではない。その他、哲学者が構想するような、部分のない実体や極微、常一主宰なる我（rtag gcig rang dbang can gyi bdag）などを否定しても、そのことによって倶生の無明を退けることはできない。これらはみな、凡夫を輪廻に束縛する倶生の無明の執着対象よりも外延が狭いからである。それでは、倶生の無明を退けるこ

とのできる適切な否定対象は何か。それは既にてR2 - S1「否定対象の範囲を広く考えている者による中観派の批判を退ける」において論じられた「それ自体で成立している自性（rang gi ngo bos grub pa'i rang bzhin）」である。(7)

以上の議論のあと、ツォンカパは対論者の引用した『中論』第一五章第一～二偈の解釈の問題に移る。まず対論者は次のように反問する。ナーガールジュナは自性は作為されたのではなく、他（＝因・縁）に依存するものでもないという自性の二つの特質（mtshan nyid）を述べているが、それは考察上の仮説として（brtag pa mtha' gzung gi sgo nas）否定対象を述べたものであるのか、それともそのような自性は存在するのか。それに対してツォンカパは、

> それは、諸法の「法性」と〔仏陀が〕お説きになったものを「自性」と設定したものである。それは作為されたものではなく、他に依存するものでもない。そ〔の自性〕は存在する。すなわち、『入中論釈』に…。(8)

と答える。『中論』第一五章第二偈後半で述べられた「自性」の二つの特質――作為されたものでないもの（akṛtrima, bcos ma min pa）、および他に依存しないもの（nirapekṣa, gzhan la rag las pa min pa）――を満たす「自性」とは、諸法の「法性」のことに他ならない。これはチャンドラキールティの『プラサンナパダー』の註釈に基づくものである。(9) ツォンカパは、ここではじめて、否定対象の自性とは異なった「法性と同義とされる自性（chos nyid la rang bzhin du byas pa'i rang bzhin）」に言及する。最初ツォンカパは、「作為されたもの（変移するもの）ではないもの」と「他の〔因や縁〕に依存しないもの」は否定対象の範囲としては狭すぎると認めた上で、「作為されたものでないもの」と「他に依存しないもの」という自性の特質（mtshan nyid）は、否定対象としての自性の特質を指しているのではなく、その特質を満たす法性（や、本性、空性、如性など）を指していると論を展開する。『菩提道次第大論』での文脈では、「作為されたものでないもの」および「他に依存しないもの」は、中観派以外の仏教徒も認めないので、正理の否定対象の定義的特質としては適さず、ナーガールジュ

ナがこれらを自性の定義的特質として挙げているとすれば、それは否定対象としての自性ではなく、別の自性のことでなければならないことになる。

（二）　法性と同義の自性の言説有としての存在

このように法性と同義の自性の定義的特質を挙げたあと、ツォンカパは反問者の問いに対して「それは存在している」と短く答えている。根本（2014, p.291）はこの箇所の“de ni yod de”に関連して、

> 彼によれば法性はまさしく存在する。先の引用箇所で述べられたように、法性は「存在することはするのだが、自性に基づいて存在するのでない」。つまり、「法性」というのは仮の名称であって、それと正確に対応する事物は現実には見出されないが、そうした不完全な言葉でしか表現しようのない究極の真実が確かに存在するのである。

と述べるが、この解釈は、ツォンカパの主張の意図とは異なる。ツォンカパは、法性は存在する、ただし、それは自性に基づいた存在ではないと述べているのである。ここで法性が「存在する」と言われるときの「存在」は、壺が「存在する」のと同じように言説有として存在することを意味しているのであり、「不完全な言葉でしか表現しえないような究極の真実が存在する」と言っているわけではない。そのことは、「存在している」という主張を裏付けるためにツォンカパが引き続き引用している『入中論釈』の言葉からも窺える。その長い引用の中で、ツォンカパにとって一番重要であるのは、引用の最後に述べられる次の言葉であろう。

もし〔自性としての法性が〕存在しないならば、諸菩薩は何のために波羅蜜道を修習するのか。なぜならば、法性を悟るために諸菩薩はそのような百の苦行に取り組んだの〔だから〕である。[10]

諸菩薩が波羅蜜道の苦行に取り組んだのは、法性を悟るためなので、それは「存在していなくてはならない」とチャンドラキールティは主張しているのであり、それがツォンカパの言いたいことでもある。このことは、『中論註正理大海』でより明解に述べられる。

〔『プラサンナパダー』で〕「火にとって、以上のような〔二つの特質を満たしている〕自性（svarūpa, rang gi ngo bo）は存在するのか、と問うならば、それはそれ自体で（svarūpataḥ, rang gi ngo bos）存在しているのではないが、存在していないわけでもない。[11]」とおっしゃっている。すなわち存在してはいるけれども、それ自体で存在しているのではないという意味である。たとえば『入中論釈』に「そのうち、勝義とは、正しいものをご覧になっている方達の特別の智慧（ye shes kyi khyad par）の対象であることによって自らの存在（bdag gi rang gi ngo bo）を得ているのであって、自らの特質によって（rang gi bdag nyid kyis）成立しているものではない。[12]」とおっしゃっている通りである。[13]

ここでもチャンドラキールティからの引用が主でツォンカパの言葉は短いが、意図は十分に理解できる。「自性が存在する」と言われるときの自性は法性と同義の自性であり、言い換えれば法性ないしは空性、あるいは『入中論釈』からの引用にあるように勝義諦である。それは「存在するが、しかし、それ自体で存在するわけではない」というのがツォンカパの簡潔な要約である。

その典拠とされる『プラサンナパダー』からの短い引用文のチベット語訳 “de ni rang gi ngo bos yod pa yang min la med pa yang min" の部分は、サンスクリット語原文では "na tad asti na ca^api na^asti svarūpataḥ" となっていて、「それ自体としては（svarūpataḥ）」は「存在するのでもなく、存在しないのでもない」の全体にかかり、法性は、それ自体としては、存在するとも存在しないとも言えない「不可言説」のものであるという意味になる。ところがチベット語では、"rang gi ngo bos" は "yod pa" にしかかからず、「それ自体で存在するものではなく、〔だからといって全く〕存在しないわけでもない」と読むことが可能（あいるは自然）であり、先のツォンカパの言い換えに示されているように、少なくともツォンカパはそのように解した。この理解は明らかに「中観派の不共の勝法」における存在と無の四つの様態を踏まえたものである。「存在している」は「単なる存在（yod pa tsam）」にあたり、縁起している言説有である。「それ自体で存在しているものでない」は、「自性が存在しないもの（rang bzhin med pa）」であり、無自性空のことである。ツォンカパが "rang gi ngo bos" を "yod pa" のみにかける解釈をしたのは、チベット語としてそのように読めるからだけではなく、「中観派の不共の勝法」がツォンカパの念頭にあったからなのである。

ツォンカパにとって、「存在するのでもなく、存在しないのでもない」というような非論理的な言明は認められるものではなかった。インドの原典の中には（この箇所のチャンドラキールティの表現もそうであるように）、存在・非存在の両方を否定するような記述が見られるが、そのような矛盾した場合にもツォンカパ（および後代のゲルク派の学僧たち）は、それを「自性によって存在することはないが、全く存在しないわけではない（すなわち、言説として存在する、あるいは単に存在する）」と注釈する。同じものに対する否定と肯定は二律背反であり、第三の可能性はあり得ない。従って、この表現は「存在」に対する否定と肯定を述べているのではなく、存在に対する様態の限定の仕方の否定と肯定と考えなければならない。そこに一切の言葉を越えた「不可言説」な存在は意図されていない。もちろん、ここで言明されているのは、あくまで言説の存在であり、法性や無自性も言説有として存在しているのである。

内的な知によって仮説されたものではなく、諸法においてそれ自体で成立している自性なるものは微塵も存在しないと我々は何度も述べなかったか。従ってそのような〔それ自体で成立している〕自性として、〔法性以外の〕他の諸法は言うまでもなく、法性という勝義諦もまた〔それ自体で成立している自性としては〕成立しているものは何もないけれども、『プラサンナパダー』に…と[14]〔言って、法性と同義とされた〕その自性もまた、それ自体で成立していることは否定され、言説有であるとお説きになっているのである。[15]

『プラサンナパダー』からの引用文の内容は、「火の自性」という世俗の存在についての自性が言説において認められるという主張であるが、ツォンカパはそれと同様に法性についても、自性としての存在は言説における存在として増益されたものであると主張しているのである。この点では、世俗の存在も勝義諦も、言説において存在しているだけのものであることに変わりはない。

（三）　二諦と二つの自性

しかし、これら世俗に属する諸法と、勝義諦である法性・空性などとには違いがあることも事実である。

眼などの諸々の有為は、それ自体で成立している自性としても成立していないし、法性〔と同義のもの〕と設定された自性としても成立していないので、いずれの自性としても成立していないが、勝義諦は、法性〔と同義のもの〕と設定された自性としては成立しているけれども、そのような〔法性と同義の自性〕として設定する根拠〔である二つの定義的特質、すなわち〕「作為されたものでないもの」と「他に依存しないもの」〔によって設定されたものである勝義〕[16]は、それ自体で成立している自性として存在することは決してないので、単に言説として成立しているものにすぎない（tha snyad du grub pa tsam）。

「作為されたもの」とは前に存在せずに〔後に〕新たに生じるという作られたもの（byas pa）であり、「他に依存するもの」とは因や縁に依存するものである。色などは、その二つの自性のいずれとしても成立しているものではないので〔、色などの世俗の法に留まっているだけでは法性の自性は見られない。それゆえ〕[17]法性〔と同義のもの〕とされる自性を認識するためには、道を修習する〔ことが必要である〕ので、梵行もまた無意味とはならないとおっしゃっている。また諸法においてそれ自体で成立している自性は全く認めないことと、後天的なものとして（glo bur du）[18]自性を承認することの二つは矛盾しないと〔『入中論釈』で〕[19]説明されている。[20]

勝義諦以外の諸法は、二つの自性のいずれにおいても成立していないのに対し、勝義諦は、それ自体で成立している自性としては成立していないが、法性と同義とされる自性としては成立している。ここでは、二つの自性の設定が世俗の存在と勝義諦との違いとしてうまく使い分けられている。世俗の存在と勝義諦は、いずれも言説有である点では等しいが、世俗の存在は法性としての条件を備えていないのに対し、勝義諦はそれを備えているので、世俗の存在である我々は、それを越えて勝義諦を目指して修行しなければならないのである。しかも、勝義諦は「存在している」と言えるので、それを目指す修行道もまた「存在している」と言え、その間に因果関係、すなわち縁起も成り立つのである。

このツォンカパの主張には、「中観派の不共の勝法」の根本的な意義、すなわち無自性でありながら、修行を因として仏陀の境地を実現するという因果関係（＝縁起）が有意義に成り立つことを保証するという目的が明確に見て取れる。それゆえ、『菩提道次第大論』の上記の引用で「それは存在する」と言った後に、その教証として、法性が存在することが菩薩の修行にとって不可欠であることを述べる『入中論釈』が引用されているのである。

次に、チャンドラキールティの註釈に従って二つの自性が使い分けられている例を、『中論註正理大海』の帰敬偈の解釈と、本文の総論部分の註釈において見ていくことにしよう。

第二節　『中論註正理大海』における帰敬偈の解釈

ツォンカパ中期の著作『中論註正理大海』は『中論』の註釈書であり、概ねチャンドラキールティの『プラサンナパダー』に依拠し、それを敷衍したり要約した記述となっている。したがって、法性と同義の自性についても、チャンドラキールティの用法を踏襲した註釈が見られる。一方で、初期の「中観派の不共の勝法」と同じ主張が述べられる箇所もある。ここでそれらを全て検討する余裕はないが、二つの自性のそれぞれについて言及する箇所をいくつか挙げてみることにする。

『中論』の帰敬偈[21]は有名な八つの項目の否定によって修飾された縁起を説いた仏陀への讃歎と帰敬の偈である。チャンドラキールティは、その八つの項目は単に「存在しない」のではなく、聖者の三昧に入った智慧の対象の自性として見たときには「存在しない」という意味であると注釈し、ツォンカパもその解釈を踏襲する。この場合の自性は、法性と同義とされる自性に他ならない。一方、『中論』本文に対する総論で、ツォンカパは、否定対象に対する限定辞について論じ、否定されるべきものには「自らの特質 (rang gi mtshan nyid) によって成立しているものとして」という限定が加えられるべきであると述べている。「自らの特質」は「自性」と言い換えてもよく、それは否定対象としての自性に他ならない。この総論において、帰敬偈における八つの項目の否定に対する限定とは異なった説明がなされていることになる。これらは、ツォンカパの「中観派の不共の勝法」の思想と、チャンドラキールティに従った祖述的註釈の間の乖離を示していると言えよう。

また、前節で検討した第一五章についても、その総論部分で章の目的を述べるとき、わざわざブッダパーリタ註を引用して「中観派の不共の勝法」が主題であることを指摘しながら、問題の第二偈後半は、チャンドラキールティに従って法性と同義の自性の定義が述べられているとしている。

以下、ツォンカパの註釈を辿って、その二つの違いを具体的に示していこう。

（一）『中論註正理大海』の構造

まず最初に、『中論註正理大海』の科段のうち、テキストの解釈の部分から主要な科段を抜粋して挙げる（『科段』p.45）。

B2　テキストの意味
　C1　縁起するものが〔有無の二〕辺を離れているとお説きになった点から教主を讃嘆する
　　D1　総論 (spyi'i don)
　　　E1　この〔帰敬偈の〕言葉に中論の所説内容などが〔示されて〕いること
　　　E2　限定対象 (khyad gzhi)〔である縁起するもの〕に八つの限定属性 (khyad chos) が備わっていること
　　　E3　それに対する他者の批判を退ける
　　　　F1　滅など〔の八つの項目〕が自性として成立していない (rang bzhin du ma grub pa)〔という自説〕に対する批判を退ける
　　　　F2　滅など〔の八つの項目〕の数と順序についての批判を退ける

D2　各論（yan lag gi don）（＝語釈）
C2　縁起するものが八辺を離れていると解釈する仕方
D1　〔各〕章のテキストを実践の順序に配列する
E1　正理の否定対象〔である二我〕を執着する知を特定する
F1　本論
F2　否定対象に対してどのように限定が加えられるか
E2　それを否定するための支分としてテキスト〔の各章〕がどのように説かれているか
D2　各章の意味の説明

『中論』のテキストの註釈は、C1帰敬偈の註釈とそれ以降のC2本文の註釈とに分かれる。C1はさらにD1総論とD2語釈とに分かれる。C2『中論』本文の註釈は、帰敬偈に述べられた、縁起するものが八つの辺を離れていることの詳説であり、その趣旨は帰敬偈と同じでないといけない。それはさらに、総論に当たるD1と、各章の注釈に当たるD2に分かれる。D1の見出しは、「各章を実践の順序に配列する」となっているが、実質的な内容であるE1は、『菩提道次第大論』から一貫して重視される「否定対象の特定」であるので、[22]この部分が『中論』全体の総論であると言える。

（二）　帰敬偈の解釈における非存在の限定

中論の帰敬偈は、縁起をお説きになった釈尊に帰命する偈である。縁起するものは、そこにおいて滅・生、断・常、来・去、異・一という八つのものが存在せず、戯論が寂滅した吉祥なるものであるとされる。[23]特に最初の八つの項目の非存在が「八不」として有名であり、ツォンカパの注釈でも、この点が説明の中心になっている。すなわち、帰敬偈の一般論（C1‐D1）のE2およびE3がその議論である。

滅などの八〔項目〕は、言説において存在しているので、〔「真実としては」などの〕限定を加えずに否定することはできない。限定は『プラサンナパダー』の、この箇所では「聖者の智慧の観点では（'phags pa'i ye shes la ltos nas）[24]滅などが存在しない」とおっしゃっているが、後の箇所では、「無明という眼病を離れた無漏の智慧の対象の自性の観点からは（ye shes zag pa med pa'i yul gyi rang bzhin la ltos nas）[25]〔存在しているわけ〕ではない」と〔言って、所取・能取の〕二つの現れという錯誤の〔ない〕無漏の智慧を意図されているので、その縁起するものにおいて滅などが存在している〔と言われる、〕その縁起するものを限定対象（khyad par gyi gzhi）とし、無漏の三昧に入った智慧の対象の自性の観点では（yul gyi rang bzhin la ltos nas）滅などの八つが存在しないことが、それを限定する属性（khyad par gyi chos）と解釈されているのである。[26]

基体である縁起するものにおいて、滅・生などの八項目は、言説としては存在しているので、それらの存在を否定するときには、その存在の様態を限定しなければならない。ツォンカパは、『プラサンナパダー』におけるチャンドラキールティの註釈に基づいて「三昧に入った聖者の無漏知の対象の自性の観点では」それらは「存在していない」と限定する必要があると説く。この場合の自性とは、空性あるいは法性と同義の自性に当たる。ここでは、滅などの八項目をはじめとする世俗の存在が法性と同義の自性として成立していないことが、それらの非存在の意味とされるのである。

さらにその自性は縁起するものの実相（yin lugs）と言い換えられる。

限定対象である縁起するものにおいて滅などが存在する〔と言うときの、〕その限定対象〔たる縁起するもの〕が、滅などとして存在しているということ〔、それ〕が、限定対象〔たる縁起するもの〕の自性あるいは本性 (gshis) であるか否かを考察し、〔自性あるいは本性〕であることを否定することが、縁起するものにおいて滅などが真実に (de kho nar) 成立していることを否定するということの意味である。縁起するもの〔における〕滅などが本性〔として〕の滅などであることになったならば、無漏知の対象の自性として成立している滅などであることになり、〔またそのときの〕無漏知の対象の自性というのも縁起するものの真のあり方 (yin lugs) を指しているので、〔滅などが存在しないということは、〕滅などがそれぞれの限定対象である縁起するものの真のあり方としては成立していない、という意味〔になるの〕である。(27)

「聖者の三昧知の対象の自性」は認識する側からの規定であるが、その存在論上の規定が「縁起するものの本性」あるいは「縁起するものの真のあり方」である。滅や生など、あるいは世俗の諸存在は、縁起するものの真のあり方として見たとき、存在するものではない。これが、滅などが存在しないと言われていることの意味であるというのが、ここでのツォンカパの説明である。

以上のように、帰敬偈における否定対象に対する限定は、世俗の諸存在が、縁起するものの真のあり方である真実義──三昧に入った聖者の無漏智の対象である法性──としては存在しない、と解釈される。これは諸法が勝義において、あるいは真実において存在しない、と言われていたものとは少々意味が異なっている。というのも、真実において存在しない、すなわち真実無 (bden med) というときの真実は、まさに真実執着 (bden 'dzin) によって増益された否定されるべきものであり、否定対象としての自性と同類のものだからである。真実執着の対象である真実なるものは、言説においても存在しないものと言える。したがって、もしツォンカパの真意がそうであるとすれば、「中観派の不共の勝法」について繰り返し言及するのと同様、勝義についても、聖者の三昧知の対象である縁起の真のあり方を指すと最初から言及したはずであるが、実際には、チャンドラキールティの言葉を祖述する、この『中論註正理大海』の帰敬偈の注釈箇所で初めて言及される。それゆえ、真実無あるいは勝義無というときの真実や勝義は、凡夫がそのように増益している否定対象としての自性を念頭に置いていると考えるのが自然であろう。(28)

一方、同じ『中論』の帰敬偈について、同年に書かれた『善説心髄』では、滅などが「存在しない」というのは、「自らの特質によって成立するものとしては存在しない」という意味であると解釈されている。

以上のように、「因と縁によって生じるもの〔だから〕」という論証因によって、諸法に自らの特質によって成立している自性がないと、自性〔がないという意味で〕空(rang bzhin gyis stong pa)であるものが縁起しているものであるとお説きになっていることこそが、他の主張者よりも特に優れた我が教主の無上の聖なる教えであるとご理解なさって、〔ナーガールジュナ〕師は多くの著作で世尊のことを、縁起をお説きになったものとして讃歎した。すなわち、『中論』〔の帰敬偈〕に……(29)

因と縁によって生じるという縁起を論証因にして諸法に自性がないと論証するということ、および空であるものが同時に縁起しているものであるということ、これらは「中観派の不共の勝法」の思想圏に属する命題であり、それをお説きになった世尊を讃歎する偈として『中論』の帰敬偈が引用されるのである。ここで縁起するものにおいて滅などがないというのは、滅などに自らの特質によって成立する自性がないという意味で理解されている。言い換えれば、ツォンカパは『善説心髄』でこの帰敬偈に言及するときに、チャンドラキールティの註釈を念頭に置いていなかったとも言える。それよりも、『菩提道次第大論』から『善説心髄』に至るまで一貫している「中観派の不共の勝法」の理解がツォンカパの中観理解の中心を占めていたことを示している。それが、『中論註正理大海』の本文でも同様であることを、次に『中論』全体の総論を述べる箇所で見てみよう。

第三節　『中論註正理大海』の総論における否定対象の解釈

（一）　否定対象を増益する無明とそれを退ける明知

『中論註正理大海』で『中論』本文の総論（C2 - D1）に当たる箇所では、『中論』自体の議論を踏まえつつ、正理によって否定されるもの（正理の否定対象）の特定が行われる（C2 - D1 - E1）。まずは否定対象となるものを執着する知が特定される（C2 - D1 - E1 - F1）。輪廻と涅槃とが存在するのは、真実義（de kho na nyid）に対する無明（ma rig pa）と真実義に対する明知（rig pa）があるからである。無明は、真実義の明知によって断じられ、そのことによって輪廻が退けられ涅槃が得られる。有染汚の無明（nyon mongs can gyi ma rig pa）こそが輪廻の根本原因であり断じられるべきものであるというのは、ツォンカパの考える帰謬論証派の特徴的見解のひとつである。(30) 無明とは真実義に対する無知であるが、その執着の仕方（'dzin stangs）は真実義を認識している明知とは逆、すなわち、対象が真に存在すると執着すること（yul yang dag par yod par 'dzin pa）である。

この対象の執着の仕方の議論から、話題は否定対象の方へと移る。まず、明知とは聖者の無漏の三昧知のことであり、その対象は、真実義、法性・空性としての自性である。明知に対立するものが無明である。したがって無明は空性という縁起の真のあり方に関する無知であり、それはまた「法性と同義の自性」である空性を認識することによって退けられる。

しかし、無明は、真実義に関する無知であるばかりではなく、対象が真に存在するものであると執着する知（真実執着）でもあり、それこそが修道の否定対象となるのである。このとき、無明によって思い込まれている「真に存在するもの」が対象の側における否定対象である。これは法性と同義の自性ではなく、「否定対象としての自性」に他ならない。これを否定していくことが、『中論』本文の課題となる。

ここでの正理による否定対象は、勝義において存在するもの、あるいは自らの特質によって成立しているものであり、これらは既に『菩提道次第大論』や『善説心髄』においても詳しく論じられたものであるので、ここでは簡略な説明がなされるのみである。

（二）　否定対象に対する限定

次の科段F2「否定対象に対してどのような限定が加えられるべきか」は、F1「否定対象を執着する知の特定の本論」に対する附論であるが、本論よりも多くの分量が割かれている。否定対象をどのように限定するのかを論じることは、帰謬論証派にとっての独自の否定対象の規定を明らかにすることになるので、ツォンカパにとってより重要なテーマであったと考えられる。

否定対象を執着する分別知とは、存在していると執着する分別知全て〔を指すの〕ではなく、勝義において〔存在している〕、あるいは自らの特質によって存在していると執着する〔分別知を指すの〕である。それについても、「諸仏は、二諦に基づいて法を説いた。[31]」と、生・滅などが存在しているのは世俗〔においてであり〕、存在していないのは勝義においてであるという二諦の区別を知る必要があるとお説きになり、また『ラトナーヴァリー』においても、[32]

「同様に幻の如き世間において生・滅は現れるが、勝義においては生・滅は存在しない。[33]」とお説きになっているので、生滅などが単に存在していることは否定されず、勝義において存在していることが否定対象であり、またそのように（＝勝義において存在していると）執着する知は否定対象を執着する知（＝無明）であると知られる。[34]

繰り返し説かれることであるが、言説ないしは世俗における存在は否定されることはなく、勝義における存在は否定される。これらを区別することが二諦の区別を知ることであるというのも、初期から一貫してツォンカパが強調する「中観派の不共の勝法」としての二諦説である。これは、否定対象には「勝義において成立しているもの（don dam par grub pa）」ないしは「自らの特質によって成立しているもの（rang gi mtshan nyid kyis grub pa）」などのような限定を加える必要があり、その限定の加えられない、単なる存在、言説・世俗における存在は否定対象にはならないという主張である。「勝義において」という限定と「自らの特質によって」という限定は、処格グループの限定と具格グループの限定に分けられるが、[35]ここでは特に区別は見られない。このことは、この「勝義」が否定されるべきあり方を指していると考えられる傍証になるであろう。少なくともここで「勝義において」を「聖者の三昧に入った無漏知の対象として」と理解することは困難である。

続けてツォンカパは、否定対象に加えられる限定の同義の例を挙げ、『中論』や『ラトナーヴァリー』を典拠として引用する。「自性に基づいて（rang bzhin las）」「真に（yang dag par）」「真実なものとして（bden par）」「本性に基づいて（ngo bo nyid las）」「自らの特質に基づいて（rang gi mtshan nyid las）」「自らの本性によって（rang gi ngo bo nyid kyis）」あるいは「自らに基づいて（rang las）」が、否定対象に対する限定の例である。

同様に「それらは自性に基づいて（svabhāvāt, rang bzhin las）存在するものではない。それゆえ、煩悩は真〔に〕は存在するものではない。[36]」と、自性に基づいて存在するもの、および真に（tattvataḥ, yang dag par）存在するもの〔というように〕限定される。また『ラトナーヴァリー』においては「あるもの（＝芽）の種子が虚偽なものであるとき、それ（＝芽）の生起がどうして真実なものであろうか。」と真実（bden pa）と限定され、また了義の経典でも〔同様に〕限定されている〔例〕が多くある。本性（ngo bo nyid）・自性・自らの特質に基づいて（rang gi mtshan nyid las）存在することと、自らの本性によって（rang gi ngo bo nyid kyis）存在することなどは同じであり、自らに基づいて（rang las）成立しているという〔表現〕もたくさん見られる。[37]

ここでツォンカパは、『中論』の原典を念頭に、自性や本性、自らの特質などを、具格ではなく従格で用いている。ただし、一部では具格も用いられており、それらの間に意味の違いは見られない。この従格の意味は「～に基づいて」という起源や根拠の意味であろう。従格と具格が同じように用いられているということは、rang bzhin gyis などの具格もまた、存在が成立する起源・根拠の意味であることの傍証となる。[38] 一方、「真に（yang dag par）」は他の箇所と同様処格か、「真なる（bden pa）」という同格形容詞が用いられている。引用されている『中論』第二三章第二偈は、自性に基づいて（svabhāvāt）存在していないことから、真に（tattvataḥ）存在するものではないことを導き出している。[39] このことは、ナーガールジュナも、チベット語で具格（あるいは従格）で表される限定辞のグループ（根拠）と、処格で表される限定辞のグループ（帰結）が異なったものであると考えていたことを示している。

以上のように、否定対象に対する限定は、勝義・真実・真実義・真などの語に処格が用いられるグループと、自性・自体・本性・自らの特質に具格（あるいは従格）が用いられるグループとに分けられる。そして帰謬論証派は、後者であるものは全て前者であると主張するが、自立論証派はそれらを等価のものとは見なさない、という初期からの一貫した自立論証派批判が展開される。

（三）『中論註正理大海』における「中観派の不共の勝法」

自立論証派批判は、『菩提道次第大論』では、チャンドラキールティの教証によるところが大きいが、『善説心髄』では、言語論的転回を経て、より明確な構図で批判されるようになった。[40] この『中論註正理大海』でも、詳論はされないが、「自性によって成立している存在」は「自らの特質（rang gi mtshan nyid）によって成立している存在」に集約され、自立論証派を含む実在論者は、それを「名付けられたものの実物を探して得られた場合に、自らの特質によって成立しているもの」と考えるのに対し、帰謬論証派は全ての存在を言語的営為の中にのみ位置付ける存在論に立って、そのような言語外の実物である「自らの特質」は存在し得ないと批判する。これも「中観派の不共の勝法」の延長に他ならない。

実際、ツォンカパは続いて「中観派の不共の勝法」の根本的主張である存在と無に関する四つの様態の区別を、典拠と共に説いている。

それについても『入中論釈』に……と、単に存在することと自性によって存在することとの二つが区別されているのである。それらを区別しないならば、物が存在するならば全てそれ自体で（rang gi ngo bos）存在する〔ことになり〕、またそれ自体で存在するものでない（rang gi ngo bos med pa）ならば全て、全く存在しない（ye med）ことになる〔。こうして〕増益と損減の二辺に陥ることになる。すなわち『四百論釈』に……とある。それゆえ、それ自体で存在しないこと（＝自性を欠いていること、空であること）によって全ての有辺を離れ、その同じもの（＝それ自体が存在しないもの、空であるもの）において、自性を欠いた因果（＝縁起）を設定することができることによって全ての無辺を離れるというのが、[41] この二人の論師（ブッダパーリタおよびチャンドラキールティ）が聖者（ナーガールジュナおよびアーリヤデーヴァ）のお考えを解釈する勝法（khyad chos）であると思われるので、二〔種類〕の存在および二〔種類〕の無を区別することは極めて重要である。[42]

実在論者は、単に存在することと自性によって存在すること、および自性が存在しないことと全く存在しないことをそれぞれ区別しない。自性が存在しなければ全く存在しないことになるというのは虚無論になるが、そのように考える根拠は、存在するとすれば自性によって存在していなければならないという理解にあるので、虚無論に陥るのもまた実在論的思考に他ならない。これらは全て『菩提道次第大論』から一貫している「中観派の不共の勝法」の主張である。[43]

以下、「名付けられたものの実物を探して得られるときに、自らの特質によって成立していると言える」という実在論的思考の判定基準についての説明が続く。これは前章で検討したように、『中論註正理大海』と同年に書かれた『善説心髄』において導入された言語論的思想であり、ここはその要約となっている。

この科段の最後にツォンカパ自身、自分の他の著作の参照を求めているが、それが『善説心髄』を指していることは明らかである。

世間の者と哲学（grub mtha'）での考察の仕方や、哲学においても、真実義として成立しているか否かを考察する〔仕方の〕違いなどを知らないならば、考察し〔て得られた〕実物を承認することは、言説においても認めないと中観〔自立論証派と帰謬論証派の〕両派が何度も説いていた〔としても、それらの違い〕について大きな誤解が生じ、また言説において存在するものと〔言説においてさえ〕存在しないものの違いを区別することも非常に難しいことなので、〔私が〕他〔の著作〕で詳しく説明したことに基づいて理解すべきである。[44]

ここに挙げられる、世間の者と哲学者の考察の違い、あるいは哲学者同士の真実なるものとして成立しているものの考察の仕方の違い、それらに基づく言説有の設定の仕方の違いは、『善説心髄』の帰謬論証派の章の冒頭で議論されている内容であり、それは初期の『菩提道次第大論』にはほとんど見られない中期中観思想の特徴的な議論である。それゆえ、ここで「他の著作」と言っているのは、同年に執筆された『善説心髄』を指している。ただし、本節で検討したように、否定対象に対する限定の仕方の根本的な立脚点は「中観派の不共の勝法」と同じものであったので、この総論自身の立場は、「中観派の不共の勝法」と、それに加えて「自らの特質によって成立するもの（rang gi mtshan nyid kyis grub pa）」についての言語論的な解釈を踏まえていると言える。

「中観派の不共の勝法」に言語論的な自性理解が加わっていることについては、本節の末尾のまとめにおいても言及される。

前に示した〈名付けられたものの実物を探し求める〉考察方法の通りにしたならば自性を得ることはできないが、そのように自性を欠いた〈空なる〉因果を措定すること〈ができるという理解〉は、帰謬論証派以外の誰もできないので、そのように考察して得られないもの（＝自性）を考察する正理によって因果など一切を否定することがこの〈帰謬論証派の〉説であると考えるのは、全く理に適わないのである。(45)

ここで言語論的な検証方法によって自性が否定された諸存在に因果関係が設定できると述べられるが、これは「中観派の不共の勝法」に『善説心髄』で指摘された言語論的な検証方法が追加されたものである。これが『中論』本文全体の解釈の基本的な視点として提示されているのである。それは、帰敬偈の滅などが縁起において存在しないのは、聖者の無漏の三昧知の対象の自性として見たとき、それらが縁起の真のあり方として存在しないことであるとする解釈とは異なっていることが分かるであろう。

（四）『中論』第一五章についての『中論註正理大海』の解釈

さて、前節で検討したように、『菩提道次第大論』において二つの自性が言及されるのは、『中論』第一五章第一〜二偈の解釈をめぐってであった。『中論註正理大海』にも当然、同じ偈に対する註釈が含まれる。しかし、その偈の解釈自体は、チャンドラキールティの所論をほぼそのまま要約して掲載するのみであり、したがって第二偈後半に言及される自性の定義は、法性と同義の自性に当てはまるものである。しかし、その章の最初の総論において、ツォンカパはブッダパーリタの言葉(46)を引用したのち、次のように「中観派の不共の勝法」を説くことが第一五章の目的であると述べている。

諸々の実在するもの（dngos po = 'dus byas）において、自性（ngo bo nyid）によって成立している自性が少しもあり得ないことと、しかしながら因と縁によって実在が生起すると主張することの二つが矛盾すると考える〔者に対して、その二つは〕矛盾しないとこの章で説かれていると〔ブッダパーリタが〕導入を述べている（mtshams sbyor）。その二つが混同されているのを区別するということこそが、諸々の正理の最も重要な点である。(47)

無自性でありながら、縁起するということが同時に矛盾せずに同じ一つの主題（ここではdngos po「実在するもの」）において成り立つというのは、すでに見てきたように「中観派の不共の勝法」の重要な命題である。それを説明することがこの章の主要な主題であるとツォンカパは述べているのである。「諸々の正理の最も重要な点」という表現も、それこそが中観派の「不共の勝法」だという意味に違いないであろう。

このような趣旨の下において、法性と同義とされる自性および否定対象の自性という二つの自性を設ける必然性は希薄である。法性と同義の自性を設けなかったとしても、空性、如性など、存在の実相のみを表す言葉があれば、「中観派の不共の勝法」にとっては十分である。第一五章第二偈後半や帰敬偈の解釈に「法性と同義の自性」を持ち出したのは、チャンドラキールティの解釈を祖述する必要があったからである。『中論』第一五章の偈のみを素直に読むならば、必ずしもナーガールジュナが法性と同義の自性を主張していると解釈する必要はない。実際、ナーガールジュナはこの箇所で法性などについて言及しているわけではなく、自性と、「作為されたものであること、他に依存するものであること」とは両立しない。逆に言えば自性は作為されたものではなく、他に依存しないものであると述べているだけである。有為は全て他のものに依存し、従って作られたものであるので、自性とは相容れず、従って無自性である、というのがナーガールジュナの元々の意図であったと思われる。この限りにおいては、縁起するが故に無自性であり、無自性であってはじめて縁起が可能であるという「中観派の不共の勝法」を述べているだけであり、第二偈後半で「法性と同義の自性」が定義されていると考える必要はないのである。

以上、確かにツォンカパはチャンドラキールティに倣って二つの自性を区別しているが、ツォンカパ自身の思想として、法性と同義のものとして肯定される自性という概念を導入する必要はなかったこと、さらにその場合の法性にしても勝義諦にしても、他の世俗の存在と同様言説有であり、不可言説な真実は想定されていないこと、従ってその解釈も「中観派の不共の勝法」の思想圏内にあることを確認した。

おわりに

根本（2014）は、これまでツォンカパの中観思想研究において曖昧に使われてきた自性という用語に、異なった二つの意味があることを指摘した。実際、ツォンカパはチャンドラキールティの説明に従って、法性と同義とされる自性と、否定対象である自性という二つの用法があることに言及している。

しかし、ツォンカパの中観思想における必然性という点から考えると、二つの自性を設定することは必ずしも本質的なものとは言えない。自性に二つの意味を持たせなくても、同じことは法性や勝義諦、空性など明確に一義的な用語で記述することが可能である。

この二つの自性の解釈について、独立の著作である『菩提道次第大論』と註釈文献である『中論註正理大海』とでは、異なった面が見られる。ツォンカパの初期中観思想を代表する『菩提道次第大論』では、二つの自性が言及されるが、説明自体は「中観派の不共の勝法」に準拠したものとなっている。したがって、法性と同義とされる自性は法性に還元され、それは他の世俗の諸法と同じように縁起する言説有として存在することになり、仏陀を目指す修行の因果関係の中に組み込まれる。その点は『中論註正理大海』の第一五章の導入箇所でも同じである。

しかし、縁起するものに滅などが「存在しない（med pa）」という帰敬偈の注釈においては、チャンドラキールティに従って、それらは聖者の無漏の三昧知の対象の「自性」としては「存在しない」と限定される。このときの自性は「法性と同義の自性」である。「中観派の不共の勝法」の枠組みで考えるならば、滅などは「自性によって存在するものではない（rang bzhin gyis med pa）」[48]、あるいは「自性に関して空である（rang bzhin gyis stong pa）」と否定されるはずである。このときの自性は否定対象としての自性である。

この「聖者の三昧知の対象」とは、ツォンカパ後期の二諦説における勝義諦の規定に見られるものである。ツォンカパの二諦説は、前期においては「中観派の不共の勝法」と同一視され、勝義諦と世俗諦が同一の事態の不即不離の両面であることが強調されていたが、後期になると勝義諦と世俗諦を峻別する記述へと転換していく。その転換点となったのが、まさに『中論註正理大海』なのである。[49] そのことを考え合わせると、帰敬偈の解釈において後期の二諦説の勝義諦が「存在しないこと」の限定として言及されるのも、ツォンカパにおける二諦説の転回と密接に関わっていたのかもしれない。

しかし、「勝義において存在しない」というときの「勝義において」を、真実執着すなわち無明によって増益された真実のあり方では存在しない」という意味ではなく「聖者の三昧知にとっての真実なるあり方としては存在しない。」という意味で統一して理解できる可能性も全くないわけではない。あるいは、勝義無の意味をそのような二重の意味で理解することにより、ツォンカパの中観思想をより深く理解できるのかもしれない。また勝義について言えば、「勝義無」というときの勝義は否定対象として想定される勝義であるのに対し、「勝義諦」というときの勝義は法性と同義の、諸法の真なるあり方を指しているので、「勝義」にも自性と同様の二つの意味があると言えるであろう。この勝義の二義性は、後期の二諦説の世俗についても、無明と同義の否定対象としての世俗と、否定されることのない、縁起している言説有が成り立つときの世俗という二つの意味が区別されることとも符合する。しかし、世俗や勝義の二義とは異なり、自性については圧倒的に否定対象としての側面が強い。最初に挙げた、否定に対する限定のうち、自性をはじめとして具格によって表されるものは、全て否定対象であり、肯定的に述べられるものはないからである。

ツォンカパが二つの自性について言及している文脈を検討することによって、ツォンカパの記述が必ずしも整合的ではないことを見てきたが、同時に中期中観思想においても繰り返し「中観派の不共の勝法」に立ち戻っていたことも確認できた。これが後期においては大きく様変わりするが、そのことについてはまた別の機会に検討したいと思う。

（1） その詳細な研究である田村（2009）で取り上げられているのは、ここで検討している『中論』第一五章の第二偈ｃｄ、すなわち自性の定義が述べられているとされる箇所に対する『プラサンナパダー』の二つの注釈文（PSPD, p.264, ll.3–4; p.265, ll.7–8）である。そのうち前者は、以下本章でツォンカパも引用する“na tad asti na ca^api na^asti svarūpataḥ”を含む。

（2） 自性に二つの意味があるという主張については、根本（2014）において指摘、検討されている。この根本氏の研究は、チャンドラキールティの二つの自性についての研究である田村（2009）を受けたものである。筆者はチャンドラキールティの主張を批判するものではなく、またチャンドラキールティに従っているツォンカパの記述を批判するものでもない。ただ、チャンドラキールティに従ったツォンカパの解釈は、ツォンカパ自身の思想体系における必然性に乏しいと考えている。

（3） 『科段』p.18. この部分のより詳しい科段は、第一章「中観派の不共の勝法」三九～四〇頁参照。

（4） 「設定するもの」とは、それの何であるか、すなわちその本質を設定するものである。「他の設定するものに依存していない」とは、その本質を設定するものがそれ自身であって、他のものによって本質が規定されることはない、という意味である。第一の条件である、因や縁に依存しないというのは、そのものの存在（ここでは質料と言ってもいい。）についての条件であるのに対し、この第三条件は、そのものの本質（すなわち形相）を規定するものの条件であると考えられる。

（5） kha cig na re / dgag bya ni rang bzhin yin la de yang khyad par gsum dang ldan pa ste ngo bo rgyu dang rkyen gyis ma bskyed pa dang gnas skabs gzhan du mi ’gyur ba dang rnam ’jog gzhan la mi ltos pa’o //

de yang dbu ma’i rtsa ba las

rang bzhin rgyu dang rkyen las ni // ’byung bar rigs pa ma yin no // rgyu dang rkyen las byung na ni // rang bzhin byas pa can du ’gyur //（MMK, XV, k.1: na saṃbhavaḥ svabhāvasya yuktaḥ pratyaya-hetubhiḥ / hetu-pratyaya-saṃbhūtaḥ svabhāvaḥ kṛtako bhavet //）

rang bzhin byas pa can zhes byar // ji lta bur na rung bar ’gyur // rang bzhin dag ni bcos min dang // gzhan la ltos pa med pa yin //（MMK, XV, k.2: svabhāvaḥ kṛtako nāma bhaviṣyati punaḥ kathaṃ / akṛtrimaḥ svabhāvo hi nirapekṣaḥ paratra ca //）

zhes gsungs pa’i phyir ro zhes zer ro //（LR, 414b5–415a1）

（6） 以下は、LR, 415a1–416a6（長尾, 1954, 194–197）の要約である。煩雑になるので訳文は挙げない。

（7） 第六章「自性と縁起」参照。

（8） ’di ni chos rnams kyi chos nyid ces gsungs pa de la rang bzhin zhes bzhag pa yin te bcos ma min pa dang gzhan la rag las pa min pa’o // de ni yod de / ’jug ’grel las（MABh, p.305, l.20–p.306, l.12）/（LR, 416a6）

（9）　PSPD, p.264, ll.11–12 ad MMK, XV, 2cd: yadi khalu tad adhyāropād bhavadbhir asti^ity ucyate kīdṛśaṃ tat / yā sā dharmāṇāṃ dharmatā nāma sā^eva tat-svarūpaṃ / atha kā^iyaṃ dharmāṇāṃ dharmatā / dharmāṇāṃ svabhāvaḥ /「もし、それは、増益のゆえに存在しているとあなたたちが言うならば、それはどのようなものか。諸法の法性と呼ばれるところのもの、それこそが、それの実体（tat-svarūpa）である。それでは、その諸法の法性とは何か。諸法の自性〔がそれ〕である。」以下、本性（prakṛti）、空性、無自性、如性などが同義語として挙げられていく。

（10）　gal te med na ni ci'i don du byang chub sems dpa' rnams pha rol tu phyin pa'i lam sgom par 'gyur te / gang gi phyir chos nyid rtogs par bya ba'i phyir byang chub sems dpa' rnams de ltar dka' ba brgya phrag rtsom pa yin no //（MABh, p.306, ll.9–12）

（11）　『プラサンナパダー』からの引用だが、チベット語はやや簡略化されている。PSPD, p.264, ll.2–3: kiṃ khalu [agneḥ] tad itthaṃ svarūpam asti // na tad asti na ca^api na^asti svarūpataḥ /.

（12）　この引用は、『入中論』の二諦説の最初に勝義諦を規定している箇所からのものである。MABh, p.102, ll.16–18.

（13）　ci me'i rang gi ngo bo de lta bur gyur pa yod dam zhe na / de ni rang gi ngo bos yod pa yang min la med pa yang min zhes gsungs te yod mod kyi rang gi ngo bos yod pa min zhes pa'i don yin te 'jug 'grel las / de la don dam pa ni yang dag pa gzigs pa rnams kyi ye shes kyi khyad par gyi yul nyid kyis bdag gi rang gi ngo bo rnyed pa yin gyi rang gi bdag nyid kyis grub pa ni ma yin te zhes gsungs pa ltar ro //（RG, 158a6–b2）

（14）　PSPD, p.263, l.5–p.264, l.4 ad MMK, XV, k.2。内容は火の変移することなく他に依存しない自性はそれ自体で成立するものとしては存在しないが、人々の恐怖を除くために、増益して世俗として火の自性があると説かれるというもので、法性のような勝義諦について言及されているわけではない。

（15）　nang gi blos btags pa min pa'i chos rnams la rang gi ngo bos grub pa'i rang bzhin ni rdul tsam yang med do zhes kho bo cag gis lan du mar ma smras sam / des na de 'dra ba'i rang bzhin du ni chos gzhan rnams lta ci smos / chos nyid don dam pa'i bden pa de yang grub pa cung zad kyang med de / tshig gsal las / ... / zhes rang bzhin de yang rang gi ngo bos grub pa bkag nas tha snyad du yod par gsungs so //（LR, 416b4–417a2）

（16）　LMC4（200a1–2）に "de gnyis kyis bzhag pas ni don dam de rang gi ngo bos grub par ma song bas don dam de nyid" と割註が挿入されていることに基づいて訳した。

（17）　LMC4（200a4）: gzugs sogs la gnas pa tsam gyis chos nyid kyi rang bzhin ma mthong la de ltar ma mthong bas na.

(18)　LMC4 (200a5–6) によれば、“rang rang gi tha snyad kyi” と注釈されるので「それぞれの言説として」自性を承認するという意味で解されている。ただし、LMC4 (200a3) では “sngar med gsar du ’byung ba’i byas pa” を “**sngar med** pa la phyis **gsar du ’byung ba**’am phyis **glo bur du** skye ba**’i byas pa**” と注釈しているので、前になかったものが後になって glo bur du に生じるという意味で、ここでも「後天的に」と訳した。言説として設定された自性は、最初からそのものに備わっているものではなく、後に命名する意識に依存して後天的に名付けられた存在であるので、いずれの意味で解しても内容的には齟齬しないと思われる。

(19)　MABh, p.307, l.9–p.308, l.5 ad MA, VI, k.182。この引用の最後に “gang zhig byis pa’i skye bos blta bar bya ba ma yin pa de nyid ni rang bzhin yin par rigs la de tsam gyis don dam pa dngos po ma yin zhing dngos po med pa’ang ma yin te de ni rang bzhin gyis zhi ba nyid yin ba’i phyir ro //”「愚者によって見られ得ないところのものが自性であるのは理に適っており、その限りにおいて、勝義のものは存在するものではなく存在しないものでもない。なぜならば、それは自性に関して寂滅しているもの（自性を欠いたもの）に他ならないからである」とある。この “dngos po ma yin zhing dngos po med pa’ang ma yin” をツォンカパは注釈して、“’dir dngos po yod med ni sngar gnyis su smra ba’i skabs su bshad pa ltar rang gi ngo bos yod pa dang ye med yin no //”(LR, 418a4)「ここで「存在する、存在しない〔と言っている〕のは、前に〔実在論と虚無論の〕二論者〔への批判を述べた〕箇所（すなわち、「中観派の不共の勝法」を提示した箇所）で説明したように、それ自体で存在することと、全く存在しないこと〔を指す〕。」と述べている。これは存在と無の四つの様態のうちの、実在論的立場である、一切法がそれ自体で存在しているとする見方と、虚無論の一切法が全く存在しない（ないしは単に存在しない）とする見方を指している。このことからも、ここでのツォンカパの立場は「中観派の不共の勝法」の圏内にあると言うことができるであろう。

(20)　mig la sogs pa’i ’dus byas ’di dag ni rang gi ngo bos grub pa’i rang bzhin du’ang ma grub la / chos nyid la rang bzhin du bzhag pa der yang ma grub pas rang bzhin gang du’ang ma grub pa dang don dam pa’i bden pa ni chos nyid la rang bzhin du bzhag pa der grub kyang rang bzhin der ’jog byed bcos ma min pa dang / gzhan la mi ltos pa ni rang gi ngo bos grub pa’i rang bzhin der cung zad kyang med pas tha snyad du grub pa tsam mo //

bcos ma ni sngar med gsar du ’byung ba’i byas pa dang gzhan la ltos pa ni rgyu rkyen la ltos pa’o // gzugs sogs rnams rang bzhin gnyis gang du’ang ma grub pas chos nyid la rang bzhin du byas pa’i rang bzhin de blta ba’i phyir du lam sgom pas na tshangs spyod kyang don med du mi ’gyur bar gsungs shing / chos rnams la rang gi ngo bos grub pa’i rang bzhin gtan mi ’dod pa dang glo bur du rang bzhin khas blangs pa gnyis mi ’gal bar bshad de / (LR, 417b1–5)

(21) MMK, 帰敬偈 : anirodham anutpādam anucchedam aśāśvatam / aneka-artham anānā-artham anāgamam anirgamam // yaḥ pratitya-samutpādam prapañca-upaśamaṃ śivam / deśayāmāsa saṃbuddhas taṃ vande vadatāṃ varam // (gang gis rten cing 'brel par 'byung / 'gag pa med pa skye med pa // chad pa med pa rtag med pa / 'ong ba med pa 'gro med pa // tha dad don min don gcig min / spros pa nyer shi shi bstan pa // rdzogs pa'i sangs rgyas smra rnams kyi / dam pa de la phyag 'tshal lo //)「縁起は、滅することなく生じることなく、断滅なく常住ではなく、来ることなく行くことなく、異なったものでもなく同一のものでもなく、戯論が寂滅し、吉祥なものであると説いた仏陀、教師のうちの最高のものに帰命します。」

(22) 実際の科段は、否定対象そのものの特定ではなく、否定対象である二我を執着している知、すなわちF1「我執の特定」とF2「否定対象への限定の仕方の特定」である。

(23) 八不が縁起を修飾していることは語順からしても問題はないが、「戯論が寂滅した吉祥なもの」が縁起を修飾していると単純には言えない。チャンドラキールティは "yathā-avastitha-pratītyasamustpāda-darśane ca saty āryāṇām" (Macdonald, 2015, p.133,6) ; "rten cing 'brel bar 'byung ba ji ltar gnas pa bzhin du 'phags pa rnams kyis gzigs na" (Derge, 4b3)「聖者たちが縁起をありのままにご覧になるならば」と限定した上で戯論が寂滅すると注釈し、ツォンカパは少し言葉を換えて、"rten 'byung gi de kho na nyid gnas tshul bzhin 'phags pas gzigs pa'i ngo na" (RG, 15b5)「縁起するものの真実義を、ありのままに聖者がご覧になる〔その知〕にとって」と注記している。縁起の真実義とは、空性あるいは法性、あるいは勝義諦に他ならない。一方、八不において否定される滅・生などは、真実義としては存在しないが、言説においては存在する。戯論が寂滅するのは、言説有としての滅などを見るときではなく、それらが存在しないと見る勝義の知にとってであり、従って、縁起それ自体において戯論が寂滅しているわけではない。このような解釈は、ツォンカパ後期の二諦説（それはまた『入中論』における二諦説でもある）において勝義諦が、聖者の三昧智の対象として定義され、そこにおいては言説有の現れもなくなることと符合している。第四章「二つの二諦説」一七六頁参照。

(24) ārya-jñāna-apekṣayā (PSPD, p.11, l.1)。否定対象に対する限定は、ここでも、また直後に言及される箇所でも、チベット語で "la ltos nas (apekṣayā) " という観点を表現する言い方になっている。通常、否定対象に対する限定では、"don dam par, bden par, rang bzhin gyis, rang gi ngo bos" など、処格か具格が用いられる。特に自性はほとんどの場合、"rang bzhin gyis" と具格で用いられ、「自性によって成立しているもの」が否定されるのである。ここでの自性が聖者の観点から述べられいるということは、自性の意味が否定対象としての自性でないことを示している。

(25) vigata-avidyā-timira-anāsrava-viṣaya-svabhāva-apekṣayā (PSPD, p.41, l.2) .

(26)　’gag sogs brgyad ni tha snyad du yod pas khyad par ma sbyar bar dgag mi nus so // khyad par ni tshig gsal las skabs ’dir ’phags pa’i ye shes la ltos nas ’gag pa sogs med pa zhes gsungs la skabs ’og mar ma rig pa’i rab rib dang bral pa’i ye shes zag pa med pa’i yul gyi rang bzhin la ltos nas ni ma yin no zhes gnyis snang gi ’khrul ba’i zag pa med pa’i ye shes la gsungs pas rten ’byung gang la ’gag sogs gang yod pa’i rten ’byung de khyad par gyi gzhir bzung nas mnyam bzhag zag med ye shes kyi yul gyi rang bzhin la ltos nas ’gag sogs brgyad med pa de’i khyad par gyi chos su sbyar ro // (RG, 11b6–12a3)

(27)　khyad gzhi rten ’byung gang la ’gag sogs gang yod pa’i khyad gzhi de ’gag sogs de dang der yod pa khyad gzhi de’i rang bzhin nam gshis yin min dpyad nas yin pa ’gog pa de rten ’byung la ’gag sogs de kho nar grub pa ’gog pa’i don no // rten ’byung gi ’gag sogs gshis kyi ’gag sogs su song na zag med kyi ye shes kyi yul gyi rang bzhin du grub pa’i ’gag sogs su ’gro shing / zag med kyi shes pa’i yul gyi rang bzhin zhes pa yang rten ’byung gi yin lugs la zer bas ’gags sogs rang rang gi khyad gzhi’i rten ’bung gi yin lugs su ma grub ces pa’i don to // (RG, 12b4–13a1)

(28)　晩年の『入中論註密意解明』では、法性と同義の自性への言及は増える。

(29)　de ltar rgyu dang rkyen la brten nas ’byung ba’i gtan tshigs nyid kyis chos rnams la rang gi mtshan nyid kyis grub pa’i rang bzhin med do // zhes rang bzhin gyis stong pa’i don rten ’byung gi don du gsungs pa ’di nyid rang gi ston pa smra ba gzhan las khyad par du ’phags pa’i ’phags chos bla na med par gzigs nas slob dpon gyis gzhung mang por bcom ldan ’das la rtan ’byung gsungs pa’i sgo nas bstod de / rtsa ba shes rab las / gang gis rten cing ’brel par ’byung // ... (LN, 46a2–4)

(30)　この見解は、ツォンカパの中観関係のほとんどの著作で言及されるが、本書のテーマとは直接関係しないので、特に典拠を挙げることはしない。

(31)　チベット語では“yang dag brten”とあり「正しく基づいて」と訳せる。サンスクリット語では“samupāśritya”で、yang dag が sam- という接頭辞を訳したものであることが分かる。この場合、「正しく」というよりも、「二諦の双方に」という解釈も可能であろう。

(32)　MMK, XXIV, k.8: dve satye samupāśritya buddhānāṃ dharma-deśanā / loka-saṃvṛti-satyaṃ ca satyaṃ ca paramārthataḥ //.

(33)　RA, II, k.11: māyā-upamasya lokasya tathā janma-anta eva ca / dṛśyate paramārthena na ca janma-anta eva ca //.

(34)　dgag bya ’dzin pa’i rtog pa ni yod par ’dzin pa’i rtog pa gang yin thams cad min gyi don dam par ram rang gi mtshan nyid kyis yod par ’dzin pa’o // de yang sangs rgyas rnams kyis chos bstan pa // bden pa gnyis la yang dag brten // zhes skye ’jig sogs yod pa kun rdzob dang med pa don dam par yin pa'i bden gnyis kyi rnam dbye shes dgos par gsungs shing rin chen phreng ba las kyang / de bzhin srgyu 'dra'i 'jig rten la // skye dang 'jig pa nyid snang yang // dam pa'i don du skye ba dang // 'jig pa nyid ni yod ma yin // zhes gsungs pas skye 'jig la sogs pa yod tsam mi 'gog cing don dam par yod pa dgag bya dang de ltar 'dzin pa'i blo dgag bya 'dzin pa'i blor shes so // (RG, 17b5–18a2)

(35)　これら限定辞のグループ分けについては、第六章「自性と縁起」二二九頁参照。

(36)　MMK, XXIII, k.2cd: te svabhāvān na vidyante tasmāt kleśā na tattvataḥ //.

(37)　de bzhin du de dag rang bzhin las med de / de phyir nyon mongs yang dag med // ces rang bzhin las yod pa dang yang dag par yod pa zhes khyad par sbyar ba dang / rin chen phreng ba las / gang gi sa bon rdzun pa de'i // skye ba bden pa ga la zhig // (RA, I, k.29cd: bījaṃ yasya^anṛtaṃ tasya prarohaḥ satyataḥ kutaḥ //) zhes bden pa'i khyad par sbyar zhing nges don gyi mdo sde las kyang khyad par sbyar ba du ma zhig yod do // ngo bo nyid dang rang bzhin dang rang gi mtshan nyid las yod pa dang rang gi ngo bo nyid kyis yod pa sogs ni 'dra ste rang las grub pa zhes kyang mang du 'byung ngo // (RG, 18a2–4)

(38)　否定対象における限定要素のうち具格グループの表現における具格の意味については、第七章「自らの特質によって成立しているもの」を参照。

(39)　ただし、サンスクリット語ではいずれも従格であるが、チベット語では、"de rang bzhin las med de / de phyir nyon mongs yang dag med" と後者については格助詞が省かれている。ツォンカパの註釈では、"yang dag par med" (RG, 223a4–5) と処格助詞が補われている。

(40)　第八章「中期中観思想における言語論的転回」参照。

(41)　これは空性によって有辺を離れ、縁起によって無辺を離れるという主張である。これはツォンカパが聖文殊によって教えられた内容を師のレンダワに報告した書簡（RDMN）およびその後に初期の弟子ツァコポンポへの教誡として書かれた偈『道の三種の根本要因 (*lam gyi gtso bo rnam gsum*)』(LTNS) における「空性によって無辺を離れ、現れ (=縁起) によって有辺を離れる」という主張とは逆になっている。第二章「聖文殊の教誡による中観思想の形成過程」一〇〇～一〇一頁参照。

(42)　de yang 'jug 'grel las / (MABh, p.123, l.18–p.124, l.3.: gzugs brnyan rang bzhin med pa'i rgyu dang 'bras bu'i rnam par bzhag pa yang zhes bzhin du mkhas pa su zhig gzugs dang tshor ba la sogs pa rgyu dang 'bras bu las tha dad med par gnas pa rnams yod pa tsam zhig tu dmigs pas / rang bzhin dang bcas par nges par byed / de'i phyir yod par dmigs kyang rang bzhin gyis skye ba med do //) // zhes yod pa tsam dang rang bzhin gyis yod pa gnyis kyi khyad par phye'o // de dag ma phyed na dngos po yod phyin chad rang gi ngo bos yod pa dang rang gi ngo bos med phyin chad ye med du song nas sgro ’dogs dang skur ’debs kyi mtha’ gnyis las mi ’da’ ste brgya pa’i ’grel pa las / (CŚṬ, 175b2–3: dngos po dngos po yod par smra ba’i ltar na ni ji srid du dngos po de’i yod pa nyid yin pa de srid du de ltar rang gi ngo bo yang yin pa nyid la / gang gi tshe rang gi ngo bo dang bral ba de’i tshe de la dngos po de rnam pa thams cad du med pa’i phyir bong bu’i rwa dang ’dra bas gnyis su smra ba las ma ’das pa’i phyir ’di’i mngon par ’dod pa thams cad ’grigs dka’ bar ’gyur ro //) / zhes so // des na rang gi ngo bos med pas yod mtha’ thams cad dang de nyid la rang bzhin med pa’i rgyu ’bras ’jog nus pas med mtha’ thams cad las grol ba ni slob dpon ’di gnyis kyis ’phags pa’i dgongs pa bkral ba’i khyad chos su snang bas yod pa gnyis dang med pa gnyis phyed pa shin tu gal che’o // (RG, 18a6–b6)

(43) ここでは本文は rang gi ngo bos med pa「それ自体で存在するものでないこと」および ye med pa「永遠に存在しないこと」となっているが、『菩提道次第大論』ではそれぞれ rang bzhin gyis med pa「自性によって存在するものでないこと」および med pa tsam「限定なく存在しないこと」である。もちろん、意味は同じである。第一章「中観派の不共の勝法」第二節「中観派の不共の勝法」(六)「存在と無の四つの様態」参照。

(44) ’jig rten pa dang grub mtha’i dpyod lugs dang grub mtha’ la yang de kho na nyid du grub ma grub dpyod pa’i khyad par rnams ma shes na / dpyad pa’i don khas len pa tha snyad du yang mi ’dod do zhes dbu ma pa gnyis kas mang du bshad pa la ’khrul pa chen po skye zhing tha snyad du yod med kyi khyad par ’byed pa yang shin tu dka’ bas gzhan du zhib tu bshad pa las shes par bya’o // (RG, 20a4–5)

(45) sngar bstan pa’i dpyod tshul de ltar byas na mi rnyed pa’i rang bzhin gyis stong pa’i rgyu ’bras ’jog pa ni thal ’gyur ba min pa sus kyang mi shes pas de ltar dpyad nas ma rnyed pa la dpyod byed kyi rigs pas rgyu ’bras sogs thams cad bkag pa ’di yi lugs su ’dzin pa ni shin tu mi rigs so // (RG, 20b1–2)

(46) ブッダパーリタの挙げる反論者の意見は、分かりやすくやや冗長である。要するに、縁起していながら無自性であるということはどうして可能なのか、という反論である。「あなたは諸実在が縁起するとも主張し (’dod)、無自性 (ngo bo nyid med pa) であるとも主張する (srma) ならば、どうして諸々の実在するものは生じたものでもあり、また自性のないものでもあることになるのか。もし、因と縁から実在するものの自性 (ngo bo nyid) が生じることがないとするならば、他のいかなるものが〔生じる〕のか。たとえば、原因である糸から〔結果として〕布の自性が生じることがないとするならば、原因である糸の自性しか生じないか、あるいは何も生じないとするならば、「生じる」ということもどうして言えるのか。あなたは馬に乗っていながら馬が見えないのか。また、あなたは諸実在が縁起するものであると主張してもいるが、それら〔諸実在〕の自性は存在しないことも見えないのか。(RG, 155b6–156a2: khyod dngos po rnams rten cing ’brel par ’byung bar yang ’dod la ngo bo nyid med par yang smra na ji ltar na dngos po byung

ba yang yin la ngo bo nyid med pa yang yin par ’gyur / gal te rgyu rkyen las dngos po’i ngo bo nyid mi ’byung na de las gzhan ci zhig ste / rgyu spun las snam bu’i ngo bo nyid mi ’byung na ci rgyu spun gyi ngo bo nyid kho na ’byung dam ci ste ci yang mi ’byung na ni ’byung zhes kyang ji skad brjod / ci khyod rta la zhon bzhin du rta ma mthong ngam khyod dngos po rnams rten cing ’brel par ’byung zhes kyang smra la de dag gi ngo bo nyid med pa nyid kyang ma mthong //)」

(47)　dngos po rnams la ngo bo nyid kyis grub pa’i ngo bo nyid cung zad kyang mi rung ba dang / ’on kyang rgyu rkyen la brten nas dngos po ’byung bar ’dod pa gnyis ’gal bar ’dzin pa mi ’gal bar rab byed ’dis ’chad par mtshams sbyor te / de gnyis ’dres pa ’byed pa ’di nyid rigs pa rnams kyi gnad che shos so // (RG, 156a3–4)

(48)　“rang bzhin gyis med pa” と “rang bzhin gyis stong pa” の表現の類似性から、med pa は stong pa の意味であると考えられるので、「自性に関して存在しない」さらには「自性が存在しない」と訳すことも可能であると思われる。このことは、「無自性（rang bzhin med pa)」という表現が頻繁に使われることからも確認できるであろう。

(49)　第八章「中期中観思想における言語論的転回」参照。

終章

第一節　ツォンカパ中観思想の展開

本書では、ツォンカパの中観思想をその歴史的な展開に着目しながら、根本的な存在論がどこにあるかを探ってきた。ツォンカパの中観関係の文献は、その著作の時期から大きく三つのグループに分けることができる。『菩提道次第大論』を中心とした初期、一四〇七年に相次いで執筆された『善説心髄』と『中論註正理大海』を中心とした中期、『菩提道次第小論』および『入中論註密意解明』を中心とした後期である。その初期の中観思想の根本的な立場が「中観派の不共の勝法（dbu ma pa'i thun mong ma yin pa'i khyad chos）」と呼ばれる考え方である。「中観派の不共の勝法」とは、中観派の祖であるナーガールジュナおよびアーリヤデーヴァの真意を、ブッダパーリタおよびチャンドラキールティ、すなわち帰謬論証派のみが正しく理解し解釈した優れた特徴（的教え）という意味である。

「中観派の不共の勝法」の出発点となる主張は、同一の基体において無自性（空性）と縁起とが矛盾することなく、同時に成り立つということである。これは中観派に対する、無自性であるならば縁起することはなく、縁起しているものには自性がある、という立場からの論難に対する反批判として提起される。もちろん、仏教徒であれば、縁起と空が密接な関係にあることは了解済みであろう。しかし、もう一方で各学説の立場では、空性（無我）をある特定のあり方として規定するために、その前提として、その空性の基体となる存在を空性とは別に想定することが多く、世俗と勝義を分離し、とりわけ空性そのものは一切の認識を越え、表現することもできないものと主張する。そのような空性には縁起という世俗の存在の仕方は相容れない。多くの仏教の立場で、縁起するものは同時に空であると認めているが、その立場の他の教義がこれとは相容れない別の主張を含んでいることに問題がある。ツォンカパはその点を鋭く指摘し、中観帰謬論証派のみが首尾一貫して縁起と空性の共通基体性（あるいは同外延性）を主張できると考えたのである。

この「中観派の不共の勝法」は、派生的ないくつかの命題を含んでいる。言い換えれば、様々な観点から論じることができる。たとえば、縁起していることを根拠に無自性を論証することができ、無自性の意味が縁起の意味として理解されるようになり、無自性なものにおいて（あるいは無自性だからこそ）同時に色から涅槃に至るまでの一切法を設定することができ、従って全てが空で無自性であるにも拘わらず、修行をしてその結果として仏になる、という修行の因果が意味のあるものとなる。もちろん、ツォンカパは、縁起と空性は矛盾しているが、それらが高次の意味で同一であると言っているわけではなく、縁起によって空性を論証することができると主張しているように、この二つの間の関係は、論理的必然性によって結び付き、いかなる神秘的な手続きを経ることもなく論理的に示すことのできる存在のあり方である。

この時期の「中観派の不共の勝法」はツォンカパにとって、同時に二諦説とも重なるものであった。すなわち縁起しているものが世俗有であり、空性・無自性は勝義諦である。これらが分離せずに一つの不可分の一体となっていることが「中観派の不共の勝法」の主眼であるとすると、二諦についても従来のように、悟りに到達するための段階的なものと考えるのではなく、世俗諦と勝義諦は同時に他を必ず必要不可欠のものとし、一体化された一つの存在の二つの側面として統合されることになる。これは仏教史上の二諦の理解における非常に特異な解釈と言えるであろう。

この縁起と無自性、あるいは世俗と勝義の一体性は、通常考えられるような矛盾するものを高次において同一と考える特殊な存在のあり方（あるいは無のあり方）を意味しているわけではない。ツォンカパにとって論理的に矛盾がある考えは受け入れられがたいものであった。したがって、「存在している」、「存在していない」という相反する述語に対しても、その存在・非存在に対する様態を限定することによって、何ら矛盾のない、神秘的ではない、極めて論理的な解釈を提示することになった。すなわち、全ての法は、限定されることなく「存在している」と言えると同時に、それらは「自性によって成立しているものとしては存在していない」ものである。存在していないものは、その対象（＝主語）ではなく、その対象を成り立たせている本質的根拠であり、だからといってその対象それ自身が存在していることは否定されない。一方、この「中観派の不共の勝法」によって批判される実在論とは、一切法は「存在している」ならば、「そのもの自体の根拠によって存在している」と考え、従ってまたそのものの存在根拠がないならば、全く「存在しない」と考える。要するに、中観派は、そのものの自性は存在しないが、そのもの自体は存在すると考え、実在論者は、存在するならば、そのものの自性が存在しているはずであり、自性が存在しないならば、そのものは存在し得ないと考える。この対比には、論理的矛盾や神秘性はいささかもない。般若経の矛盾した表現を絶対矛盾の自己同一や即非の論理として神秘化して捉える必要はなく、適切な限定辞を補えば一貫して論理的に理解することができるようになる。後代のゲルク派の学僧達の註釈書は、仏教文献に見られる存在と無の矛盾した表現を全てこの自性の有無の限定辞を補うことによって注釈することになる。その概念体系の基礎が、ツォンカパの「中観派の不共の勝法」についての詳細な考察によって築かれたと言えるであろう。

本書の前半、第一章から第五章までは、この「中観派の不共の勝法」の思想圏を扱うものである。第一章においてその様々な表現形態を挙げ、第二章においては、そのような思想がツォンカパの中でどのように形成されてきたかを跡づけた。その端緒は聖文殊による啓示にあるが、それをインドの諸典籍の中に読み込み、論理的に体系化したのはツォンカパの思想的努力による。第三章では、通常論証方法の相違によって分類される自立論証と帰謬論証の相違が、自立論証派と帰謬論証派の存在論の相違から、どのように導き出されているかを辿った。第四章においては、「二諦」への言及の仕方、表現の仕方について、中期の中観思想において大きな転換があったことを指摘した。中期の著作の『善説心髄』までは二諦説は「中観派の不共の勝法」と同じものと考えられ、二諦説を主題的に取り上げた科段は存在しなかったが、その『善説心髄』と同年に書かれた『中論註正理大海』では『中論』の註釈書であるにもかかわらず、第二四章で二諦説が言及されるとき、『中論』本文の註釈を中断して、チャンドラキールティの『入中論』に従った二諦説を詳細に説き始める。さらにその後の『菩提道次第小論』も、ほぼ同じ構成の詳細な二諦論を展開する。最晩年の『入中論註密意解明』は『入中論』の註釈であるから、当然、同じ二諦説を、今度は語釈を兼ねて詳説する。これが「中観派の不共の勝法」と大きく異なる点は、認識主体の視点の相違によって世俗諦と勝義諦を分断したことにある。上述したように「中観派の不共の勝法」は世俗有のあり方である縁起と勝義諦である空性を同一体のものであると捉え、二諦を統合する方向にあった。それが後期の二諦説では、世俗諦は凡夫の無明によってのみ真実であると思い込まれている非存在であり、勝義諦は仏智あるいは三昧に入った聖者の無漏智にとってのみ理解されるものであり、世俗諦と勝義諦の間には論理的関係や共通基体性などは想定され得ないものとなっている。

しかし、だからといってツォンカパの思想が大きく変わったかと言えば、そうではない。確かに二諦説についての考察は深まり、詳細な議論が展開されることによって、二諦の相違が強調されるようになったが、無自性でありながら縁起している諸法という考え方自体は、「幻の如き存在」という言葉で言及され、また「不共の勝法」という言葉も後期に至るまで一貫して使われている。ただ初期のように、「中観派の不共の勝法」の存在論によって中観思想全体を記述することがなくなったのである。

第五章においては、その『入中論』の二諦説が前期の著作にどのように言及され、また「中観派の不共の勝法」に類似する思想が後期の二諦説にどのように見られるかを考察した。

第六章以降は、「中観派の不共の勝法」を構成する概念である縁起、それと同等の言説有、それを否定することによって言説有が設定される(すなわち否定対象である)自性といった個々の概念について、さらにツォンカパの議論を詳しく辿った。帰謬論証派であるツォンカパにとっては、否定対象を正しく捉えることは必須の作業であり、それは初期から後期に至るまで一貫してそのような科段が立てられることから分かる。たとえば自立論証批判は『菩提道次第大論』において詳論され、『善説心髄』において若干訂正された以外には他の著作ではほとんど議論されることがなかった。それに対して「否定対象の確認」は全ての著作に見られ、ツォンカパの中観思想にとっては、何よりも重要なテーマであったと言える。それだけにその議論全体を辿るには膨大な紙数が必要であり、またその観点から一貫した記述をする必要もある。しかし、そのように量的に膨大であるにもかかわらず、ツォンカパの議論のポイントはあまり多くはない。一つは第六章と第九章で取り上げる「それ自体で成立している自性（rang gi ngo bos grub pa'i rang bzhin）」であり、もう一つは第七章と第八章で詳論する「自らの特質によって成立するもの（rang gi mtshan nyid kyis grub pa）」である。このいずれも、他のものに依らずに自分自身のみを根拠として成立しているものであり、我々凡夫や哲学者が様々な増益によって仮構している誤った存在である。その点についてツォンカパの用語法を整理するのがこれらの章の基本的な課題である。

第八章「中期中観思想における言語論的転回」では、実在論者が「自らの特質によって成立しているもの」を増益するときの実在論的思考方法をあぶり出すための「検証方法」が示される。それは言葉の意味の実体を探して、それが見つかったときにのみ、その対象が存在していると措定される、という実在論者の主張である。それを逆転させることによって、帰謬論証派たるツォンカパが考える、否定されることのない言説有のあり方も示されることになる。その「言葉の意味の実体」はまた「自らの特質（rang gi mtshan nyid）」とも言われ、その後に付される具格助詞の用法も、その思想構造から「によって」という根拠を示す言い方であることが理解される。こうして実在論の設定とその否定によって設定される言説有のあり方が一貫した論理によって説かれていることが理解される。

第九章では、ツォンカパ自身の思想における否定対象としての自性と、チャンドラキールティの文献に見られる、法性や真実義と同義の自性の対比を考察し、ツォンカパはチャンドラキールティの文章を祖述することを通じて、この二つの自性概念を使い分けてはいるものの、ツォンカパの思想自体としては否定対象としての自性が基本的であることを論じた。

また第六章においては、「中観派の不共の勝法」を構成するもう一つの概念である「縁起」について、ツォンカパがどのようなものを念頭に置いていたかについても触れた。ツォンカパのみに限れば、有為法のみに適用される因果関係としての縁起と、有為法・無為法全体に適用される、構成要素に依存して構想されるという縁起の二種類が説かれているが、これらについて、それ以上の立ち入った議論は見られない。しかし、後代、ツォンカパの思想を整理することによって、一切法が言説知に依存して成立するという別の縁起の解釈が加わったことを論じた。

以上のように、本書は、ツォンカパの初期中観思想に見られる「中観派の不共の勝法」に焦点を当て、それがどのように成立し、その後のツォンカパの中観思想の展開においてどのように変貌していったかを考察してきた。「変貌」と言ったが、思想自体が変わった、あるいは成長を遂げたという意味ではない。ツォンカパの思想が変わったかどうかは未だ謎である。単に各著作において扱われる主題が変わっただけかも知れない。あるいはある著作では簡単に触れたことを、別の著作では詳しく論じているだけかもしれない。ツォンカパのような宗教的・思想的な天才の内的な精神の展開について、残された著作だけで判断することは困難である。しかし、少なくとも表現の仕方や扱われ方は変わったと言える。そのもっとも大きな違いは、二諦説の記述の仕方の変化に見られる。おそらくツォンカパは前期と後期では二諦説についての理解に変化が生じたと言っていいであろう。ただ前期に「中観派の不共の勝法」と同じ意味であったものが、別の思想として切り離されるようになっただけであり、「中観派の不共の勝法」という思想自体がなくなったわけではなく、それは後期にも受け継がれている。言語論的な転回と名付けた、実在論の新たな検証方法も、初期からあった思想が単に明確な表現を獲得しただけであるとも言えよう。その証拠に、後代のゲルク派の教学では、ツォンカパの著作の中に歴史的な展開があったという解釈は見られない。最も初期の『縁起讃』の注釈にも、中期、後期のツォンカパの著作に基づいた注釈が書かれることになる。現代の高僧にツォンカパの思想が変化したのではないかと問えば、即座に否定されるか、この人は何も理解していないという顔をされるだけであろう。本書での歴史的な視点からの考察は、そのような制限を含んだものであること、しかしその制限内では一定の有効性を持っていることを、最後にもう一度強調しておきたい。

第二節　残された課題

本書は、ツォンカパの中観思想の根本的な構造を明らかにすることを目指した。そのため扱っている内容は非常に限られている。確かに中観思想というのは、一切法が無自性であると主張することを根本テーマにしており、ほとんど全ての論題はその根本命題を論証するために設けられていると言える。それについてのツォンカパの提言は詳しく検討することができたと思われる。しかし、実際にツォンカパの中観関係の著作を見てみると、本書で論じたのはそのごく一部分であることに気付かざるを得ない。一番詳しく扱った『菩提道次第大論』の毘鉢舎那章にしても、本書ではその議論の大半に言及することはできなかった。したがって、残された課題とは、逆に言えば、本書での議論がどれほど限られたものであるかを示すことでもある。もちろん、残された課題を全てここに挙げることはできないが、現在筆者の念頭にあることを大まかにでも述べておけば、今後、ツォンカパの中観思想を研究する場合の指針、あるいは何らかのヒントになるであろう。

まず第一に、本書は初期の中観思想の中心的な主張である「中観派の不共の勝法」に焦点を当て、それがどのように成立し、そしてその後の著作に受け継がれていったかを検討した。しかし、後代のゲルク派の教学の中ではツォンカパの中観思想は最晩年の『入中論註密意解明』に基づいて理解されてきた。そこには、「中観派の不共の勝法」に属さない様々な問題が論じられている。これらについて、本書ではほとんど言及していない。後期の二諦説についても簡単に素描しただけであり、後期に属する諸文献を比較検討したわけではない。これらはチャンドラキールティの『入中論釈』のサンスクリット語原典が発見されたこともあり、それとツォンカパの注釈の相違なども含めて、全て今後の課題として残されている。

唯識思想に対するツォンカパの解釈と批判については、『善説心髄』の前半に詳しい。これについては、Hopkins (1999;

2002; 2005）が詳細な訳注研究を刊行している。しかし、この巨大な三冊本は、言わば資料集のような体裁のものであり、それをどのように統一的な思想として構造化できるかについては、なお今後の研究を待たねばならない。また、唯識批判については『入中論』第六章においてもかなりの分量が割かれている。『善説心髄』のテーマは三性・三無自性説のみに焦点を当てたものであるので、それ以外の唯識思想理解、あるいはその批判については、当然のことながら、チャンドラキールティの『入中論釈』とツォンカパの『入中論註密意解明』を比較研究する必要があるであろう。

また『中論』は中観思想の出発点であり、ナーガールジュナの代表作でもある。これに対するツォンカパの註釈『中論註正理大海』は、チャンドラキールティの『プラサンナパダー』に依拠するところが多いとは言え、この中観の根本聖典に対するツォンカパの理解を知る上では欠かせない著作である。本書では、総論に類するところに少し言及したのみで、ほとんど扱っていない。これも『プラサンナパダー』やブッダパーリタ註との比較研究を通して、中期のツォンカパの思想がどの程度ブッダパーリタやチャンドラキールティの思想を受け継ぎ、また発展させているかを解明する必要があるであろう。

本書は中観思想と言ってもツォンカパの帰謬論証派の立場を明らかにしたにすぎない。自立論証派の思想については、『菩提道次第大論』における批判対象、『善説心髄』・『入中論註密意解明』における独立の章などに記述されており、ツォンカパにとっては、自らの立場である帰謬論証派との相違をいかに明確にするかに腐心したと考えられる。それについては筆者もかつて福田（2000c）で論じたことがあるが、まだ十分な理解に至っているとは言えず、本書にそれを加えるのを控えた。それゆえ、ツォンカパの自立論証派理解についても今後の研究が待たれる。

その他に、ツォンカパには中観関係について十点近い講義録が残されている。おそらくほとんどは大著に記述された内容を踏まえたものと考えられ、新たな情報は得られないと思われるが、しかし本書で資料とした著作では言及されない著作についての講義録が多いので、これらについても、将来的にはまとめて検討する必要があると思われる。

また本書はできる限りツォンカパの著作の中でその思想を再構成しようとしてきた。それも不十分ではあるが、さらにツォンカパ以前のチベット仏教後伝期初期の著作が数多く刊行されている現在においては、ツォンカパの中観思想が、それらカダム派やカギュ派、サキャ派の中観思想をどのように受け継ぎ、またどのように批判しているのかについても研究しなければならない。またツォンカパ以降のゲルク派内での中観理解の展開、他の宗派、特にサキャ派との間での論争などについての文献は、さらに膨大な数に上る。これらについても、当然、今後の研究が期待される部分であるが、あまりにもその量が多いので、大きくチベットの中観思想史の中にツォンカパの中観思想を位置付けることができるようになるのは、遠い将来のことと考えざるを得ない。今は、本書が、それらツォンカパ以前・以後の文献に取り組んでいくための確実な出発点となることを願うのみである。

文　献　表

BCAP 『**入菩薩行論釈**』bodhicaryāvatāra-pañjikā / prajñākaramati. In *Bodhicaryāvatāra of Śāntideva with the Commentary Prajñākaramati*. Ed. Sridhar Tripathi. Darbhanga: Mithila Institute of Post-Graduate Studies and Research in Sanskrit Learning, 1988. Buddhist Sanskrit Series, 12.

BCVV 『**菩提心釈**』bodhicitta-vivaraṇa (byang chub sems kyi ’grel pa) / Nāgārjuna. In Lindtner（1982, 184–217）.

BMSS 『**チャパ中観東方三家**』dbu ma shar gsum gyi stong thun / phya pa chos kyi seng+ge. Ed. Helmut Tauscher. Wien: Arbeitskreis für tibetische und buddhistische Studien, Universität Wien, 1999. Wiener Studien zur Tibetologie und Buddhismuskunde, 43.

CKGT 『**チャンキャ宗義書**』grub mtha’ thub bstan lhun po’i mdzes rgyan / lcang skya rol pa’i rdo rje. In『宗教流派論：章嘉教派論』北京：中国蔵学出版社 , 1989.

CŚ 『**四百論**』catuḥśataka-śāstra-kārikā / Āryadeva. bstan bcos bzhi brgya pa zhes bya ba’i tshig le’ur byas pa. In Lang (1989).

CŚṬ 『**四百論釈**』bodhisattva-yogacaryā-catuḥśataka-ṭīkā (byang chub sems dpa’i rnal ’byor spyod pa bzhi brgya pa’i rgya cher ’grel pa) / Candrakīrti. Tohoku No.3865. dbu ma, ya, 30b6–239a7.

DDJG **『七部論入門』** sde bdun la 'jug pa'i sgo don gnyer yid kyi mun sel / tsong kha pa blo bzang grags pa. rje tsong kha pa'i gsung 'bum, zhol par ma, tsha. Tohoku No.5416.

DJG **『信仰入門』** thams cad mkhyen pa blo bzang grags pa'i dpal gyi zhal snga nas kyi rnam par thar pa yongs su brjod pa'i gtam du bya ba dad pa'i 'jug ngogs / mkhas grub rje dge legs dpal bzang po. rje tsong kha pa'i gsung 'bum, zhol par ma, ka. Tohoku No. 5279.

DTRP **『学説設定宝環』** grub mtha' rnam par bzhag pa rin po che'i phreng ba / dkon mchog 'jigs med dbang po. In『学説規定摩尼宝鬘』野村正次郎、イシ・テンジン編訳、文殊師利大乗仏教会、二〇〇〇。

GR **『入中論註密意解明』** dbu ma la 'jug pa'i rnam bshad dgongs pa rab gsal / tsong kha pa blo bzang grags pa. rje tsong kha pa'i gsung 'bum, zhol par ma, ma. Tohoku No.5408.

KBTB **『小品集』** bka' 'bum thor bu / tsong kha pa blo bzang grags pa. rje tsong kha pa'i gsung 'bum, zhol par ma, kha. Tohoku No.5275.

LNJN **『善説心髄大註』** drang nges legs bshad snying po'i don mtha' dag rnam par 'byed pa'i bstan bcos legs bshad snying po'i 'jug ngogs / 'jigs med dam chos rgya mtsho (1898-1946)、北京、中国蔵学出版社、一九九九。

LAS **『出世間讃』** lokātītastava ('jig rten las 'das par bstod pa) / Nāgārjuna. In Lindtner (1982, 128–139).

LNR **『レンダワ宛の書簡』** rje btsun 'jam dbyangs kyi lam gyi gnad rje red mda' pa la shog dril du phul ba bzhugs so / tsong kha pa blo bzang grags pa'i dpal. rje tsong kha pa'i gsung 'bum, zhol par ma, pha. Tohoku No.5397.

LR **『菩提道次第大論』** lam rim chen mo / tsong kha pa blo bzang grags pa'i dpal. rje tsong kha pa'i gsung 'bum, zhol par ma, pa. Tohoku No.5392.

LRC4 **『菩提道次第大論割註集成』** mnyam med rje btsun tsong kha pa chen pos mdzad pa'i byang chub lam rim chen mo'i dka' ba'i gnad rnams mchan bu bzhi'i sgo nas legs par bshad pa theg chen lam gyi gsal sgron / ba so chos kyi rgyal mtshan, sde drug mkhan chen ngag dbang rab brtan, 'jam dbyangs bzhad pa'i rdo rje, bra sti dge bshes rin chen don grub. zhol par ma, kha. 1946.

LRCB 『**菩提道次第小論**』skyes bu gsum gyi nyams su blang ba'i byang chub lam gyi rim pa chung ba / tsong kha pa blo bzang grags pa'i dpal. rje tsong kha pa'i gsung 'bum, zhol par ma, pha. No.5393.

LRTD 『**縁起奥義探求**』rten 'brel gyi mtha' dpyod lung dang rigs pa'i gter mdzod blo gsal dga' ba bskyed pa'i phreng mdzes / 'jam dbyangs bzhad pa ngag dbang brtson 'grus. gsung 'bum, bla brang par ma, pa.

LTCG 『**ダライラマ五世の道の三つの根本要因の割註**』lam gyi gtso bo rnam gsum gyi mchan 'grel / rgyal dbang lnga pa ngag dbang blo bzang rgya mtsho. gsung 'bum, na (vol.12). Dharamsala, 2007, 517–523.

LTNS 『**道の三つの根本要因**』lam gyi gtso bo rnam gsum / tsong kha pa blo bzang grags pa'i dpal. KBTB, 193b5–194b5.

MA 『**中観光明**』madhyamaka-āloka（dbu ma snang ba）/ Kamalaśīla. Derge No.3887. dbu ma, sa, 133b4–244a7.

MAK 『**入中論偈**』madhyamaka-avatāra-kārikā / Candrakīrti. In "*Madhyamakāvatāra-kārikā* Chapter 6". Li Xuezhu. Journal of Indian Philosophy, 43-1. Netherlands: Springer, 2015, 1–30. Published online, 22 May 2014.

MABh 『**入中論釈**』madhyamaka-avatāra / Candrakīrti. In *Madhyamakāvatāra par Candrakīrti: traduction tibétaine publie par Louis de La Valleée Poussin*. St.-Pétersbourg: Impr. de l'Académie impériale des sciences, 1912. Bibliotheca Buddhica, 9.

MMK 『**中論**』mūla-madhyamaka-kārikā / Nāgārjuna. In『中論頌：梵藏漢合校・導読・訳注』叶少勇、北京、中華書局、二〇一一。（梵藏漢佛典叢書、段晴・釈了意主編、1）

NTLK 『**ツォンカパ伝拾遺**』tsong kha pa'i rnam thar chen mo'i zur 'debs rnam thar legs bshad kun 'dus / rtogs ldan 'jams dpal rgya mtsho. rje tsong kha pa'i *gsung 'bum*, zhol par ma, ka. Tohoku No.5260.

ODE *Oxford Dictionary of English*. 3rd Ed. Oxford: Oxford University Press, 2010.

PP 『**般若灯論**』prajñā-pradīpa-mūla-madhyamaka-vṛtti (dbu ma rtsa ba'i 'grel pa shes rab sgron me) / Bhāviveka. Derge No. 3853, tsha, 45b4–259b3.

PSPD 『**プラサンナパダー**』prasannapadā / Candrakīrti. In *Mūlamadhyamakakārikās de Nāgārjuna avec la Prasannapadā: Commentaire de Candrakīrti*. Ed L. de la Vallée Poussin. Bibliotheca Buddhica 4. St. Petersburg: Académie impériale des sciences, 1913. 第1章は、新校訂本 Macdonald（2015, 113～303）.

PVSV 『**プラマーナ・ヴァールティカ自注**』pramāṇavārttika-svavṛtti / Dharmakīrti. In *The Pramāṇavārttikam of Dharmakīrti, the First Chapter with the Autocommentary*. Ed. Raniero Gnoli. Roma: Istituto italiano per il Medio ed Estremo Oriente, 1960. Serie Orientale Roma, 23.

RA 『**ラトナーヴァリー**』ratnāvalī / Nāgārjuna. In *Nāgārjuna's Ratnāvalī: Vol.1, The Basic Texts (Sanskrit, Tibetan, Chinese)*. Ed. Michael Hahn. Bonn: Indica et Tibetica Verlag, 1982. Indica et Tibetica : Monographien zu den Sprachen und Literaturen des indo-tibetischen Kulturraumes, Bd. 1.

RG 『**中論註正理大海**』dbu ma rtsa ba'i tshig le'ur byas pa shes rab ces bya ba'i rnam bshad rigs pa'i rgya mtsho / tsong kha pa blo bzang grags pa'i dpal. rje tsong kha pa'i gsung 'bum, zhol par ma, ba. Tohoku No.5401.

RTBR 『**ラトゥー・ドゥラ**』tshad ma rnam 'grel gyi bsdus gzhung shes bya'i sgo 'byed rgol ngan glang po 'joms pa gdong lnga'i gad rgyangs rgyu rig lde mig / mchog lha 'od zer (1429-1500). lha sa dpar ma.

SNRN 『**秘密の伝記**』rje rin po che'i gsang ba'i rnam thar rgya mtsho lta bu las cha shas nyung ngu zhig yongs su brjod pa'i gtam rin po che'i snye ma / mkhas grub rje dge legs dpal bzang po. rje tsong kha pa'i gsung 'bum, zhol par ma, ka. Tohoku No.5261.

SNSU 『**解深密経**』ārya-sandhinirmocana-nāma-nahāyāna-sūtra (’phags pa dgongs pa nges par ’grel pa zhes bya ba theg pa chen po’i mdo). mdo sde, ca 1b1-55b7. Tohoku No.106.

ŚS 『**大乗集菩薩学論**』śikṣāsamuccaya / śāntideva. *Śikṣāsamuccaya of Śāntideva*. Ed. P.L.Vaidya. Darbhanga: Mithila Institute of Post-Graduate Studies and Research in Sanskrit Learning, 1961. Buddhist Sanskrit texts, 11.

ŚSK 『**空七十論**』śūnyatāsaptati-kārikā (stong pa nyid bdun cu pa’i tshig le’ur byas pa) / nāgarjuna. In Lindtner (1982, 31–69).

TBT 『**縁起讃**』sangs rgyas bcom ldan ’das ’jig rten thams cad kyi ma ’dris pa’i mdza’ bshes chen po ston pa bla na med pa la zab mo rten cing ’brel bar ’byung ba gsung ba’i sgo nas bstod pa legs par bshad pa snying po / tsong kha pa blo bzang grags pa. In KBTB, 13a4–16a3. Tohoku No.5275(15).

TMRG『**正理荘厳**』 tshad ma’i bstan bcos rigs pa’i rgyan / dge ’dun grub pa. gsung ’bum, bkra shis lhun po’i par ma, ca.

TSD Tibetan-Sanskrit Dictionary (bod skad dang legs sbyar gyi tshig mdzod chen mo) / J.S.Negi Ed. 16 vols. Sarnath, Varanasi: Central Institute of Higher Tibetan Studies, 1993–2005.

TTCM『**千の要諦**』zab mo stong pa nyid kyi de kho na nyid rab tu gsal bar byed pa’i bstan bcos skal bzang mig ’byed / mkhas grub rje dge legs dpal bzang po. gsung ’bum zhol par ma, ka.

VV 『**廻諍論**』vigraha-vyāvartanī / Nāgārjuna. In *The Dialectical Method of Nāgārjuna: Vigrahavyāvartanī*. Eds. K. Bhattacharya, E. H. Jonston and Arnold Kunst. Delhi: Motial Banarsidass, 1987.

YṢ 『**六十頌如理論**』 yukti-ṣaṣṭikā (rigs pa drug cu pa’i tshig le’ur byas pa) / Nāgārjuna. In Scherrer-Schaub (1991, 7–18).

YṢV 『**六十頌如理論釈**』 yukti-ṣaṣṭikā-vṛtti (rigs pa drug cu pa’i ’grel pa) / andrakīrti. In Scherrer-Schaub (1991, 19–98).

『**科段**』*The Collected Sa-bcad of rJe yab sras gsung ’bum (1)*. 福田洋一編、東洋文庫、一九九六。Studia Tibetica, 33;『西蔵仏教基本文献』1.

『聖ツォンカパ伝』 石濱・福田 (2008)

『命題集』 *Index to the Propositions of Tibetan Logic*. 福田洋一編、東洋文庫、二〇〇二。Studia Tibetica, 42;『西蔵仏教基本文献』7

Dreyfus, Georges B.J. & Sara L. McClintock Eds. (2003). *The Svātantrika-Prāsaṅgika Distinction: what Difference Does a Difference Make?*. Studies in Indian and Tibetan Buddhism. Boston: Wisdom Publications.

Hopkins, Jeffrey (1999). *Emptiness in the Mind-only School of Buddhism*. Berkely and Los Angeles, California: University of California Press. Dynamic responses to Dzong-ka-ba’s The essence of eloquence, 1.

Hopkins, Jeffrey (2008). *Tsong-kha-pa's Final Exposition of Wisdom*. Ithaca N.Y.: Snow Lion Publications.

Hopkins, Jeffrey (2002). *Reflections on Reality: The three natures and non-natures in the Mind-only school*. Berkely: University of California Press. Dynamic responses to Dzong-ka-ba’s The essence of eloquences, 2.

Hopkins, Jeffrey (2005). *Absorption in no external world: 170 issues in Mind-Only Buddhism*. Berkely: University of California Press. Dynamic responses to Dzong-ka-ba’s The essence of eloquences, 3.

Lang, Karen (1989). *Āryadeva's Catuḥśataka: On the Bodhisattva's Cultivation of Merit and Knowledge*. Copenhagen: Akademisk Forlag. Indiske Studier, 7.

Lindtner, Chr. (1982). *Nagarujniana: Studies in the Writings and Philosophy of Nāgārjuna*. Copenhagen: Akademisk Forlag. Indiske Studier, 4.

Lopez, Donald S. (1987). *A study of Svātantrika*. Ithaca, N.Y.: Snow Lion Publications.

Macdonald, Anne. (2015). *In Clear Words: The Prasannapadā, Chapter One*. Vol.1: Introduction, Manuscript Description, Sanskrit

Text. Wien: Verlag der Österreichischen Akademie der Wissenschaften. Österreichische Akademie der Wissenschaften, Philosophisch-Historische Klasse, 863.

Napper, Elizabeth (1989). *Dependent-arising and Emptiness: a Tibetan Buddhist Interpretation of Mādhyamika Philosophy Emphasizing the Compatibility of Emptiness and Conventional Phenomena*. Boston: Wisdom Publications.

Newland, Guy (1992). *The Two Truths: a Study of Mādhyamika Philosophy as Presented in the Monastic Textbooks of the Ge-luk-ba order of Tibetan Buddhism*. Ithaca, New York: Snow Lion Publications. Studies in Indo-Tibetan Buddhism.

Ngawang Samten, Geshe & Jay L. Garfield (2006). *Ocean of Reasoning: A Great Commentary on Nāgārjuna's Mūlamadhyamakakārikā*. Oxford: Oxford University Press.

Roaty, Richard M. Ed. (1967). *The Linugistic Turn : Essays in Philosophical Method*. Chicago : The University of Chicago Press.

Ruegg, David Seyfort (2000). "On Epistemological-logical (Pramāṇa) Theory and the Ontic in Tsong kha pa's Madhyamaka Philosopy." In *Three Studies in the History of Indian and Tibetan Madhyamaka Philosophy*. Wien: Arbeitskreis für tibetische und buddhistische Studien, Universität Wien. Wiener Studien zur Tibetologie und Buddhismuskunde, 50.

Ruegg, David Seyfort (2002). *Two Prolegomena to Madhyamaka Philosophy: Annotated Translations*. Wien: Arbeitskreis für tibetische und buddhistischeStudien, Universität Wien. Wiener Studien zur Tibetologie und Buddhismuskunde, 54.

Scherrer-Schaub, Christina Anna (1991). *Yuktiṣaṣṭikāvṛtti: commentaire à la soixantaine sur le raisonnement, ou, Du vrai enseignement de la causalité par le Maître indien Candrakīrti*. Bruxelles: Institut belge des hautes études chinoises. Mélanges chinois et bouddhiques, 25.

Steinkellner, Ernst (1971). "Wirklichkeit und Begriff bei Dharmakīrti." Wiener Zeitschrift fu¨r die Kunde Su¨dasiens, 15. pp.179-211.

Tauscher, Helmut (1995). *Die Lehre von den Zwei Wirklichkeiten in Tsoṅ kha pas Madhyamaka-Werken*. Wien: Arbeitskreis für

Tibetische und Buddhistische Studien, Universität Wien. Wiener Studien zur Tibetologie und Buddhismuskunde, 36.
Thurman, Robert A.F. Tr. (1984). *Tsong khapa's Speach of Gold in the Essence of True Eloquence: Reason and Enlightenment in the Tibetan Buddhism*. Princeton: Princeton University Press.
Yoshimizu Chizuko (1993). “rang gi mtshan aid kyis grab pa III: Introduction and Section I”、『成田山仏教研究所紀要』16
Yoshimizu Chizuko (1994). “rang gi mtshan nid kyis grub pa III: section II and III”、『成田山仏教研究所紀要』17
Yoshimizu Chizuko (2003). “Tsong kha pa’s Reevaluation of Candrakīrti’s Criticism of Autonomous Inference.” In Dreyfus (2003). pp.257–288.
Yotsuya Kodo (1999). *The Critique of Svatantra Reasoning by Candrakīrti and Tsong-kha-pa: A Study of Philosophical Proof According to Two Prāsaṅgika Madhyamaka Traditions of India and Tibet*. Stuttgart: Franz Steiner. (Tibetan and Indo-Tibetan studies 8).
石濱裕美子、福田洋一（2008）『聖ツォンカパ伝』大東出版社
江島恵教（1980）「中観学派における対論の意義—とくにチャンドラキールティの場合—」『インド内部における対論』平楽寺書店（『仏教思想史』３）
江島恵教（2003）『空と中観』春秋社
小川一乗（1988）『ツォンカパ造『意趣善明』第六章のテキストと和訳』文栄堂（空性思想の研究２、テキスト・翻訳篇）
梶山雄一（1969）『空の論理〈中観〉』角川書店（『仏教の思想』３）
片野道雄（1998）『インド唯識説の研究』文栄堂
片野道雄、ツルティム・ケサン（1998）『『レクシェーニンポ』中観章　和訳』文栄堂（ツォンカパ中観哲学の研究２）
木村誠司（2004a）「ツォンカパの自相説に関する一報告」『駒澤短期大学研究紀要』32, pp.301-310.

木村誠司 (2004b)「ツォンカパの自相説について（二）」『駒澤短期大学佛教論集』10, pp.304-291.
クンチョク・シタル、奥山裕 (2014)『中論注「正理の海」全訳』起心書房
古角武睦 (2014)「『菩提道次第小論』の二諦説—特にその世俗諦と唯世俗の関係について」『日本西蔵学会々報』60, pp.41–53.
小林守 (1994)「自相成立と自性成立」『印度学仏教学研究』43-1, pp.187–190.
田村昌己 (2009)「チャンドラキールティの自性理解—不可言なる自性」『比較論理学研究』6, pp.73–83.
立川武蔵 (1994)『中論の思想』法蔵館
ダライラマ14世テンジンギャツォ (2000)『幸福論』塩原通緒訳、角川春樹事務所
ツルティム・ケサン、高田順仁 (1996)『『菩提道次第論・中篇』観の章：和訳』文栄堂（ツォンカパ中観哲学の研究１）
戸崎宏正 (1979)『仏教認識論の研究』上巻、大東出版社
長尾雅人 (1954)『西蔵仏教研究』岩波書店
中村元 (1994)『空の論理』春秋社『決定版・中村元選集』22
西沢史仁 (2011)『チベット仏教論理学の形成と展開—認識手段論の歴史的変遷を中心として』四巻、東京大学、博士学位論文
西沢史仁 (2013)「チャパ・チューキセンゲの教義書」『日本西蔵学会々報』59, pp.67–84.
根本裕史 (2008)「ツォンカパ作『縁起讃』研究 (1)」『比較論理学研究』5, pp.129–155.
根本裕史 (2009)「ツォンカパ作『縁起讃』研究 (2)」『比較論理学研究』6, pp.45–60.
根本裕史 (2010)「ツォンカパ作『縁起讃』研究 (3)」『比較論理学研究』7, pp.33–45.
根本裕史 (2011)『ゲルク派における時間論の研究』平樂寺書店

根本裕史（2014）「チベット中観思想における自性の概念」『インド論理学研究』7, pp.283–299.
根本裕史（2015）「ツォンカパ『縁起讃』の文学世界」『日本西蔵学会々報』61, pp.17–28.
福田洋一（1995）「〈3〉この最勝の宗義が他のものより特に優れている点」『トゥカン『一切宗義』ゲルク派の章』立川武蔵、石濱裕美子、福田洋一、東洋文庫、西蔵仏教宗義研究7
福田洋一（1999）「ツォンカパにおける縁起と空の存在論—中観派の不共の勝法について—」『とんぱ』3, pp.43–67.
福田洋一（2000b）「ツォンカパの中観思想における帰謬派独自の縁起説」『印度学仏教学研究』48-2, pp.1029–1024.
福田洋一（2000c）「ツォンカパにおける中観自立派の存在論」『日本西蔵学会々報』45, pp.13–27.
福田洋一（2000d）「自相と rang gi mtshan nyid」『空と実在　江島恵教博士追悼論集』春秋社, pp.173–189.
福田洋一（2002a）「ツォンカパが文殊の啓示から得た中観の理解について」『印度学仏教学研究』50-2, pp.834-828.
福田洋一（2002b）*Index to the Propositions of Tibetan Logic.* 東洋文庫. Studia Tibetica, 42;『西蔵仏教基本文献』7
福田洋一（2003）「初期チベット論理学における mtshan mtshon gzhi gsum をめぐる議論について」『日本西蔵学会々報』49, pp.13–25.
福田洋一（2004a）「ツォンカパの中観思想における言語論的転回について」『印度學佛教學研究』52-2, pp.770–765.
福田洋一（2004b）「ツォンカパの中観思想における二つの二諦説」『大谷学報』83-1, pp.1–22.
福田洋一（2004c）「チベット論理学における ldog pa の意味と機能」『佛教学セミナー』80, pp.1–23.
福田洋一（2005）「ツォンカパによる言説有の言語論的解釈」『印度学仏教学研究』53-2, pp.812–805.
福田洋一（2006）「rang gi mtshan nyid kyis grub pa 再論」『印度学仏教学研究』54-2, pp.1112–1105.
福田洋一（2008–2009）「書評・紹介 四津谷孝道『ツォンカパの中観思想』」『佛教学セミナー』88. pp.55–79; 89. pp.70–94.
福田洋一（2010a）「『ラムリム・チェンモ』における『入中論』の二諦説」『印度学仏教学研究』58-2, pp.561–570.

福田洋一（2010b）「自相のアポーハ・観念のアポーハ・普遍・特殊・矛盾・結合：チベット論理学における概念操作の方法」『インド論理学研究』1, pp.223–241.
福田洋一（2011）「mtshan mtshon gzhi gsum の実例の解読」『インド論理学研究』3, pp.133–148.
福田洋一（2012a）「自立派と中観派の不共の勝法」『印度学仏教学研究』60-2, pp.1058–1051.
福田洋一（2012b）「ツォンカパにおける分別知の構造」『大谷学報』92-2, pp.1-29.
福田洋一（2013a）「kun rdzob bden pa'i ngo bo と don dam bden pa'i ngo bo」『印度学仏教学研究』61-2, pp.974–981.
福田洋一（2013b）「ツォンカパ後期中観思想における二諦の同一性と別異性」『真宗総合研究所紀要』30, pp.89–101.
福田洋一（2014）「ツォンカパ中期中観思想における言語論的転回について」『インド論理学研究』7, pp.177–199.
福田洋一（2015a）「ツォンカパの自立論証批判」『日本西蔵学会々報』31, PP.1–16.
福田洋一（2015b）「ツォンカパ中観思想における二つの自性」『インド論理学研究』8, Pp.75–102.
福田洋一（2016）「チベット論理学における ldog pa の起源」『印度学仏教学研究』65-1, pp.410–404.
松本史朗（1997-4）「ツォンカパの中観思想について」『チベット仏教哲学』大蔵出版、第四章 , pp.159–194.
松本史朗（1997-6）「離辺中観説について」『チベット仏教哲学』大蔵出版、第六章 , pp.205–228.
松本史朗（1997-7）「ツォンカパにおける言説有の設定」『チベット仏教哲学』大蔵出版、第七章 , pp.229–246.
松本史朗（1997-8）「ツォンカパの自立論証批判」『チベット仏教哲学』大蔵出版、第八章 , pp.247–285.
松本史朗（1997-9）「ツォンカパ哲学の根本的立場」『チベット仏教哲学』大蔵出版、第九章 , pp.287–320.
御牧克己、森山清徹、苫米地等流（1996）『ツォンカパ』中央公論社（『大乗仏典』中国・日本篇15）
吉水千鶴子（1990）「ツォンカパ〈入中論〉注釈における二諦をめぐる議論Ⅰ　世俗諦をめぐる議論」『成田山仏教研究所紀要』13, pp.105–149.

吉水千鶴子（1991a）「ツォンカパ〈入中論〉注釈における二諦をめぐる議論II　勝義諦をめぐる議論」伊原照蓮博士古稀記念会編『伊原照蓮博士古稀記念論文集』, pp.135–152.

吉水千鶴子（1991b）「仏における真実と事実を知る主体：ツォンカパによる如実智と如量智」東京大学文学部印度哲学印度文学研究室編『我の思想：前田専学博士還暦記念論集』春秋社, pp.237–247.

吉水千鶴子（1992）「raṅ gi mtshan ñid kyis grub pa について（I）」『成田山仏教研究所紀要』

吉水千鶴子（1993）「raṅ gi mtshan ñid kyis grub pa について（II）」『宮坂宥勝博士古稀記念論文集　インド学・密教学研究』

吉水千鶴子（1997）「Upādāyaprajñapti について：Mūlamadhyamakakārikā XXIV 18 を考える」『成田山仏教研究所紀要』20, pp.95–155.

四津谷孝道（2006）『ツォンカパの中観思想：ことばによることばの否定』大蔵出版

ラモジョマ（拉毛卓瑪）(2016)「ジェ・ツォンカパの書簡について―ラマ・ウマパ、レンダワ、ツァコポンポ宛の書簡を中心に」『印度学仏教学研究』64-2, pp.973–976）

あとがき

本書をまとめるまでに随分と時間がかかってしまった。ツォンカパの中観思想について最初の論文を書いてから、もう二〇年になる。ツォンカパやゲルク派の文献との付き合いはもっと長い。私が大学院に入ったとき、山口瑞鳳先生のチベット文献講読の授業で、チャンキャ・ルルペードルジェの『学説綱要書』の中観自立論証派の箇所を読んでいた。毎週、資料を準備し、訳をしていたのは、松本史朗先生であった。たぶん松本先生の博士課程在学中の最後の年だったと思う。最初の春学期、私はテキストのどこを訳しているのか、どこについて議論しているのか全く分からず、授業に付いていけなかった。夏休みを迎え、私はツォンカパの『菩提道次第大論』の毘鉢舎那章を、長尾雅人先生の翻訳と付き合わせて読んでいった。チベット語の文の構造やスタイルなどが朧気に理解できるようになったのであろう、夏休み明けの授業では、今どこを訳しているのか、どこについて議論しているのかが分かるようになっていた。しかし議論の内容までは分からなかった。それから大学院に在学中、そのチャンキャの授業を履修していたが、次第に、私が資料を作り訳をして説明をする役目を担うようになっていった。

大学院を出てすぐに務めたのは、財団法人東洋文庫のチベット研究室であった。それまで専任の研究員のいない研究室でチベット語文献が未整理だったのを、当時の東洋文庫理事長の榎一雄先生が憂慮してポストを用意してくれたのだった。確かに研究室にも書庫にもたくさんのチベット語文献が公開できるような目録もなしに眠っていた。その研究室には、デプン寺ゴマン学堂のゲシェ・テンパゲルツェン師が外国人招聘研究員としていらしていた。師は、二十歳を過ぎる頃までチベットで伝統的な教育を受け、ダライラマ法王の後を追ってインドに亡命し、その後程なくしてゲシェハランパの位を得た。チベットで教育を受けてきた最後の世代である。師は極めて博識だったが、私にはそれを受け止めるだけの根気も時間もなかった。ただ、チベット論理学の手解きは受けることができた。チベット語文献を正確に読むためには、チベット論理学の知識は必須であったが、当時チベット論理学を知っている日本人はほとんどいなかった。私は師に教えて頂いた論理学の知識を若い人に伝えるために、講読会を開くようになった。そのテキストとして徐々にツォンカパの中観関係のテキストが増えていった。この自主的な講読は、場所を変えながら、今に至るまで三〇年以上続けている。

二〇年前にツォンカパについての最初の論文を書く頃には、すでにツォンカパのテキストの講読をいくつかこなした後であった。講読を続ける秘訣は、予習をしないことである。準備をする時間が負担になって続けられなくなるからである。その場に行って、新たな気持ちでテキストに向かい合い、しばしテキストを見つめ頭の中で二、三度読み直すと、自然にチベット文の構造や文脈が浮かび上がってくる。そういう経験を積み重ねていたとき、一般向けの雑誌にツォンカパについての文章を書く機会を得た。その頃には、『菩提道次第大論』の毘鉢舎那章で「中観派の不共の勝法」への言及が頻繁であり、ツォンカパがそれを情熱を持って宣揚しようとしているのが分かるようになっていた。一般向けではあるが、本書に結実する理解の出発点を踏んだことになる。それ以降も講読を続けながら、折々に論文を書いてきた。

その後、大谷大学に移ってからもチベット語文献の講読は続けていた。テキストはツォンカパやゲルク派の中観関係の著作を取り上げることが多かった。その過程で、ツォンカパの二諦説についての論述の仕方が前期と後期で変わっていることに気付いた。前期の二諦説は「中観派の不共の勝法」と同一視され、世俗と勝義が一つの存在の中で矛盾せずに成り立つという考え方であった。一方、後期の二諦説は、チャンドラキールティの『入中論』に即した二諦説となった。それは世俗諦、勝義諦の他に唯世俗を設定し、これらを認識主体の相違によって区別するものであった。この二つの二諦説が、ツォンカパの著作を年代順に並べたとき、一四〇七年に相次いで書かれた『善説心髄』と『中論註正理大海』の間でくっきりと分かれることも分かった。こうして、私はツォンカパの中観思想を歴史的な展開として捉えることができるようになったのである。さらに石濱裕美子と共訳の『聖ツォンカパ伝』でラマ・ウマパを通しての聖文殊との対話がいくつか記録されていることに触発され、ツォンカパが聖文殊からどのような啓示を受けたかを、最も古い資料を元に分かる限り再構成してみた。その結果、『菩提道次第大論』に至るまでの中観思想の展開もある程度跡づけられるようになったのである。

中観思想は、空性すなわち無自性をどのように理解し論証するかを根本的テーマとしている。その際、否定される「自性」とは何かを特定することが重要になる。本書のもう一つの視点は、この否定対象についてのツォンカパのいくつかの議論を読み解くことにある。ツォンカパの記述は、認識論的な観点、存在論的な観点、言語論的な観点というように段階的に視野を広げていった。特に中期の著作『善説心髄』で導入された言語論的な視点は独特のものであった。現代アメリカの哲学者リチャード・ローティは、二〇世紀の存在論が認識論的な視点から言語論的な視点に変わったことを「言語論的転回」と呼んだが、それを借用して「ツォンカパ中期中観思想における言語論的転回について」という論文も書いた。

実のところは、ツォンカパの中観思想に歴史的な展開があったということを厳密に論証できているわけではない。本文に何度か書いたが、それは単にツォンカパの説明の仕方の変化や、話題の重心の置き方の違いかもしれない。現に初期の思想は表現や形を変えながら、後期の思想の中に組み込まれている。その逆に後期の思想が初期の文献に簡単に言及されていないとも限らない。全てのテキストを精査できてはいないし、何よりもツォンカパの著作を理解しようと努力してきたチベットの学僧達はそのような歴史的な展開を予想していないことも大きな反証になり得る。それでも、たとえ表現の上だけでも、あるいは話題の広がりだけでも、思想形成期、前期、中期、後期と変化があったことは事実であるように思われる。今後は本書の提示したツォンカパの中観思想像を一つ一つ検証し、批判し、発展させていく研究が現れることを期待したい。

とはいえ、本書にそれだけの学問的価値があるかどうかは読者の判断に委ねられている。私自身としては、長い時間をかけて、このようにしか考えられず、このようにしか書くことができなかった。しかし、それは客観的な学問的成果とは言えないかもしれない。研究書というよりは、哲学的思索の個人的な記録のようなものであり、ここから有益な情報を容易に取り出せるようなものではないだろう。もしかしたら、本書の内容は専門の研究者ならすでに分かっていることかもしれない。今、本書を刊行する必要性はないと言うかもしれない。そもそも、通読するのは困難なので、結局読まれないかもしれない。とすれば、存在しなかったにも等しいだろう。しかし、私は自分の存在をこの言葉の中に刻み込んできたと感じている。形のなかった自分に形を与えてきたように思う。私自身が存在していた証となるものである。したがって、本書は何よりも私自身にとって必要なものであったのである。

こういった私の思索の歩みは、講読に参加してくれた多くの学生諸君によって支えられてきた。その中でも、野村正次郎君、現銀谷史明君、石田尚敬君、村上徳樹君、崔境眞さん、宮本浩尊君、金沢豊君、三木治子さん、ラモジョマさんには感謝の意を表したい。毎回熱心に予習をして講読会に参加してくれたこれらの学生諸君に、私はツォンカパの文章の構造や意味を説明しようと長い間試みてきた。一人では思いつかないことも、人に説明しようとすると思い浮かぶことが数知れずあった。それが私の歩みを進める上で原動力となったのである。

また、『ダライラマの仏教哲学講義』『聖ツォンカパ伝』の出版でお世話になった大東出版社の本間信久さんには、今回も時間的な制約のある中で無理なお願いをしてきた。記して感謝の意を表したい。

本書の刊行には、二〇一七年度大谷大学学術刊行物出版助成による助成金を頂いた。本書の価値を認めて下さった大学当局に甚深の謝意を表します。

福　田　洋　一　ふくだ よういち

1983年、東京大学大学院修士課程（印度哲学）修了。（財）東洋文庫チベット研究室専任研究員を経て2004年より大谷大学文学部教授。『チベット論理学研究』第1～第6巻（東洋文庫）、『ダライ・ラマの仏教哲学講義』（訳、大東出版社）、『聖ツォンカパ伝』（共著、大東出版社）、『新アジア仏教史09 チベット：須弥山の仏教世界』（編著、佼成出版社）、『チベットの歴史と宗教』（共訳、明石書店）

ツォンカパ中観思想の研究《ツォンカパちゅうがんしそうのけんきゅう》

2018年2月28日　初版発行

著　者　　**福　田　洋　一**
発行者　　**岩　野　文　世**
発行所　　**株式会社 大東出版社**
〒113-0001　東京都文京区白山1-37-10
電話 03-3816-7607　振替 00130-8-57207

印　刷　　**亜細亜印刷株式会社**
製　本　　**株式会社 ブロケード**

© 2018 Y Fukuda, Printed in Japan
ISBN978-4-500-00770-7